93
93

# MANUEL

DU

# BACCALAURÉAT

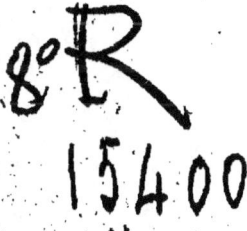

# MANUEL DU BACCALAURÉAT

## DE L'ENSEIGNEMENT SECONDAIRE

**CLASSIQUE**
(2ᵉ Partie, 2ᵉ Série)

**MODERNE**
(2ᵉ Partie, 3ᵉ Série)

(Classe de Mathématiques élémentaires)

## PHYSIQUE & CHIMIE

**PHYSIQUE**
PAR
**M. L. BOISARD**
Ancien élève de l'École normale,
Agrégé des sciences physiques,
Professeur au lycée Carnot.

**CHIMIE**
PAR
**M. P. DIDIER**
Ancien élève de l'École normale,
Agrégé des sciences physiques
Docteur ès sciences.

PARIS
LIBRAIRIE NONY & Cⁱᵉ
17, RUE DES ÉCOLES, 17

(Tous droits réservés)

Nous reproduisons ici, pour les élèves de l'enseignement moderne qui ne seraient pas familiarisés avec les caractères grecs, ceux dont il a été fait usage dans ce Manuel, et nous indiquons en regard leur prononciation.

| | | | | |
|---|---|---|---|---|
| $\alpha$ | alpha. | | $\mu$ | mu. |
| $\beta$ | bêta. | | $\pi$ | pi. |
| $\gamma$ | gamma. | | $\rho$ | rhô. |
| $\Delta, \delta$ | delta. | | $\sigma$ | sigma. |
| $\varepsilon$ | epsilon. | | $\Phi, \varphi$ | phi. |
| $\theta$ | thêta. | | $\Omega, \omega$ | ôméga. |
| $\lambda$ | lambda. | | | |

# PHYSIQUE

## PRÉLIMINAIRES

**1. Étendue. Matière, ses divers états.** — On donne le nom de *matière* à tout ce qui occupe une portion de l'espace, une *étendue* ou volume, que l'on ne peut réduire à être nulle. La matière est, dans l'acception philosophique du mot, la *substance* des objets ou *corps* dont le sens du toucher d'abord, celui de la vue et les autres ensuite, nous font connaître l'existence.

Un *phénomène*, dans le langage scientifique, est, conformément à l'étymologie du mot, un fait ou un ensemble de faits qui se produisent et que l'on observe. Les corps se manifestent à nous sous différents aspects, avec certaines *propriétés* qui peuvent les faire classer en groupements plus ou moins nombreux. Le plus général de ces classements résulte de la distinction de trois *états* de la matière.

A l'état *solide*, les corps ont une forme bien délimitée, sinon absolument invariable, du moins généralement difficile à changer. Il faut un effort pour les rompre ou les diviser ; une fois séparés, leurs fragments ne peuvent être réunis directement pour reformer un corps unique. Il est aussi difficile de diminuer leur volume, de les *comprimer* ; alors qu'on y a réussi, leur *élasticité* ou tendance à reprendre leur volume et même leur forme primitifs varie, les uns étant très mous (plomb), les autres très élastiques (acier).

Les corps à l'état *liquide* n'ont pas de forme propre ; ils prennent celle des vases qui les contiennent. Il est très facile de les diviser, puis de réunir leurs différentes parties ; ils sont fluides. Mais ils sont si difficiles à comprimer qu'on peut, dans la plupart des cas, les considérer comme *incompressibles* ; ils sont parfaitement élastiques.

Les corps présentant l'état *gazeux* ont les mêmes caractères de fluidité et d'élasticité que les liquides. Mais ils en diffèrent absolument par leur grande compressibilité et par leur *expansibilité* ou tendance à augmenter de volume ; ils occupent toujours la totalité de l'espace qui leur est offert, si faible que soit leur volume primitif.

Comme toutes les classifications auxquelles doit avoir recours l'esprit humain, la distinction de trois états de la matière n'est pas absolue. Dans certains cas particuliers, on est obligé d'admettre des états intermédiaires ou différents.

**2. Divisibilité, impénétrabilité.** — La possibilité de diviser tous les corps, directement ou par des moyens indirects, a conduit à les considérer comme formés de particules. Ces particules, dans les solides, auraient beaucoup de *cohésion*, c'est-à-dire seraient liées les unes aux autres ; elles seraient plus libres dans les liquides et les gaz, que l'on désigne souvent sous le nom commun de *fluides*. Les dimensions des particules doivent être supposées très petites, si l'on remarque que l'état de division de la poudre la plus impalpable est certainement dépassé par celui d'un corps soluble, d'un colorant par exemple, dont une poussière suffit à donner une teinte appréciable à plusieurs litres de liquide.

Cette conception facilite l'application aux corps des lois de la Mécanique, dans laquelle on considère souvent des *points matériels* ou portions de matière supposée concentrée en des points géométriques. Elle se prête aussi très bien à l'explication des phénomènes chimiques, les particules prenant alors les noms de molécules ou d'atomes, suivant des définitions appropriées.

On est ensuite amené à admettre que les particules des corps laissent entre elles des espaces vides, très petits, que l'on nomme *pores moléculaires*. L'existence de ces pores permet de s'expliquer comment les corps peuvent être comprimés, comment un solide peut se dissoudre dans un liquide, sans qu'une particule occupe la même portion de l'espace qu'une autre. Dans le premier cas, en effet, on peut concevoir que les pores diminuent ; dans le second, qu'ils se remplissent partiellement des particules du corps dissous. L'idée de l'*impénétrabilité* de la matière, c'est-à-dire de l'impossibilité que deux portions de matière occupent à la fois la même étendue, se trouve ainsi rendue compatible avec les apparences.

**Remarque.** — Quel que puisse être le nombre de ces pores, on ne distingue pas entre eux et les particules matérielles quand on évalue le volume d'un corps. Il ne faut donc pas les confondre avec les cavités, relativement considérables, que présentent certains corps solides dits corps poreux.

**3. Inertie.** — L'observation et l'expérience donnent immédiatement la notion du repos et du mouvement.

*La matière ne peut modifier d'elle-même ni son état de repos ni son état de mouvement.*

L'esprit admet facilement *a priori* ou comme résultat d'expérience la première partie de ce principe. La seconde, au contraire, paraît en désaccord avec les faits : un corps en mouvement à la surface de la Terre s'arrête toujours. En réalité le ralentissement, puis la cessation de son mouvement s'expliquent par des causes étrangères au corps (résistance, frottement), et le principe, loin d'être contredit, est par cela même confirmé.

**4. Forces.** — La matière étant ainsi considérée comme inerte, on doit chercher en dehors d'elle l'explication du mouvement. On nomme *force la cause immédiate qui produit ou modifie le mouvement d'un corps.*

Une force est déterminée par son point d'application, sa direction et son intensité, dont la définition et le mode de représentation sont donnés par la *Mécanique*.

L'idée de force est une abstraction commode pour le raisonnement ; mais nous ne concevons jamais une force sans lui attribuer à elle-même une cause. C'est ainsi que nous rapportons à notre énergie musculaire la cause des forces variables que nous pouvons développer.

**5.** Les corps présentent tous l'ensemble de propriétés communes qui viennent d'être indiquées ; mais ils en ont un grand nombre d'autres par lesquelles ils se ressemblent ou, au contraire, se différentient. Le but de la *Physique* est l'étude des unes et des autres, des phénomènes qui les modifient, des relations ou *lois* de ces phénomènes. Plusieurs parties de cette étude ne peuvent être exposées d'une façon élémentaire.

Rien jusqu'ici n'a établi au point de vue expérimental que tous les corps soient formés d'une matière unique. Mais on est parvenu à décomposer la plupart d'entre eux ; on a réduit à 70 le nombre des substances qui, soit à elles seules, soit par leurs *combinaisons*, constituent tous les corps connus. Comme ces substances n'ont pu encore, dans l'état de nos connaissances, être à leur tour *décomposées*, on les a nommées *éléments* ou *corps simples*.

L'étude de ces décompositions et recompositions des corps constitue essentiellement la *Chimie*.

# PESANTEUR

**6. Chute des corps. Direction de la pesanteur.** — D'après le principe d'inertie, le mouvement des corps qui tombent est dû à des forces; la cause de ces forces (4) se nomme *pesanteur*.

Tous les corps sont sollicités par ces forces, actions de la pesanteur; *tous les corps sont pesants*. L'exception apparente présentée par les gaz, les vapeurs, etc., à cette loi est en réalité la confirmation d'une de ses conséquences, le principe d'Archimède (34).

L'expérience montre que les positions d'un *fil à plomb* tendu en équilibre aux différents points d'un même lieu sont parallèles entre elles. La direction commune de ces parallèles se nomme la *verticale*. C'est la direction de toute force due à la pesanteur s'exerçant directement sur un corps, ou plus brièvement la *direction de la pesanteur*.

On nomme *plan horizontal* tout plan perpendiculaire à la verticale: la surface libre des liquides en équilibre est un plan horizontal (Expérience: fil à plomb et bain de mercure). Toute droite tracée dans un plan horizontal est une *horizontale*.

Tout plan passant par une droite verticale est un plan vertical.

 La verticale d'un point passe par le centre de la Terre supposée sphérique. Les verticales de deux points quelconques A et B d'un même lieu paraissent rigoureusement parallèles parce que l'angle au centre AOB n'est pas appréciable, le rayon de la Terre (6371$^k$) étant extrêmement grand par rapport à la longueur AB. Mais il n'en est plus de même pour

les verticales de points A et C situés en des lieux éloignés.

**7. Centre de gravité. Poids.** — Si petits que soient les fragments d'un corps, ils tombent toujours suivant la verticale. On peut donc considérer toutes  les particules $m$, $m'$, $m''$, ... d'un corps comme soumises chacune à une force verticale. Toutes ces forces ou actions de la pesanteur étant parallèles et de même sens auront une résultante GP égale à leur somme (*Mécanique*, 27), d'où les définitions suivantes : On nomme *centre de gravité d'un corps le point d'application de la résultante de toutes les actions de la pesanteur sur ce corps.*

*Cette résultante se nomme le poids du corps.*

Le centre de gravité d'un corps doit être considéré comme invariablement lié à ce corps, bien qu'il puisse ne pas en faire partie (cas d'un anneau). La théorie du centre des forces parallèles en Mécanique montre en effet que la position de ce point est indépendante de la position du corps par rapport à la direction commune des forces.

La géométrie donne les moyens de déterminer le centre de gravité d'un corps homogène de forme définie.

**8. Équilibre d'un solide mobile autour d'un point fixe.** — Un corps pesant peut toujours être considéré comme soumis à une seule force due à la pesanteur, son poids, force verticale et appliquée en son centre de gravité. Il y aura donc *équilibre quand le centre de gravité G du solide sera sur la verticale du point fixe* O, puisqu'alors au poids GP sera opposée la résistance de ce point.

L'équilibre est *stable* si G est au-dessous de O (*équilibriste*), *instable* s'il est au-dessus, *indifférent* si ces deux points sont confondus.

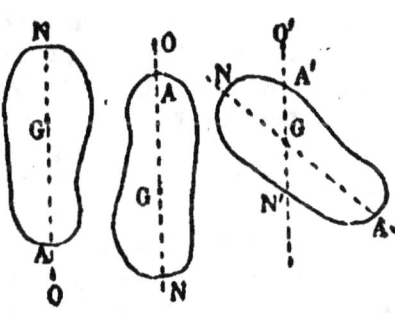

Il résulte de là un moyen pratique de trouver le centre de gravité d'un corps quelconque. On le suspend successivement par deux de ses points A et A' et on marque dans le corps (ou approximativement sur sa surface) les traces des deux verticales AN, A'N' correspondant à chacun des deux équilibres. Le centre de gravité doit être à leur intersection G.

**9. Mesure des poids.** — Le poids d'un corps peut se mesurer ainsi que toute force, au *dynamomètre*. Cet instrument se compose essentiellement d'un ressort d'acier, tel par exemple que CDE : une extrémité C est fixée au point O par l'arc métallique divisé CO ; l'autre extrémité E porte un arc concentrique mobile EF, sur lequel on fait agir la force P à mesurer. La graduation indique les positions prises, sous l'action de poids connus, par la branche mobile, que l'élasticité ramène ensuite à sa position primitive.

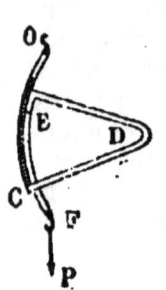

On a pris longtemps comme unité de poids et de force le *kilogramme*-poids, ou sa 1000° partie le *gramme*-poids. Par définition, le kilogramme devait être le *poids d'un décimètre cube d'eau pure à* 4°. Le bloc de métal qui fut construit pour le représenter, — par suite de grandes difficultés — en diffère très légèrement ; le kilogramme, c'est, plus exactement, le *poids du cube de platine*, servant d'étalon de poids, *déposé aux Archives*.

Le *poids* d'un corps est, nous le verrons (16) variable avec la latitude et l'altitude : il augmente entre l'équateur et le pôle d'environ 0,005 de sa valeur ; il diminue si l'on s'élève notablement. L'unité de force choisie est donc elle-même variable, ce qui suffit à justifier le changement d'unité que nous ferons (17).

**10. Poids relatifs. — Balance.** — Si le *poids* d'un corps varie, le rapport du poids de ce corps au poids du gramme, ce qu'on appelle son *poids relatif*, est un nombre constant, parce que les deux poids considérés varient dans le même rapport. La balance est l'instrument qui sert à mesurer les poids relatifs des corps, c'est-à-dire à comparer le poids d'un corps à des multiples et sous-multiples de l'unité, appelés *poids marqués* ($1^{gr}$, $2^{gr}$, $2^{gr}$, $5^{gr}$, $10^{gr}$, $10^{gr}$, $20^{gr}$, $50^{gr}$, $100^{gr}$, $100^{gr}$, $200^{gr}$, $500^{gr}$, etc.)

La partie essentielle de la balance est le *fléau*, barre rigide AB mobile autour d'un axe fixe C ; cet axe est l'arête d'un prisme d'acier ou *couteau*, qui s'appuie sur un plan horizontal

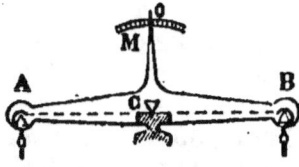

d'acier ou d'agate porté par le pied de l'appareil : aux extrémités du fléau deux autres couteaux renversés servent à supporter les plateaux de la balance, dans lesquels on place le corps à peser et les poids marqués. — Supposons, comme c'est très sensiblement réalisé, les trois points A, C, B en ligne droite et la ligne ACB horizontale quand le fléau seul est en équilibre ; cette position de repère est indiquée par l'aiguille M au 0° d'un cadran divisé. A ce moment le centre de gravité du fléau est en G, sur la verticale du point de suspension, et CG est perpendiculaire à AB.

*Peser*, consiste à mettre dans l'un des plateaux le corps, dans l'autre des poids marqués jusqu'à ce que l'aiguille revienne au 0. *Si, quels qu'ils soient, les poids mis ainsi dans les deux plateaux sont égaux, la balance est juste.* A quelles conditions l'est-elle ?

Soient G le centre de gravité du fléau, $\pi$ son poids ; $p$ et $p'$ les poids des plateaux et P la valeur des poids *égaux* mis de chaque côté sans que l'équilibre soit rompu.

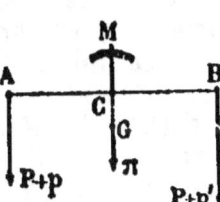

Puisque l'équilibre existe, la droite AB est horizontale, CG est verticale, et la résultante des deux forces parallèles $P+p$ et $P+p'$ doit passer par le point fixe C ; ces deux forces sont donc inversement proportionnelles aux segments CA et CB (*Mécanique*, 23) :

$$\frac{P+p}{P+p'} = \frac{CB}{CA},$$

d'où $\qquad P(CA - CB) + pCA - p'CB = 0.$

Cette égalité doit avoir lieu *quel que soit* P pour que la balance soit juste. Donc le coefficient de P et le terme indépendant de P doivent être nuls :

1° $CA = CB$ : *les deux bras du fléau sont égaux* ;

2° $pCA - p' \times CB = 0$, et puisque $CA = CB$, $p = p'$ : *les poids des plateaux sont égaux.*

Ces conditions supposent en outre que les forces considérées sont appliquées en A et B ; c'est-à-dire que le centre de gravité d'un plateau et des corps qu'on y a placés est sur la verticale du point de supension. Comme on dispose au hasard ce qu'on met dans les plateaux, ceux-ci doivent *être très librement suspendus*.

Il n'est pas possible de construire une balance réalisant *complètement* les conditions d'égalité des bras du fléau et des poids des plateaux ; ces deux conditions ne sont pas indispensables si l'on pèse par la méthode de Borda, ou *double pesée* : dans un plateau on place le corps à peser et on rétablit l'horizontalité du fléau en mettant dans le deuxième plateau de la grenaille de plomb ou autre chose; cela s'appelle *faire la tare*, c'est une première pesée. En second lieu on remplace le corps par des poids marqués jusqu'à rétablir encore l'horizontalité du fléau (2° pesée) : la valeur des poids marqués est le poids du corps, car ces deux forces appliquées au même point font dans les mêmes conditions équilibre à la tare.

**11. Sensibilité de la balance.** — Considérons une balance en équilibre, ACB étant horizontal, et ajoutons du côté B une surcharge $\varepsilon$ ; le fléau s'incline de l'angle $\alpha$ et prend une nouvelle position d'équilibre CB', car si d'une part cette force $\varepsilon$ tend à faire pencher le fléau, d'autre part le poids $\pi$ appliqué

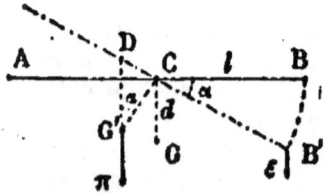

en G' et dont la direction ne passe plus par C s'oppose à ce déplacement. Il y a équilibre lorsque les deux forces $\varepsilon$ et $\pi$, qu'on peut considérer comme appliquées en B' et D, ont une résultante passant par le point fixe C; alors on a

$$\frac{\pi}{CB'} = \frac{\varepsilon}{CD}; \quad \text{mais} \quad CB' = l, \quad CD = CG' \operatorname{tg} \alpha = CG \operatorname{tg} \alpha;$$

donc $\quad \dfrac{\pi}{l} = \dfrac{\varepsilon}{CG \operatorname{tg} \alpha} \quad$ et $\quad \operatorname{tg} \alpha = \dfrac{\varepsilon l}{\pi \times CG}.$

Lorsque $\operatorname{tg} \alpha$ aura cette valeur, la balance sera en équilibre.

Ceci posé, la sensibilité d'une balance est l'angle $\alpha$ (ou $\operatorname{tg} \alpha$) dont s'incline le fléau pour une surcharge donnée $\varepsilon$ de 1 centigramme ou 1 milligramme. Une balance sera donc d'autant plus sensible que $\dfrac{l}{\pi \times CG}$ sera plus grand, donc : 1° *que les bras du fléau seront plus longs* ; 2° *que le fléau sera plus* léger ; 3° *que* CG, *la distance du centre de gravité au point de suspension, sera plus petite.*

La sensibilité est la qualité essentielle d'une bonne balance ; on voit en effet que dans la double pesée le poids cherché d'un corps différera d'autant moins de la valeur des poids marqués que la balance sera plus sensible. Aussi dans les balances de précision, le fléau est constitué par un losange (très allongé) métallique mais évidé à l'intérieur : il est ainsi rigide et *léger ;* les plateaux ont une suspension double qui les rend aussi mobiles qu'autour d'un point, les couteaux enfin ne restent pas chargés et ne s'émoussent donc point quand on ne se sert pas de la balance.

*La sensibilité est constante, c'est-à-dire est indépendante des charges appliquées en* A *et* B ; dans le raisonnement nous avons même négligé ces forces parce qu'elles sont égales et qu'à chaque instant leur résultante passe par le point C. L'équilibre résulte des effets opposés des deux forces $\pi$ et $\epsilon$ seulement. Mais ce résultat suppose les points A, C, B en ligne droite.

**Remarque.** — Quand une balance est en équilibre, il est absolument nécessaire que l'*équilibre soit stable,* sans quoi au moindre déplacement le fléau s'éloignerait de l'équilibre au lieu d'y revenir et basculerait : la balance serait *folle.* Il faut et il suffit que le centre de gravité G soit en dessous du point de suspension pour que la stabilité de l'équilibre soit assurée. — C'est ce que nous avons toujours supposé.

Les mesures faites avec la balance et le dynamomètre sont fondées sur la *statique* ou équilibre des forces. Une autre méthode d'étude de la pesanteur est basée sur la *dynamique,* c'est-à-dire sur les lois des mouvements produits par les forces.

**12. Notions sur les mouvements.** — Un point en mouvement passe par une série de positions qui forment une ligne continue nommée *trajectoire.* Les *espaces* parcourus se comptent sur cette trajectoire à partir d'un point arbitraire ou origine des espaces. On compte le temps à partir d'un instant déterminé, par exemple celui où le mobile passe à l'origine des espaces.

Un mouvement est *uniforme* quand le mobile parcourt des espaces égaux dans des temps égaux quelconques. La *vitesse,* dans un mouvement uniforme, est l'espace parcouru dans l'unité de temps (rapport de l'espace au temps employé à le parcourir); il résulte de la définition que ce nombre est constant.

La formule qui exprime cette relation entre l'espace $e$, la vitesse $v$ et le temps $t$, est

$$(1) \qquad e = vt \qquad \text{ou} \qquad v = \frac{e}{t}$$

(le temps étant compté à partir de l'instant où le mobile passe à l'origine).

L'espace parcouru se mesure avec l'unité de longueur choisie, le centimètre (17); le temps s'évalue en secondes.

Tous les autres mouvements sont *variés*; l'espace est alors lié au temps par une équation qui diffère suivant le mouvement.

La *vitesse moyenne* entre les temps $t$ et $t+\theta$, est le quotient de l'espace $e'-e$ parcouru entre ces deux temps par le temps $\theta$ employé à le parcourir :

$$u = \frac{e'-e}{\theta}.$$

On nomme *vitesse* à un instant donné $t$, dans un mouvement quelconque, la limite du rapport de l'espace parcouru à partir de cet instant à l'accroissement de temps $\theta$ correspondant, lorsque cet accroissement diminue de plus en plus (tend vers 0) :

$$v = \lim \frac{e'-e}{\theta}.$$

C'est donc la limite de la vitesse moyenne, $\theta$ tendant vers 0.

Une autre définition de la vitesse dans un mouvement quelconque est fondée sur le principe d'inertie (3) :

*La vitesse d'un mobile au temps $t$ est celle du mouvement rectiligne uniforme qui succèderait au mouvement varié si, à cet instant, on supprimait toutes les forces qui agissent sur le mobile.*

En effet, si le mouvement est varié, ses variations ne peuvent être dues qu'à des forces (3); et si ces forces sont supprimées, les variations du mouvement le sont aussi; il devient donc *uniforme*; la trajectoire elle-même ne peut plus présenter de variations de forme et devient *rectiligne* si elle ne l'était pas ; c'est alors la tangente à la trajectoire courbe au point où est le mobile au temps $t$.

Un mouvement est *uniformément varié* si la vitesse du mobile varie de quantités égales dans des temps égaux, c'est-à-dire proportionnellement au temps.

Soit $a$ la vitesse *initiale* (à l'origine du temps, au temps zéro), $v$ la vitesse au temps $t$, $\gamma$ la variation de vitesse pendant l'unité de temps ; la définition entraine l'égalité

$$\frac{v-a}{t} = \frac{\gamma}{1} \quad \text{ou} \quad v = a + \gamma t ; \quad (2)$$

$\gamma$ est l'*accélération* du mouvement uniformément varié. Cette quantité peut être positive ou négative : dans le premier cas la vitesse du mobile croit, le mouvement est uniformément *accéléré* ; dans le second la vitesse diminue, le mouvement est uniformément *retardé*.

On démontre que dans un mouvement uniformément varié l'espace $e$ parcouru pendant un temps $t$ est le même que si le mouvement avait été uniforme avec la vitesse moyenne entre les deux extrêmes $a$ et $a + \gamma t$.

$$(3) \quad e = \left(a + \frac{\gamma t}{2}\right)t = at + \frac{1}{2}\gamma t^2.$$

Si la vitesse initiale est nulle, les formules deviennent

(4) $v = \gamma t$, la vitesse du mobile est proportionnelle au temps ;

(5) $e = \frac{1}{2}\gamma t^2$, les espaces sont proportionnels aux carrés des temps employés à les parcourir.

Réciproquement, si le mouvement d'un mobile est tel que l'une des équations (2), (3), (4) ou (5) soit satisfaite, ce mouvement est uniformément varié.

13. **Théorème I.** — *Une force constante en direction et en intensité agissant sur un point matériel au repos, lui imprime un mouvement rectiligne de même direction qu'elle, et uniformément accéléré.*

Réciproquement : *Si un point matériel se meut d'un mouvement rectiligne uniformément accéléré, il est soumis à une force de direction et d'intensité constantes.*

**Théorème II.** — *Des forces constantes en direction et intensité agissant successivement sur un même corps partant du repos, sont entre elles comme les accélérations des mouvements qu'elles produisent.*

Les intensités des forces étant F, F', F'', etc. et les accélérations correspondantes $\gamma$, $\gamma'$, $\gamma''$, etc., on a donc la suite d'égalités

(6) $\quad \dfrac{F}{F'} = \dfrac{\gamma}{\gamma'}, \qquad \dfrac{F}{F''} = \dfrac{\gamma}{\gamma''}, \qquad \dfrac{F}{F'''} = \dfrac{\gamma}{\gamma'''}, \ldots$

ou, ce qui revient au même,

(7) $\quad \dfrac{F}{\gamma} = \dfrac{F'}{\gamma'} = \dfrac{F''}{\gamma''} = \dfrac{F'''}{\gamma'''}, \ldots = m.$

Ces théorèmes ne sont que des cas particuliers de théorèmes plus généraux.

**Masse.** — Il est remarquable que pour un même point matériel ou un même corps les rapports $\dfrac{F}{\gamma}$, $\dfrac{F'}{\gamma'}$, ... aient la même valeur — qui par conséquent caractérise le corps considéré. On nomme *masse* d'un corps (ou quelquefois quantité de matière) la valeur *constante* des rapports $\dfrac{F}{\gamma}$, ...; et l'on voit aussitôt qu'une même force F imprimera à différents corps des accélérations d'autant plus grandes que leurs masses seront plus petites. La propriété essentielle de cette grandeur est la suivante : *La masse d'un système de corps — quelles que soient les transformations par lesquelles passe ce système — reste constante. Rien ne se perd, rien ne se crée,* disait Lavoisier auquel on doit cette grande loi. (Principe de la conservation de la matière.)

Nous verrons (17) qu'on compare directement les masses à la masse du gramme prise pour unité.

**14. Lois de la chute des corps.** — Si le poids d'un corps est une force constante en un même lieu, le mouvement d'un corps qui tombe librement doit être uniformément accéléré (13) et suivant la direction de cette force, qui est la verticale.

**Première loi.** — L'expérience montre en effet qu'*un corps tombant en chute libre suit la verticale* (pourvu que la hauteur de chute ne soit pas trop grande, le mouvement de rotation de la Terre pouvant alors produire une déviation).

**Deuxième loi.** — *Le mouvement de chute des corps est uniformément accéléré.*

Pour vérifier cette loi, il faut montrer que les espaces parcourus sont proportionnels aux carrés des temps, ou que les vitesses sont proportionnelles aux temps [12, (4) et (5)]. La principale difficulté de ces observations provenant de la rapidité de la chute (4$^m$,90 dans la première seconde), on a d'abord cherché à ralentir le mouvement sans changer sa loi.

**Plan incliné.** — Galilée a imaginé de substituer à la chute 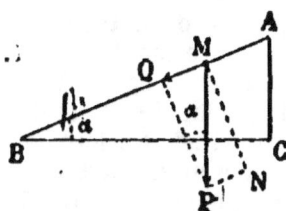 libre le mouvement sur un plan incliné. Le point matériel (ou le centre de gravité du corps) étant en M, est sollicité par son poids MP. Cette force peut se décomposer d'après la règle du parallélogramme des forces (*Mécanique*, 17) en deux autres, suivant les directions MQ et MN, l'une parallèle à la ligne de pente AB du plan incliné, l'autre normale à ce plan. La force MQ produit seule le mouvement de chute sur AB; son intensité est $p \sin \alpha$, $p$ étant le poids du corps et $\alpha$ l'angle du plan incliné. En prenant cet angle assez petit, on peut donc réduire dans la proportion que l'on veut la force $p \sin \alpha$, qui reste cependant constante si $p$ est constant.

Galilée constata que les espaces parcourus étant entre eux comme les carrés des nombres 1, 2, 3, etc., les temps employés à parcourir les espaces étaient dans le rapport de ces nombres. Ainsi il avait successivement :

En prenant $\quad \dfrac{e'}{e} = \dfrac{1}{4}, \quad \dfrac{t'}{t} = \dfrac{1}{2}, \quad$ d'où $\quad \dfrac{e'}{e} = \dfrac{t'^2}{t^2};$

En prenant $\quad \dfrac{e''}{e} = \dfrac{1}{9}, \quad \dfrac{t''}{t} = \dfrac{1}{3}, \quad$ d'où $\quad \dfrac{e''}{e} = \dfrac{t''^2}{t^2};$

d'où enfin $\dfrac{e}{t^2} = \dfrac{e'}{t'^2} = \dfrac{e''}{t''^2} = \ldots = b$, valeur commune de ces rapports.

Le mouvement satisfait donc à la relation $e = bt^2$, ou, en posant $\gamma = 2b$,

$$e = \frac{1}{2} \gamma t^2,$$

équation du mouvement uniformément varié [12, (5)].

**Machine d'Atwood.** — Pour ralentir le mouvement de chute on donne au poids $p$ d'un corps une masse à déplacer plus grande que celle du corps. Deux poids égaux, formés par deux cylindres de laiton A et B, sont à cet effet suspendus aux deux extrémités d'un fil assez fin pour qu'on puisse négliger son poids. Ce fil passe sur la gorge d'une poulie R très mobile autour d'un axe horizontal. Le système est, dans cet état, en équilibre dans toutes les positions des deux poids.

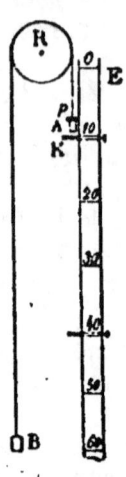

Mais si l'on vient à surcharger l'un d'eux d'un poids *additionnel* $p$, l'équilibre est détruit ; le poids surchargé descend, l'autre monte. L'ensemble a une masse $2M + m$ égale à la somme de la masse $2M$ des poids égaux et de la masse $m$ du poids additionnel. La force $p$ a donc à faire mouvoir une masse $2M + m$ au lieu de $m$. Si l'on vérifie que ce mouvement est uniformément accéléré, il en sera certainement de même du mouvement de chute libre.

*Espaces.* — Le poids surchargé descend devant une règle verticale. On l'abandonne sans vitesse initiale au zéro de cette règle à l'instant (temps zéro) marqué par le battement d'un pendule ou de tout autre compteur du temps donnant par exemple la seconde. On a placé, soit par tâtonnements, soit par un calcul admettant au préalable la loi à vérifier, un support ou *curseur* plein K, fixé temporairement par une vis de pression à un point tel qu'il soit frappé par le poids descendant au moment où bat la fin de la première seconde. L'espace parcouru EK est mesuré sur la règle ; soit $10^{cm}$ sa valeur. On recommence l'expérience après avoir placé le curseur plein à la division 40 (ou $10 \times 2^2$), et l'on constate que le poids descendant, parti comme précédemment du zéro au commencement d'une seconde, le frappe à la fin de la deuxième seconde. On répète encore l'expérience, le curseur plein étant à la division 90 (ou $10 \times 3^2$), puis à la division 160, autant que la longueur de la règle le permet.

Les temps devenant 2, 3, 4, les espaces correspondants deviennent 4, 9, 16 fois plus grands. Ils sont donc proportionnels aux carrés des temps, ce qui vérifie, comme plus haut, la formule

$$e = \frac{1}{2} \gamma t^2.$$

*Vitesses*. — Pour mesurer la vitesse à un instant déterminé on utilise la seconde définition de la vitesse dans un mouvement quelconque.

Ainsi pour mesurer la vitesse au temps *un*, c'est-à-dire au moment où le poids descendant, parti du 0, passe en K, on place à l'avance en K un curseur évidé ou annulaire qui laisse passer le poids descendant mais arrête le poids additionnel, de forme allongée. La force qui agissait sur l'ensemble est ainsi supprimée : le mouvement devient aussitôt uniforme (12) et sa vitesse est celle du mouvement accéléré à l'instant *un*. Pour mesurer la vitesse dans ce mouvement uniforme, on n'a qu'à mesurer l'espace parcouru pendant l'unité de temps. Théoriquement, on pourrait attendre autant que l'on voudrait pour faire cette mesure ; mais il vaut mieux la faire entre la première et la deuxième seconde. On reconnaît qu'il faut placer le curseur plein à 20$^{cm}$ au-dessous du curseur annulaire (à la division 30$^{cm}$) pour qu'il soit frappé par le poids descendant à la fin de la seconde *deux*. La vitesse du mouvement accéléré en K ou au temps *un* était donc 20$^{cm}$.

Pour avoir la vitesse au temps *deux*, on recommence l'expérience en plaçant le curseur annulaire à la division 40$^{cm}$, de façon à enlever le poids additionnel à la fin de la deuxième seconde. On reconnaît qu'il faut alors placer le curseur plein à 40$^{cm}$ (ou 20 × 2) du curseur annulaire, c'est-à-dire à la division 80$^{cm}$, pour qu'il soit frappé au temps *trois*. La vitesse au temps *deux* est donc 40$^{cm}$, double de la vitesse au temps *un*.

On trouverait de même qu'au temps *trois* la vitesse est 60$^{cm}$. Le curseur annulaire serait alors placé à 90$^{cm}$ et le curseur plein à 150$^{cm}$.

Les vitesses deviennent ainsi deux, trois, quatre fois plus grandes quand les temps deviennent deux, trois, quatre fois plus grands. Elles sont donc proportionnelles aux temps, ce qui vérifie la formule $v = \gamma t$.

D'après la formule $e = \frac{1}{2} \gamma t^2$, l'*accélération* est le double de l'espace parcouru pendant la première seconde, car pour $t = 1$, $e = \frac{1}{2} \gamma$. Ainsi dans l'expérience décrite ici, on a trouvé pour $t = 1$  $e = 10^{cm}$ ; $\gamma$ est donc égal à 20$^{cm}$.

Dans les expériences faites avec la machine d'Atwood, on

n'a pas à craindre de perturbations notables dues à la résistance de l'air en raison de la lenteur relative du mouvement. Toutefois ces perturbations et celles dues aux frottements se manifestent dès que la hauteur de chute est un peu considérable.

Enfin cet appareil peut servir à vérifier le théorème de la proportionnalité des forces aux accélérations qu'elles donnent à une même masse (13). Il suffit pour cela de placer, par exemple, sur le poids descendant quatre poids additionnels ayant chacun pour valeur $p$. On mesure l'accélération correspondante $\gamma$; puis on fait passer un des poids $p$ sur le poids montant; la masse totale reste la même, mais la force qui produit le mouvement n'est plus que $2p$ au lieu de $4p$; on mesure l'accélération $\gamma'$ et l'on trouve qu'elle n'est que la moitié de $\gamma$.

**Appareil de Morin.** — C'est un appareil enregistreur, qui permet l'observation directe de la chute d'un poids tombant librement.

Il se compose d'un cylindre vertical, recouvert d'une feuille de papier blanc et tournant autour de son axe sous l'action d'un poids moteur disposé comme celui des horloges. Son mouvement est rendu uniforme par un régulateur à ailettes.

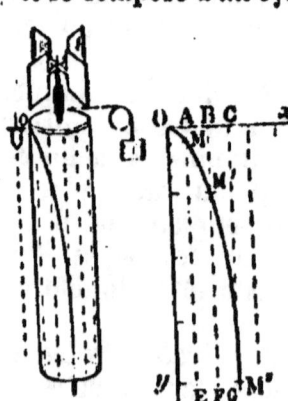

Un poids cylindro-conique, portant un petit crayon, tombe en chute libre très près de la surface du cylindre, sur laquelle le crayon laisse une trace. Pour éviter que ce frottement ne dévie le poids, celui-ci est guidé dans sa chute par deux fils de fer verticaux.

La forme et le poids du corps dont on observe ainsi la chute rendent négligeable la résistance de l'air. L'expérience terminée, on développe la feuille de papier sur un plan. Soit O le point de départ du crayon; la circonférence tracée sur le cylindre par ce point se développe suivant une droite $Ox$ en conservant sa longueur. La trace du crayon est une courbe OMM'. Enfin des génératrices équidistantes du cylindre tracées sur le papier resteront des droites $Oy$, AE, BF, CG, etc., perpendiculaires à $Ox$ et placées à la même distance les unes des autres.

Puisque la rotation du cylindre est uniforme, les différentes génératrices A, B, C,... viennent se substituer à $Oy$ après 1, 2, 3... intervalles de temps égaux et très courts. Il en résulte que AM, BM', CM",... sont les espaces parcourus après ces intervalles de temps. Or on vérifie sur la courbe que BM' = 4AM; que CM" = 9AM;.. ; les espaces parcourus sont entre eux comme 1, 4, 9,... Donc ils sont proportionnels aux carrés des temps employés à les parcourir : $e = kt^2$; ou, en posant $\gamma = 2k$,

$$e = \frac{1}{2}\gamma t^2.$$

Cela suffit à prouver (12) que le mouvement du mobile est uniformément accéléré.

15. Enfin la loi suivante, toute d'expérience, dispense de répéter sur tous les corps la même vérification :

**Troisième loi.** — *Tous les corps tombent également vite dans le vide.* — On le démontre au moyen du tube de Newton. C'est un long tube de cristal, dans lequel on a introduit des corps très différents, par exemple des grains de plomb, du papier, des barbes de plumes, etc... Ce tube, muni de garnitures métalliques dont une porte un robinet, peut être vidé d'air au moyen de la machine pneumatique. On constate alors, en le retournant rapidement, que tous les corps qu'il contient tombent ensemble et arrivent en même temps à son extrémité inférieure. En ouvrant peu à peu le robinet, l'air rentre, et l'on constate que le retard des corps légers s'accentue de plus en plus lorsqu'on retourne de nouveau le tube.

La résistance de l'air peut être la même pour un corps lourd que pour un corps léger; mais tandis qu'elle est une fraction faible du poids du premier, elle est au contraire très comparable au poids du second dont elle diminue alors les effets d'une façon très sensible en retardant le mouvement de chute.

Tous les corps tombant également vite, *abstraction faite de la résistance de l'air*, il en résulte que tous ont dans leur chute un mouvement uniformément accéléré, puisque cela est démontré pour ceux que l'on a employés dans les expériences faites avec le plan incliné, la machine d'Atwood ou l'appareil de Morin; l'accélération de ce mouvement est la même pour tous les corps.

Une conséquence très importante de cette loi est la proportionnalité des masses aux poids.

On a en effet (13), en désignant par $g$ l'accélération dans le mouvement de chute libre,

$$\frac{P}{g} = m,$$

puisque le poids P est une force et $g$ l'accélération qu'elle imprime.

Pour un autre corps de masse $m'$, on a aussi

$$\frac{P'}{g} = m';$$

donc $\quad \dfrac{P}{P'} = \dfrac{m}{m'}:$

*Le rapport des poids de deux corps est aussi celui de leurs masses.*

**16. Accélération due à la pesanteur.** — Il reste à déterminer la valeur de $g$, accélération du mouvement commun de tous les corps tombant en chute libre. Pour la déduire des expériences précédentes, il faut d'abord mesurer $\gamma$, accélération du mouvement observé ; comme on l'a dit (14), c'est le double de la valeur commune des rapports $\dfrac{e}{t^2}$, $\dfrac{e'}{t'^2}$ etc., ou le double de l'espace parcouru dans l'unité de temps $\left( t = 1, \ e = \dfrac{1}{2}\gamma \right).$

Dans l'expérience de Galilée, la force $P \sin \alpha$ donne à la masse du corps cette accélération $\gamma$ ; en chute libre son poids, la force P, lui donnerait l'accélération cherchée $g$. Or il y a proportionnalité entre les forces et les accélérations qu'elles donnent à une même masse (13). On a donc

$$\frac{P \sin \alpha}{\gamma} = \frac{P}{g}, \qquad \text{d'où} \qquad g = \frac{\gamma}{\sin \alpha}.$$

Dans la machine d'Atwood, le poids $p$ donne l'accélération $\gamma$ à une masse totale $2M + m$ ; si cette masse tombait en chute libre, elle serait soumise à la force $2P + p$, chacun des poids qui se font équilibre ayant la valeur P. On a donc la proportion

$$\frac{p}{\gamma} = \frac{2P+p}{g}, \quad \text{qui donne} \quad g = \gamma\,\frac{2P+p}{p}.$$

Enfin la valeur de γ donnée par les mesures faites avec l'appareil de Morin (14) serait justement celle de $g$ si on évaluait, par un calcul très simple, le temps en secondes, suivant la convention généralement adoptée.

Toutefois les mesures faites avec ces méthodes ne comportent pas assez de précision pour donner exactement la valeur de $g$ et surtout ses variations. On a toujours recours pour cela au pendule (19).

**17. Nouvelles unités de mesure. — Dyne.** — La valeur de $g$ étant connue, la relation $\dfrac{P}{g} = m$ (15) donne le poids d'un corps dont on connaît la masse :

$$P = mg;$$

$m$ étant, par définition et par expérience, une quantité constante, il en résulte que le poids P d'un corps varie lorsque $g$ varie. Le gramme-poids (9) n'est donc pas une unité invariable. Au contraire la masse du gramme (masse du centimètre cube d'eau pure, à 4°, ou plus exactement encore la millième partie du kilogramme-étalon) est constante ; c'est l'unité de masse ou *gramme*-masse.

Choisissons pour unité de longueur le centimètre ; les accélérations s'expriment alors en centimètres. Comme, d'une façon générale, en désignant par F l'intensité d'une force imprimant à la masse $m$ l'accélération γ, on a (13) $F = m\gamma$, on est conduit à prendre pour unité de force (et de poids) la force qui donne à la masse *un gramme* l'accélération *un centimètre*. Cette unité se nomme *dyne*. Pour avoir la valeur en dynes de l'ancien gramme-poids, il faut faire $m = 1$ dans l'égalité $P = mg$, ce qui donne $P = g$ dynes pour valeur ou *intensité* de la force, due à la pesanteur, qui sollicite au lieu considéré la masse du gramme. C'est pourquoi on nomme aussi, pour abréger, le nombre $g$ *intensité de la pesanteur*.

A Paris, $g = 980^{cm},96$. Le poids du gramme à Paris est donc 980 dynes 96 centièmes.

Le système des mesures internationales scientifiques ayant pour unités fondamentales le *Centimètre*, la *masse d'un Gramme* et la *Seconde* se nomme, par abréviation, système C. G. S.

**Mesure des masses.** — Un dynamomètre (9) pourrait être gradué en dynes ou multiples de la dyne. Mais une balance ne mesure que les poids *relatifs* des corps (10) ; elle indique que le poids du gramme est contenu $m$ fois par exemple dans le poids à mesurer ; le poids du gramme valant $g$ dynes, le poids à mesurer est égal à $mg$ dynes. Le poids d'un corps est variable aux différents points du globe parce que $g$ varie (19). Au contraire sa masse est partout constante : la balance indique que cette masse du corps considéré est $m$ fois celle du gramme, $m$ unités de masse ou plus simplement $m$ grammes (gramme pris dans le sens de gramme-masse) ; en effet, en un lieu quelconque le poids cherché et les poids marqués étant égaux, les masses sont aussi égales (15).

La balance mesure donc les masses des corps en grammes, kilogrammes ; les poids se mesurent en dynes.

**18. Exercices :** Les formules qui donnent l'espace et la vitesse dans le mouvement de chute libre, le corps tombant sans vitesse initiale, sont

$$(9) \quad e = \frac{1}{2} g t^2, \qquad (10) \quad v = gt.$$

En éliminant $t$ entre ces deux équations, on a

$$(11) \quad e = \frac{v^2}{2g} \qquad \text{ou} \qquad v = \sqrt{2ge},$$

expression utile de la vitesse après une chute d'une hauteur $e$.

S'il y a une vitesse initiale $v_0$, les formules deviennent

$$(12) \qquad e = v_0 t \pm \frac{1}{2} g t^2,$$

$$(13) \qquad v = v_0 \pm gt,$$

le signe $+$ correspondant au cas où la vitesse initiale, toujours supposée suivant la verticale, est dirigée de haut en bas (mouvement accéléré) ; le signe $-$, au cas où elle est dirigée de bas en haut (mouvement retardé).

Dans ce dernier cas, la hauteur à laquelle parvient le corps s'obtient en égalant à 0 la vitesse, ce qui donne la durée de l'ascension, puis en portant cette valeur dans l'équation (12) qui donnera la hauteur $e$ cherchée :

$$e = \frac{v_0^2}{2g}.$$

En comparant cette expression à celle de l'équation (11), on voit que la hauteur atteinte par le mobile est justement telle que s'il était tombé librement de cette hauteur, il aurait eu la vitesse $v_0$ en arrivant au bas de sa course. Comme il retombera après s'être élevé, il repassera donc au point de départ avec une vitesse égale à sa vitesse initiale, mais de sens contraire.

19. **Pendule.** — Tout corps pesant mobile autour d'un point ou d'un axe horizontal de suspension constitue un *pendule*. Quand on l'écarte de sa position d'équilibre stable (8), il y revient, mais seulement après avoir exécuté de part et d'autre des *oscillations*.

On peut, par la pensée, réduire le pendule à un simple point matériel pesant C suspendu en O par un fil sans poids ; un tel appareil n'est pas réalisable mais il est utile à étudier, c'est le *pendule simple*.

La position d'équilibre du point C est sur la verticale du point fixe O et au-dessous de lui. Supposons-le écarté de cette position jusqu'en $C_1$, de telle façon que le fil soit toujours tendu, et là abandonné à l'action de la pesanteur. Il redescend vers sa position C ; considérons-le dans une position intermédiaire quelconque $C_2$. Son poids P, représenté en intensité et direction par $C_2P_2$, peut se décomposer, suivant la règle du parallélogramme, en deux forces, l'une $C_2N$ suivant la ligne $OC_2$, l'autre $C_2T$ suivant la perpendiculaire à cette ligne. L'effet de la première de ces forces est de donner plus ou moins de tension au fil, et de

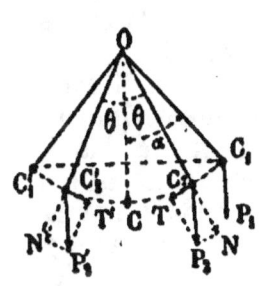

maintenir ainsi le point matériel sur la circonférence de centre O et de rayon OC. L'autre $C_2T$ est tangente à la circonférence, sur laquelle elle déplace le point matériel. L'intensité de cette force tangentielle est $P \sin \theta$, $\theta$ étant l'angle variable de la direction $OC_2$ avec la verticale OC.

Le mouvement du pendule descendant vers C est accéléré mais *non uniformément*, car la force $P \sin \theta$ n'est pas constante.

En particulier cette force s'annule au point C ; jusque là la vitesse du point sur la circonférence a augmenté ; elle est alors maxima. Aussi le pendule ne s'arrête-t-il pas ; il continue vers $C'_1$. Mais alors la composante tangentielle reparaît ; seulement elle est dirigée dans le sens opposé au mouvement et elle le ralentit. Comme cette composante tangentielle repasse, en toute position $C'_2$, par la même intensité P sin θ en valeur absolue qu'à la position symétrique $C_2$, il est rationnel d'admettre et l'on démontre en Mécanique que les vitesses sont les mêmes en ces points. Par suite, la vitesse sera nulle en $C'_1$, symétrique de $C_1$ par rapport à la verticale OC. Le pendule devra donc atteindre cette position, s'y arrêter, puis aussitôt redescendre comme précédemment.

On nomme *oscillation simple* le passage d'une position extrême $OC_1$ à l'autre $OC'_1$. *L'amplitude* est l'angle des positions extrêmes ; c'est ici 2α, double de l'angle d'écart $COC_1$.

Le calcul appliqué à l'étude de ce mouvement conduit, si l'on suppose l'amplitude assez petite (moindre que 4°), à la formule

$$t = \pi \sqrt{\frac{l}{g}},$$

dans laquelle $t$ est la durée, en secondes, d'une oscillation simple, π le rapport 3,1416... de la circonférence au diamètre, $l$ la longueur du pendule, c'est-à-dire la distance OC, et $g$ l'accélération due à la pesanteur au lieu de l'expérience, mesurée avec la même unité de longueur que $l$.

Tout autre pendule que le pendule simple est dit *composé*.

On démontre qu'il est toujours possible de déterminer dans un pendule composé un point (ou plutôt un axe parallèle à l'axe de suspension) qui oscille dans le même temps que s'il était seul et formait, par conséquent, pendule simple. Ce pendule simple est dit *synchrone* du pendule composé, parce qu'il oscille dans le même temps que lui. On nomme *longueur du pendule composé la longueur du pendule simple synchrone*.

[On retiendra sans que nous insistions que la longueur $l$ du pendule composé n'est pas, comme on est porté à le supposer, la distance $a$ du point de suspension au centre de gravité ; la longueur $l$ est toujours $> a$, elle dépend de la forme du corps oscillant.]

Les lois des oscillations peuvent donc se déduire d'expériences faites avec le pendule composé, seul réalisable dans la pratique.

**Première loi.** — *La durée d'une oscillation d'un même*

pendule, *dans un même lieu, est indépendante de l'amplitude, pourvu que celle-ci soit petite.*

On le vérifie, avec un pendule quelconque, en comptant le temps θ correspondant à $n$ petites oscillations ; puis le temps θ' correspondant au même nombre d'oscillations d'amplitude différente. On reconnaît que θ = θ'. Les oscillations sont donc *isochrones*.

Remarque.— Un pendule ne remonte jamais, l'expérience le montre, à la position symétrique de sa position initiale. Cela tient non seulement à la résistance de l'air, mais encore aux frottements et ébranlements inévitables ; aussi les amplitudes vont toujours en diminuant.

Deuxième loi. — *La durée d'oscillation de pendules de même longueur, mais de substances différentes, est la même en un même lieu.*

On le constate en faisant osciller des pendules formés de corps différents, mais de dimensions géométriques égales, ayant par conséquent même longueur, bien que celle-ci puisse être inconnue. Généralement on prend des sphères égales de fer, d'ivoire, de bois, etc., suspendues à des fils égaux. Tous ces pendules s'accompagnent dans leurs oscillations si on les a déplacés d'un même écart quelconque, ou si les amplitudes de leurs oscillations sont petites. — Ceci prouve qu'à chaque instant la même accélération est imprimée à ces différents corps ; il en serait encore ainsi en chute libre, c'est une confirmation de la 3ᵉ loi de la chute des corps (15). Il y a toutefois des perturbations analogues à celles qui se produisent dans la chute des corps (15) et qui peuvent devenir très sensibles quand la matière du pendule par exemple est légère.

Troisième loi. — *La durée d'oscillation d'un pendule, en un même lieu et pour de petites amplitudes, est proportionnelle à la racine carrée de sa longueur.*

Cette loi est une conséquence de la formule $t = \pi \sqrt{\dfrac{l}{g}}$. On la vérifie en prenant encore des pendules formés d'un fil et d'une sphère, celle-ci étant très petite. Dans ces conditions, on se rapproche du pendule simple et on peut prendre comme longueur de ces pendules la longueur du fil. On constate qu'un tel pendule fait deux oscillations pendant que celui de longueur quadruple n'en fait qu'une. La durée d'oscillation du second est donc double de celle du premier.

Ces trois lois sont dues à Galilée.

**Quatrième loi.** — *La durée d'oscillation d'un même pendule, dans des lieux différents et pour de petites amplitudes, est inversement proportionnelle à la racine carrée de l'intensité de la pesanteur dans ces lieux.*

Soit $t = \pi\sqrt{\dfrac{l}{g}}$ la durée d'oscillation du pendule en un lieu où l'intensité de la pesanteur (17) est $g$; en un autre lieu cette durée sera, l'intensité de la pesanteur étant devenue $g'$:

$t' = \pi\sqrt{\dfrac{l}{g'}}$ et, en divisant membre à membre,

$$\frac{t}{t'} = \frac{\sqrt{g'}}{\sqrt{g}}.$$

On reconnaît, en effet, que la durée d'oscillation d'un même pendule diminue quand on se déplace de l'équateur vers le pôle; et c'est précisément en appliquant cette propriété du pendule que l'on a mesuré l'intensité de la pesanteur.

**20. Applications.** — Mesure de $g$. — De la formule $t = \pi\sqrt{\dfrac{l}{g}}$, on déduit $g = \pi^2\dfrac{l}{t^2}$. La détermination de $g$ revient donc à mesurer le temps d'une oscillation, ou le temps $\theta$ de $n$ oscillations successives, et à calculer ou déterminer la longueur $l$ du pendule *synchrone* du pendule composé employé.

Les pendules employés dans ces expériences sont mobiles autour d'un axe horizontal formé par l'arête d'un prisme d'acier placé sur un plan d'acier également, comme dans la balance.

En réalité il faut tenir compte de la résistance de l'air, des frottements et autres causes de perturbations et faire intervenir la valeur des amplitudes, même petites, ce qui exige des formules plus complètes que celle du pendule simple.

Les premières expériences précises faites par cette méthode sont dues à Borda.

Les valeurs les plus récemment calculées pour $g$, d'après le même principe, sont les suivantes:

A l'équateur........   978$^{cm}$,103 ;
A Paris............   980$^{cm}$,960 ;
Au pôle............   983$^{cm}$,108.

Ces variations d'intensité, que les autres méthodes ne pourraient donner dans la pratique, s'expliquent par la connaissance de la forme de la Terre, aplatie vers les pôles. La pesanteur en effet n'est qu'un cas particulier de l'attraction universelle, qui s'exerce en raison inverse du carré de la distance, et comme si la masse de la planète occupait le centre de la terre. Pour des variations de distances très faibles relativement à la longueur du rayon terrestre, les poids nous paraissent invariables ; mais il n'en est plus de même lorsque cette variation de distance au centre cesse d'être négligeable (la différence des rayons terrestres à l'équateur et au pôle est de 22$^{kilom}$). Une grande différence d'altitude produirait un effet analogue.

Enfin la *force centrifuge* résultant de la rotation de la Terre est encore une cause de variation de $g$ avec la latitude.

**21. Mesure du temps.** — En faisant $t = 1$ dans la formule $t = \pi \sqrt{\dfrac{l}{g}}$, on a la longueur du pendule qui *bat la seconde:*

$$l_1 = \frac{g}{\pi^2}.$$

Cette longueur, à Paris, est voisine d'un mètre (99$^{cm}$,392).

Huyghens a appliqué d'une façon générale l'isochronisme des oscillations du pendule au réglage du mouvement des horloges, mouvement qui, produit par une force motrice continue, tend toujours à s'accélérer.

Pour en donner une idée, représentons un échappement à ancre : la roue dentée R est mise en mouvement par le poids P; le pendule OG entraîne dans son mouvement un arc métallique AB, ressemblant à une ancre et dont les prolongements $a$, $b$ viennent à chaque oscillation s'engager dans une dent de la roue. La roue est ainsi arrêtée à chaque oscillation du pendule, c'est-à-dire à des intervalles de temps égaux, de telle façon qu'à chaque intervalle la roue tourne d'une dent. La pression des dents sur l'ancre à l'instant de l'échappement suffit à entretenir les oscillations du pendule.

# HYDROSTATIQUE

L'hydrostatique est l'étude des propriétés des liquides en équilibre. La conséquence essentielle de la fluidité et de l'élasticité de ces corps est le principe de la transmission des pressions.

**22. Pressions.** — Les *pressions* sont des *forces* ; on les mesure donc en prenant pour unité la dyne (17), ou, si cela est plus commode, le poids du gramme ; mais une pression n'est définie que si l'on indique en même temps l'étendue de la surface pressée.

Plusieurs cas se présentent.

Une surface plane S est uniformément pressée si deux portions égales mais quelconques de cette surface supportent la même pression ; dans ce cas, P désignant la pression sur $S^{cq}$, $\dfrac{P}{S}$ est la *pression sur* $1^{cmq}$ où *pression par* $c^{mq}$.

Si la surface est courbe ou si la pression n'est pas uniforme, considérons autour d'un point M une portion de surface plane infiniment petite, $\omega$, ayant son contour sur la surface considérée ; cet *élément* $\omega$ supporte une pression P, et $\dfrac{P}{\omega}$ est ce qu'on peut appeler la pression moyenne par $c^{mq}$, sur l'élément. P et $\omega$ sont deux grandeurs qui varient et tendent vers 0 lorsque le contour considéré autour de M varie et tend vers 0 ; mais le rapport $\dfrac{P}{\omega}$ a une limite finie $p$ qu'on appelle *pression au point* M ; c'est en réalité la pression par $c^{mq}$. Pratiquement, cela revient à remplacer la surface considérée par un grand nombre d'éléments plans assez petits pour qu'on puisse supposer chacun uniformément pressé ; on peut prendre pour valeur de $p$ en un point le rapport $\dfrac{P}{\omega}$ relatif à un de ces éléments ; $\dfrac{P}{\omega} = p$. Par suite nous dirons avec une approximation suffisante que la pression P sur un élément $\omega$ a pour valeur $p\omega$.

## HYDROSTATIQUE

**23. Transmission des pressions.** — Une table produit déjà par son poids une pression sur la partie du sol en contact avec ses trois pieds ; si on place sur elle un poids de $100^{kg}$, elle transmet au sol une *pression de $100^{kg}$* inégalement répartie entre les trois pieds. Cette répartition est un problème de mécanique. Considérons encore un bloc solide ABC ; d'une manière quelconque on exerce en A une pression normale de $1^{kg}$ : pour maintenir le bloc en équilibre il faut opposer en BC une pression normale, de sens contraire et de $1^{kg}$. L'effet est tout autre avec les liquides : dans le vase à deux branches inégales MN est une masse liquide maintenue en équilibre par les pistons P et P', de surfaces 1 et 100 par exemple. Si on exerce en P une pression de $1^{kg}$,

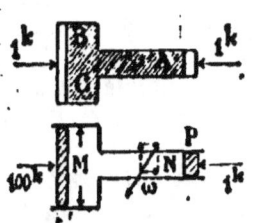

il faut pour maintenir le piston P' en équilibre opposer une pression totale de $100^{kg}$. Le liquide pressé par le piston P transmet cette pression de proche en proche, à cause de son élasticité, et la transmet dans toutes les directions, à cause de sa fluidité. Tout point de la paroi du vase sera donc pressé et j'ajoute pressé normalement : si en effet l'élément ω était pressé obliquement, à l'élément liquide au contact serait appliquée une force égale et contraire (action et réaction) dont l'effet serait de faire glisser l'élément liquide ; or il y a équilibre.

Les figures font ressortir les manières différentes dont solides et liquides transmettent les pressions.

**24. Principe de Pascal.** — *Dans une masse liquide en équilibre la pression par unité de surface est la même en tous les points ; par suite les pressions sur deux surfaces planes sont proportionnelles aux surfaces pressées.*

Pascal (1621-1663) ayant imaginé la disposition du vase MM'

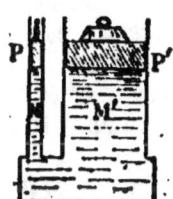

pour faire comprendre la transmission des pressions d'un piston à l'autre, ajoutait : « Et quelque proportion qu'aient ces ouvertures (P, P'), si les forces que l'on mettra sur les pistons sont comme les ouvertures, il y aura équilibre $\left(\dfrac{F}{F'} = \dfrac{S}{S'}\right)$. D'où il paraît qu'un *vaisseau* (vase) plein d'eau est une machine nouvelle pour multiplier les forces à tel degré qu'on voudra, puisqu'un homme par ce moyen pourra enlever tel fardeau qu'on lui proposera. » Cette machine nouvelle, c'est la presse hydraulique.

**25. Presse hydraulique.** — Elle est formée en principe de deux cylindres inégaux, communiquant, M, M', dans lesquels peuvent glisser des pistons P, P'; à tout effort de 1ᵏˢ sur P correspond une pression totale de 100ᵏˢ transmise à P'. On

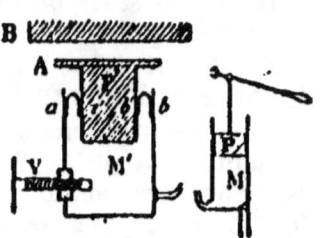

peut donc avec un effort assez faible produire une pression considérable, comprimer par exemple des matières entre le plateau mobile A et l'obstacle fixe B.

La difficulté pratique résultant des fuites qui se produisent sous ces fortes pressions a été levée par l'ingénieur anglais Bramah.

Au lieu de chercher à faire glisser le piston contre le cylindre, on laisse entre eux un espace assez large dans lequel on place un anneau creux *aba'b'* ou *cuir embouti*,

dont les bords s'appliquent d'autant plus sur le cylindre et le piston que la pression est plus considérable. Quant au petit piston, c'est dans la pratique celui d'une pompe foulante qui puise à l'extérieur de l'eau pour remplacer celle qui pénètre dans le gros cylindre à mesure que le piston P' s'élève.

Quand la pompe foulante ne peut plus fonctionner on peut encore augmenter la pression en faisant pénétrer dans le gros cylindre l'extrémité d'une sorte de vis V manœuvrée par une roue extérieure (perfectionnement de Desgoffe).

Remarquons encore, avec Pascal, que si l'on enfonce le petit piston d'1ᶜᵐ on ne repousse l'autre que de la centième partie seulement; car cette « impulsion se fait à cause de la continuité de l'eau » et l'on voit que si les forces (pressions) sont entre elles comme 1 et 100, les déplacements sont entre eux comme 100 et 1. Le *produit de chaque force par le chemin parcouru* est donc le même, comme il arrive dans toutes les machines (conservation de l'énergie).

Le principe de Pascal est ici appliqué, non démontré; il est suffisamment confirmé par les vérifications de ses nombreuses conséquences.

**Remarque.** — Outre les pressions sur les différents points de la paroi, il en existe en chaque point M de la masse liquide : on entend par là les pressions sur un petit élément plan placé en M et supposé solide; cet élément, puisqu'il est en équilibre, supporte des pressions égales sur ses deux faces.

**26. Liquides pesants.** — Le seul fait que les liquides sont pesants entraîne l'existence de pressions dans la masse et sur les parois du liquide. — Expérience : tube de verre et disque *obturateur*; la pression du liquide maintient le disque.

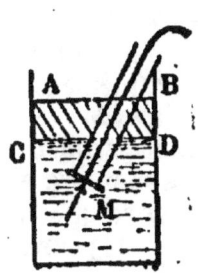

Si on isole par la pensée une portion ABCD de la masse liquide M *en équilibre*, on peut regarder ABCD comme un piston dont le poids produit une pression qui se transmet à toute la masse. Les pressions ainsi produites augmentent donc avec la profondeur de la surface pressée.

Au lieu de développer directement les conséquences du principe de Pascal, nous admettrons démontré un théorème général sur les liquides pesants en équilibre (qui comprend même comme cas particulier le principe de Pascal) et nous en déduirons les propriétés des liquides.

**27. Théorème fondamental d'hydrostatique.** — *La différence de pression (par centimètre carré) entre deux points d'un même liquide (ou fluide) en équilibre est égale au poids d'un cylindre droit de ce liquide ayant pour base un centimètre carré et pour hauteur la distance verticale des deux points* :

$$p - p' = h\pi,$$

$\pi$ désignant le poids de l'unité de volume du liquide (35).

Ce théorème se démontre en appliquant les lois de la Mécanique à une portion de liquide *en équilibre*: tout ce qui en résulte ne s'applique qu'avec cette restriction.

**28. Conséquences.** — I. — *En un même point deux éléments de même surface $\omega$ mais de forme et de direction différentes supportent la même pression;* car $h = 0$, donc $p = p'$, et par suite $p\omega = p'\omega$. C. Q. F. D. — Cela se démontre aussi directement. — La différence de pression sur deux éléments quelconques mais égaux, dont la distance verticale est $h$, est donc $p\omega - p'\omega = \omega h\pi$.

**II.** — Il n'y a pas de liquide non pesant; mais, si les pressions exercées sur un liquide sont énormes par rapport à celles qui résultent du poids du liquide, les différences $p — p'$ deviennent insignifiantes comme si $\pi$ était nul. Alors $p = p'$ quel que soit $h$, *la pression est la même en tous les points;* c'est le principe de Pascal qui est la loi de transmission des pressions comme si les liquides n'étaient pas pesants.

**III.** — *Deux éléments égaux, supposés dans un plan horizontal, d'une masse liquide en équilibre supportent la même pression* (très important). Car si $h$, distance verticale des éléments, est nulle, $p = p'$, et par suite $p\omega = p'\omega$.

**IV.** — Et *réciproquement*, car si $p\omega = p'\omega$ ou si $p = p'$, $h = 0$. En particulier la pression est la même en tous les points de la surface libre; donc cette *surface libre* (en équilibre) *est un plan horizontal.* Cela se vérifie expérimentalement : un fil à plomb au-dessus d'un bain de mercure a son image dans le prolongement du fil, ce qui prouve que la surface réfléchissante est perpendiculaire au fil à plomb (Optique, 125).

 Le niveau à bulle d'air est une application de l'horizontalité de la surface libre d'un liquide.

Cette surface libre n'est en réalité que la surface de séparation du liquide et de l'air.

Les gaz n'ont pas de surface libre à cause de leur expansibilité; néanmoins les autres propriétés sont applicables aux fluides en général.

**V. — Liquides superposés.** — Lorsque deux ou plusieurs liquides non miscibles et sans action chimique l'un sur l'autre sont placés dans un même vase : 1° *ils se superposent par ordre de poids spécifique ou de densité décroissant depuis le fond du vase;* 2° *les surfaces de séparation sont planes et horizontales.*

La première partie du principe est un résultat d'observation et se déduit, théoriquement, du principe d'Archimède (34); la seconde peut s'établir en s'appuyant sur les principes précédents et est également vérifiée par l'expérience.

 Soient $\pi$ et $\pi'$ les poids spécifiques de deux fluides dont MN est la surface de séparation, supposée de forme quel-

conque. Deux éléments ω, ω₁ de même surface supportent, dans le liquide inférieur, des pressions P et P' liées par la relation connue (26) :
$$P = P' + \omega h \pi,$$
et dans le liquide supérieur
$$P_1 = P'_1 + \omega h \pi',$$
d'où $\quad (P - P_1) = (P' - P'_1) + \omega h (\pi - \pi').$

Or si l'on suppose que les seules forces agissant sur les éléments sont les pressions P et P₁, P' et P'₁, on a $P = P_1$ et $P' = P'_1$, puisque les éléments sont en équilibre. Il faut donc que $\omega h (\pi - \pi')$ soit nul, puisque les différences $(P - P_1)$ et $(P' - P'_1)$ le sont. Comme $\pi$ est différent de $\pi'$, cela exige que $h$ soit nul. Il ne peut donc y avoir de différence de niveau entre deux points quelconques de la surface de séparation MN : c'est par conséquent un plan horizontal. On montre l'exactitude de ces conclusions avec la *fiole dite des quatre éléments* (mercure, eau, huile et air).

**29. VI. — Vases communicants.** — Dans le cas d'*un seul* liquide, ils ne constituent en réalité qu'un vase dont la forme, complexe ou non, n'influe en rien sur les pressions. La surface libre, bien qu'interrompue, est donc sur un même plan horizontal. Et en effet, un élément quelconque pris dans le liquide subit une pression $P = \omega h \pi$, $h$ étant sa distance *verticale* à l'une quelconque des portions de surface libre M ou N. Il faut donc que cette distance $h$ soit la même pour toutes ces portions de surface, c'est-à-dire qu'elles soient dans un même plan horizontal.

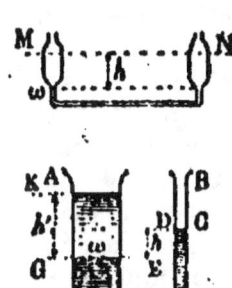

Le niveau d'eau est une application de ce principe : la *ligne de visée* passant par les deux surfaces libres M et N est toujours horizontale.

Si l'un des vases n'a pas une hauteur suffisante, le liquide jaillit au dehors (puits artésiens, jets d'eau, etc.).

Dans le cas de *deux* liquides, si chacun d'eux a une surface libre, la partie inférieure de l'ensemble est totalement remplie du liquide le plus dense (ayant le plus grand poids spécifique $\pi$), qui s'élève jusqu'à sa surface libre DC d'une part, d'autre part seulement jusqu'en GE, surface de séparation *horizontale* (28, V). Au-dessus de GE se trouve le liquide le moins dense, s'élevant jusqu'au niveau libre K, supérieur à DC. La pression sur un élément $\omega$ de la surface de séparation est dans le premier liquide

$$P = \omega h \pi,$$

dans le second $\qquad P_1 = \omega h' \pi',$

et comme il est en équilibre, $P = P_1$, c'est-à-dire

$$h\pi = h'\pi', \qquad \text{ou} \qquad \frac{h}{h'} = \frac{\pi'}{\pi} = \frac{d'}{d}.$$

Les *hauteurs h* et *h' des deux liquides au-dessus de la surface de séparation sont donc en raison inverse des poids spécifiques, ou, ce qui revient au même, des densités (35) de ces liquides.*

30. VII. — **Pression sur une paroi horizontale.** — Le fond d'un vase est, si l'on veut, la paroi horizontale la plus basse.

La pression sur une paroi horizontale d'un vase contenant un liquide en équilibre est *égale au poids d'un cylindre droit de liquide ayant pour base la surface considérée et pour hauteur la distance verticale de la paroi au niveau de la surface libre.*

En effet, divisons la paroi en un grand nombre d'éléments de surface $\omega$; la pression sur chacun d'eux est normale et égale à $\omega h \pi$ (28); il y a donc une résultante égale à la somme $h\pi\Sigma\omega$ ou $Sh\pi$. $\qquad$ C. Q. F. D.

Un point intéressant est à faire ressortir dans ce résultat : la valeur de la pression ne dépend, pour un liquide donné et un fond de surface S, que de la hauteur $h$ du liquide au-dessus du fond ; que le vase soit très étroit, cylindrique ou très évasé (1, 2, 3), qu'il y ait par suite très peu ou beaucoup de liquide, la pression sur le fond est la même, et c'est ce qu'on vérifie expérimentalement.

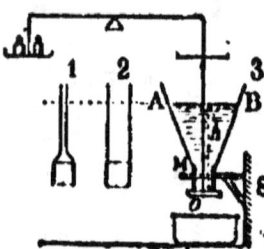

Les tubes 1, 2, 3 peuvent se visser l'un après l'autre sur un manchon M fixé au support S. Le fond — le même pour les trois vases — est un disque $o$ qu'on applique au manchon au moyen d'un fil suspendu à un fléau de balance. Le vase cylindrique étant disposé pour l'expérience, versons-y de l'eau : quand la pression du liquide sur le fond atteindra la pression de l'obturateur $o$ contre le manchon, quelques gouttes de liquide suffiront à faire pencher la balance et détacher le disque. Notons le niveau AB du liquide et faisons l'expérience avec les tubes 1 et 3 : l'obturateur cède quand le liquide atteint le même niveau AB. (Appareil de Pascal ainsi disposé par Masson.)

**31. VIII. — Pression sur une paroi inclinée.** — La paroi latérale en contact avec le liquide est aussi pressée (*tourniquet hydraulique, vase à réaction*), mais la pression varie d'un point à l'autre. Divisons donc la surface plane considérée AM en petits éléments AB, BC, ... ; la pression sur l'un

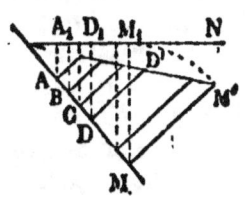

d'eux M est le poids du cylindre droit de liquide ayant pour base l'élément et pour hauteur la distance $MM_1$ au niveau.

Je construis en MM' cette colonne cylindrique dont le poids est la pression sur l'élément M. De même en A, B, C, D.. je construis des petites colonnes de liquide perpendiculaires à la paroi et de hauteur $AA_1$, ..., $DD_1$, ... L'ensemble de ces cylindres de liquide forme un cylindre tronqué AMM' dont le poids est égal à la pression totale supportée par AM.

Cette pression est encore indépendante de la forme du vase. Avec une faible quantité de liquide on peut donc rendre considérable la pression sur une paroi, ce que fit Pascal dans l'expérience célèbre du *crève-tonneau*.

**32. IX. — Pression sur une paroi courbe.** — Divisons cette paroi en petits éléments plans : sur chacun la pression est normale et égale à $\omega h \pi$. Il n'est pas possible en général de composer en une seule toutes ces forces de grandeurs et de directions différentes.

Toutefois si la paroi considérée est sphérique, toutes les pressions passent par le centre de la sphère : il y a *une* résultante.

**X. — Résultante des pressions sur les parois.** — Toutes ces pressions, si l'on considère la totalité des parois en contact avec le liquide en équilibre, *ont une résultante verticale égale au poids du liquide*. En effet, mettons sur un plateau de balance un vase cylindrique renfermant de l'eau et faisons la tare : les pressions latérales exercées par le liquide en deux points sur un même diamètre horizontal sont égales et de sens contraires ; toutes les pressions latérales ont une résultante nulle. Reste donc seulement la pression du liquide sur le fond, qui est égale au poids de l'eau et que le vase transmet au plateau de la balance. L'équilibre subsiste si l'on remplace le vase cylindrique par un autre de forme quelconque mais de même poids : donc le liquide employé exerce sur la totalité des parois qu'il touche des pressions qui se composent en une seule force verticale, le poids du liquide.

Ce résultat important s'établit aussi par le raisonnement.

**33. Paradoxe hydrostatique.** — Lorsqu'un vase a la forme ABC, la pression sur le fond est supérieure au poids du liquide. Cette contradiction *apparente* porte le nom de *paradoxe hydrostatique*. Elle s'explique : la balance accuse la pression du liquide sur la paroi totale qui, dans le cas de la figure, est égale à la pression sur le fond C diminuée de la pression de sens contraire sur la paroi B. La pression sur le fond est donc plus grande que la pression sur *toute* la paroi. Ce serait le contraire si le récipient était évasé à partir du fond.

Le principe d'Archimède est encore une conséquence des lois sur les pressions.

**34. Principe d'Archimède.** — *Tout corps plongé dans un fluide subit une pression verticale dirigée de bas en haut et égale au poids du volume de fluide qu'il déplace.*

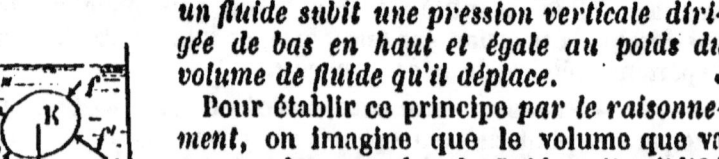

Pour établir ce principe *par le raisonnement*, on imagine que le volume que va occuper le corps dans le fluide soit solidifié sans changer d'ailleurs de poids spécifique. L'équilibre ne serait pas troublé, et ce volume de fluide solidifié serait soumis : 1° à son poids P' appliqué à son centre de gravité K ; 2° aux pressions $f, f', f'', f''', \ldots$, normales à sa surface, exercées par le fluide qui l'environne. Or, d'après un théorème de Mécanique, quand un solide libre est en équilibre sous l'action de plusieurs forces, l'une quelconque de ces forces est égale et directement opposée à la résultante de toutes les autres. Ici, la résultante des pressions $f, f', \ldots$ est donc égale et directement opposée à la force KP', poids du fluide solidifié.

Quand on remplace cette portion de fluide par le corps considéré, les pressions $f, f', \ldots$ restent les mêmes, puisqu'elles ne dépendent en rien de la nature de la surface pressée. Elles ont donc encore la même résultante verticale, dirigée de bas en haut, et égale au poids du liquide déplacé. C'est la *poussée*, et le centre de gravité du volume liquide déplacé, est nommé souvent centre de poussée.

*Expérimentalement*, on suspend sous le plateau d'une balance convenablement disposée (*balance hydrostatique*) un cylindre creux B, et au-dessous un cylindre plein C, dont le volume est exactement égal au volume intérieur du premier.

On fait l'équilibre avec de la tare, puis on fait plonger le cylindre plein dans l'eau. L'équilibre est rompu et on constate que pour le rétablir, le cylindre plein étant complètement immergé, il faut remplir d'eau le cylindre creux.

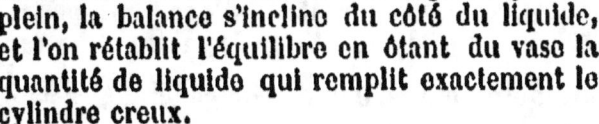

**Réciproquement**, *le fluide subit une poussée égale et de sens contraire*. — Pour le prouver, c'est le liquide qu'il nous faut mettre sur le plateau d'une balance pour en faire la tare : si alors on immerge le cylindre plein, la balance s'incline du côté du liquide, et l'on rétablit l'équilibre en ôtant du vase la quantité de liquide qui remplit exactement le cylindre creux.

On pouvait prévoir ce résultat, parce que les pressions de deux corps sont nécessairement réciproques, ou parce qu'en un lieu le poids du système cylindre et eau reste constant.

**35. Corps flottants.** — Soit P le poids du corps plongé dans un fluide et P' la poussée qu'il subit. Si P = P' et si le centre de poussée K coïncide avec le centre de gravité G du corps (ce qui aura lieu si ce corps est homogène),

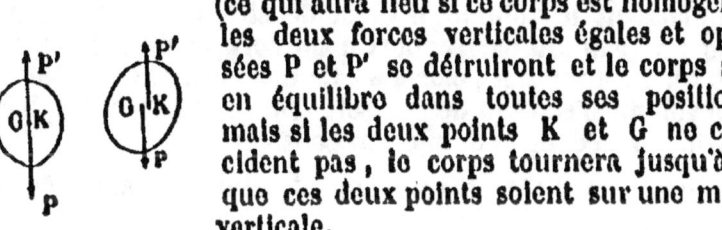

les deux forces verticales égales et opposées P et P' se détruiront et le corps sera en équilibre dans toutes ses positions ; mais si les deux points K et G ne coïncident pas, le corps tournera jusqu'à ce que ces deux points soient sur une même verticale.

Si P' est inférieur à P, le corps est sollicité par la force P — P' (on dit souvent qu'il perd une portion de son poids égale au poids P' du liquide déplacé) ; s'il est libre, il descend. Si P' est supérieur à P, il s'élève : il finit alors par émerger partiellement ; le volume de liquide déplacé diminue : il en résulte que la poussée P' diminue jusqu'à atteindre une valeur $p' = P$. Le corps est alors flottant.

Les deux conditions suivantes sont donc nécessaires pour qu'un corps flottant soit en équilibre :

1° *Le poids total du corps est égal à la poussée que subit la partie immergée ;*

2° *Le poids et la poussée sont sur la même verticale.*

**36. Densité, poids spécifique.** — Le *poids spécifique* $\pi$ d'un corps (homogène) est le *poids de l'unité de volume de ce corps.* Ainsi en prenant pour unité de poids le kilogramme, pour unité de volume le mètre cube, un corps dont le mètre cube pèsera 1500 kilogr. à Paris aura pour poids spécifique 1500 (kilogr.) au lieu et dans le système ainsi adoptés. Dans le système C. G. S. (17) il est facile de voir que le poids spécifique du même corps serait $\dfrac{1.500.000 \times 980,96}{1.000.000} = 1471$ (dynes), 44, puisque 1500 kilogr. ont pour poids à Paris $1.500.000 \times g$ dynes et que le mètre cube vaut 1.000.000 de centimètres cubes. D'une façon générale, $\pi = \dfrac{P}{V}$ ou $P = V\pi$, V étant le volume et P le poids du corps.

La *densité relative* (ou par rapport à l'eau) d'un corps est le *rapport des masses* M *et* M' *de volumes égaux de ce corps et d'eau* (pure à 4°) ; c'est aussi le *rapport des poids* P *et* P' *de ces volumes*, d'après la relation connue (15).

On a donc $$d = \frac{m}{m'} = \frac{P}{P'}.$$

Connaissant le volume V et la densité $d$ d'un corps par rapport à l'eau (ou par rapport à un corps A de poids spécifique $a$), on aura son poids en calculant d'abord le poids P' de ce volume d'eau (ou de A), soit $Va$, et en le multipliant ensuite par la densité $d$ du corps considéré.

En effet, on vient de voir que $\dfrac{P}{P'} = d$ ; P' étant égal à $Va$, cette égalité donne $\dfrac{P}{Va} = d$, d'où

HYDROSTATIQUE

$$P = Vad, \text{ formule } générale.$$

*Exemple* : $V = 3^{mc}$, $a = 1000^{kg}$, $d = 2$; le poids P sera égal à $3 \times 1000 \times 2$, soit 6000 kilogrammes.

Si l'on choisit l'unité de volume de façon que $a$ soit égal à 1, la relation se simplifie. C'est ce qui arrive quand on exprime les volumes en centimètres cubes, les poids en grammes-poids, et que la densité est prise par rapport à l'eau ; en effet, $1^{cc}$ d'eau pesant 1 gr., le facteur $a$ est l'unité :

$$P^{gr} = (V^{cc} \times 1 \times d)^{gr} = Vd, \text{ formule généralement usi-}$$
tée, mais qui n'est exacte que dans ce cas *particulier*.

Les poids P évalués en unités du système *métrique* mesurent aussi les *masses* dans le système C. G. S. (17).

Si l'on veut exprimer les poids en adoptant le système C. G. S. (17), $a$ est égal, à Paris, à 980 dynes, 96, et la formule devient

$$P \text{ dynes} = (V^{cc} \times 980,96 \times d) \text{ dynes}.$$

On remarquera que, d'une façon générale, le poids spécifique $\pi$ est égal au produit $ad$, puisque c'est le poids d'un volume 1. On a par suite, $\pi$ et $\pi'$ étant les poids spécifiques et $d$ et $d'$ les densités correspondantes de deux substances,

$$\frac{\pi}{\pi'} = \frac{ad}{ad'} = \frac{d}{d'}.$$

Les poids spécifiques sont donc proportionnels aux densités.

**Application.** — Les différents cas qui peuvent se présenter lorsqu'un corps est plongé dans un liquide (34) sont indiqués par les égalités ou inégalités suivantes, dans le cas où le corps est *homogène* :

$P = P'$   $Vad = Vad'$, ou $d = d'$   (équilibre) ;
$P > P'$   $Vad > Vad'$, ou $d > d'$   (le corps descend) ;
$P < P'$   $Vad < Vad'$, ou $d < d'$   (le corps monte) ;
$P = p'$   $Vad = vad'$, ou $v = \frac{d}{d'} V$   (équilibre) ;

P, V et $d$ sont le poids, le volume et la densité du corps ; $v$ son volume immergé, dans le cas où il flotte ; P', $p'$ et $d'$ les poussées et la densité du liquide.

**37. Détermination de la densité d'un corps.** — 1° Quand on peut mesurer ou calculer le volume du corps, il suffit de le peser et d'appliquer la formule $P = Vad$, dans laquelle $a$ est le poids spécifique de la matière par rapport à laquelle on prend la densité, et $d$ l'inconnue :

$$d = \frac{P}{Va}.$$

*Exemple :* Le poids d'un corps est $319^{gr}$, son volume $110^{cc}$ ; sa densité par rapport à l'eau (ici $a=1$) sera $d = \dfrac{319}{110} = 2,9$.

**2° Méthode du flacon. —** *Solides.* — On place sur le plateau d'une balance l'échantillon dont on cherche la densité, et à côté de lui un flacon contenant de l'eau jusqu'à un niveau marqué (sur le col ou sur un bouchon creux). On établit l'équilibre en mettant de la tare dans l'autre plateau. On enlève le corps et on met à sa place des poids marqués P jusqu'à ce que l'équilibre soit rétabli. On a ainsi le poids du corps par double pesée (11). On retire ces poids, on met le corps dans le flacon ; le niveau s'élève, mais on rétablit l'affleurement du niveau libre au trait marqué : le liquide ainsi enlevé a évidemment le même volume que le corps. En replaçant le flacon sur le plateau de la balance, on doit ajouter pour rétablir l'équilibre le poids P' d'un volume d'eau égal à celui du corps.

La densité est, conformément à la définition, $d = \dfrac{P}{P'}$.

*Liquides.* — Avoir par double pesée le poids P de liquide qui remplit le flacon à 0° jusqu'au repère, puis de même le poids P' d'eau remplissant le flacon à 0°, et ayant par conséquent le même volume que le liquide, tel est le but. Il convient de diriger ainsi les pesées :

Mettre le flacon vide et des poids marqués dans un plateau et faire la tare. Rapporter le flacon après l'avoir rempli de liquide et enlever des poids marqués, de façon à rétablir l'équilibre : la somme des poids ainsi enlevés est précisément P. Refaire une seconde pesée analogue, mais en remplaçant le liquide par l'eau : on a ainsi P'.

Il n'y a en tout que trois équilibres à établir.

On n'obtient réellement que le rapport des poids P, P' de volumes égaux du corps et d'eau à 0°, c'est-à-dire la densité par rapport à l'eau à 0°. Une très petite correction reste à faire (38).

**3° Méthode de la balance hydrostatique. —** Le corps

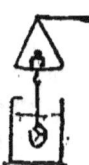
*solide* est placé dans un des plateaux de la balance hydrostatique, sous lequel on a attaché un fil fin ; on fait la tare dans l'autre plateau ; on enlève le corps et on le remplace par des poids marqués, dont la somme, lorsque l'équilibre est ainsi rétabli, donne le poids P en grammes-poids.

On enlève les poids marqués, on suspend le corps au fil, on le fait plonger entièrement dans l'eau ; il faut, pour rétablir l'équilibre, ajouter du côté du corps des poids marqués qui représentent le poids P' de l'eau déplacée, c'est-à-dire d'un volume d'eau égal au volume du corps, d'après le principe d'Archimède. On a alors

$$d = \frac{P}{P'}.$$

Si le corps est *liquide*, on suspend sous le plateau de la balance hydrostatique une boule de verre (ou tout corps analogue) et on lui fait équilibre avec de la tare. Puis on fait plonger entièrement la boule dans le liquide ; il faut pour rétablir l'équilibre ajouter, de son côté, un poids P qui est, d'après le principe d'Archimède, le poids d'un volume de liquide égal à celui de la boule. On enlève les poids P et on recommence l'opération, en faisant plonger la boule dans l'eau. On a ainsi le poids P' d'un volume d'eau égal à celui de la boule, et par suite égal à celui du liquide ; on aura encore

$$d = \frac{P}{P'}.$$

**4° Méthode des aréomètres à volume constant.** — L'emploi de ces instruments est basé sur l'équilibre des corps flottants (36) ; on s'astreint à ce que la portion de leur volume immergée soit toujours la même, d'où le nom de ces aréomètres.

*L'aréomètre de Nicholson*, employé pour déterminer la densité des *solides*, a la forme générale indiquée par la figure.

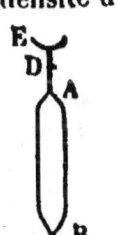
Il est en laiton creux, et lesté à sa partie inférieure par une sorte de corbeille C assez lourde pour que l'instrument flotte sur l'eau dans une position verticale, en s'y enfonçant de plus de moitié.

A sa partie supérieure, une plate-forme E est supportée par une tige AE verticale qui porte un *trait de repère* D.

L'aréomètre flottant sur l'eau, on place le corps

solide sur la plate-forme, et on ajoute à côté de lui de la tare en quantité suffisante pour établir l'*affleurement* de D et du niveau libre. Puis on retire le corps et on le remplace par des poids marqués jusqu'à amener D au même niveau. Ces poids P sont égaux au poids du corps, puisqu'ils produisent le même effet que ce poids (*double pesée*, 10). On les enlève, et plaçant le corps dans la corbeille, on rétablit encore l'affleurement par des poids P'. P' est, d'après le principe d'Archimède, le poids d'un volume d'eau égal à celui du corps, et la densité cherchée est $\frac{P}{P'}$.

L'*aréomètre de Fahrenheit* pour la détermination de la densité des liquides, est en verre creux, lesté et de même forme générale. On détermine l'affleurement au trait D dans le liquide étudié, en plaçant sur la plate-forme des poids convenables $p$. Le poids de l'aréomètre seul étant $\pi$, le poids du volume $v$ du liquide déplacé est $p+\pi$, d'après la condition d'équilibre des corps flottants (35).

La même opération faite sur l'aréomètre plongé dans l'eau puis surchargé du poids $p'$ donne le poids $p'+\pi$ du volume $v$ d'eau. La densité du liquide est donc

$$d = \frac{p+\pi}{p'+\pi}$$

(et non $\frac{p}{p'}$ comme dans les autres méthodes).

38. *La densité d'un corps A par rapport à une autre substance B (solide ou liquide) étant connue, calculer la densité de ce corps par rapport à une troisième substance C.*

Soient P le poids du corps, V son volume, $d$ sa densité par rapport à une substance de poids spécifique $a$, $x$ sa densité par rapport à la troisième substance, de poids spécifique $a'$. On a (36)   $P = Vad = Va'x$ ;   donc   $x = \frac{a}{a'}d$.

Mais $\frac{a}{a'}$ c'est le rapport des poids de volumes égaux (unité de volume) des substances B et C ; c'est donc la densité $\delta$ de B par rapport à C. Par suite $x = d\delta$ ; la densité cherchée s'obtient *en multipliant la densité trouvée par la densité de la substance intermédiaire.* — Cette règle permet de trouver la densité par rapport à l'eau d'un corps soluble dans ce liquide : on opère alors en le plongeant dans un autre liquide de densité δ connue. Elle sert aussi à trouver la densité d'un corps par rapport à l'eau à 4°, *les méthodes précédentes ne la donnant que par rapport à l'eau à t°*, température de l'expérience. On n'a en effet qu'à multiplier les résultats par la densité de l'eau à $t°$ relative à l'eau à 4° (0,998213 pour $t = 20°$).

**39. Aréomètres à poids constant.** — Ils sont en verre et ont encore la forme générale des aréomètres précédents ;

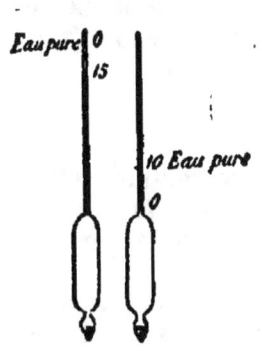

mais la plateforme est supprimée et la tige porte une graduation arbitraire. Ils servent à reconnaître si la densité d'un liquide est plus ou moins grande, ou bien à la calculer exactement. D'après le principe des corps flottants, le volume immergé $v$ d'un aréomètre sera d'autant plus grand que la densité du liquide sera plus faible. En effet $P = Vad$, P étant le poids de l'aréomètre, $v$ son volume immergé, $a$ le poids spécifique du liquide par rapport auquel on prend les densités (l'eau en général) et $d$ la densité du liquide considéré.

Donc $$v = \frac{P}{ad}.$$

Les aréomètres de Baumé, les plus employés, sont à graduation arbitraire. Le *pèse-sels* ou *pèse-acides*, destiné aux liquides plus denses que l'eau, est lesté de façon à s'enfoncer dans l'eau pure, jusqu'au voisinage de l'extrémité supérieure de la tige ; au point d'affleurement, on marque 0. Puis, à l'affleurement dans une dissolution de 15 parties en poids de sel marin dans 85 parties d'eau, on marque 15 ; on divise la tige supposée d'une section constante (bien calibrée) en 15 parties égales entre ces deux points et on prolonge au-dessous.

Le *pèse-esprit* ou *pèse-liqueurs* est lesté de façon à s'enfoncer jusqu'à une petite distance de la naissance de la tige dans l'eau pure ; on marque 10 en ce point, puis 0 *au-dessous* à l'affleurement dans une dissolution de 10 parties de sel marin dans 90 d'eau. On prolonge vers le haut la graduation.

Tout ce qu'indiquent ces instruments, c'est que la densité d'un liquide correspond à telle ou telle division : ainsi l'acide sulfurique du commerce marque 66° Baumé.

Un calcul très simple permet de déterminer la densité $x$ du liquide dans lequel un de ces aréomètres, le pèse-acides par exemple, affleure à la division $n$. Il faut connaître à l'avance ou par expérience combien de fois le volume de l'aréomètre jusqu'au zéro, contient le volume $b$ d'une division. Soit N ce nombre, constant pour tous les pèse-acides. Les volumes immergés dans l'eau pure, et dans le liquide de densité $x$ ont pour valeur $Nb$ et $(N-n)b$. On a donc P (poids de l'instrument) $= Nbad = (N-n)\,bax$, d'où

$$x = \frac{N}{N-n}\,d\,;$$

$d$ est d'ailleurs très voisin de 1 (ce serait ce nombre si l'eau était à 4° de température). Ce calcul est le point de départ de la graduation des aréomètres nommés *densimètres*.

L'*alcoomètre* centésimal de Gay-Lussac est un aréomètre dont la graduation est établie de façon à donner la proportion pour cent, en volume, d'alcool absolu contenu dans un mélange de ce liquide et d'eau (eaux-de-vie et alcools du commerce). On marque zéro, vers le bas de la tige, dans l'eau pure. Puis on fait successivement des mélanges de 5, 10, 15, etc. volumes d'alcool absolu avec les *quantités d'eau nécessaires pour amener chaque mélange à 100 volumes* (il en faut un peu plus de 95, 90, 85, etc. volumes parce qu'il y a contraction); on plonge l'alcoomètre dans les mélanges et on marque 5, 10, 15 aux affleurements successifs. On partage les intervalles, *inégaux*, en 5 parties égales entre elles.

L'alcoomètre, comme du reste tous ces aréomètres, ne donne des indications exactes que pour la température 15° à laquelle il a été gradué. A des températures différentes, on corrige ses indications au moyen de tables portant en regard du degré alcoolique *lu*, le degré alcoolique *véritable*.

# AÉROSTATIQUE

**40.** Tous les principes ou théorèmes énoncés en hydrostatique comme s'appliquant aux *fluides*, sont communs aux liquides et aux gaz. Ainsi les gaz transmettent les pressions *proportionnellement aux surfaces pressées* (principe de Pascal) ; on le démontre approximativement en soulevant un poids considérable placé sur un sac de caoutchouc, par l'effort assez faible développé en soufflant dans un tube communiquant avec ce sac ; on l'établit plus rigoureusement par les expériences faites avec le baromètre. Les gaz sont *pesants*, un ballon plein d'air étant plus lourd que lorsqu'on y a fait le vide ; le principe d'Archimède leur est donc applicable (34), etc. Toutefois les gaz, par suite de leur expansibilité (1), ne nous présentent jamais de surface libre (28, 4°).

On nomme souvent *force élastique* ou *tension* la pression due à un gaz ou exercée sur lui. Il faut, comme pour les pressions en général (22), indiquer sur quelle surface elle s'exerce. Le gaz le plus commun est l'air atmosphérique qui enveloppe la terre. C'est lui qu'on étudie plus particulièrement.

**41. Pression atmosphérique.** — Son existence se montre en supprimant, ou modifiant, sur une surface placée dans l'air, l'une des deux pressions égales qui y sont appliquées et se font équilibre (25). On y parvient par les expériences du *crève-vessie*, des *hémisphères de Magdebourg*, au moyen de la machine pneumatique (51). Plus simplement, en retournant vers le bas l'ouverture, recouverte par une feuille de papier, d'un vase dont le contenu liquide ne tombe pas. Enfin, la meilleure et la première preuve de l'existence de la pression atmosphérique est l'expérience de Torricelli.

Il n'est pas possible de calculer la pression exercée par l'air atmosphérique sur une surface donnée, en procédant comme pour les liquides (28), parce qu'on ne peut pas connaître la hauteur totale de l'atmosphère, et que son poids spécifique varie avec l'altitude. L'expérience de *Torricelli* lève cette difficulté, en permettant de produire, avec *un liquide seul*, et par conséquent de mesurer une pression égale à celle que l'on cherche.

On prend un tube de verre, d'un mètre environ de lon-

gueur, fermé à une extrémité. On le remplit complètement de mercure, puis plaçant le doigt sur l'ouverture, on la plonge dans le mercure d'une cuvette. En abandonnant le liquide à lui-même, on voit le niveau descendre dans le tube, mais s'y arrêter, quelle que soit sa forme, à une hauteur H d'environ 76 centimètres au-dessus de la surface supérieure du mercure dans la cuvette.

L'espace ou chambre situé au-dessus du mercure est *vide* de matière ; la surface du mercure qui la limite est véritablement une surface *libre*.

La surface MN est une surface de séparation entre l'air et le mercure. Un élément d'aire ω pris à ce niveau à l'intérieur du tube subit une pression ω.H.π, π étant le poids spécifique du mercure et H la distance verticale de MN à AB ou *hauteur du mercure dans le tube*.

Cette pression est aussi celle qu'un élément libre ω subit de la part de l'air atmosphérique. La force élastique de cet air, ou la *pression atmosphérique* P sur un élément, au niveau MN, est donc égale à la pression d'une colonne de mercure de hauteur H sur un élément de même surface :

$$P = \omega H \pi.$$

Connaissant H et le poids spécifique π du mercure employé, on pourra donc calculer la pression atmosphérique sur une surface déterminée. La pression (supposée uniforme) sur 1cmq $= H\pi$, et si l'on fait en sorte que π soit constant, on voit que cette pression est proportionnelle à H. H s'appelle *hauteur barométrique*; le tube de Torricelli, un *baromètre* (traduction: mesure du poids). Et l'on peut se contenter souvent de dire, en abrégé, la pression atmosphérique est de Hcm ; cela signifie que sur 1cmq la pression est égale au poids d'une colonne de mercure dont le poids spécifique est π et la hauteur Hcm.

En répétant l'expérience avec un autre liquide de poids spécifique π', on doit trouver la même valeur de P, soit

$P = SH\pi = SH'\pi'$, d'où $\dfrac{H'}{H} = \dfrac{\pi}{\pi'} = \dfrac{d}{d'}$, $d$ et $d'$ étant les densités du mercure et du second liquide. *Les hauteurs barométriques de deux liquides différents sont en raison inverse de leurs densités.* C'est exactement le principe des vases communicants, le plan de niveau MN jouant le même rôle que la surface de séparation. En particulier, l'eau ayant pour densité 1 et le mercure 13,6, la hauteur barométrique de l'eau doit être environ $76^{cm} \times 13,6 = 1033^{cm}$. C'est ce que Pascal vérifia directement et ce qui explique l'impossibilité d'élever l'eau à l'aide de la pompe aspirante (53) à plus de $10^m,33$.

**42. Baromètres.** — On donne à l'ensemble du tube et de la cuvette de Torricelli différentes dispositions destinées à assurer la commodité et la précision des observations.

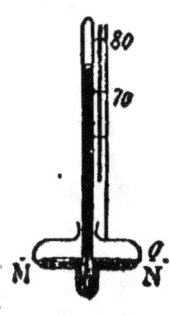

Dans le *baromètre* ordinaire *à cuvette*, le tube est placé verticalement sur une planchette ; la cuvette a la forme d'une fiole très élargie à la hauteur du niveau libre MN dans l'air. On évite ainsi que les variations de hauteur dans le tube influent sensiblement sur ce niveau MN ; là en effet se trouve le 0 d'une règle divisée en millimètres et servant à la lecture de H : si la pression baisse, du mercure passe du tube dans la cuvette, mais il s'étale sur le fond MN sans élever le niveau ; si la pression croît, c'est l'inverse, et ainsi le niveau extérieur est (très sensiblement) fixe au 0 de la graduation.

Dans les observations précises, on ne peut plus supposer le niveau MN invariable et il faut mesurer directement la distance verticale H. Pour éviter cet inconvénient, on a imaginé de rendre mobile le fond de la cuvette (Baromètres de Fortin et analogues). Avant de faire une observation on amène alors, en déplaçant le fond à l'aide d'une vis, le niveau

MN au contact d'un *repère* correspondant au zéro de l'échelle verticale sur laquelle on lit H.

Dans le *baromètre à siphon*, on donne encore à la cuvette une section assez grande pour ne pas avoir à tenir compte des variations de niveau, ou bien on lit la hauteur H en additionnant les longueurs $h$ et $h'$ lues sur une règle verticale dont le zéro est vers le milieu du tube (*baromètre de Gay-Lussac*).

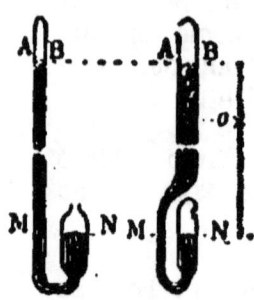

En construisant ces différentes sortes de baromètres, il faut s'attacher à n'employer que du mercure pur et surtout à le bien purger d'air et d'humidité, en le portant par exemple à l'ébullition dans le tube même, avec des précautions spéciales. L'air, en effet (ou la vapeur d'eau), qui pourrait y rester, monterait dans la chambre barométrique et sa force élastique abaisserait le niveau AB.

Dans les observations précises il est nécessaire, si le tube barométrique est étroit (*Fortin*), d'ajouter à la hauteur lue H une *correction* nécessitée par la capillarité. On préfère éviter cette correction, dans les observations faites avec un appareil *fixe*, en donnant au tube un diamètre supérieur à deux centimètres (*baromètre normal*).

Il faut encore tenir compte de l'influence de la température sur la longueur de l'échelle (63) et sur la densité du mercure. On convient de calculer toujours la hauteur $H_0$ d'un baromètre qui contiendrait du mercure à 0. Cette hauteur et la hauteur H à la température $t$ de l'expérience sont entre elles dans le rapport inverse des densités $d_0$ à 0° et $d$ à $t°$, le mercure à 0° et le mercure à $t°$ pouvant être considérés comme deux liquides différents (41) :

$$\frac{H_0}{H} = \frac{d}{d_0}.$$

Le rapport $\frac{d}{d_0}$ se calcule facilement (69) au moyen du coefficient de dilatation.

Enfin toutes les parois en contact avec le mercure doivent être en verre, en bois ou en métal comme le fer, non attaquable par le mercure, qui dissoudrait le cuivre, par exemple.

**43. Applications.** — 1° *La pression atmosphérique dimi-*

*nue quand on s'élève.* — C'est la conséquence du théorème général sur les différences de pressions dans les fluides (27), qui est applicable aux gaz :
$$P = P' + q,$$
P et P' étant la pression en M et M' sur deux éléments égaux ω, et $q$ le poids d'une colonne d'air de base ω et de hauteur $h$, distance verticale de ces deux éléments. Mais en transportant le baromètre aux deux points M et M', on y observe des hauteurs barométriques H et H' et l'on a (41)
$$P = \omega H \pi,$$
$$P' = \omega H' \pi,$$
d'où
$$P = P' + \omega(H - H')\pi.$$

H' doit en conséquence être plus petit que H. La hauteur barométrique doit donc diminuer quand on s'élève. Pascal vérifia cette conséquence de l'aérostatique à Paris, à la tour Saint-Jacques, et son beau-frère Périer sur le Puy-de-Dôme.

Si le poids spécifique $a$ de l'air restait constant entre les deux niveaux M et M', on aurait, en comparant les égalités précédentes et remplaçant $q$ par sa valeur (27),
$$P - P' = q = \omega a h,$$
$$P - P' = \omega(H - H')\pi, \quad \text{d'où} \quad ah = (H - H')\pi$$
et enfin $h = (H - H')\dfrac{\pi}{a}.$

Le rapport $\dfrac{\pi}{a}$ est voisin de $\dfrac{13^{gr},6}{0^{gr},0013}$ (ces deux nombres étant approximativement les poids d'un c. c. de mercure et d'un c. c. d'air), soit 10466 environ. L'abaissement H − H' du niveau barométrique pour une élévation $h$ de 104$^m$,66 serait donc un centimètre.

En réalité, la hauteur barométrique diminue un peu moins vite parce que le poids spécifique de l'air diminue à mesure que l'altitude augmente, justement parce que la pression diminue (47). Aussi le calcul de la hauteur $h$ par la *dénivellation* H − H' exige-t-il l'emploi d'une formule compliquée.

2° *Pression atmosphérique sur une surface S donnée.* — Il résulte du faible poids spécifique de l'air que pour une différence de hauteur même de plusieurs mètres, la différence des pressions $P - P' = q$ est très faible en comparaison de P. On peut donc considérer la pression comme constante et *uniforme* sur une surface plane S. Dès lors chaque élément ω de la surface supportant une pression ωHπ, la surface totale S supportera la pression

$$R = SH\pi.$$

Si en particulier $H = 76^{cm}$ et $S = 1^{cmq}$, comme π est le poids de $1^{cc}$ de mercure, on aura

$$R = 76 \times 13,6 = 1033 \text{ grammes-poids,}$$

ou, en dynes, $R = 1033 \times g$ dynes.

La hauteur barométrique $76^{cm}$ est dite *normale*, et la pression correspondante ($1033 \times g$ dynes) sur $1^{cmq}$ est une *atmosphère*.

Un calcul inverse donnerait pour hauteur de la colonne de mercure produisant une pression de $1^{kg}$ par centimètre carré (unité industrielle de pression), le nombre $73^{cm},6$; et pour celle produisant la pression un million de dynes par centimètre carré (unité pratique C. G. S.) le nombre $74^{cm},9$.

3° *Variations de la hauteur barométrique en un même lieu.* — En réalité la hauteur barométrique et par suite la pression atmosphérique varie dans un même lieu et sans changement d'altitude d'un jour ou même d'une heure à l'autre. On a remarqué que les basses pressions ($74^{cm},9$ à $73^{cm},1$) coïncident généralement avec les pluies et les hautes pressions ($76^{cm},7$ à $78^{cm},5$) avec le beau temps. De là l'emploi empirique du baromètre pour la prévision du temps.

**44.** Les *baromètres métalliques* de Vidi (anéroïde) et de Bourdon utilisent les déformations de la paroi métallique d'une boîte ou d'un tube préalablement vidé d'air, sous la pression de l'atmosphère. Ces mouvements, amplifiés par un mécanisme convenable et transmis à une aiguille mobile, accusent les variations de la pression, l'élasticité du métal devant le ramener à sa position initiale. Ces instruments sont donc analogues aux dynamomètres; ils sont très commodes, mais peu précis.

**45. Loi de Mariotte.** — La grande compressibilité des gaz les distingue complètement à cet égard des liquides (1); la relation très simple qui existe entre le volume d'une masse de gaz et sa force élastique — ou pression qu'elle supporte (40) — est donnée par la loi de Mariotte. On admet d'ailleurs que dans le gaz, la pression sur des surfaces égales est partout la même (43, 2°).

*La température restant constante, les volumes occupés par une masse de gaz sont en raison inverse des pressions qu'elle supporte.*

Ainsi V, V', V",... étant les volumes successifs de la masse de gaz considérée et P, P', P",... les pressions correspondantes (sur des surfaces égales), on a

$$\frac{V}{V'} = \frac{P'}{P}, \qquad \frac{V}{V''} = \frac{P''}{P}, \dots \qquad (1)$$

ou
$$VP = V'P' = V''P'' = \dots \qquad (2)$$

La loi de Mariotte peut donc encore s'énoncer ainsi : *Le produit du volume d'une masse gazeuse par sa force élastique (pression qu'elle supporte) est constant, à une même température.*

Soient H, H', H",... les hauteurs de mercure (ou, en général, d'un même liquide) qui équilibreraient les pressions supportées par le gaz et ω la surface à laquelle se rapportent ces pressions. P, P', P",... seront donnés, comme dans le cas de la pression atmosphérique (41), par les égalités

$$P = \omega H \pi, \qquad P' = \omega H' \pi, \qquad P'' = \omega H'' \pi, \dots$$

Les hauteurs H, H', H",... sont donc proportionnelles aux pressions, et par suite, les relations

$$\frac{V}{V'} = \frac{H'}{H}, \qquad \frac{V}{V''} = \frac{H''}{H}, \dots$$

ou
$$VH = V'H' = V''H'' \dots$$

équivalent aux relations (1) et (2) et expriment comme elles la loi de Mariotte.

On vérifie cette loi, pour les pressions *supérieures* à celle de l'atmosphère, au moyen du tube de Mariotte. Un volume d'air déterminé est enfermé dans la branche fermée AB d'un tube deux fois recourbé. Du mercure remplissant la partie inférieure des deux branches l'isole de l'air extérieur ; on s'arrange, pour plus de simplicité, de façon à ce que le niveau BC soit le même dans les deux branches. La pression de l'air en B est donc la même qu'en C, c'est-à-dire celle de la hauteur H lue à cet instant sur un baromètre. On verse ensuite du mercure dans la grande branche ouverte, jusqu'à ce que

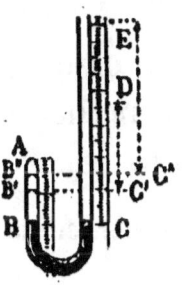

le volume de l'air dans la petite branche ne soit plus que la moitié du précédent, ce qu'indique une graduation en parties d'égale capacité placée le long de la petite branche. Les niveaux sont alors en B' dans la petite branche, en D dans la grande ; la nouvelle pression du gaz en B' est la même que dans le mercure au même niveau B'C' : c'est celle de la hauteur C'D, plus la pression en D, qui est toujours celle de la hauteur barométrique H. Or, en mesurant C'D sur une échelle verticale, on trouve que cette hauteur est aussi H ; la pression en C' est donc celle de 2H. On trouverait de même que le volume étant réduit à AB" tiers de AB, la hauteur C"E est 2H, et par suite la pression est celle de 3H, etc.

Donc les pressions devenant 2, 3, etc. fois plus grandes, les volumes deviennent 2, 3, etc. fois plus petits, ce qui établit la proportionnalité inverse des deux grandeurs.

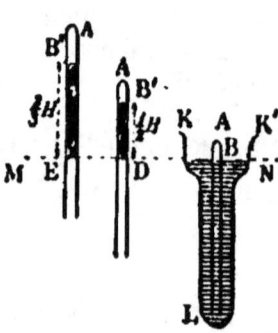

Pour les pressions inférieures à celle de l'atmosphère, on emploie un tube barométrique (dans lequel on a laissé de l'air), retourné sur une cuvette à mercure qui, pour les besoins de l'expérience, est profonde. Enfonçons le tube AB de façon que le niveau MN soit le même à l'intérieur qu'à l'extérieur. L'air enfermé a pour volume AB et sa pression est celle de la hauteur barométrique H. On soulève le tube de façon à ce que le volume AB' de l'air soit double du précédent : on mesure alors la hauteur B'D de mercure au-dessus du niveau libre MN et on la trouve égale à $\frac{1}{2}H$ ; la pression de l'air en B' est donc de $H - \frac{1}{2}H = \frac{1}{2}H$. On triple le volume, qui devient AB" ; on mesure B"E que l'on trouve égale à $\frac{2}{3}H$ ; la pression de l'air en B" est donc celle de $H - \frac{2}{3}H = \frac{1}{3}H$, et ainsi de suite, ce qui vérifie encore la loi.

46. Ces expériences ne comportent pas une grande précision. Elles ont été reprises, soit sur l'air, soit sur d'autres gaz, avec

des appareils fondés sur les mêmes principes, mais plus perfectionnés, en particulier par Regnault. On a ainsi reconnu que les gaz se compriment, en général, plus que ne l'indique la loi (c'est-à-dire diminuent davantage de volume). L'écart est toutefois faible, pourvu que le gaz soit loin de sa pression de *liquéfaction* ; aussi la loi de Mariotte, *dans ces conditions*, peut-elle être considérée comme suffisamment exacte pour la plupart des applications pratiques et même comme rigoureusement applicable entre deux pressions voisines, c'est-à-dire dont le rapport est voisin de l'unité (73).

**47.** *A température constante le poids spécifique et la densité* (relative à un liquide) *d'un gaz sont proportionnels à sa pression.* — V étant le volume d'une masse de gaz sous la pression de H, $\pi$ son poids spécifique, D sa densité par rapport à un liquide ; V', $\pi'$, D' les quantités correspondantes sous la pression de H', on a pour expressions de son poids P, qui reste naturellement le même sous toutes les pressions :

$$P = V\pi = V'\pi',$$

d'où
$$\frac{\pi}{\pi'} = \frac{V'}{V}.$$

Or, d'après la loi de Mariotte, $\dfrac{V'}{V} = \dfrac{H}{H'}$ ;

de plus (36) $\dfrac{D}{D'} = \dfrac{\pi}{\pi'}.$

On a donc $\dfrac{D}{D'} = \dfrac{\pi}{\pi'} = \dfrac{H}{H'}.$

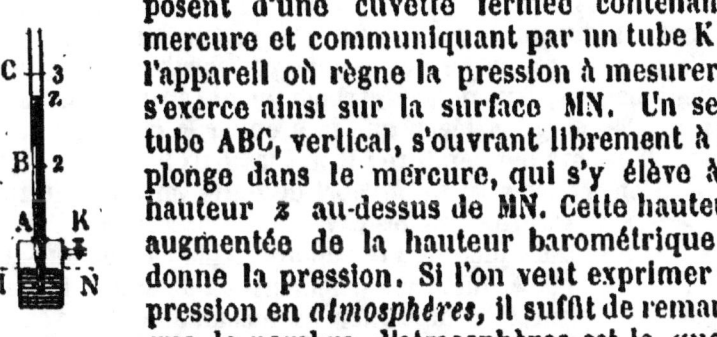

**48. Manomètres.** — Les *manomètres à air libre* se composent d'une cuvette fermée contenant du mercure et communiquant par un tube K avec l'appareil où règne la pression à mesurer, qui s'exerce ainsi sur la surface MN. Un second tube ABC, vertical, s'ouvrant librement à l'air, plonge dans le mercure, qui s'y élève à une hauteur $z$ au-dessus de MN. Cette hauteur $z$ augmentée de la hauteur barométrique 76$^{cm}$ donne la pression. Si l'on veut exprimer cette pression en *atmosphères*, il suffit de remarquer que le nombre d'atmosphères est le quotient de $z + 76^{cm}$ par 76$^{cm}$, et d'écrire les nombres 2, 3, etc. aux points B, C pour lesquels ce quotient a les valeurs 2, 3, etc. On opérerait de même pour graduer en unités de 1ᵏᵍ par centimètre carré (43, 2º).

Comme dans le baromètre, il y a à éviter ou à atténuer la variation du niveau MN, ou encore à en tenir compte. On peut aussi employer une forme d'appareil analogue à celle du baromètre à siphon.

Dans les manomètres *à air comprimé*, la forme générale est la même, seulement le tube dans lequel s'élève le mercure est fermé à sa partie supérieure et contient de l'air qui se comprime à mesure que le mercure monte ; cette disposition évite l'emploi du long tube précédent. On pourrait déterminer par le calcul les niveaux correspondant, dans le tube, à des pressions égales à 2, 3,... atmosphères (c'est-à-dire de $76^{cm} \times 2$, $76^{cm} \times 3$, ...) sur la surface MN. Mais il est plus commode — et plus exact — de graduer par comparaison avec un manomètre à air libre.

Enfin le *manomètre métallique* de Bourdon est fondé sur la déformation d'un tube, comme son baromètre.

Ce tube forme une sorte d'anneau incomplet, fermé à une de ses extrémités et en communication par l'autre avec l'appareil (chaudière, presse, etc.) dans lequel s'exerce la pression cherchée ; sa section elliptique change de forme sous la pression ; il en résulte une variation dans la courbure de l'anneau, dont l'extrémité libre entraîne une aiguille. On gradue par comparaison avec un manomètre à air libre.

**49. Mélange des gaz.** — Au lieu de se superposer comme les liquides de densité différente, les gaz se mélangent toujours intimement. Cette *diffusion*, lorsqu'il n'y a pas d'action chimique, a été établie par Berthollet : il remplit deux ballons, l'un de gaz carbonique et l'autre de gaz hydrogène, 22 fois plus léger que le premier, à la même pression et à la même température ; il mit les deux ballons en communication, et les y laissa, à l'abri de toute variation de température, dans les caves de l'Observatoire ; il constata, bien que le ballon à acide carbonique eût été placé intentionnellement au-dessous de l'autre, que la composition du mélange était devenue au bout de quelque temps la même dans les deux ballons.

*Si on mélange plusieurs gaz, chacun d'eux se com-*

porte comme s'il était seul dans le volume total ; la pression totale est la somme des pressions partielles ainsi calculées. (DALTON.)

Soient $v$, $f$ ; $v'$, $f'$ ; $v''$, $f''$, etc. les volumes et pressions de masses de gaz différents, avant le mélange ; V le volume final de ce mélange. Si le premier gaz se comporte comme s'il était seul, il se répand dans tout le volume V, il prend, d'après la loi de Mariotte, une pression $x$ telle que $Vx = vf$, d'où $x = \dfrac{v}{V} f$. De même pour les autres gaz : $y = \dfrac{v'}{V} f'$, $z = \dfrac{v''}{V} f''$.

L'expérience montre, en effet, que quel que soit le volume final V, la pression totale F est toujours $x + y + z$, c'est-à-dire que

$$F = \frac{v}{V} f + \frac{v'}{V} f' + \frac{v''}{V} f''$$

ou bien $\qquad VF = vf + v'f' + v''f''$,

ce qui conduit à un énoncé analogue à celui qu'on peut donner de la loi de Mariotte :

*Le produit de la pression finale par le volume du mélange est égal à la somme des produits analogues pour chacun des gaz isolés.*

En particulier, si on prend deux gaz sous les volumes $v$ et $v'$ à la pression F égale à la pression finale, on a dans le mélange

$$x = \frac{v}{V} F, \qquad y = \frac{v'}{V} F \qquad \text{et} \qquad V = v + v'.$$

C'est le cas de l'air atmosphérique, $\dfrac{v}{V}$ et $\dfrac{v'}{V}$ étant $\dfrac{1}{5}$ pour l'oxygène et $\dfrac{4}{5}$ pour l'azote.

Dans tous ces calculs, les pressions F, $f$, etc. peuvent se remplacer par les hauteurs de mercure qui les produiraient, H, $h$, etc.

**50. Dissolution des gaz.** — Dans une éprouvette de gaz acide carbonique recueillie sur le mercure, mettons un peu d'eau ; ce gaz diminue de volume : une partie a formé avec l'eau une masse homogène liquide qu'on appelle *dissolution* (78). Tous les gaz se dissolvent en général dans les liquides.

On appelle *coefficient de solubilité* d'un gaz dans un liquide, à $t°$, le volume $v$ de ce gaz dissous à $t°$ par 1 litre de liquide; *ce volume est, en effet, constant lorsqu'on suppose au gaz dissous la pression du même gaz au-dessus du dissolvant* (1re loi de solubilité).

S'il y a plusieurs gaz, *chacun d'eux se dissout comme s'il était seul* (2e loi). *Exemple* : 1 litre d'eau dissout 0l,040 ou 40cc d'oxygène ; 0,04 est le coefficient de solubilité de l'oxygène ; dans l'atmosphère la pression de l'oxygène étant $\frac{1}{5}$ H, le volume d'oxygène dissous à l'air est 40cc à la pression $\frac{1}{5}$ H (ou 8cc à la pression H). De même 0,02 est le coefficient de solubilité de l'azote; donc 1l d'eau à l'air dissout 20cc d'azote à la pression $\frac{4}{5}$ H (ou 16cc à la pression H). La proportion d'oxygène et d'azote dissous dans l'eau est donc $\frac{8}{16}$ ou $\frac{1}{2}$.

Le coefficient de solubilité des gaz diminue quand la température s'élève.

**51. Machine pneumatique.** — Elle a été inventée par Otto de Guericke, bourgmestre de Magdebourg, pour extraire l'air d'un récipient clos. Réduite à sa plus simple expression, elle se compose d'un cylindre ou corps de pompe AB dans lequel peut se déplacer un piston, formé par des rondelles de cuir gras serrées entre deux garnitures métalliques.

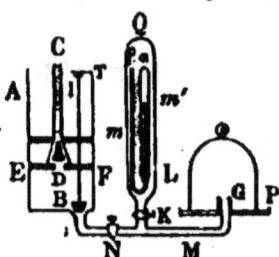

Une tige CD permet de donner à ce piston un mouvement de va-et-vient ; il porte une ouverture D, munie d'une soupape. A la partie inférieure du corps de pompe, une autre soupape B s'ouvre comme D du récipient *vers l'extérieur*, dans le sens où doit se déplacer le gaz ; B se trouve à l'origine d'un tube BM faisant communiquer le corps de pompe avec le récipient posé sur la *platine* P, ou vissé en G. La soupape B est munie d'une longue tige BI, qui traverse à frottement dur le cuir du piston et vient buter contre un obstacle T. Il résulte de cette disposition toute particulière que la soupape B s'ouvre *toujours* quand le piston monte, s'éloigne peu de l'ouverture correspondante, et la ferme dès que le piston descend.

Le piston étant au bas de sa course, appliqué contre le fond du corps de pompe, les soupapes B et D sont naturellement fermées. On soulève le piston : B s'ouvre immédiatement, D reste fermée par son propre poids et par la pression atmosphérique extérieure. L'air du récipient passe en vertu de son expansibilité dans l'espace libre situé au-dessous du piston. Quand celui-ci est au haut de sa course, le volume d'air qui était celui du récipient V à la pression quelconque de $H_0$ est augmenté de $v$, volume du corps de pompe ; il est par conséquent $V + v$ à la pression $H_1$ telle que l'on ait

$$H_1 = \frac{V}{V+v} H_0 \text{ (loi de Mariotte, 45).}$$

On abaisse le piston ; aussitôt B se ferme ; la pression reste donc $H_1$ dans le récipient, mais elle augmente de plus en plus dans le corps de pompe, puisque le volume au-dessous du piston diminue jusqu'à être nul : il arrive un moment où cette pression soulève la soupape D, faisant équilibre à son poids très faible et à la pression atmosphérique. L'air situé sous le piston s'échappe et est totalement expulsé si le piston, parvenu au bas de sa course, s'applique *exactement* contre le fond du corps de pompe.

Au second coup de piston, les choses se passent de même et la pression $H_2$ devient dans le récipient

$$H_2 = \frac{V}{V+v} H_1 = \left(\frac{V}{V+v}\right)^2 H_0 ;$$

après le $n^e$ coup de piston,

$$H_n = \left(\frac{V}{V+v}\right) H_{n-1} = \left(\frac{V}{V+v}\right)^n H_0.$$

Théoriquement, le vide absolu ne peut être atteint puisque $H_n$ n'est nul pour aucune valeur finie de $n$, mais la fraction $\left(\frac{V}{V+v}\right)$ étant plus petite que 1, sa puissance $n^e$ peut être rendue aussi petite que l'on veut ; il en est de même, par suite, de $H_n$.

En réalité, il reste toujours un *espace nuisible* $u$ entre le piston au bas de sa course et le fond du cylindre ; l'air y est à la pression atmosphérique de H, puisque la soupape D était ouverte à la fin de la course. Supposons qu'au $n^e$ coup nous soulevions le piston jusqu'au haut de sa course ; le volume $V + v$ est occupé par l'air provenant du récipient, où il avait le volume V sous la pression $H_{n-1}$, et par celui de l'espace nuisible, qui avait le volume $u$ et la pression H. On peut appliquer la loi du mélange des gaz, qui ne suppose pas forcément les gaz différents (49), et écrire

$$(V + v)H_n = VH_{n-1} + uH,$$

d'où
$$H_n = \frac{V}{V+v} H_{n-1} + \frac{u}{V+v} H.$$

En comparant cette valeur de $H_n$ à la précédente, on voit qu'elle lui est supérieure : la pression diminue donc moins vite. De plus elle ne peut pas dépasser une limite $\frac{u}{v} H$. En effet, la pression cessera de diminuer dans le récipient lorsqu'il n'y aura plus détente de gaz du récipient dans le corps de pompe, par conséquent lorsqu'il n'y aura pas de différence entre la pression dans le récipient et dans le corps de pompe. Or la pression est minimum sous le piston quand l'air de l'espace nuisible (volume $u$, pression H) occupe tout le cylindre (volume $v$, pression $x$); la loi de Mariotte donne

$uH = vx$ ou $x = \frac{u}{v} H$, valeur minimum de cette pression.

C'est donc la limite théorique de la pression dans le récipient, la *limite du vide*. Dans la pratique, on en reste même éloigné à cause des rentrées d'air inévitables.

La machine pneumatique est toujours construite à deux corps de pompe, l'un des pistons s'élevant pendant que l'autre s'abaisse et tous deux sont mis en mouvement par une même manivelle à crémaillère. On diminue ainsi l'effort nécessaire à la manœuvre, la pression atmosphérique qui s'oppose à l'ascension de l'un aidant au contraire à la descente de l'autre.

Les accessoires sont : un baromètre tronqué à siphon, qui par la différence des niveaux $mm'$ dans ses deux branches, donne la pression dans le récipient vers la fin de la manœuvre ; une clef, robinet permettant la rentrée de l'air sous les pistons ou dans le récipient.

La machine pneumatique sert dans les cours à montrer l'expansibilité des gaz (vessie contenant de l'air sous le récipient), l'existence de la pression atmosphérique (crève-vessie, hémisphères de Magdebourg), l'ébullition sous pression réduite (89), etc.

**52. Machine ou pompe de compression.** — On peut se la représenter comme une machine pneumatique dont les soupapes D et B (toutes deux de la forme ordinaire) s'ouvriraient en sens inverse. On introduirait à chaque coup de piston dans le récipient de volume V un nouveau volume $v$ d'air égal à celui du corps de pompe. En appliquant la loi du mélange des gaz, on aurait

$$VH_1 = VH_0 + vH, \quad VH_2 = VH_1 + vH = VH_0 + 2vH$$

et, d'une façon générale,

$$VH_n = VH_0 + nvH, \quad \text{d'où} \quad H_n = H_0 + n\frac{v}{V}H.$$

Mais la compression est moins rapide, à cause de l'existence d'un espace nuisible $u$, comme dans la machine pneumatique. La *limite de compression* est atteinte quand le volume d'air $v$ à la pression de H, réduit au volume $u$, n'atteint que la pression de $x$ égale à celle qui existe déjà dans le récipient; car alors il n'y a plus détente de gaz du cylindre dans le récipient. Cette valeur de $x$ est aussi donnée par la loi de Mariotte :

$$ux = vH \quad \text{ou} \quad x = \frac{v}{u}H.$$

On associe souvent plusieurs pompes de compression, les pistons étant mus par un arbre commun. Dans l'industrie, l'air comprimé reçoit des applications très importantes (appareils pour le travail sous l'eau, machines à perforer et autres, poste pneumatique, freins des chemins de fer, etc.)

**53. Pompes.** — Ces appareils servent à élever les liquides.

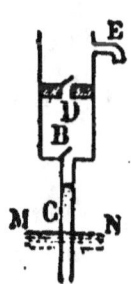

La *pompe aspirante* se compose, comme la machine pneumatique, d'un cylindre (corps de pompe) dans lequel se meut un piston muni d'une soupape D s'ouvrant dans le sens du déplacement de l'eau. La soupape inférieure B s'ouvre de même, mais est un simple clapet. Lorsque le piston s'élève, le vide tend à se faire au-dessous de lui ; l'air contenu dans un tuyau d'aspiration soulève la soupape B, se détend dans le corps de pompe, puis dans l'atmosphère quand le piston s'abaisse. La pression diminue ainsi de plus en plus dans le tuyau d'aspiration, qui plonge dans une nappe d'eau. La pression atmosphérique n'étant plus équilibrée par celle de l'air du tuyau, fait monter le liquide dans ce tuyau comme dans un baromètre. Pour que le liquide parvienne dans le corps de pompe, il faut donc que la distance verticale de B à MN soit inférieure à la hauteur barométrique du liquide, en supposant que la pompe puisse faire un vide parfait ou même comparable à celui de la machine pneumatique ; dans la pratique, cette hauteur est beaucoup moindre. Cette condition remplie, lorsque le liquide pénètre en B, la pompe est amorcée ; le piston descendant, B se ferme encore sous la pression qu'elle reçoit de l'eau et D s'ouvre sous la pression du liquide, comme précédemment sous la pression de l'air comprimé : le liquide passe au-dessus du piston. A la manœuvre suivante, D se ferme et le liquide soulevé au-dessus du piston s'écoule en E.

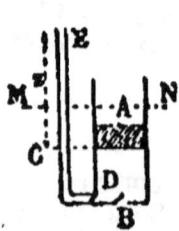

Le corps de la *pompe foulante* est placé dans le liquide même à élever ; le piston est plein, la soupape D s'ouvrant toujours vers l'extérieur est reportée sur la paroi inférieure : la soupape B, disposée comme précédemment, s'ouvre sous la pression du liquide lorsque le piston A monte ; D se ferme sous la pression extérieure existant dans le tube de refoulement DE. Le liquide pénètre donc sous le piston ; lorsque celui-ci redescend, B se ferme et D s'ouvre : le liquide passe alors dans le tuyau de refoulement, et ainsi de suite.

La hauteur verticale de l'extrémité E du tuyau de refoulement n'est pas limitée comme celle du tuyau d'aspiration ; elle peut être quelconque, pourvu qu'on dispose d'une force suffisante en A pour enfoncer le piston. La valeur de cette force est au moins égale à la pression sous le piston, c'est-à-dire au poids P de la colonne cylindrique de liquide ayant pour base le piston et pour hauteur $z$ centimètres :

$$P = Sz.\pi,$$

$\pi$ étant toujours le poids de l'unité de volume du liquide.

Si l'on suppose que de B parte un tube d'aspiration, le

liquide étant à un niveau inférieur, on a la pompe *aspirante et foulante*.

**54. Siphon.** — Le siphon, tube recourbé de façon à présenter deux branches inégales, sert à transvaser un liquide d'un récipient dans un vase inférieur. On nomme hauteur de la petite branche la distance verticale $h$ du point C le plus haut du siphon au niveau libre dans le vase supérieur, et hauteur $h'$ de la grande branche la distance de ce point C au niveau inférieur (ou à l'extrémité de cette branche, si elle ne plonge pas dans le liquide).

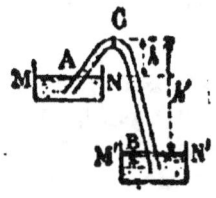

Pour que le siphon fonctionne, il faut qu'il ait été préalablement *amorcé*, ce qui se fait généralement en le remplissant du liquide donné avant de le renverser sur MN. Puisqu'il y a écoulement, ainsi que l'expérience le montre, on ne peut *a priori* appliquer les lois de l'hydrostatique. On doit supposer, par exemple, qu'une petite cloison soit établie en C et maintenue fixe par un obstacle. L'écoulement est ainsi arrêté et trois cas peuvent se présenter :

1° $h <$ H et $h' <$ H, H étant la hauteur *barométrique du liquide considéré* ($1033^{cm}$ pour l'eau, 76 pour le mercure, environ). Aucune des deux branches ne constitue alors un baromètre; le liquide reste donc de chaque côté de la cloison, en équilibre. Sur un élément d'aire $\omega$ de cette cloison pris du côté de la petite branche, la pression P' est égale à la pression P sur un élément de même aire $\omega$ de la surface MN, diminuée du poids d'un cylindre liquide de base $\omega$ et de hauteur $h$ ; cette pression P' est donc $P - \omega h \pi$ (27) ou $\omega H \pi - \omega h \pi$ (41), ou enfin $P' = \omega \pi (H - h)$. De l'autre côté, sur l'élément $\omega$, la pression se calculerait de même, $P'' = \omega \pi (H - h')$, si l'on suppose la pression la même en MN et M'N', ce qui est le cas général, le siphon fonctionnant dans l'air. Or $H - h$ est supérieur à $H - h'$, donc P' est plus grand que P''. Si l'élément $\omega$ de la cloison devient libre, on comprend que le mouvement ait lieu dans le sens de la force $P' - P''$, c'est-à-dire vers la grande branche.

2° $h <$ H, mais $h' >$ H. La cloison étant supposée placée, il se formera une chambre barométrique vers la grande branche et de ce côté la pression P'' sera nulle. Mais de l'autre P' existera toujours. L'élément de la cloison devenant libre, le liquide tombera dans la chambre barométrique et l'écoulement aura lieu comme précédemment.

3° $h > H$ et forcément $h' > H$. On a un baromètre à deux branches, avec chambre vide commune : l'écoulement n'a pas lieu puisque le liquide n'atteint pas C.

On peut, en général, répéter pour tout élément de la cloison le même raisonnement. Les conditions de fonctionnement sont donc $h < h'$ (ce qui est supposé *a priori*) et $h < H$ (cas 1 et 2).

L'explication du *vase de Tantale* et des *sources intermittentes* est une application de cette théorie.

**55. Baroscope. — Aérostats. —** La démonstration du *principe d'Archimède* (34) s'applique aussi bien aux gaz qu'aux liquides. Tout corps plongé dans l'air, en particulier, subit donc une poussée verticale, de bas en haut, égale au poids de l'air qu'il déplace. Cette poussée est généralement faible, à moins que le volume du corps ne soit très grand, car le poids spécifique de l'air est petit ($0^{gr},0013$ environ par centimètre cube).

On montre l'existence de cette poussée avec le *baroscope*,

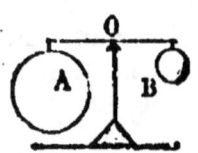

dont les deux boules A et B se font équilibre, dans l'air, aux extrémités d'un petit fléau de balance. L'instrument étant placé sous la cloche de la machine pneumatique et l'air raréfié, le fléau s'incline du côté de la boule A, parce que la poussée diminue davantage pour celle-ci, dont le volume est plus grand, que pour l'autre.

L'application directe du principe d'Archimède aux gaz et sa démonstration expérimentale sont réalisées par les ballons.

Une enveloppe légère, remplie d'un gaz plus léger que l'air (air chaud dans le cas des *montgolfières*, hydrogène ou gaz de l'éclairage pour les *aérostats* ou ballons proprement dits), est entourée d'un filet supportant une nacelle qui peut recevoir les aéronautes et leurs instruments (baromètre, en particulier, pour la mesure de l'altitude). Le poids de l'ensemble se compose de celui du gaz, $V\pi$, V étant le volume intérieur occupé par ce gaz dans le ballon et $\pi$ son poids spécifique, et du poids $p$ de l'enveloppe, des aéronautes, du *lest*, etc. La poussée est égale, d'après le principe d'Archimède, à

$(V_1 + v)a$, $V_1$ étant le volume extérieur du ballon, $v$ celui des corps qu'il emporte et $a$ le poids spécifique de l'air. La *force ascensionnelle* est la différence entre cette poussée et le poids total :

$$F = V_1 a + va - (V\pi + p).$$

Il est évident qu'il faut que $\pi$ soit le plus possible inférieur à $a$, le poids $p$ des corps emportés par le ballon étant certainement supérieur à la poussée $va$ qu'ils reçoivent. $V_1$ et $V$ sont très peu différents et $va$ négligeable à côté de $Va$. Il reste alors l'expression très approchée

$$F = Va - (V\pi + p).$$

La parenthèse est constante, c'est le poids total de l'ensemble ; $a$ diminue avec l'altitude, étant proportionnel à la pression (43, 47). Donc F diminue de plus en plus quand le ballon s'élève et finit par devenir nulle. Cependant si l'enveloppe est élastique — ou plutôt si elle a été incomplètement gonflée au départ — le volume V sous la pression de H devient sous la pression de H', V' tel que $\dfrac{V}{V'} = \dfrac{H'}{H}$ (loi de Mariotte); le poids spécifique devient $a'$ tel que $\dfrac{a'}{a} = \dfrac{H'}{H}$ (47).

Il en résulte $\dfrac{V}{V'} = \dfrac{a'}{a}$ ou $Va = V'a'$. La force ascensionnelle est alors constante tant que dure l'expansion de l'enveloppe. Pour l'augmenter ensuite, l'aéronaute jette du lest ; pour descendre, il ouvre au sommet du ballon une soupape qui livre passage au gaz intérieur.

Le gaz convenant le mieux au gonflement des aérostats est l'hydrogène (1$^{cc}$ pèse 0$^{gr}$,000086 sous la pression normale); on lui préfère cependant le gaz de l'éclairage (1$^{cc}$ pèse 0$^{gr}$,0007 environ), moins coûteux et traversant moins facilement l'enveloppe, en taffetas ou toile et caoutchouc.

**58. Corrections aux pesées.** — Le poids véritable P (dans le vide) d'un corps de volume V est diminué dans l'air de la poussée $Va$ ; son poids apparent est donc $P - Va$, ou $(V\pi - Va)$, $\pi$ étant son poids spécifique. Il en est de même pour les poids proprement dits sur lesquels est marquée leur valeur véritable dans le vide. Mais sauf dans des cas particuliers (gaz), cette poussée et ses variations par suite des changements barométriques, sont très faibles relativement au poids réel, $a$ étant, par exemple, mille fois plus petit que $\pi$.

# CHALEUR

**57. Dilatation des corps.** — La chaleur est la cause à laquelle nous rapportons nos sensations de *chaud* et de *froid* : un corps est donc d'autant plus chaud qu'il contient plus de chaleur, d'autant plus froid qu'il en contient moins, et cela, quelle que soit la nature de la chaleur. Quand un corps ou un milieu devient plus chaud ou moins chaud, on dit que sa *température* augmente ou diminue.

Le sens du toucher ne peut nous donner exactement la mesure de la température. Mais l'expérience nous apprend que *tous* les corps changent de dimensions ou de volume quand ils deviennent plus ou moins chauds. En général, ce changement est une augmentation de volume ou *dilatation* si la température augmente, une diminution de volume ou *contraction* si elle diminue.

Pour les solides, la dilatation *linéaire* (c'est-à-dire l'allongement) se constate avec le *pyromètre à cadran* P; elle est différente d'un corps à un autre, dans les mêmes conditions. La dilatation *cubique* (ou accroissement de volume) est mise en

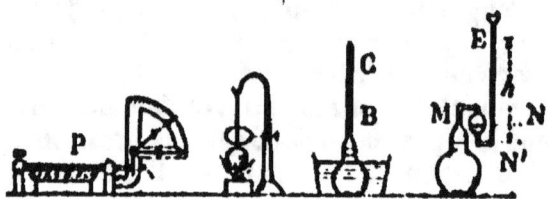

évidence par l'expérience de l'anneau de S'Gravesand, qui montre en outre que les *cavités* d'un corps ou *volumes vides intérieurs se dilatent comme si elles étaient remplies de la matière du corps.*

Les liquides et les gaz n'ayant pas de formes propres, n'ont pas de dilatation linéaire : la dilatation cubique des liquides est 10 fois plus grande environ que celle des solides, celle des gaz beaucoup plus grande que celle des liquides.

On le montre en plongeant dans l'eau chaude, un ballon à longue tige, contenant un liquide. On voit d'abord le niveau libre s'abaisser, le vase s'échauffant le premier et augmentant de volume ; mais presque aussitôt le liquide commence à s'échauffer, et le niveau remonte en C bien au-dessus de sa position primitive B. S'il s'agit d'un gaz, on recourbe le tube et on isole le gaz de l'air atmosphérique en plaçant dans la courbure un peu de liquide MN. Il suffit de placer la main sur le ballon pour voir augmenter le volume gazeux ; on constate en même temps, avec cette disposition, une augmentation de force élastique correspondant à une hauteur de liquide $h$. Quelque chose d'analogue à cet accroissement de pression se manifeste pour les solides et les liquides : pour s'opposer à la dilatation des liquides, à la contraction et à la dilatation des solides, il faudrait exercer sur eux des pressions énormes.

58. **Mesure de la température.** — Dans toutes ces expériences, on constate toujours que les conditions redevenant les mêmes, les dimensions et le volume du corps observé reprennent la même valeur. Ce fait est général : chaque valeur des dimensions ou du volume d'un corps quelconque caractérise donc un état de température. Il en résulte : 1° un moyen de s'assurer que la température ne varie pas, est fixe ; 2° un moyen de la retrouver exactement longtemps après l'avoir observée, ce que le sens du toucher ne permettrait pas ; 3° l'inutilité d'étudier séparément les dilatations et les contractions d'un corps.

Le corps choisi pour déterminer, par ses dimensions ou son volume, la température se nomme corps *thermométrique* ou *thermomètre* : il doit remplir cette condition que de très petites variations de volume ou de longueur puissent être mesurées avec précision. On choisit de plus deux températures reconnues invariables (points de fusion ou de vaporisation) que l'on nomme *points fixes*, et pour lesquelles le volume du corps thermométrique prend deux valeurs que l'on repère. Cela posé, *on nomme degré de température la variation de température qui produit sur le corps thermométrique une dilatation égale à la $n^{ième}$ partie de la dilatation de ce corps entre les deux points fixes.*

La suite des repères correspondant aux températures intermédiaires ainsi définies forme une *échelle* ou *graduation*, qui dépend du nombre $n$, absolument arbitraire. On choisit généralement pour points fixes la température de la glace fondante et la température de la vapeur d'eau bouillante sous la pression de 76$^{cm}$ de mercure, et on prend $n = 100$ ; par définition les deux températures fixes sont notées 0° et 100° ; l'échelle est *centigrade*.

D'après la définition même du degré, deux variations de température sont entre elles comme les dilatations produites. Ainsi, $V_{100}$, $V_t$ et $V_0$ étant les volumes du corps thermométrique aux températures 100°, $t$°, 0°, on aura $\dfrac{t}{100} = \dfrac{V_t - V_0}{V_{100} - V_0}$.

**59. Thermomètre à tige.** — Un thermomètre doit, dans la pratique, avoir une masse assez faible, afin de ne pas modifier, en lui cédant ou en lui enlevant beaucoup de chaleur, la température du milieu que l'on observe (75). Il faut de plus qu'il ait une *sensibilité* suffisante sans être exagérée, c'est-à-dire qu'il ne se dilate ni trop ni trop peu, dans les variations usuelles de la température. Les liquides et en particulier le mercure satisfont à ces conditions essentielles. Comme ils sont nécessairement contenus dans des enveloppes de verre et qu'on ne s'occupe pas de distinguer la part qui revient au solide et au liquide dans la variation du volume observé, le corps thermométrique, liquide et verre, est en réalité complexe.

Pour construire un *thermomètre à mercure*, on prend une enveloppe de verre présentant un réservoir, une tige capillaire et une ampoule.

*Remplissage.* — On chauffe légèrement l'ampoule dont on introduit la pointe dans une capsule contenant du mercure

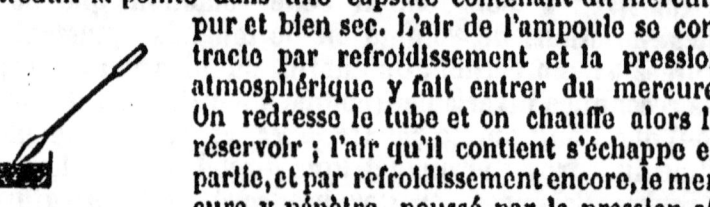

pur et bien sec. L'air de l'ampoule se contracte par refroidissement et la pression atmosphérique y fait entrer du mercure. On redresse le tube et on chauffe alors le réservoir ; l'air qu'il contient s'échappe en partie, et par refroidissement encore, le mercure y pénètre, poussé par la pression atmosphérique. Cette manœuvre est rendue nécessaire par la capillarité du tube. Finalement, on porte le mercure du réservoir à l'ébullition afin de chasser toute trace d'air ou d'humidité ; la vapeur de mercure se condensant ensuite, le réservoir et la tige se trouvent remplis.

On les laisse reprendre la température extérieure et on enlève l'ampoule ; puis afin de ne garder que la quantité de mercure suffisante on porte le thermomètre à une température qu'on sait supérieure à la plus élevée de celles qu'il doit marquer, et on ferme à la lampe l'extrémité de la tige ; la colonne mercurielle, en s'abaissant vers le réservoir, laisse un espace vide qu'elle remplira partiellement en se dilatant.

*Point fixe 0.* — On place le thermomètre dans un vase contenant de la glace fondante et dont le fond est percé de trous pour laisser s'écouler l'eau qui en provient ; lorsque l'extrémité de la colonne de mercure est stationnaire pendant assez longtemps, on marque là le trait du zéro.

*Point fixe 100.* — On plonge ensuite le thermomètre dans 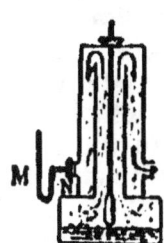 une étuve de forme spéciale, disposée de façon à ce que le réservoir et la tige soient dans la vapeur d'eau en ébullition, à l'abri de toute cause de refroidissement ; et on marque 100° au point où parvient le mercure dans la tige, si la hauteur barométrique est alors 76cm. Si le baromètre marque une hauteur différente, $76 \pm t$, l'étude des températures d'ébullition de l'eau (89) montre que la température est $100 \pm \frac{t}{2,7}$ degrés. Ce point étant marqué sur la tige, sa distance au zéro est mesurée et une règle de trois simple peut donner la distance en millimètres du point 100 inconnu au même point zéro.

*Graduation.* — On divise alors le volume compris entre 0 et 100 en cent parties égales. Si le tube est *bien calibré*, ainsi qu'on doit toujours chercher à l'avoir, il suffit pour cela de diviser la distance entre zéro et 100 en cent parties égales ou degrés successifs. On prolonge au besoin cette échelle au-delà des points fixes. Les degrés au-dessous de zéro sont négatifs.

Le *thermomètre à alcool* (ce liquide est alors coloré en rouge par un peu d'orseille) se construit d'une façon analogue, mais plus facilement que le thermomètre à mercure. Le point zéro se détermine de la même manière ; quant au second point fixe, on ne peut l'atteindre, l'alcool bouillant vers 78° sous la pression atmosphérique ; on marque alors une température inférieure à 78, 60° par exemple, par *comparaison*, c'est-à-dire en observant un thermomètre à mercure plongé dans le même bain que le thermomètre en construction.

Le thermomètre à alcool peut servir à observer les températures très basses, tandis que le mercure, qui se solidifie vers — 40°, sert à la mesure des températures jusqu'à 350° environ.

Deux thermomètres, à mercure et à alcool, marqueront naturellement les mêmes températures aux points zéro et 60° qui ont servi à graduer le second. Mais leurs indications, à des températures différentes, peuvent très bien ne pas concorder, parce qu'il n'est pas évident que les deux corps *suivent la même loi de dilatation*. La remarque est générale, pour tous les corps thermométriques. Aussi doit-on, dans les observations très précises, rapporter les indications des divers corps thermométriques employés à celles d'un autre, défini une fois pour toutes : ce thermomètre type est le thermomètre à air. On peut construire pour cela des tables donnant en regard du degré lu sur le thermomètre à mercure, par exemple, le degré que donnerait un thermomètre à air plongé dans le même milieu (72).

Avec le temps, les *enveloppes de verre des thermomètres* subissent un *retrait* dont l'effet est de déplacer un peu au-dessus de leur position primitive les points fixes. Il est en conséquence utile de vérifier que le zéro marqué correspond toujours à la température de la glace fondante et de tenir compte, s'il y a lieu, de son *déplacement*.

**60. Échelles Réaumur et Fahrenheit.** — Dans la graduation de Réaumur, les points fixes sont les mêmes, mais au lieu de 100° on marque 80. Il en résulte que 80°ᴿ correspondent à 100°C et un degré Réaumur à $\frac{10}{8} = \frac{5}{4}$ de degré centigrade. La conversion de $r$ degrés Réaumur en centigrades se fera donc en multipliant $r$ par $\frac{5}{4}$.

Le point 0° centigrade correspond à 32°, et le point 100 à 212° de Fahrenheit. 212—32, c'est-à-dire 180ᶠ, correspondent donc à 100°C, et le degré Fahrenheit vaut $\frac{100}{180} = \frac{5}{9}$ de centigrade. Pour faire la conversion de $f$ Fahrenheit en centigrades, il faudra d'abord remarquer que de ces $f$ degrés, $f-32$ seulement doivent être comptés à partir de la glace fondante ; en multipliant $f-32$ par $\frac{5}{9}$ on aura le nombre de degrés centigrades.

$$x^0 = \frac{5}{9}(f-32).$$

Il en résulte que le 0° Fahrenheit ($f=0$) correspond à $-\frac{5}{9} \times 32 = -17°,7$ centigrades.

**61. Thermomètre à poids.** — Cet instrument présente un réservoir AB en verre, plus volumineux que celui des thermomètres précédents. Sa tige est très courte et se recourbe en forme de bec CD, placé au-dessus d'une petite capsule E.

On détermine le poids P du mercure qui remplit l'appareil jusqu'en D à la température 0°, l'instrument étant plongé dans la glace fondante ; puis on pèse une fois pour toutes le poids $q$ de mercure qui en sort entre 0 et la température de la vapeur d'eau bouillante, température connue quand on a la pression atmosphérique (89). Pour mesurer la température inconnue $x$ d'une enceinte, on y plonge le thermomètre et on pèse le poids $p$ de mercure qui en sort entre la température 0 et la température $x$.

Les indications de cet appareil sont celles que donnerait un thermomètre ordinaire muni d'une tige et dont le 0° arriverait en D : au lieu de comparer les dilatations apparentes sur la tige on compare les poids de mercure sortis qui sont proportionnels sensiblement à ces dilatations. On indiquera plus loin l'équation qui donne la valeur de $x$ (67).

L'usage du thermomètre à poids est plus compliqué que celui du thermomètre à tige ; mais entre autres avantages, il présente celui de mesurer la température par des pesées, qui peuvent être très précises.

**62. Dilatation des corps solides. — Coefficient de dilatation linéaire.** — La dilatation linéaire ou augmentation de longueur d'une barre solide, quand la température passe de 0° à $t°$, est proportionnelle à sa longueur primitive à 0°. C'est un résultat d'expérience conforme aux prévisions. La dilatation de l'unité de longueur d'une barre sera donc

$\dfrac{l - l_0}{l_0}$, $l$ et $l_0$ étant les longueurs de cette barre à 0 et à $t°$.

On nomme *coefficient de dilatation linéaire* $\lambda$ *d'un corps l'allongement d'une barre de longueur égale à l'unité à la température zéro, pour une élévation de température de 1°*. Rien ne prouve *a priori* que cet allongement soit constant, mais l'expérience montre qu'on peut le considérer comme tel, entre des limites de température convenables, de 0 à 100 ou 150° par exemple, pour la majorité des corps. On a donc

$$\lambda = \dfrac{l - l_0}{l_0} : t = \dfrac{l - l_0}{l_0 t}.$$

De cette définition, on déduit la formule $l = l_0(1 + \lambda t)$, qui permet de calculer la longueur $l$ d'une barre à $t°$ connaissant sa longueur $l_0$ à zéro et le coefficient de dilatation de la substance dont elle est formée. Le binôme $1 + \lambda t$ est dit *binôme de dilatation*.

Les expériences nécessaires pour déterminer le coefficient $\lambda$ consistent à mesurer l'allongement d'une barre pour une élévation de température connue ; cette mesure précise est rendue difficile par la petitesse des dilatations. Aussi a-t-on cherché à les amplifier, comme dans le pyromètre à cadran (57). Ce principe est réalisé dans *l'appareil de Laplace et Lavoisier*. Une auge métallique MN reçoit la barre étudiée AB, qui repose sur deux rouleaux de verre ; à l'une de ses extrémités, cette barre est appuyée contre une lame de verre R, solidement maintenue par des piliers extérieurs en maçonnerie ; à l'autre bout, qui seul se déplace par suite de cette disposition, elle s'appuie aussi contre une lame de verre OB verticale ; mais cette seconde lame est fixée à une tige

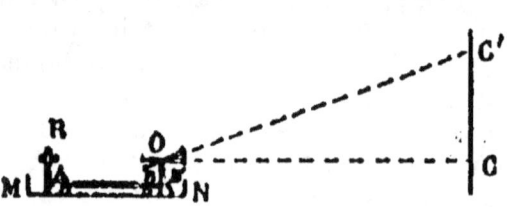

horizontale O tournant sur son axe et portée par deux autres piliers en maçonnerie. Perpendiculairement à cet axe est une lunette qui tourne avec lui et, par conséquent, reste toujours dans un plan vertical. A l'aide de cette lunette on vise une règle CC' portant des divisions d'égale longueur.

La barre étant d'abord entourée de glace fondante, on notait la division lue dans la lunette ; puis on chauffait de l'eau ou de l'huile placée dans l'auge ; on maintenait autant que possible constante la température qu'on lisait sur un thermomètre ; enfin on relevait la nouvelle division lue sur la règle dans la lunette et par suite on avait la longueur CC'. L'accroissement de longueur $l - l_0$ ou BB' était alors donné par la proportion $\dfrac{BB'}{CC'} = \dfrac{OB}{OC}$ ou l'égalité $BB' = \left(\dfrac{OB}{OC}\right) CC'$, puisque les triangles BOB' et COC' sont semblables. Or $\dfrac{OB}{OC}$ est un rapport constant (il était $\dfrac{1}{744}$ dans l'appareil de Laplace et Lavoisier), trouvé une fois pour toutes, soit par une mesure directe, soit en déplaçant une barre AB d'une longueur connue à l'avance BB'. Plus la distance OC est considérable (200$^m$), plus la longueur CC' lue sur la règle est grande, et plus la méthode acquiert de précision.

Connaissant $l - l_0 =$ BB', la température $t$, et la longueur de la barre à 0° que l'on a mesurée avec soin, on a $\lambda$ par la formule $\lambda = \dfrac{BB'}{l_0 t}$.

On emploie actuellement un procédé différent de celui de Laplace et Lavoisier et qui consiste, en principe, à amplifier la dilatation, non plus mécaniquement, mais par le grossissement d'un microscope. La valeur du coefficient de dilatation linéaire ne dépasse jamais 0,000035 pour les métaux et corps usuels. Elle est 0,000012205 pour le fer forgé, 0,000017173 pour le cuivre, de 0,00001010 à 0,00000755 pour les différents verres, etc... Ces nombres varient non seulement avec les substances, mais encore, *pour une même substance*, avec les différents traitements (martelage, trempe, recuit, etc.) auxquels elle a pu être soumise.

**63. Applications.—** 1° *Mesure des longueurs.* — Les règles dont on se sert sont graduées en centimètres, par exemple, à 0° ; lorsque la température devient $t$°, la valeur de chaque division n'est plus 1$^{cm}$, mais $(1 + \lambda t)^{cm}$, $\lambda$ étant le coefficient de dilatation linéaire de la règle. Une longueur L qui, à $t$°, coïncide avec N divisions (N pouvant être fractionnaire), a donc pour valeur *exacte* $N(1 + \lambda t)$ centimètres :

$$L = N(1 + \lambda t).$$

La valeur N n'est donc qu'une longueur *apparente* (65).

2° **Pendule compensateur.** — La longueur OO' d'un pendule (19) dont la chaleur dilate la tige augmente; par suite sa durée d'oscillation s'accroît et l'horloge retarde.

Pour éviter cet inconvénient, on remplace la tige métallique unique par une suite de tiges OA, A'B, BC, ..., EO'. En suivant la ligne brisée qu'elles forment dans cet ordre, on voit que la dilatation de celles que l'on parcourt en descendant tend à faire descendre le point O' où s'attache la lentille, tandis que la dilatation des autres tend à le faire monter. Les premières, de longueur

$$x, x', x'', \text{ etc., à } 0°,$$

sont en fer; si leur dilatation est égale à celle des secondes, de longueur $y, y'$, etc., qui sont en laiton, il y aura évidemment compensation, la longueur du pendule restera constante. $\lambda$ étant le coefficient de dilatation du fer, $\lambda'$ celui du laiton, la condition de compensation est donc

$$(x + x' + x'' + x'' \ldots) \lambda t = (y + y' + \ldots) \lambda' t,$$

ce qui peut s'écrire :

$$X\lambda = Y\lambda' \quad \text{ou} \quad \frac{X}{Y} = \frac{\lambda'}{\lambda}, \qquad (1)$$

X et Y étant les longueurs totales du fer et du laiton à 0°. Le facteur $t$ disparaissant, on voit que la compensation, une fois obtenue, est faite pour toutes les températures.

On a de plus, en parcourant la ligne brisée,

$$x + x' - y + x'' - y' \ldots = X - Y = L, \qquad (2)$$

L étant la longueur du pendule. Le système des deux équations (1) et (2) donne

$$X = \frac{1}{1 - \frac{\lambda}{\lambda'}} L \quad \text{et} \quad Y = \frac{1}{\frac{\lambda'}{\lambda} - 1} L,$$

nombres plus grands que L, $\left(\frac{\lambda}{\lambda'} = \frac{2}{3} \text{ environ}\right)$, et dont le plus grand doit naturellement correspondre au coefficient $\lambda$ le plus faible, ce qui justifie la disposition adoptée. On la complète par des tiges symétriques des précédentes par rapport à OO' (*pendule à gril de Leroy*).

**64. Coefficient de dilatation cubique.** — C'est la

quantité dont augmente, pour une élévation de température de un degré, le volume qui, à 0°, a pour valeur l'unité. — En désignant par $V_0$ et $V$ les volumes d'une même masse d'un corps à 0° et à $t°$ et par $k$ le coefficient de dilatation cubique, on a donc comme pour le coefficient linéaire

$$k = \frac{V - V_0}{V_0 t} \quad \text{ou} \quad V - V_0 = V_0 k t$$

$V_0 k t$ est *la dilatation* de $V_0$cc du corps chauffé de 0 à $t°$. On écrit aussi cette égalité $V = V_0(1 + kt)$, et on en déduit

$$\frac{V}{V'} = \frac{1 + kt}{1 + kt'}.$$

Il résulte de là que *les poids spécifiques* et *les densités* que prend successivement une même substance aux différentes températures *sont inversement proportionnels aux binomes de dilatation*. En effet, le poids P d'une même masse restant constant, ses volumes successifs V et V' à $t°$ et $t'°$ sont liés aux poids spécifiques correspondants $\pi$ et $\pi'$ par la relation

$$P = V\pi = V'\pi';$$

si on remplace V et V' par leurs valeurs $V_0(1 + kt)$ et $V_0(1 + kt')$ et qu'on supprime le facteur commun $V_0$, on a

$$\pi(1 + kt) = \pi'(1 + kt') \quad \text{ou} \quad \frac{\pi}{\pi'} = \frac{1 + kt'}{1 + kt} = \frac{d}{d'},$$

puisque le rapport des poids spécifiques est égal à celui des densités (36).

*Relation entre $k$ et $\lambda$.* — En supposant que le coefficient de dilatation linéaire $\lambda$ d'un corps solide soit connu, et reste le même dans toutes les directions, ce qui a lieu généralement pour les corps non cristallisés, on peut calculer simplement la valeur du coefficient cubique $k$.

En effet, le volume d'un cube de côté 1 et par suite de volume 1, à 0°, devient à $t°$, d'après la définition même du coefficient cubique, $1 + kt$; d'autre part, son volume est toujours mesuré par le cube de son côté, c'est-à-dire par $(1 + \lambda t)^3$. On a donc

$$1 + kt = (1 + \lambda t)^3 = 1 + 3\lambda t + 3\lambda^2 t^2 + \lambda^3 t^3$$

ou, en négligeant deux termes, $1 + kt = 1 + 3\lambda t$. On peut montrer que chaque terme négligé n'est que $\frac{1}{1000}$ ou

$\frac{1}{100}$ au plus de $3\lambda t$; soit par exemple le rapport

$$\frac{3\lambda^2 t^2}{3\lambda t} = \lambda t.$$

Si $\lambda = 0,000012$ et $t = 100°$, ce rapport est 0,001 environ, et même pour $t = 1000°$ il ne serait que 0,01. Le rapport $\frac{\lambda^3 t^3}{3\lambda t}$ est encore plus petit. Ainsi à $\frac{1}{1000}$ près (et au maximum à $\frac{1}{100}$ près) $1 + kt = 1 + 3\lambda t$, d'où $k = 3\lambda$.

Donc : *le coefficient cubique d'une substance est triple du coefficient linéaire.*

On pourrait de même définir et calculer le coefficient *de dilatation superficielle* $\sigma$ :

$$\sigma = 2\lambda.$$

On peut aussi mesurer directement par l'expérience le coefficient cubique $k$, ainsi qu'on le verra plus loin pour les enveloppes de verre (65).

**65. Dilatation des liquides.** — Leur coefficient de dilatation (cubique bien entendu) se définit comme celui des solides :

$$\mu = \frac{V - V_0}{V_0 t} \quad \text{ou} \quad V = V_0(1 + \mu t). \qquad (1)$$

$\mu$ joue dans les calculs le même rôle que le coefficient *cubique k* des solides. En particulier, on a (64)

$$\frac{\pi}{\pi'} = \frac{d}{d'} = \frac{1 + \mu t'}{1 + \mu t}.$$

Mais si on observe la dilatation du volume $V_0$ de liquide dans un récipient portant une division, — faite à 0° en unités de volume quelconques, — on trouvera à $t°$ un volume U moindre que V parce que le récipient s'est dilaté en même temps. A $t°$ chaque unité de la graduation vaut $(1 + kt)$, $k$ étant le coefficient de dilatation cubique de l'enveloppe (64). Le véritable volume du liquide à $t°$ n'est donc pas le nombre U lu à $t°$ sur la graduation, mais

$$V = U \times (1 + kt). \qquad (2)$$

Le nombre U n'est par suite qu'un volume *apparent*. La différence $U - V_0$ est alors la dilatation *apparente* du volume $V_0$ entre 0 et $t°$, et l'on pose

$$a = \frac{U - V_0}{V_0 t} \quad \text{ou,} \quad U = V_0(1 + at); \quad (3)$$

$a$, coefficient de *dilatation apparente du liquide*, est donc la quantité dont semble augmenter l'unité de volume à 0° de ce liquide pour une élévation de température de un degré. Par opposition, on appelle $\mu$ coefficient de *dilatation absolue*.

Il existe une relation très simple entre les trois coefficients $\mu$, $a$ et $k$. En remplaçant dans l'égalité (2) U et V par leurs valeurs tirées de (3) et de (1), le facteur commun $V_0$ disparaît et il reste

$$(1 + at)(1 + kt) = (1 + \mu t).$$

En développant et remarquant, de même qu'à propos du coefficient cubique des solides, que $akt$ où se trouve le produit $ak$ de deux coefficients qui sont toujours très petits peut être négligé, on a la relation approchée très simple :

$$a + k = \mu.$$

*Le coefficient de dilatation absolue est égal à la somme du coefficient de dilatation apparente et du coefficient de dilatation de l'enveloppe.*

Il résulte de là une méthode générale de détermination du coefficient de dilatation absolue $\mu$ d'un liquide :

Lire exactement le volume $V_0$ à 0° du liquide contenu dans un vase de verre jaugé et gradué ayant par exemple la forme d'un thermomètre à tige ; lire son volume apparent U à $t°$ ; faire le quotient $a = \dfrac{U - V_0}{V_0 t}$, et lui ajouter le coefficient cubique $k$ de l'enveloppe :

$$\mu = \frac{U - V_0}{V_0 t} + k. \quad (4)$$

Mais il faut déterminer directement le coefficient $k$ et non se contenter de le prendre égal à $3\lambda$, $\lambda$ étant le coefficient linéaire du verre. La raison principale n'en est pas dans le peu de rigueur de l'expérience de S'Gravesand (57) ni dans l'approximation insuffisante de la relation $k = 3\lambda$ (64), mais bien plutôt dans ce fait (62) que du verre façonné en vase quelconque n'a pas un coefficient $\lambda$ égal à celui d'une barre, fût-elle sortie du même creuset.

Pour déterminer $k$, on fait une première expérience avec l'enveloppe employée, en y mettant du mercure et effectuant les mêmes observations qu'avec le liquide précédent. On a ainsi la relation

$$\mu' = \frac{U' - V_0'}{V_0' t} + k, \qquad (5)$$

d'où l'on tire $k$, $\mu'$ *étant le coefficient de dilatation absolue du mercure, qu'il faut alors obtenir par une méthode spéciale.*

**66. Méthode de Dulong et Petit.** — Pour arriver à ce résultat, Dulong et Petit ont eu recours au procédé suivant :

Deux tubes de verre AB et CD, d'un diamètre de quelques centimètres, communiquent entre eux par un tube capillaire deux fois recourbé, de façon à ce que sa partie moyenne EF soit horizontale. Le tout renferme du mercure, mais le premier tube AB et la partie correspondante du tube capillaire sont maintenus à 0°, dans la glace fondante, tandis que CD et DF sont dans un bain à température connue $t$°.

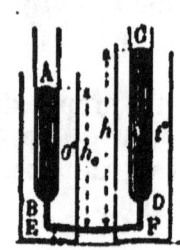

L'ensemble forme donc un système de deux vases communicants, dans le cas de deux liquides de densité différente, — mercure à 0° et mercure à $t$°, — que la capillarité du tube empêche de se mélanger. La surface de séparation doit être forcément dans la partie EF du tube capillaire. Comme cette partie est *horizontale*, les distances verticales $h_0$ et $h$ de son axe aux deux niveaux libres, seront aussi les hauteurs de ces niveaux au-dessus de la surface de séparation. Or ces hauteurs sont, d'après le principe des vases communicants (29), en raison inverse des poids spécifiques $\pi_0$ et $\pi$ (ou des densités $d_0$ et $d$):

$$\frac{h}{h_0} = \frac{\pi_0}{\pi},$$

et comme en général $\dfrac{\pi'}{\pi} = \dfrac{1 + \mu' t}{1 + \mu' t'}$ (64), $\dfrac{\pi_0}{\pi} = \dfrac{1 + \mu' t}{1}$;

on a donc finalement $\dfrac{h}{h_0} = \dfrac{\pi_0}{\pi} = \dfrac{1 + \mu' t}{1}$

ou bien $\dfrac{h - h_0}{h_0 t} = \mu'$,

Cette égalité donne donc le coefficient de dilatation absolue du mercure, par une méthode indépendante de la dilatation du vase. La valeur trouvée par Dulong et Petit est

$\mu' = \dfrac{1}{5550}$. L'observation leur ayant donné le coefficient de dilatation apparente du mercure dans le verre $\dfrac{V' - V'_0}{V'_0 t} = a = \dfrac{1}{6480}$ environ, ils tiraient alors de l'égalité (5) la valeur $k = \dfrac{1}{38670}$ sensiblement, pour coefficient de dilatation cubique de l'enveloppe de verre.

**67. Méthode du thermomètre à poids.** — Les mêmes mesures de dilatation peuvent être faites avec le thermomètre à poids.

1° *Mesure du coefficient de dilatation du vase.* — Nous remplissons le réservoir ABCD (fig. du n° 61) avec P'$^{gr}$ de mercure à 0°. Lorsqu'on chauffe à 100° ou, en général, à une température connue T', il sort p'$^{gr}$ de mercure ; il n'en reste donc que (P' — p')$^{gr}$ dans le réservoir à T'°. Il est évident qu'alors le volume du contenant est égal au volume du contenu :

Contenu : (P' — p')$^{gr}$ de mercure, dont le volume est, à 0°, $\dfrac{P' - p'}{D_0}$ et à T'° $\dfrac{P' - p'}{D_0}(1 + \mu' T')$ ;

Contenant : à 0°, c'est $\dfrac{P'}{D_0}$ puisque le vase contient P'$^{gr}$ de mercure ; à T'°, c'est $\dfrac{P'}{D_0}(1 + kT')$. On a donc

$$(P' - p')(1 + \mu' T') = P'(1 + kT'), \qquad (1)$$

équation dont les termes T', P', p', $\mu'$ (exp. de Dulong), sont connus ; on en déduit $k$.

2° *Dilatation absolue d'un liquide quelconque.* — Mettons à la place du mercure le liquide étudié : le réservoir en contient P$^{gr}$ à 0° ; à T° il en est sorti $p^{gr}$ ; on a donc de même

$$(P - p)(1 + \mu T) = P(1 + kT). \qquad (2)$$

Dans cette équation, c'est $k$ qui est connu par l'expérience précédente, et $\mu$ que l'on cherche.

Comme température, il est simple de prendre la température de la vapeur d'eau bouillante.

Les équations (1) et (2) peuvent se simplifier : ainsi (2) peut s'écrire $\dfrac{P}{P - p} = \dfrac{1 + \mu T}{1 + kT}$ ; si l'on fait la division indiquée dans le second membre, on trouve

$$1 + (\mu - k) T + \ldots$$

des termes contenant un produit de deux des coefficients $\mu$ ou $k$; ces termes sont négligeables et il reste

$$\frac{P}{P - p} = 1 + (\mu - k) T$$

En retranchant 1 aux deux membres, il reste l'équation simple

$$(\mu - k) T = \frac{p}{P - p} \quad (3) \qquad \text{ou} \qquad \mu = k + \frac{p}{(P - p) T},$$

équation analogue à celle obtenue dans la méthode du thermomètre à tige.

3° *Mesure de la température.* — L'expérience faite avec du mercure peut servir à déterminer la température inconnue $x$ d'un bain (61); les notations étant celles du n° 61, le même raisonnement que plus haut (volume du contenu = volume du contenant) donne

$$(P - p)(1 + \mu'x) = P(1 + kx),$$

d'où, en remplaçant dans la relation (3) $\mu$ par $\mu'$ et $T$ par $x$,

$$x = \frac{p}{(P - p)(\mu' - k)} \qquad (4)$$

Si l'on ne connaît pas $\mu' - k$, on fera aussi l'expérience à une température connue 100°; il sortira $q^{gr}$ de mercure et l'on aura

$$100 = \frac{q}{(P - q)(\mu' - k)},$$

d'où

$$\frac{x}{100} = \frac{p : (P - p)}{q : (P - q)} \qquad (5)$$

On ne peut pas, en général, employer d'autre liquide que le mercure dans cette *mesure des températures*.

**68. Maximum de densité de l'eau.** — L'eau présente une particularité des plus remarquables. Mettons de l'eau dans un tube thermométrique : de 0 à 4° elle se *contracte* à mesure que la température augmente ; à partir de 4°, elle se dilate il est vrai, mais sans que cette dilatation soit proportionnelle à l'élévation de température, de telle façon qu'on *ne peut pas la représenter en multipliant cette élévation de température par un coefficient. Le volume d'un poids constant* — ou d'une masse constante — *d'eau est donc le plus petit possible à 4°*; le quotient du poids par la valeur du volume est alors le plus grand possible, c'est-à-dire que *le* *poids spécifique* π *de l'eau à* 4° *est alors maximum.* Sa densité, qui est proportionnelle à son poids spécifique, est également maxima à cette température : elle a, par définition même des densités (35), la valeur 1.

On montre l'existence de ce maximum de densité par l'expérience de Hope. L'eau, à 15° par exemple, est placée dans une éprouvette AB entourée à sa partie moyenne d'un mélange *réfrigérant*. Le liquide tombe vers le fond à mesure qu'il se refroidit jusqu'à 4°, mais à partir de cette température, le liquide le plus froid est le moins dense et il s'élève vers la partie supérieure de l'éprouvette. Deux thermomètres permettent de suivre les détails de ce phénomène.

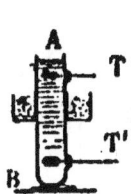

Les densités de l'eau sont : $e_0 = 0,999871$ ; $e_4 = 1$ ; $e_8 = 0,999886$, etc., les indices indiquant les degrés.

L'eau maintenue *en surfusion* (80) continue à se dilater quand la température s'abaisse, comme de 4° à 0° ; ainsi

$$e_{-10} = 0,998145.$$

**69. Résultats et applications.** — Le coefficient de dilatation absolue du mercure est $\frac{1}{5550}$, ou 0,0001815 ; celui de dilatation apparente de ce liquide dans le verre $\frac{1}{6480}$ ou 0,000154 environ, car ce nombre change avec le verre.

On ne peut pas dire que les autres liquides, éther, alcool, etc. aient *un* coefficient de dilatation, car si on mesure le rapport $\mu = \frac{V - V_0}{V_0 t}$ entre 0 et 20°, entre 0 et 40°, etc... on trouve une série de nombres légèrement croissants. Le rapport $\frac{V - V_0}{V_0 t}$ n'est plus constant, il ne représente plus entre 0 et $t$ que la dilatation moyenne pour 1° ou *coefficient moyen de dilatation* qui n'est pas le même de 0 à $t_1$, de 0 à $t_2$,... etc.

*Exemples.* — Alcool : 0,00114 entre 0 et 50° ;
Éther : 0,00167 entre 0 et 40°.

On ne peut s'en servir entre d'autres limites de températures que d'une manière approchée.

**Correction barométrique.** — Lorsque le niveau du

mercure dans le baromètre coïncide avec la division N de la règle, dont le coefficient linéaire est λ, la véritable valeur H de la hauteur barométrique est (63)

$$H = N(1 + \lambda t),$$

et la hauteur $H_0$ qu'aurait du mercure à 0° dans un baromètre voisin, serait (42) telle que l'on ait

$$\frac{H_0}{H} = \frac{d}{d_0} ; \quad \text{or} \quad \frac{d}{d_0} = \frac{1}{1 + \mu t},$$

μ étant le coefficient de dilatation absolue du mercure (65).

Donc finalement $H_0 = \dfrac{H}{1 + \mu t} = N \dfrac{1 + \lambda t}{1 + \mu t}$.

**Pendule compensateur à mercure.** — C'est une autre solution du pendule compensateur.

Une tige et un support métalliques OA soutiennent un ou deux godets de verre V renfermant du mercure : la masse de ce liquide tient lieu de la lentille du pendule entièrement solide. La *longueur* de ce pendule (19) diffère peu de OG distance de l'axe de suspension au centre de gravité du liquide ; on voit donc qu'il y aura compensation lorsque l'abaissement de G, qui résulte de la dilatation de la tige solide OA, sera égal à l'élévation de G, résultant de la dilatation du mercure au-dessus du fond A. La recherche de cette condition est un exercice.

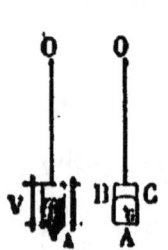

**70. Dilatation des gaz.** — *Le coefficient de dilatation d'un gaz se définit, comme celui d'un solide, la quantité dont augmente l'unité de volume pris à 0° pour une élévation de température de un degré*, mais avec cette addition essentielle : *la pression restant constante*.

La dilatation des gaz étant cent fois environ celle des solides, il n'y a pas à définir de coefficient de dilatation apparente.

La méthode par laquelle Gay-Lussac a étudié la dilatation des gaz consiste à remplir de gaz sec un petit réservoir de verre aussi bien desséché que possible et muni d'une longue tige, qui porte des divisions indiquant les volumes correspondants. Un petit index de mercure isole le gaz de l'atmosphère et permet de lire le volume qu'il occupe. On place le ballon horizontalement dans une caisse métallique, et on

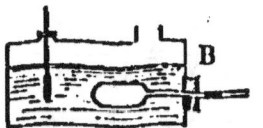

met dans cette caisse de la glace fondante ; on enfonce la tige mobile dans le bouchon B de façon à ce que tout le gaz soit à la température intérieure, l'index seul dépassant, et on lit alors le
le volume $V_0$ du gaz. On remplace la glace fondante par de l'eau bouillante, à une température T voisine de 100°, qu'on peut déterminer exactement comme pour la graduation du thermomètre (59), et on opère comme précédemment pour lire le volume U occupé par le gaz dilaté ; ce volume corrigé est $V = U(1 + kT)$, $k$ étant le coefficient cubique de l'enveloppe.

Quant à la pression, elle est restée la pression atmosphérique, l'index se déplaçant librement et horizontalement. Le coefficient $\alpha$ est donc donné conformément à sa définition par la formule

$$\alpha = \frac{V - V_0}{V_0 T}, \text{ c'est-à-dire } \alpha = \frac{U(1 + kT) - V_0}{V_0 T}.$$

Ce quotient est égal à $\frac{1}{273}$.

En modifiant le procédé de façon à exercer sur le gaz une pression extérieure *constante* mais différente de la pression atmosphérique, on trouverait pour $\alpha$ la même *valeur numérique*. Il en est encore ainsi quand on remplace par un autre le gaz étudié.

Ces résultats se formulent par une loi très importante énoncée par Gay-Lussac :

*Le coefficient $\alpha$ de dilatation est le même pour tous les gaz, indépendant de la pression* et égal à $\frac{1}{273}$ (ou 0,00367).

Cette loi est toutefois soumise à restriction : $\alpha$ varie légèrement avec la pression et la nature du gaz. Sa valeur pour l'air à la pression atmosphérique est 0,00367 ; pour l'acide sulfureux, *plus compressible*, 0,00393.

**71. Formules relatives à la dilatation des gaz.** — 1° *A pression constante.* — D'après la définition même de $\alpha$, les formules cherchées seront les mêmes que celles de la dilatation cubique des solides et de la dilatation absolue des liquides

$$V = V_0(1+\alpha t), \qquad V' = V_0(1+\alpha t'), \qquad \frac{V}{V'} = \frac{1+\alpha t}{1+\alpha t'}$$

$V_0$, $V$, $V'$ étant les volumes d'une même masse de gaz à 0°, $t°$, $t'°$.

2° *A pression et volume variables.* — Soit $V$ le volume d'une masse de gaz à $t°$ et à la pression de $H$, $V'$ son volume à $t'$ sous la pression de $H'$.

Pour trouver une relation entre ces quantités, on peut concevoir que le gaz ait d'abord passé de la pression de $H$ à celle de $H'$ sans changer de température ; il aurait pris alors un volume intermédiaire $V_1$ donné par la loi de Mariotte (45) :

$$VH = V_1 H'. \qquad (1)$$

On peut supposer ensuite que le gaz ait passé de la température $t$ à $t'$, à la pression *constante* de $H'$ ; son volume serait devenu ainsi $V'$ ; $V_1$ et $V'$ sont, comme on vient de le dire, dans le rapport des binômes de dilatation :

$$\frac{V_1}{V'} = \frac{1+\alpha t}{1+\alpha t'} \qquad \text{ou} \qquad \frac{V_1}{1+\alpha t} = \frac{V'}{1+\alpha t'}. \qquad (2)$$

En multipliant membre à membre les égalités (1) et (2), $V_1$ disparaît :

$$\frac{VH}{1+\alpha t} = \frac{V'H'}{1+\alpha t'}. \qquad (3)$$

Cette relation a lieu pour toutes valeurs correspondantes des grandeurs $V$, $H$ et $t$. On a donc $\dfrac{VH}{1+\alpha t} =$ constante.

*Le produit du volume d'une masse de gaz par sa pression, divisé par le binôme de dilatation, est un nombre constant.* On réunit ainsi les deux lois de Mariotte et de Gay-Lussac en un seul énoncé, plus général que celui de la loi de Mariotte, puisqu'il n'introduit pas la restriction d'une température constante.

3° *A volume constant.* — On peut empêcher le gaz qui s'échauffe de se dilater en augmentant sa pression. Son volume restant le même qu'à 0°, $V_0$ par exemple, sa pression — ou plus correctement la hauteur de liquide qui la mesure —

passe de $H_0$ à $H$ telle que

$$V_0 H_0 = \frac{V_0 H}{1 + \alpha t},$$ d'après la loi de Gay-Lussac,

ce qui donne $H = H_0(1 + \alpha t)$.

$\alpha$ est donc dans ce cas un *coefficient d'augmentation de pression*.

**72. Principe du thermomètre à air.** — L'air, aussi bien que le mercure, peut être choisi comme corps thermométrique (58) ; par exemple, l'appareil employé par Gay-Lussac (70) est un thermomètre à air. On mesure la température $x$ d'un bain par deux méthodes.

*1re Méthode.* — L'appareil Gay-Lussac étant dans la glace, on note $V_0$ ; puis, dans la vapeur d'eau bouillante (sous la pression 76 pour simplifier), on note $V_{100}$ ; enfin, dans le bain, on note le volume $V$ du gaz intérieur et l'on a, pourvu que la pression du gaz soit restée constante,

$$\frac{x}{100} = \frac{V - V_0}{V_{100} - V_0}.$$

En remplaçant par $\alpha$ le rapport

$$\frac{V_{100} - V_0}{100 V_0}, \quad \text{il vient} \quad x = \frac{V - V_0}{V_0 \alpha}.$$

On ne peut pas graduer la tige de cet appareil comme celle d'un thermomètre à liquide, parce que la pression atmosphérique n'est pas toujours la même, partant $V_0$ et $V_{100}$ sont variables.

*2e Méthode.* La pression d'un gaz dont le volume est constant varie comme la température (71) ; donc, au lieu de considérer *par définition* les variations de température comme proportionnelles aux variations de volume d'un corps, on peut, *par une nouvelle définition*, admettre que les variations de température sont proportionnelles aux *variations de pression d'un gaz à volume constant*.

La nouvelle unité de mesure s'appelle *degré normal* ; c'est la variation de température qui produit, sur une masse d'air à volume constant, *une variation de pression égale au* $\frac{1}{100}$ *de la variation de pression que le gaz subit entre les deux points fixes*.

Soit une masse d'air dans le ballon B surmonté d'un tube fin MNA. Le ballon étant dans la glace, la pression du

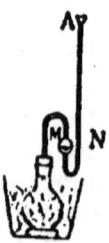

gaz est, par exemple, celle de l'atmosphère $H_0$, et le liquide MN est au même niveau dans les deux branches. Portons le ballon dans la vapeur d'eau bouillante (100° par définition) : le liquide tendrait à descendre en M, mais nous maintenons ce niveau en ajoutant du liquide par l'entonnoir A; ainsi le volume du gaz reste constant (si l'on néglige la dilatation du ballon) et sa pression devient $H_{100}$. Portons enfin le ballon dans un bain à température $x$; la pression de la même masse de gaz devient H, et il résulte de la nouvelle définition que

$$\frac{x}{100} = \frac{H - H_0}{H_{100} - H_0}.$$

Tout appareil permettant ces sortes de mesures avec plus de précision est un *thermomètre normal*. (Appareil de Regnault.)

Remarque. — Que l'on mesure la température d'un bain avec un thermomètre à mercure ou un thermomètre normal, on trouve des valeurs qui, sans être identiques, différeront bien peu. En effet, mesurer les températures avec le thermomètre à mercure, c'est *admettre* une première loi : les variations de température sont proportionnelles aux dilatations apparentes du mercure ; mesurer les dilatations ou les changements de pression des gaz, c'est en somme les comparer à la dilatation du mercure. Or on a trouvé (71) que: les dilatations ou variations de pression des gaz sont proportionnelles aux variations de température. Si donc en dernier lieu — et sans insister sur les raisons — on préfère admettre la dernière loi pour définir et mesurer les températures, on retrouvera comme conséquence la loi sur la dilatation du mercure. Tous ces appareils, à 0°, à 100°, donnent nécessairement la même indication ; donc il y aura des différences, très faibles entre 0 et 100, et au-delà, petites.

Le thermomètre normal est peu maniable; on se sert pour les recherches de précision du thermomètre à mercure, qu'on lui a d'abord comparé.

Les thermomètres à air ont cette grande supériorité de permettre la mesure des plus basses et des plus hautes températures.

**73. Densité des gaz.** — P étant le poids d'une masse de gaz dont le volume est V sous la pression de H, le poids spécifique du gaz est $\pi = \frac{P}{V}$ ; sous la pression H' le volume devient V' et la valeur du poids spécifique est $\pi' = \frac{P}{V'}$.

Mais $V' = V \frac{H}{H'} \cdot \frac{1 + \alpha t'}{1 + \alpha t}$ (71). En remplaçant V' par cette valeur, on a $\pi' = \pi \cdot \frac{H'}{H} \cdot \frac{1 + \alpha t}{1 + \alpha t'}$, ce qui montre que les poids spécifiques des gaz sont proportionnels aux pressions (47) et, *la température variant*, sont aussi en raison inverse des binomes de dilatation, comme ceux des solides et des liquides.

On prend la *densité d'un gaz par rapport à l'air : c'est le rapport des masses de volumes égaux de gaz et d'air dans les mêmes conditions de température et de pression.* Si les lois de Gay-Lussac et de Mariotte étaient parfaitement suivies, la densité d'un gaz ainsi définie serait toujours la même, quelles que soient la température et la pression.

En effet, un volume de gaz V à la température $t$ et à la pression de H a pour poids spécifique $\pi$ ; le même volume d'air, dans les mêmes conditions, a pour poids spécifique $a$ ; la densité est alors $\frac{V\pi}{Va} = \frac{\pi}{a}$. H et $t$ devenant H' et $t'$, $\pi$ devient $\pi'$ et $a$ devient $a'$ ; la nouvelle densité est de même $\frac{\pi'}{a'}$. Or $\pi' = \pi \frac{H'}{H} \cdot \frac{1 + \alpha t}{1 + \alpha t'}$ et de même $a' = a \frac{H'}{H} \cdot \frac{1 + \alpha t}{1 + \alpha t'}$.

Donc $\frac{\pi'}{a'} = \frac{\pi}{a}$, et la densité est constante.

C'est ce que l'on suppose dans la plupart des applications. Mais afin d'avoir des nombres correspondant à des conditions bien déterminées, on convient de prendre la *densité des gaz à $0°$* (ce qui évite d'appliquer la loi de Gay-Lussac) *et à la pression de $76^{cm}$ de mercure* ou, plus exactement, à une pression assez voisine de $76^{cm}$ pour qu'entre elle et celle de $76^{cm}$ la loi de Mariotte soit rigoureusement applicable.

**Mesure. — Procédé de Regnault.** — C'est la méthode du flacon appliquée comme dans le cas des liquides (37). On détermine successivement les poids de gaz et d'air qui remplissent un même ballon, de grande capacité (10 litres environ) pour éviter d'avoir des poids trop petits sur lesquels dans ce cas l'erreur relative serait naturellement plus grande. Mais les *variations* de poussée dues aux changements de pression et de température de l'air, qui sont négligeables sans grande erreur vis-à-vis des poids des liquides ou des solides, ne le sont plus vis-à-vis des poids de gaz, qui sont des unités de même ordre que la poussée elle-même, puisque le volume d'air déplacé est à peu près égal au volume d'air pesé. Aussi Regnault a-t-il évité toute correction à cet égard par l'emploi d'un ballon-tare fermé à la lampe, de volume sensiblement égal à celui du ballon à densité ; ce ballon est suspendu sous l'un des plateaux d'une balance, pour faire la tare du ballon à densité : l'équilibre une fois établi avec des poids ou de la tare ordinaire subsiste indéfiniment.

Le ballon à densité est muni d'une garniture à robinet qui permet d'y faire le vide. On en extrait l'air aussi complètement que possible. On y laisse rentrer le gaz pur et sec, dont on cherche la densité ; on fait de nouveau le vide, et ainsi de suite à plusieurs reprises, pour être certain que la petite quantité d'air et de *vapeur d'eau* qu'on a dû y laisser à la première fois a fini par être expulsé. Enfin, le ballon étant dans la glace fondante, on laisse rentrer une dernière fois le gaz et on note la hauteur de mercure correspondant à sa pression, soit $H^{cm}$. Le ballon fermé et essuyé est suspendu sous le plateau de la balance, et l'équilibre est établi avec de la tare et le ballon-tare. Puis on retire le ballon, on le remet dans la glace fondante, et on y fait le vide ; comme le vide n'est jamais complet, on note la hauteur de mercure $\epsilon$ (fraction de centimètre) marquée par un manomètre analogue à celui de la machine pneumatique.

On peut isoler par la pensée la masse de gaz expulsée ; elle occupait le volume d'air $V_0$ du ballon, à la pression de $H - \epsilon$ d'après la loi du mélange des gaz. On remet le ballon sous le plateau de la balance : pour rétablir l'équilibre il faut ajouter de son côté des poids $p$ qui mesurent évidemment le poids du gaz dont le volume est $V_0$, la pression $H - \epsilon$. Je cherche le poids de gaz $x$ qui aurait même volume à la pression de $76^{cm}$. Or, d'après la loi de Mariotte (47), applicable si les pressions de $76^{cm}$ et de $H - \epsilon$ sont *voisines*, le poids spécifique d'un gaz est proportionnel à sa pression : les poids de

deux masses de gaz occupant le même volume à la même température sont donc proportionnels à 76 et $H - \epsilon$, d'où
$$\frac{x}{p} = \frac{76}{H - \epsilon}.$$

Répétons la même pesée en remplissant le ballon d'air : soient $H'$, $\epsilon'$, $p'$, $x'$ les valeurs correspondantes à $H$, $\epsilon$, $p$ et $x$ ; on a de même $\frac{x'}{p'} = \frac{76}{H' - \epsilon'}$, et la densité, rapport des masses ou rapport des poids des gaz, est enfin
$$d = \frac{x}{x'} = \frac{p}{p'} \cdot \frac{H' - \epsilon'}{H - \epsilon}.$$

L'application rigoureuse de la loi de Mariotte suppose essentiellement que les pressions 76, $H - \epsilon$ et $H' - \epsilon'$ sont très *voisines*.

**74. Poids spécifique de l'air.** — On vient de déterminer directement le poids $p'$ du volume $V_0$ d'air, à la pression de $H' - \epsilon'$ et à la température 0°. Or $p' = V_0 a_1$, $a_1$ étant le poids spécifique de l'air à 0° et sous la pression de $H' - \epsilon'$. En jaugeant le ballon avec un poids P de liquide de poids spécifique E connu, l'eau par exemple, on peut obtenir son volume $V_0 = \frac{P}{E}$. On a donc $a_1 = \frac{p'}{V_0} = p' \times \frac{E}{P}$. La valeur de $a$, *poids spécifique de l'air à 0° et à la pression de* 76<sup>cm</sup>, s'obtiendra en appliquant la loi de Mariotte :
$$\frac{a}{a_1} = \frac{76}{H' - \epsilon'}, \quad \text{d'où} \quad a = p' \times \frac{E}{P} \times \frac{76}{H' - \epsilon'}.$$ Regnault a trouvé que $a$ est égal au poids de 0<sup>gr</sup>,001293. La masse du litre d'air à 0°, sous la pression de 76, est donc 1<sup>gr</sup>,293.

*Poids et masse d'un volume quelconque de gaz.* — V étant le volume du gaz, à la pression de Hcm et à la température de t° ; d sa densité, a le poids spécifique de l'air dans ces conditions de température et de pression, le poids P du volume V est donné, comme pour les solides et les liquides, par la formule (35)
$$P = Vad.$$

On suppose toujours dans la pratique les lois de Mariotte et de Gay-Lussac applicables ; $d$ est donc toujours le même ; quant à la valeur de $a$, elle est donnée par la relation du n° 73, dans laquelle on fait $a' = a_0$, $H' = 76$cm et $t' = 0$ :
$$a = a_0 \frac{H}{76} \cdot \frac{1}{1 + \alpha t}.$$

La formule donnant P est donc $P = V.a \cdot \dfrac{H}{76} \cdot \dfrac{1}{1+\alpha t} d$.

Pour éviter des erreurs dans l'application des formules, il convient d'exprimer toutes les mesures de grandeurs en unités du système C. G. S.; les nombres trouvés seront toujours les mesures cherchées en unités C. G. S. Ainsi V est ici le volume en centimètres cubes; H la pression en centimètres; si on remplace $a_0$ par le poids en dynes d'un centimètre cube d'air, on aura *le poids* P du gaz en dynes. Poids et masse étant proportionnels, si on remplace $a_0$ par la masse en grammes d'un centimètre cube d'air, on aura *la masse* du gaz en *grammes*.

Ex : $d = 0,5$, $H = 380^{mm}$, $V = 1^{mc}$ et $t = 273°$. La masse du gaz est

$$1\,000\,000 \times 0{,}001293 \times \dfrac{38}{76} \times \dfrac{1}{1+\dfrac{273}{273}} \cdot 0{,}5 = \dfrac{1293}{8} \text{ grammes}$$

et son poids est $\dfrac{1293}{8} \times g$ dynes.

Souvent dans la formule précédente on mesure V en litres et on remplace $a_0$ par 1,293, ce qui ne change rien, mais n'est point préférable.

**75. Chaleurs spécifiques.** — L'expérience montre que pour élever d'un degré la température de masses égales des différents corps, il faut des quantités de chaleur différentes; on doit, par exemple, brûler pour cela des poids différents d'un même combustible.

On nomme *calorie-gramme* (ou petite calorie) *la quantité de chaleur nécessaire pour élever de 0° à 1° la température de 1 gramme d'eau*. Il y a aussi la calorie-kilogramme (grande calorie).

Réciproquement, l'unité de masse d'eau perd une calorie lorsque sa température s'abaisse de 1° à 0°.

Pour élever de 0° à 1° la température de M grammes d'eau par exemple, il est facile de prévoir qu'il faudra M calories, et l'expérience le vérifie.

Il n'est pas aussi évident que pour échauffer M grammes de 0 à θ, et en général de $t$ à $t+θ°$, il faille $M \times θ$ calories. L'expérience le vérifie cependant : $1000^{gr}$ d'eau à 40° et $1000^{gr}$ d'eau à 0° mélangés donnent de l'eau à 20° (si le vase dans lequel on les place est lui-même à 20°, on le comprend).

La *chaleur spécifique* d'un corps est le *nombre de calories nécessaire pour élever de* 1° *la température de l'unité de masse de ce corps*. Ce nombre est exprimé en grandes ou petites calories suivant l'unité adoptée pour la masse.

$c$ étant la chaleur spécifique d'un corps, pour élever de 1° la température de P grammes de ce corps il faudra P$c$ calories ; pour élever de θ° la température de cette même masse P, il faudra une quantité de chaleur (nombre de calories) $q =$ P$c$θ. Le produit P$c$ est la *capacité calorifique du corps*. On voit qu'elle est égale à la valeur de la masse d'eau M qui exigerait la même quantité de chaleur Mθ pour la même variation θ de température ; d'où le nom d'*équivalent en eau*, ou de *corps réduit en eau* donné aussi à la capacité calorifique.

**76. Méthode des mélanges.** — Pour mesurer la chaleur spécifique des solides et des liquides, on se sert de la méthode dite des mélanges. Un vase généralement en laiton, à parois minces, contient une masse M (grammes) d'eau à une température $t$ donnée par un thermomètre. On pèse l'échantillon de la substance dont on cherche la chaleur spécifique $c$ ; soit P sa masse (en grammes,) : on le porte dans une étuve à une température T supérieure à $t$, puis on le plonge dans l'eau du calorimètre. Le corps se refroidit, l'eau s'échauffe, le thermomètre monte jusqu'à une température *stationnaire* $t'$, qui est alors celle de l'eau et du corps. Celui-ci a donc perdu P$c$(T $- t'$) calories ; tandis que pour échauffer l'eau, M($t' - t$) calories sont nécessaires, qui proviennent évidemment du refroidissement du corps. On a donc, seulement d'une manière approchée,

$$Pc(T - t') = M(t' - t),$$

car le corps a cédé aussi de la chaleur à la matière du calorimètre dont $p$ est la masse, $\gamma$ la chaleur spécifique. Pour échauffer le calorimètre de $t$ à $t'$, la quantité de chaleur nécessaire est $p\gamma(t' - t)$ ; on a donc plus exactement

$$Pc(T - t') = (M + p\gamma)(t' - t).$$

Dans cette équation $\gamma$ est aussi inconnue : pour l'obtenir, il faut faire une opération préalable en prenant comme corps soumis à l'expérience un échantillon du métal même du calorimètre. On a ainsi une équation ne contenant comme inconnue que $\gamma$.

Même ainsi corrigée, l'équation calorimétrique n'est pas

encore exacte, parce que le calorimètre peut perdre ou recevoir de la chaleur par conductibilité ou rayonnement (109,162). Afin que cette cause d'erreur soit négligeable, la surface externe du calorimètre est polie (168), le calorimètre entier est placé dans un vase métallique dont la surface interne est polie et il repose sur le fond de ce vase par l'intermédiaire de pointes de liège, corps très mauvais conducteur.

Pour mesurer avec quelque précision une chaleur spécifique, il faut encore connaître T exactement ; Regnault chauffait le corps étudié dans une étuve entourée de vapeur d'eau bouillante. Il faut aussi éviter le refroidissement du corps pendant le passage de l'étuve au calorimètre : quelques dispositions ingénieuses furent pour cela imaginées par Regnault.

Lorsque le corps à étudier est liquide, on le met dans un flacon qu'on chauffe à l'étuve et qu'on plonge dans le calorimètre; dans ce cas le corps en se refroidissant cède encore au milieu environnant $Pc(T-t')$ calories, mais le flacon cède aussi de la chaleur, $p_1c_1(T-t')$ calories, et l'équation dans ce cas est $(Pc+p_1c_1)(T-t') = (M+p\gamma)(t'-t)$.

Regnault plaçait les solides, pulvérisés, dans une petite corbeille en laiton pour que *toute* la masse soit à T°. L'équation précédente est applicable également.

**Résultats.** — Tous les corps ont une chaleur spécifique *plus faible que celle de l'eau*, qui est 1 calorie d'après la définition. Les chaleurs spécifiques du mercure, du fer, du laiton, du verre sont respectivement 0,0333 ; 0,114; 0,094; 0,198, c'est-à-dire bien plus petites. Les variations de température de grandes masses d'eau (lacs, mers) sont à cause de cela généralement faibles.

Loi de Dulong et Petit. — *Le produit de la chaleur spécifique d'un corps simple solide par son poids atomique est sensiblement constant et égal à 6, 4 (Chimie, 8).*

**Généralité de la méthode.** — La méthode des mélanges n'est pas une méthode particulière à la mesure des chaleurs spécifiques, c'est une méthode générale de *mesure des quantités de chaleur*. Que dans un *calorimètre* on produise ou détruise de la chaleur par un procédé quelconque — condensation de vapeur d'eau (93), vaporisation d'éther, frottement, etc., — la quantité de chaleur produite

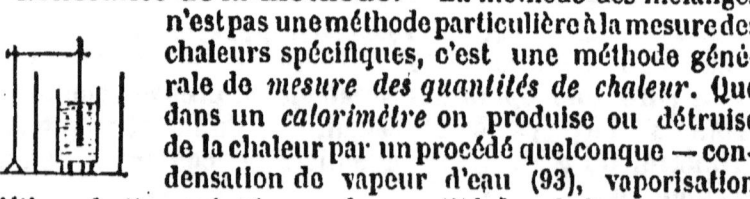

ou détruite X est égale à la chaleur cédée au calorimètre ou cédée par le calorimètre : $X = (M + p\gamma)(t' - t)$.

**77. Fusion.** — Après s'être dilatés, les corps solides soumis à l'action d'une source suffisante peuvent passer à l'état liquide. Ce changement d'état se nomme *fusion*. Lorsque le phénomène se produit nettement sans passage par un état *pâteux* intermédiaire (comme celui que prennent certains corps, le verre par exemple), il est soumis aux lois suivantes :

1° *La fusion se produit toujours, pour une même substance, à la même température,* sauf dans le cas d'une augmentation énorme de pression ;

2° *Cette température, appelée point de fusion, reste constante pendant toute la durée du phénomène.*

Ainsi un thermomètre plongé dans du plomb en fusion marque toujours 335° tant qu'il reste du métal à l'état solide ; dans la glace fondante, il marquerait 0°, point fixe choisi pour la graduation du thermomètre (59).

Ces deux lois, qui concernent uniquement la température, sont complétées par deux remarques très importantes.

3° *La fusion est accompagnée d'un changement de volume,* qui est généralement une dilatation avec sa conséquence forcée, la diminution de densité. Aussi dans la fusion du soufre, de l'étain, du plomb, les parties restées solides tombent toujours au fond du vase. Mais pour quelques corps, la fonte de fer, le bismuth, l'antimoine, l'argent et *l'eau*, la fusion est accompagnée au contraire d'une contraction : le solide surnage. On voit que pour *l'eau* en particulier, ce phénomène est du même ordre que sa dilatation par le refroidissement au-dessous de 4°. Toutefois ces changements de volume sont *brusques* et le coefficient de dilatation du liquide après la fusion n'est généralement pas égal à celui du solide avant ce point.

En s'opposant par un effort suffisant à l'expansion ou dilatation qui accompagne la fusion, on retarde celle-ci : le corps reste alors solide jusqu'à un nouveau point de fusion plus élevé que le premier et dépendant de la pression que l'on exerce.

Au contraire en pressant ou comprimant les corps comme la glace, on avance la fusion, qui se produit alors avant le point zéro, c'est-à-dire à une fraction de degré *au-dessous* de zéro (— 0°,13 par exemple, pour 17 atmosphères dans le cas de la glace).

Dans les deux cas, pour faire varier de 1 degré le point de fusion, il faut des pressions énormes; les variations de la pression atmosphérique sont absolument négligeables.

La fusion de la glace sous pression explique le phénomène du regel; c'est la solidification qui suit immédiatement la fusion de la glace avancée par une pression qui disparaît. Ainsi un fil métallique chargé à ses extrémités de poids très lourds traverse complètement un bloc de glace C, dont les deux parties restent cependant soudées entre elles après son passage. La *marche des* glaciers s'explique aussi par la pression exercée sur leurs parties inférieures.

4° *La fusion est accompagnée d'une absorption de chaleur.* En effet, le foyer ou source de chaleur que l'on emploie à échauffer le corps n'élève pas la température du mélange. Toute la chaleur cédée est donc « absorbée par la fusion » ou employée à produire ce changement d'état. De là le nom de *chaleur latente de fusion,* donné à *la quantité de chaleur nécessaire pour faire passer l'unité de masse d'un corps de l'état solide à l'état liquide, sans changer sa température,* qui reste celle de fusion.

La chaleur latente de fusion de la glace est 80 calories; celle du plomb, 5cal,37 ; du mercure, 2cal,83 ; et de l'argent, 21cal,07 (81).

**78. Dissolution.** — Lorsqu'un solide est mis au contact d'un liquide — un sel dans l'eau par exemple, — ces deux corps forment en général une masse *liquide* homogène, une dissolution : solide et liquide. *corps dissous* et *dissolvant* peuvent être employés en proportions très variables. Cette circonstance distingue nettement la dissolution de la combinaison chimique.

Comme la fusion, la dissolution est accompagnée d'une absorption de chaleur dont l'effet est d'abaisser la température des corps voisins et de la *solution* elle-même (azotate d'ammonium et eau, par exemple).Lorsque le dissolvant, qui est généralement l'eau, est pris lui-même à l'état solide, la présence du corps soluble détermine sa liquéfaction rapide, et à la chaleur de dissolution proprement dite vient s'ajouter l'absorption de chaleur provenant de la fusion (77). Le liquide n'étant pas de l'eau pure, la loi de la constance de température ne s'applique plus et l'ensemble peut se refroidir jusqu'à un point de congélation plus bas que celui du liquide pur. Ainsi s'expliquent les *mélanges réfrigérants* de glace et de sel ; de glace en excès (4 parties) et d'acide sulfurique (1 partie) ; de chlorure de calcium cristallisé et de glace pilée.

Toutefois la dissolution peut paraître accompagnée d'un dégagement de chaleur, lorsqu'il y a combinaison chimique : c'est le cas du chlorure de calcium sec et de l'eau, ou de la glace et de l'acide sulfurique, lorsque ce corps est en excès (proportions inverses des précédents). La différence entre la chaleur de combinaison et les chaleurs de fusion, de dissolution peut être finalement positive ou négative.

*Le coefficient de solubilité* d'un corps à $t°$ est mesuré par le nombre maximum de grammes qu'en peut dissoudre un litre du liquide ; il croît généralement avec la température. Une solution qui contient ce poids de solide est dite *saturée*.

**79. Solidification.** — Le passage de l'état liquide à l'état solide, inverse de la fusion, est la *solidification*. 1° Comme la fusion, *la solidification a lieu à une température fixe, qui est précisément celle de fusion ; 2° cette température est constante pendant toute la durée de la solidification ;* 3° ce phénomène est accompagné *d'une variation de volume inverse de celle qui s'est produite à la fusion* et 4° *du dégagement de la chaleur de fusion.*

L'expansion de la glace, au moment de sa formation, et ses effets (rupture des vases, des pierres gélives, etc.) sont bien connus. Le dégagement de chaleur qui résulte encore de la solidification de l'eau joue un rôle considérable dans la nature en diminuant les variations de température, et la légèreté de la glace relativement à l'eau a des conséquences du même ordre.

Dans la plupart des cas, s'il se solidifie lentement, un corps prend des formes géométriques régulières : il y a *cristallisation* (par fusion). Il y a de même cristallisation dans le passage lent de l'état de corps dissous à l'état solide ; si par exemple une solution saturée à $t°$ se refroidit, peu à peu une petite quantité de solide s'y trouvera en excès et généralement se déposera lentement en cristaux (cristallisation par voie humide). Il y a d'ailleurs *dégagement*, à cet instant, de la *chaleur de dissolution*.

**80. Exceptions : surfusion, sursaturation.** — Il existe une exception très importante à la première loi de la solidification et à la loi que l'on vient d'énoncer sur le dépôt ou la cristallisation d'un corps dissous. On peut en effet, avec certaines précautions :

*Abaisser la température d'un liquide au-dessous de son point de solidification, sans cependant qu'il se solidifie;*

*Amener, par abaissement de température ou par évaporation, une solution à dépasser la saturation sans que le corps dissous cristallise ou se dépose.*

Dans le premier cas, il y a *surfusion* ; dans le second, *sursaturation*. Dans tous les deux, le contact d'une parcelle de cristal de même nature que le solide amène la cristallisation immédiate ; un cristal de nature différente, mais *isomorphe*, produit le même effet (Expériences de M. Gernez). La principale précaution à prendre pour produire la sursaturation est précisément d'empêcher l'air d'apporter au contact de la solution ces cristaux-germes.

Ainsi l'eau peut être maintenue liquide jusqu'à $-20°$. Les expériences de cours portent généralement sur la surfusion du phosphore, et sur la sursaturation de l'hyposulfite, du sulfate ou de l'acétate de sodium.

Dès que la surfusion cesse, la température remonte au point de solidification et s'y maintient (2º loi de la solidification); à mesure que le solide se forme, il abandonne sa chaleur latente. Ce dernier fait se produit également dans la cristallisation après sursaturation, et la chaleur dégagée est alors très sensible.

**81. Chaleur de fusion.** — On peut déterminer la *chaleur de fusion* d'un corps par la méthode des mélanges. Le corps de masse P est fondu, chauffé à une température T' supérieure à sa température de fusion T, puis plongé dans le calorimètre. Il abandonne alors $Pc(T'-T)$ calories, $c$ étant sa chaleur spécifique *à l'état liquide*; puis il se solidifie en abandonnant $Px$ calories, $x$ étant sa chaleur de fusion (79, 4°); enfin il se refroidit encore de T à $t'$, température finale du calorimètre, en abandonnant $Pc'(T-t')$ calories, $c'$ étant sa chaleur spécifique *à l'état solide*. On a donc l'équation calorimétrique

$$Pc(T'-T) + Px + Pc'(T-t') = (M+p\gamma)(t'-t),$$

le second membre ayant la même signification qu'au n° 76.

Si le corps est solidifié et peut fondre en empruntant de la chaleur à l'eau du calorimètre, comme c'est le cas du mercure solide à — 40°, de la glace, etc., voici comment on opère :

Le corps est refroidi à T' au-dessous du point de solidification T et mis dans le calorimètre ; pour échauffer le corps solide de T' à T il faut $Pc'(T - T')$ calories; pour le fondre il faut $Px$ calories, enfin pour échauffer le liquide de T à $t'$ il faut $Pc(t' - T)$. Toute la chaleur est cédée par le calorimètre qui se refroidit de $t$ à $t'$, d'où l'équation :

$$Pc(T - T') + Px + Pc(t' - T) = (M + p\gamma)(t - t').$$

Pour l'eau en particulier, on peut éviter de rechercher la chaleur spécifique $c'$ de la glace en la prenant à 0 ; de plus $c$ est l'unité, enfin T = 0°. L'équation se simplifie alors :

$$Px + Pt' = (M + p\gamma)(t - t'),$$

$x =$ 80 calories.

**82. Vaporisation.** — C'est la transformation d'un liquide — ou même d'un solide — en gaz que l'on nomme alors *vapeur*. La vaporisation peut se produire à toute température, et être plus ou moins rapide suivant les circonstances et suivant les corps. Ainsi l'éther, l'alcool, l'eau (à l'état même de glace) émettent des vapeurs à des températures auxquelles le mercure et l'acide sulfurique en donnent peu ou point. Les premiers de ces corps sont eux-mêmes différemment *volatils*.

La vaporisation peut se faire par *évaporation* ou par *ébullition*. L'étude de ces phénomènes exige d'abord celle des vapeurs en elles-mêmes, quelles que soient les circonstances de leur formation.

**83. Étude des vapeurs.** — On fait passer quelques gouttes d'un liquide, l'éther par exemple, dans un baromètre placé sur la cuve profonde (45). Le liquide s'élève en raison de sa légèreté spécifique et arrive dans la chambre barométrique A. Il se vaporise aussitôt, puisque le mercure descend dans le baromètre en B; le même fait s'observe si on ajoute encore de l'éther, et cela jusqu'à ce que ce liquide forme au-dessus du mercure une couche qui ne disparaît plus même à la longue. Lorsqu'un excès de liquide subsiste ainsi en présence de la vapeur, on dit que l'espace libre au-dessus de lui est *saturé*, ou que la vapeur est *saturante*.

A un instant quelconque, la force *élastique*, pression ou tension de la vapeur est équivalente à la pression hydrostatique d'une colonne de mercure de hauteur $f$cm égale à celle dont le niveau s'est abaissé dans le baromètre. Cette pression en grammes sur un centimètre carré serait

$p^{gr} = 1cc \times f cm \times 13^{gr},6$ en supposant le mercure à 0°.

Quand la vapeur est saturante, la dépression $f$ a une certaine valeur F.

Les vapeurs non *saturantes suivent la loi de Mariotte.*
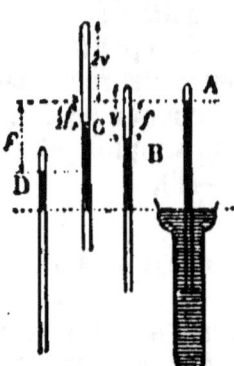
La chambre barométrique n'étant pas encore saturée, on soulève le tube en C comme dans l'expérience de Mariotte (45). Si une graduation permet de lire les volumes $v$ et les hauteurs $f$ dont descend le mercure (ce qui dispense de mesurer la hauteur barométrique et d'en retrancher celle du mercure restant), on constate que les produits $vf$ sont constants :

$$vf = v'f' = v''f''.$$

Il en est encore ainsi tout d'abord si on augmente la pression en enfonçant le tube. Mais il arrive un moment où le niveau du mercure cesse de descendre, même quand on continue à enfoncer le tube; la valeur de $f$ est alors la plus grande possible et est précisément F, quel que soit le volume de la chambre : on dit que la vapeur est à sa *tension maxima*. Tout effort pour la comprimer n'a d'autre effet que de diminuer son volume; une partie de la vapeur *se liquéfie* et celle qui reste est *saturante*.

Il en résulte *qu'une vapeur ne suit la loi de Mariotte que jusqu'à une pression ou tension maxima, à laquelle elle devient saturante; toute diminution de volume ultérieure amène une liquéfaction partielle.*

*La tension maxima varie avec la température, dans le même sens qu'elle, mais ne lui est pas proportionnelle;* elle est différente pour des liquides différents. On le vérifie en chauffant à des températures successives des baromètres contenant différentes vapeurs saturantes.

**84. Mesure de la force élastique maxima de la vapeur d'eau.** — 1° MÉTHODE DE DALTON (*de 0° à 60°*). — Cette méthode consiste simplement à observer aussi exactement que possible, le niveau du mercure *dans un tube baro-métrique analogue au précédent* et contenant assez d'eau dans sa chambre pour que la vapeur y soit toujours saturante (baromètre mouillé). La comparaison avec un baromètre ordinaire (baromètre sec) placé à côté donne la différence des niveaux $h$, hauteur de mercure qui fait équilibre à la force élastique maxima cherchée. Dans la disposition le plus souvent indiquée, la cuvette commune des deux tubes barométriques est formée par une marmite en fonte contenant du mercure, sur lequel est placé un manchon de verre entourant les deux tubes et contenant de l'eau. En chauffant la marmite, on porte le mercure, l'eau du manchon et, par suite, celle du baromètre mouillé à des températures successives que donne un thermomètre ; pour chacune d'elles on observe la différence des niveaux $h$.

On est convenu de donner toujours les hauteurs de mercure à *zéro* équilibrant les forces élastiques des vapeurs. Le nombre F que l'on écrit dans les *tables* en regard de la température $t$ correspondante (86) est donc donné par la correction barométrique (69)

$$F = \frac{h}{1 + \mu t},$$

μ étant le coefficient de dilatation absolue du mercure.

Il y a aussi, en toute rigueur, à retrancher de $h$ la hauteur de mercure qui produirait la même pression que la hauteur $\varepsilon$ d'eau liquide contenue dans le tube barométrique mouillé, soit $x = \frac{\varepsilon}{13,6}$ environ (42).

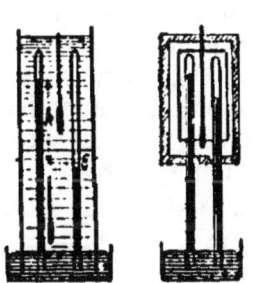

A 100°, le mercure déprimé dans le tube barométrique mouillé atteindrait le niveau extérieur dans la cuvette, la tension maxima de la vapeur d'eau devenant de 76cm (89). Mais cette méthode ne peut même donner d'indications précises qu'entre 0 et 60° environ, à cause de la difficulté de maintenir la température constante au-dessus de cette dernière limite.

Cet appareil a été modifié par Regnault, qui a remplacé le manchon de verre par une caisse métallique présentant une face de verre plane et n'entourant que la partie supérieure des tubes. Cette caisse, chauffée latéralement, contient de l'eau et le thermomètre. On évite ainsi, entre autres causes de difficultés, les mouvements imprimés au mercure de la cuve par l'agitation qu'il faut donner à l'eau afin de rendre sa température uniforme.

85. 2° PRINCIPE DE WATT. — *Mesures au-dessous de 0°*. — Lorsque l'enceinte renfermant une vapeur présente des parois ou des régions à des températures différentes, *la tension maxima que peut prendre la vapeur en équilibre dans cette enceinte est celle qui correspond à la température de la région ou paroi la plus froide*. En effet, d'après ce qui précède (83), la vapeur à une pression supérieure à celle-là doit toujours se liquéfier (se condenser) au voisinage de la région froide, puisqu'elle ne peut y exister au-dessus de la tension maxima correspondante. Il y a une véritable *distillation* vers cette région tant qu'il reste ailleurs du liquide à une température supérieure. A l'équilibre, tout le liquide sera donc réuni dans la région froide, si cela est possible.

On vérifie ce principe et ses conséquences en donnant au baromètre mouillé des expériences précédentes la forme indiquée sur la figure. La partie recourbée est plongée dans des bains à diverses températures. Il est facile de reconnaître que le principe est exact par la concordance des mesures avec celles de la méthode de Dalton. Par une extension légitime, on emploie la méthode pour les températures inférieures à zéro : il suffit alors que la partie C soit plongée

dans de la glace ou des mélanges réfrigérants (*méthode de Gay-Lussac*). Il faut avoir soin de ne mesurer la différence des niveaux que lorsque la distillation est achevée ; toute l'eau primitivement en B doit venir en C où elle passera à l'état de glace. On doit donc considérer l'eau à l'état solide comme émettant des vapeurs. D'autres solides, l'iode, le phosphore, le camphre, etc., sont dans le même cas.

86. 3° MÉTHODE DE REGNAULT. — *Mesures au-dessus de 60°*. — Ces mesures ont été effectuées par Regnault, en appliquant une loi de l'ébullition, savoir : quand l'ébullition a lieu à une température $t$, la tension maxima correspondante est égale à la pression extérieure que supporte la surface du liquide (89).

Il suffit, dès lors, de mesurer cette pression, pendant que se produit l'ébullition, pour avoir la valeur de la tension maxima.

L'appareil de Regnault se compose essentiellement d'une chaudière AB reliée par un tube CD à un grand ballon E contenant de l'air.

Par une tubulure supérieure à robinet RN, ce ballon communique avec une machine pneumatique ou une pompe de compression : de cette façon on peut faire varier la pression qui s'exerce dans l'ensemble de l'appareil, et qui est mesurée par un manomètre à air libre KLM. Le liquide placé dans la chaudière est porté à l'ébullition sous une pression fixe, donc à une température fixe indiquée par des thermomètres $t$, $t'$; la vapeur formée se condense au fur et à mesure dans le tube refroidi CD et retombe dans la chaudière. La pression et, par suite, la tension maxima cherchée, s'obtient en ajoutant à la pression atmosphérique la différence $h$ des niveaux du mercure dans les deux branches du manomètre; elle est $> 76^{cm}$ au-dessus de 100° et $< 76^{cm}$ au-dessous.

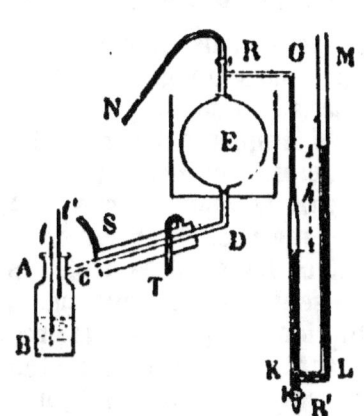

**Tables.** — Les résultats de toutes ces expériences ont servi à dresser des *tables* (tables de Dalton, tables de Regnault) donnant pour chaque température la tension maxima correspondante de la vapeur d'eau, ou plutôt (84) la hauteur $F_t$ de mercure à 0° qui ferait équilibre à cette tension maxima.

| Températures | Tensions en $c^m$ de mercure | Températures | Tensions en $cm$ de mercure |
|---|---|---|---|
| 0° | 0$^{cm}$,460 | 120° | 149$^{cm}$,128 |
| 20° | 1$^{cm}$,739 | 150° | 358$^{cm}$,123 |
| 50° | 9$^{cm}$,198 | 180° | 754$^{cm}$,639 |
| 100 | 76$^{cm}$ | 220° | 1739$^{cm}$,036 |

**87. Mélange d'un vapeur et d'un gaz.** — Tant

que la vapeur *n'est pas saturante, le mélange suit la loi du mélange des gaz* et, en particulier, *la loi de Mariotte*. On le reconnaîtrait avec l'appareil précédent (83).

Si *la vapeur est saturante, la force élastique du mélange est la somme de la tension maxima de la vapeur et de la tension du gaz, calculée comme s'il était seul.* (DALTON).

Cette dernière loi s'énonce souvent en disant qu'à *t°* la tension maxima de la vapeur formée dans un gaz est la même que celle de la vapeur formée dans le vide.

Pour la démontrer, employons simplement comme Dalton un ballon B dans lequel on peut, par le tube R, introduire du gaz. Le manomètre à air libre AM est destiné à mesurer la pression dans l'intérieur du ballon. Donc, après avoir noté la tension H du gaz seul, on introduit par l'entonnoir E du liquide à vaporiser : la pression augmente *lentement*, d'autant plus lentement que H est plus considérable. On ajoute de nouveau liquide, jusqu'à excès ; l'équilibre s'établit enfin et la pression totale indiquée par le manomètre est H + *h*. La température n'ayant pas varié, on trouve que $h = F$, hauteur de mercure correspondant à la force élastique maxima de la vapeur dans le vide à la température de l'expérience.

Dans le vide et dans un gaz la vaporisation suit donc la même loi ; mais elle est d'autant plus rapide que la pression du ou des gaz au-dessus du liquide est plus faible.

**88. Évaporation.** — Ces dernières expériences et celles sur les vapeurs formées dans le vide (83) montrent qu'un liquide émet des vapeurs tant que l'espace qui se trouve au-dessus de lui n'est pas saturé, c'est-à-dire tant que la force élastique de la vapeur qui s'y trouve n'est pas maxima.

La vaporisation, lorsqu'elle se produit par la surface libre du liquide, est l'évaporation. Elle a généralement lieu dans l'air. Sa *vitesse* est le *poids* (ou mieux la masse) de liquide transformé en vapeur dans l'unité de temps. Cette vitesse est *proportionnelle* : 1° *à l'aire de la surface libre du liquide* S ; 2° *à la différence entre sa tension maxima et la tension que sa vapeur a déjà dans l'atmosphère environnante* (ou à la différence $F - f$ des hauteurs de mercure qui feraient équilibre à ces tensions). D'autre part, la vitesse d'évaporation diminue lorsque la hauteur barométrique H augmente, et dans certaines limites, peut être considérée comme lui étant *inversement proportionnelle*. Enfin elle dépend de l'agitation de l'air, qui renouvelle plus ou moins rapidement les couches gazeuses en contact avec le liquide. La formule qui représente la vitesse d'évaporation est donc

$$p = kS\frac{F - f}{H},$$

$k$ étant un *facteur* dépendant de l'agitation de l'air pendant l'évaporation et variant avec la nature du liquide.

**89. Ébullition.** — La formation de la vapeur au sein même de la masse d'un liquide constitue le phénomène bien connu de l'*ébullition*. Ses lois sont les suivantes :

1° *L'ébullition se produit à une température telle que la tension maxima de la vapeur du liquide ait justement la valeur de la pression qui s'exerce à la surface du liquide.*

2° *Cette température reste constante pendant toute la durée de l'ébullition, pourvu que la pression ne varie pas.*

Ainsi les vapeurs d'eau, d'alcool, d'éther ont une tension maxima de 76$^{cm}$ de mercure respectivement aux températures 100° (par définition), 78° et 35°,5. Ces températures sont précisément celles de l'ébullition de l'eau, de l'alcool et de l'éther sous la pression atmosphérique normale.

On peut vérifier la première loi d'une façon générale, en employant un appareil analogue à celui de Regnault (86) et en opérant à des températures auxquelles la détermination *directe* (84) de la tension maxima a été faite sans s'appuyer, par conséquent, sur cette loi. On observe toujours que la pression donnée par le manomètre est exactement celle de F, hauteur de mercure équilibrant la tension maxima obtenue précédemment.

Sur la seconde loi est fondée la détermination du point 100 du thermomètre. Pour la vérifier, il suffit de constater qu'un corps quelconque, placé dans la vapeur d'un liquide en ébullition sous pression constante, y conserve un volume invariable (58). Cette expérience se fait facilement avec un thermomètre *non gradué*.

Le *bouillant de Franklin* et la *marmite de Papin* sont des appareils de démonstration pratique de l'ébullition sous pressions plus petites ou plus grandes que la pression atmosphérique. Ainsi l'eau bout à 82° sous la pression d'une demi-atmosphère (Mont Blanc), et bout seulement à 120°,5 sous la pression de deux atmosphères. (Application à la mesure des tensions de vapeur, 86.) On comprend donc qu'un thermomètre *très sensible* donnant la température d'ébullition de l'eau à différentes pressions puisse remplacer un baromètre ; il suffit de lire sur les tables de Regnault la tension maxima qui correspond à chaque température d'ébullition observée (*hypsomètre de Regnault*).

3° La vaporisation est accompagnée d'une *augmentation de volume* considérable : 1$^{cc}$ d'eau forme 1700$^{cc}$ de vapeur.

4° *Retards à l'ébullition.* — De nombreuses expériences (de Donny, Dufour, Gernez) ont prouvé que l'ébullition ne se produit *nécessairement* que s'il y a dans la masse du liquide, sur les parois ou en dissolution, une *atmosphère de bulles gazeuses*. Le liquide s'évapore à la surface de ce gaz, et lorsque sa tension maxima devient au moins égale à la pression extérieure, sa vapeur gonfle des bulles qui se dégagent.

On peut donc retarder l'ébullition d'un liquide si l'on évite avec soin toute trace d'air ou de gaz ; le liquide est alors *surchauffé*, mais dès que l'ébullition se produit, la *température de la vapeur* devient celle qu'indique la première loi.

L'ébullition est retardée également par des sels en dissolution ; on prendra donc une température d'ébullition en plongeant le thermomètre dans la vapeur et non dans le liquide.

**90. Absorption de chaleur dans la vaporisation.** — La vaporisation (par évaporation ou ébullition) se produit avec absorption de chaleur, puisque la température d'un liquide qui bout reste constante malgré la chaleur du foyer.

On nomme *chaleur latente de vaporisation le nombre de calories nécessaires pour transformer un gramme de liquide en vapeur saturante à la même température.*

Le *froid produit par l'évaporation* dépend de la vitesse d'évaporation (88), puisque la quantité de chaleur absorbée est évidemment proportionnelle au poids de vapeur formée ; aussi est-il très sensible avec les liquides *volatils*, l'éther, le sulfure de carbone, etc., et même l'eau, surtout lorsqu'on produit artificiellement une augmentation de la vitesse l'évaporation par augmentation de la surface libre, par un courant de gaz ou par la diminution de la pression extérieure. Ainsi, dans l'*expérience de Leslie*, l'eau placée sur une capsule de liège (mauvais conducteur), au-dessus d'un vase contenant de l'acide sulfurique, et sous la cloche de la machine pneumatique, ne tarde pas à se congeler après une évaporation très rapide et une succession d'ébullitions à températures décroissantes. L'expérience du *cryophore de Wollaston*, la *congélation du mercure* par l'évaporation de l'acide sulfureux liquide, la fabrication de la glace par les *appareils Carré*, sont des applications du froid produit par l'évaporation.

**91. Liquéfaction des vapeurs.** — Une vapeur se condense à l'état liquide ou se liquéfie partiellement dès que la pression à laquelle elle est soumise tend à dépasser sa force élastique maxima.

Cela résulte de l'étude des vapeurs (83). Pour liquéfier une vapeur il faut donc, soit la comprimer, soit la refroidir, soit enfin la soumettre à la fois à la compression et au refroidissement.

En se liquéfiant, la vapeur abandonne sa chaleur latente de vaporisation (90).

La *distillation* est l'application de ces règles. Le liquide est vaporisé par ébullition dans une cornue ou un *alambic* ; la vapeur passe dans un refrigérant, elle s'y trouve à une température à laquelle sa tension maxima est bien plus petite qu'à la température d'ébullition : elle se liquéfie.

Les matières solides ou notablement moins volatiles que pouvait contenir le liquide employé en sont ainsi séparées ; elles restent dans la cornue.

La distillation aurait également lieu sans ébullition (principe de Watt, 85) ; mais elle serait bien moins rapide par évaporation, à cause de la moindre valeur de F (88).

**92. Liquéfaction des gaz.** — Les gaz sont des vapeurs éloignées de leurs points de liquéfaction, c'est-à-dire de leurs tensions maxima, comme les vapeurs sont des gaz au voisinage de ces points. Les gaz peuvent être liquéfiés comme les vapeurs et par des procédés analogues.

Ainsi les gaz sulfureux, hypoazotique, cyanhydrique, etc., sont liquéfiés par simple abaissement de température à la pression atmosphérique. Le protoxyde d'azote a été obtenu liquide par compression (Natterer). Enfin le procédé général de Faraday pour la liquéfaction d'un grand nombre de gaz consiste à produire le gaz, par exemple à l'aide d'une réaction chimique, dans une des branches d'un tube en V renversé, dont l'autre branche est entourée d'un mélange réfrigérant. Il y a une sorte de distillation vers la branche froide, dès que la tension du gaz est supérieure à la force élastique maxima à la température de cette branche, dans laquelle se condense le liquide. C'est une application du principe de Watt (85).

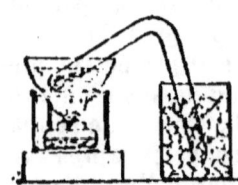

Toutefois il existe pour chaque gaz — et pour chaque vapeur — une température (*point critique*) au-dessus de laquelle il est impossible de le liquéfier par la pression seule. Pour l'acide carbonique, cette température est 32°. (Andrews.)

L'existence du point critique explique pourquoi on avait regardé comme permanents l'oxygène, l'azote, l'oxyde de carbone, l'hydrogène, etc., que M. Cailletet a réussi à liquéfier en employant le froid produit par la détente (108) de ces gaz comprimés d'abord à 300 et 400 atmosphères.

La vaporisation, dans le vide, de l'éthylène liquide permet d'atteindre une température de — 136°, à laquelle l'alcool se congèle.

**93. Mesure de la chaleur de vaporisation.** — *Expériences de Despretz.* On détermine réellement la chaleur de condensation, qui est égale à la chaleur de vaporisation. La vapeur produite par ébullition dans une cornue A est dirigée par le tube CBD dans un serpentin placé au milieu d'un calorimètre E. Elle s'y condense en abandonnant P$x$ calories, P étant son poids et $x$ la chaleur latente cherchée. Le liquide produit se réunit dans une sorte de boîte métallique G, *entourée aussi de l'eau* du calorimètre. Grâce à cette disposition pratique, on voit que toute la masse

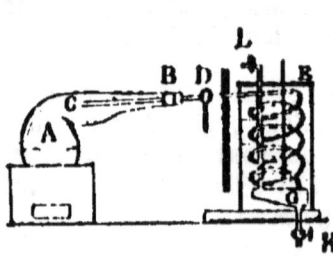

du liquide condensé est passée de la température T d'ébullition à la température finale $t'$ du calorimètre ; la quantité de chaleur ainsi abandonnée est donc $Pc (T - t')$, $c$ étant la chaleur spécifique du liquide (égale à l'unité s'il s'agit de l'eau). La chaleur totale qui a échauffé le calorimètre est donc $Px + Pc (T - t')$, d'où (76) l'équation

$$Px + Pc (T - t') = (M + p\gamma)(t' - t).$$

On détermine le poids P en recueillant à la fin de l'expérience le liquide condensé.

Si l'on veut opérer à différentes pressions (et par suite avoir la chaleur de vaporisation à différentes températures), on fait varier la pression dans l'appareil par un tube L, qui est ouvert quand on opère sous la pression atmosphérique.

En réalité, l'application de cette méthode est loin d'être aussi simple, en raison de plusieurs difficultés pratiques, entre autres celle d'empêcher la vapeur de se condenser partiellement avant son arrivée dans le calorimètre.

La chaleur latente de vaporisation de *l'eau* varie avec la température de vaporisation : elle est de 537 calories à 100° et diminue quand la température s'élève. Au lieu de cette chaleur latente, on considère souvent la *chaleur* TOTALE de vaporisation : c'est la *quantité de chaleur nécessaire pour amener 1ᵍʳ d'eau de 0° à la température T et la transformer en vapeur saturante à cette température.* On a donc, Q étant la chaleur totale et $\lambda$ la chaleur latente de vaporisation à la température T,

$$Q = \lambda + cT \quad \text{ou} \quad Q = \lambda + T,$$

puisque la chaleur spécifique de l'eau est l'unité.

Regnault, qui a déterminé cette chaleur totale pour l'eau aux différentes températures, a donné la formule empirique suivante, qui permet de la calculer :

$$Q \text{ cal} = 606,5 + 0,305T,$$

et par suite, $\quad \lambda = 606,5 - 0,695T.$

**94. Hygrométrie.** — L'atmosphère contient, en proportion variable, de la vapeur d'eau. Il est utile de connaître la tension de cette vapeur ou plutôt le rapport $\dfrac{f}{F_t}$ de cette tension à la tension maxima correspondant à la température $t$ de l'atmosphère. Suivant, en effet, que ce rapport sera plus ou moins éloigné de sa valeur maxima 1, la vapeur d'eau sera plus ou moins éloignée de sa condensation. On nomme ce rapport l'*état hygrométrique*.

DENSITÉ D'UNE VAPEUR. — La densité d'une vapeur est le *rapport du poids d'un volume quelconque de cette vapeur au poids du même volume d'air dans les mêmes circonstances de température et de pression*. On n'introduit pas ici la restriction d'une température et d'une pression particulières, qui ne sauraient être en aucun cas 0° et 76$^{cm}$ pour la vapeur d'eau, puisque à cette température la tension maxima de cette vapeur est inférieure à la pression de 76$^{cm}$.

La densité de la vapeur d'eau est 0,622 ou $\frac{5}{8}$. Regnault a montré qu'on pouvait la considérer comme constante. Pour calculer le poids et la masse C. G. S. d'un volume V de cette vapeur à la tension de $f$ et à la température $t$, on calcule d'abord le poids d'un égal volume d'air à la même pression de $f$ et à la même température ; on le multiplie ensuite par $\frac{5}{8}$. Cette formule s'établit comme pour les gaz (74) :

$$p^{gr} = V^{cc} \times 0{,}001293 \times \frac{f}{76} \cdot \frac{1}{1+\alpha t} \times \frac{5}{8}$$

ou $$p^{gr} = \left( V^{lit} \times 1{,}293 \times \frac{f}{76} \times \frac{1}{1+\alpha t} \right) \times \frac{5}{8}.$$

On a ainsi la masse ; le poids serait $p \times g$. (17).

Il résulte de là que le *rapport* $\frac{p}{P}$ *du poids de vapeur d'eau contenu dans un volume quelconque d'air au poids que contiendrait ce volume s'il était saturé est égal à l'état hygrométrique* $\frac{f}{F}$. En effet, d'après la loi du mélange des gaz, ou d'une vapeur et d'un gaz, la vapeur d'eau doit être considérée comme occupant tout le volume du mélange avec sa pression propre ($f$ ou F). Or on aurait P par la même égalité que $p$ :

$$P = \left( V \times 0{,}001293 \times \frac{F}{76} \times \frac{1}{1+\alpha t} \right) \times \frac{5}{8}.$$

et, en divisant membre à membre, $\frac{p}{P} = \frac{f}{F}$.

*Poids et masse C. G. S. d'un volume d'air humide.* — La vapeur d'eau ayant dans cet air une tension de $f^{cm}$, on vient de calculer sa masse $p$ ; quant à l'air sec, on peut également le considérer comme occupant tout le volume, mais avec la pression qu'il exerce dans le mélange (49), c'est-à-dire celle de $H - f$, H étant la hauteur barométrique. Sa masse $p'$ est donc

$$p' = V \times 0{,}001293 \times \frac{H-f}{76} \times \frac{1}{1+\alpha t};$$

et $x$, la masse totale cherchée, sera la somme $p + p'$, ou, toutes réductions faites,

$$x^{gr} = p + p' = V \times 0{,}001293 \, \frac{1}{1+\alpha t} \cdot \frac{H - \frac{3}{8} f}{76}.$$

[Si on mesure V en litres, multiplier par 1,293 comme plus haut.]

Le nombre $x$ représente aussi le poids du volume cherché en grammes ; en unités C. G. S., ce poids serait $xg$ (17).

**95. Hygromètres à condensation.** — Les hygromètres sont des instruments destinés à donner l'état hygrométrique $\frac{f}{F}$ ou à faire connaître la valeur de $f$, celle de F étant donnée par les tables de Regnault, puisqu'on connaît facilement la température de l'atmosphère.

Le principe des hygromètres à condensation est le suivant : Si on abaisse la température d'une petite portion de l'atmosphère, par exemple au voisinage d'une surface solide refroidie, on ne modifie ni la tension de l'air sec ni la tension $f$ de la vapeur d'eau dans cette région ; mais on arrive peu à peu à la température $\theta$ à laquelle $f$ est tension maxima, en d'autres termes à laquelle l'espace refroidi est saturé de vapeur. Dès qu'on sera au-dessous de $\theta$, une condensation de vapeur comme un dépôt de rosée aura lieu sur la surface froide ; dès qu'on remontera au-dessus de $\theta$, cette vapeur disparaîtra. Le phénomène se produit sur les carreaux, l'hiver. La recherche de $f$ est ainsi ramenée à celle de $\theta$, parce que $\theta$ connu il suffit d'avoir recours aux tables de Regnault (86).

Surprendre ce dépôt de rosée aux moments où il se forme et où il s'évanouit ; noter les températures $\theta_1$ trop basse, $\theta_2$ trop élevée afin d'avoir la température moyenne $\theta = \frac{\theta_1 + \theta_2}{2}$ à laquelle se produit le dépôt, voilà en quoi consiste la méthode des hygromètres à condensation.

Ce qu'il y a de plus simple, c'est de refroidir l'air au contact d'un godet d'argent qui renferme un liquide dont la température s'abaisse (de l'éther qui s'évapore par exemple) : un thermomètre donne la température du liquide, température qui est celle du vase *mince* et *bon conducteur*, celle aussi de l'air immédiatement au contact.

Dans l'*hygromètre de Daniell*, le refroidissement est produit par l'évaporation de l'éther, placé dans une boule de verre mince noircie A. Cette évaporation a lieu d'après le principe de Watt dans une seconde boule que l'on refroidit elle-même à l'extérieur, en faisant évaporer de l'éther versé sur une mousseline qui l'enveloppe.

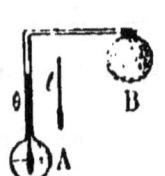

L'appareil a été abandonné à cause de plusieurs inconvénients qui sont évités dans les hygromètres de Regnault et d'Alluard. Ce dernier se compose d'une caisse ABC présentant une face plane polie et dorée A, entourée à distance par un cadre également poli et doré, DEG. De l'éther est placé dans la boîte ; son évaporation rapide est produite artificiellement par un courant d'air amené par le tube K' et sortant chargé de vapeur d'éther par un tube L, qui peut l'emmener loin de l'appareil. Une fenêtre O permet d'ailleurs de voir à l'intérieur. L'observateur regarde de loin à l'aide d'une lunette et saisit facilement le *point de rosée* au moment où la face A se ternit, parce que le cadre voisin, n'étant pas refroidi, conserve toujours le même éclat.

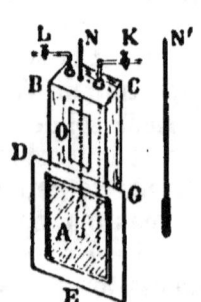

**96. Psychromètre.** — C'est une application des lois de l'évaporation de l'eau à l'air libre (88). Un thermomètre A dont le réservoir est continuellement humecté d'eau à l'extérieur, est placé à côté d'un thermomètre ordinaire B, ou thermomètre sec. Le premier marque une température $t'$ inférieure à celle de l'air ambiant, $t$, que marque le second, parce que l'évaporation qui se produit continuellement sur le réservoir de A absorbe, par seconde,

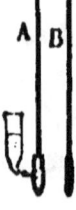

une quantité de chaleur
$$q = \lambda p,$$
$\lambda$ étant la chaleur latente, $p$ la vitesse d'évaporation (93, 88).
En remplaçant $p$ par sa valeur, on a
$$q = \lambda k S \frac{F_{t'} - f}{H} ;$$
S étant la surface d'évaporation, $f$ la mesure de la force élastique de la vapeur d'eau dans l'air extérieur, $F_{t'}$ celle de la tension maxima à la température $t'$, H la hauteur barométrique. D'autre part, puisque le thermomètre s'est fixé à $t'$, bien qu'il perde cette quantité $q$ de chaleur, c'est qu'il en reçoit exactement autant du milieu qui l'entoure et qui rayonne vers lui. Or, d'après la loi de Newton (163), cette quantité de chaleur rayonnée est proportionnelle à la différence de température $t - t'$ entre le corps chaud (l'atmosphère ici) et le corps froid. On a donc, $k'$ étant une constante,
$$q = k' (t - t').$$
En égalant ces deux valeurs de $q$ et posant $\frac{\lambda k S}{k'} = B$, on obtient la relation
$$f = F_{t'} - \frac{1}{B} H(t - t').$$

Pour déterminer B, on mesure $f$ avec un hygromètre à condensation, et en même temps au moyen du psychromètre. La seule quantité inconnue dans l'équation précédente est B, qui est ainsi donné pour toutes les autres observations d'état hygrométrique faites dans les mêmes conditions.

**97. Hygromètre chimique.** — On fait passer à l'aide d'un aspirateur L, un volume considérable d'air atmosphérique sur de la pierre ponce imbibée d'acide sulfurique contenue dans des tubes en U : les premiers de ces tubes B, C, D ont été pesés (ou plutôt tarés) avant l'expérience. On règle l'écoulement de l'eau de l'aspirateur de façon que le passage de l'air dans les tubes soit assez lent et l'absorption de l'humidité complète. Le dernier tube A ne sert qu'à empêcher les vapeurs de l'aspirateur d'arriver aux premiers. L'opération terminée, on détermine l'augmentation de masse $p$ des tubes B, C, D. En désignant par V le volume qu'occu-

paît dans *l'atmosphère* l'air qui est passé sur les tubes, $p$ doit satisfaire (94) à l'égalité

$$p = V^{\text{lit}} \times 1^{\text{gr}},293 \times \frac{f}{76} \times \frac{1}{1+\alpha t} \times 0,622.$$

On ne connaît pas $V$ ; mais le volume $U$ de l'aspirateur, ou de la partie de l'aspirateur dans laquelle l'air a remplacé l'eau, peut être mesuré. La pression totale dans le récipient $U$ est celle de $H$, la pression atmosphérique, dont une partie $F_\theta$ est la pression de la vapeur d'eau, et la différence $H - F_\theta$ est la pression de l'air proprement dit, de l'air sec ; $F_\theta$ est la tension maxima de la vapeur d'eau à la température $\theta$ de l'aspirateur, car l'espace $U$ est évidemment saturé. Dans l'atmosphère, cette masse d'air sec avait le volume $V$ cherché, et comme la tension de la vapeur d'eau y était de $f$, la sienne était de $H - f$. La loi de Mariotte donne la relation

$$V(H - f) = U(H - F_\theta),$$

d'où
$$V = \frac{U(H - F_\theta)}{(H - f)},$$

valeur que l'on porte dans l'égalité précédente ; $f$ n'y entre qu'au premier degré et reste la seule inconnue, puisque $p$, $U$ et $H$ sont donnés par l'expérience. L'état hygrométrique s'obtiendra comme précédemment en faisant le quotient $\frac{f}{F_t}$.

**98. Hygromètre d'absorption.** — Un certain nombre de substances organiques (cheveux, corne, gélatine) changent de dimension quand le degré d'humidité de l'air varie. L'hygromètre historique de *de Saussure* utilisait cette propriété. Un cheveu convenablement dégraissé était fixé à l'une de ses extrémités et s'enroulait à l'autre sur une poulie très mobile qui entraînait dans sa rotation une aiguille mobile sur un cadran. Le cheveu s'allongeait davantage et l'aiguille se déplaçait depuis le degré 0 (dans de l'air complètement sec) jusqu'au degré 100 (dans de l'air saturé). Des tables construites par Gay-Lussac donnaient la valeur de l'état hygrométrique correspondant à chaque degré de l'appareil.

Des instruments enregistreurs construits aujourd'hui sont aussi des hygromètres d'absorption. L'état hygrométrique de l'air ne varie guère qu'entre 0,4 et 0,65 ; la valeur moyenne de chaque mois est environ $\frac{1}{2}$.

**99. Rosée, pluie, neige.** — Les corps placés à la surface du sol, échauffés pendant la journée par le Soleil, se refroidissent la nuit par rayonnement. Il en résulte un abaissement de leur température d'autant plus grand qu'ils ont un pouvoir émissif plus considérable (164) et une conductibilité plus faible (bois, feuille, etc.) ; le sol en effet ne leur restitue pas toute la chaleur qu'ils perdent. D'autre part, l'air se refroidit moins, ayant un pouvoir émissif faible. Il arrive un moment où, comme dans les hygromètres à condensation, la température $\theta$ de ces corps est telle que la tension maxima correspondante $F_\theta$ de la vapeur d'eau est égale à la tension $f$ de cette vapeur dans l'air. Il se produit alors un dépôt de *rosée*. Les corps abrités, les métaux polis (qui ont un faible pouvoir émissif) se recouvrent beaucoup plus difficilement de ce dépôt.

Si la température $\theta$ est inférieure à $0°$, la rosée prend la forme de gelée blanche ou *givre*.

Le *brouillard* est formé de gouttelettes très fines d'eau. Le refroidissement de la terre peut en effet amener une grande épaisseur d'air à une température assez basse pour qu'il y ait condensation de vapeur, formation de brouillard. De même les *nuages* ; il s'en forme dès qu'en un point de l'atmosphère la vapeur devient saturante ; les nuages tantôt se dissipent en traversant un espace non saturé — comme fait la fumée des locomotives — tantôt se résolvent en pluie.

La *pluie* provient de la condensation en gouttes assez volumineuses des gouttelettes d'eau ou quelquefois des aiguilles de glace formant les nuages. Lorsque la température est assez basse, la condensation a lieu en neige, dont les cristaux, du type hexagonal, forment de fines étoiles. Si la solidification est précédée d'une surfusion, il se produit des *grêlons*, qui grossissent par la congélation des autres gouttes en surfusion qu'ils peuvent rencontrer.

Enfin, de la pluie à température supérieure à $0°$, ou à température plus basse, mais en surfusion, tombant sur un sol gelé, le recouvre de *verglas* en se solidifiant.

**100. Machine à vapeur.** — La pression d'une vapeur peut être employée à mettre en mouvement une portion mobile de la paroi d'un récipient. Ce récipient se nomme *cylindre* ; la paroi mobile, qui représente une section droite de ce cylindre, est le *piston*. La vapeur est presque toujours la vapeur d'eau ; produite dans une *chaudière* ou *générateur*, elle est admise dans le cylindre et déplace le piston jusqu'au bout de sa course, nécessairement limitée. Le piston peut être ramené à son point de départ par deux moyens différents :

1° On refroidit la vapeur (condensation) ; sa pression tombe ainsi à la valeur de la tension maxima correspondant à sa nouvelle température, relativement basse. La pression atmosphérique, qui s'exerce de l'autre côté du piston (*fig.* A), est bien supérieure à celle de la vapeur (H = 76$^{cm}$, F$_\theta$ = 5$^{cm}$,50, pour $\theta$ = 40°, par exemple) ; il se produit alors un mouvement en sens inverse du premier.

2° A l'aide d'une disposition convenable (*fig.* B), on admet de l'autre côté du piston une nouvelle quantité de vapeur venant du générateur, en même temps que l'on condense ou

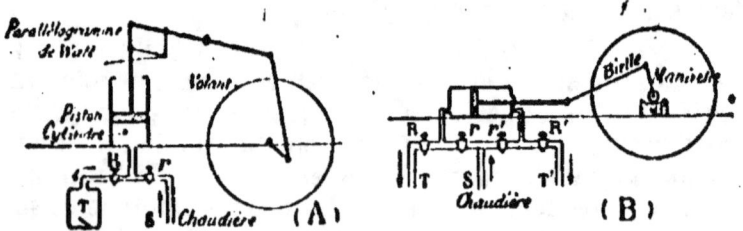

qu'on laisse s'échapper dans l'atmosphère celle qui avait agi précédemment : la pression de cette nouvelle vapeur détermine alors le retour du piston vers l'autre extrémité du cylindre.

La machine est dite à *simple effet* dans le premier cas, à *double effet* dans le second. Le cylindre de la machine à double effet est nécessairement fermé à ses deux extrémités, dont l'une, au contraire, est ouverte dans la machine à simple effet.

Suivant que la vapeur fournie par la chaudière est à une pression voisine de la pression atmosphérique ou la dépassant notablement (5 à 10 atmosphères), la machine est à *basse* ou à *haute pression*.

Le piston porte une tige, qui dans les machines à double effet, doit traverser l'un des fonds du cylindre par une *boîte à étoupe*. Le mouvement de va et vient de cette tige est généralement transformé en mouvement circulaire par l'intermédiaire du parallélogramme articulé de Watt et d'un levier *balancier* (fig. A); ou plus simplement au moyen d'une *bielle* reliée à une manivelle (fig. B) que porte l'*arbre de couche*. Cet arbre est muni d'une roue de grande masse, ou *volant*, qui, par sa vitesse acquise, entretient la régularité du mouvement.

**101. Condenseur. — Détente.** — C'est Watt qui imagina le *condenseur* pour abaisser brusquement, au moment voulu, la pression dans le cylindre.

Le condenseur est un récipient clos, vide d'air, plongé dans de l'eau froide en grande masse et dont un jet l'arrose intérieurement; une petite pompe, manœuvrée par la machine elle-même, en extrait constamment l'air et l'eau chaude. Si l'on fait communiquer cylindre et condenseur, la vapeur se détend et se condense (principe de Watt, 85).

L'ouverture opportune des robinets $r$ et $R$ (fig. A) assure la *distribution*, c'est-à-dire permet à la vapeur d'arriver de la chaudière S au cylindre ou d'en sortir pour se précipiter dans le condenseur T. La manœuvre de ces robinets est faite par la machine elle-même, soit à l'aide du dispositif du *tiroir*, de la *coulisse* et des *excentriques* de Stephenson, soit, plus simplement, au moyen de *déclenchements à cames* agissant directement sur les robinets ou obturateurs $r$ et $R$.

Dans les machines à double effet (fig. B) les robinets $r$ et $R'$ sont ouverts pendant que $r'$ et $R$ sont fermés, et réciproquement. Si la machine est à haute pression sans condenseur, les tubes T et T' s'ouvrent dans l'atmosphère.

Au lieu de laisser la vapeur à pression supérieure à celle de l'atmosphère arriver dans le cylindre pendant toute la durée de la course du piston, c'est-à-dire agir toujours à *pleine pression* sur lui, on peut disposer le mécanisme qui commande les obturateurs d'*admission* $r$ et $r'$ de telle façon qu'ils se ferment lorsque le piston n'a parcouru qu'une fraction de sa course. La masse de vapeur ainsi isolée dans le cylindre augmente de volume en diminuant de pression : elle se *détend*. Pourvu que la plus faible valeur de sa force élastique (correspondant au volume entier du cylindre) soit supérieure à la pression qui s'exerce de l'autre côté du piston, elle continue à agir utilement sur lui, sans nouvelle dépense de vapeur.

Si la détente commence à $\frac{1}{5}$, par exemple, de la course, la quantité de vapeur qui remplirait à pleine pression la totalité du cylindre et donnerait un seul coup de piston peut servir à en produire cinq ; le premier cinquième de chacun d'eux sera à pleine pression; par suite la somme des travaux (104) produits pendant les cinq premières périodes sera justement égale à celui du coup de piston unique à pleine pression : le travail de la détente sera une plus-value.

Au lieu de laisser s'opérer la détente dans le cylindre principal, on préfère maintenant y faire agir la vapeur à pleine pression, puis la faire passer dans un réservoir qui alimente un second cylindre plus grand (système *Compound*). Les deux cylindres peuvent être en prolongement l'un de l'autre; leurs pistons ont alors la tige commune (type *tandem*). On réalise ainsi des détentes allant jusqu'à $\frac{1}{30}$.

**102. Locomotives.** — Ce sont des machines à haute pression sans condenseur et par suite à double effet. Les pistons de cylindres symétriques agissent sur un même essieu par deux manivelles placées à angle droit l'une de l'autre.

Cette disposition se justifie par la considération suivante : lorsqu'un piston est au bout de sa course, et la manivelle dans le prolongement de sa tige, la vitesse acquise seule peut décider la continuation du mouvement dans le même sens. Une machine à cylindre unique arrêtée dans cette position ne pourrait se mettre en mouvement d'elle-même ; elle serait au *point mort*. Dans la locomotive, au contraire, ce point ne peut être atteint en même temps par les deux manivelles.

Pour augmenter la puissance de traction des locomotives en rendant plus difficile le glissement des roues sur les rails, on accouple deux ou plusieurs essieux, dont les roues ont même diamètre, à l'aide de manivelles, reliées par des bielles rigides.

**103. Chaudières.** — Pour les machines fixes de grandes dimensions, le générateur de vapeur ou chaudière, généralement horizontale, est un corps cylindrique formé de feuilles de fer forgé ou d'acier (*tôle*) rivées à chaud. Les deux extrémités ont la forme sphérique. Deux ou plusieurs bouilleurs (chaudières de dimensions moindres) sont placés sous le générateur principal avec lequel ils communiquent ; ils reçoivent directement l'action de la flamme du foyer, ce qui augmente la *surface de chauffe* de l'eau. C'est dans le même but qu'ont été imaginées les chaudières à foyer intérieur ou chaudières *tubulaires* (*Marc Séguin*). Le foyer ou boîte à feu communique alors avec la cheminée par une série de tubes que parcourent la flamme et les gaz chauds et qui traversent longitudinalement la chaudière. La surface extérieure de ces faisceaux de tubes peut ainsi être très considérable. Cette disposition est particulièrement employée dans les locomotives, les locomobiles et les machines fixes de petites dimensions, sans bouilleurs. L'eau est quelquefois placée dans les tubes, qu'entoure alors la flamme.

Les accessoires de la chaudière sont : les *indicateurs de niveau*, montrant continuellement quelle portion de la chaudière est occupée par l'eau (tubes de verre communiquant avec la chaudière, flotteurs, etc.); la *soupape de sûreté*, qui se soulève dès qu'une pression trop élevée pour la résistance de la chaudière va être atteinte ; les *manomètres*, toujours métalliques (48); la pompe foulante d'*alimentation*, amenant l'eau dans la chaudière, ou l'*injecteur Giffard* qui la remplace ; les *pompes* qui extraient l'air et l'eau chaude du condenseur; le *sifflet à vapeur*, etc.

**104. Travail.** — *Le travail d'une force est le produit de l'intensité de cette force par le déplacement de son point d'application*, si ce déplacement se fait suivant la direction de la force ; sinon, c'est le produit de ce déplacement par la projection de la force sur sa direction.

Le travail est *moteur* ou *résistant* suivant que le déplacement se fait dans le sens de la force ou en sens contraire.

L'unité usuelle de travail est, dans le système métrique, le *kilogrammètre*, travail moteur d'un kilogramme tombant d'un mètre, ou travail résistant d'un kilogramme élevé à la hauteur d'un mètre. Dans le système C. G. S., l'unité est l'*erg*, travail d'une dyne se déplaçant d'un centimètre. En général, quelle que soit celle de ces deux unités que l'on choisisse, le

travail W est donné par la formule
$$W = F \times e,$$
F étant l'intensité de la force (ou de sa projection) en kilogr. ou en dynes et $e$ l'espace parcouru en mètres ou centimètres suivant que l'on veut avoir W en kilogrammètres ou en ergs.

*Application.* — $s$ étant la surface en centimètres carrés du piston d'une machine à vapeur, $n$ le nombre d'atmosphères qu'atteint la pression de la vapeur, $F_0$ centimètres la hauteur de mercure qui équilibre la tension maxima dans le condenseur, et 13,6 la densité du mercure, on calcule, comme dans le cas de la pression atmosphérique (41), la pression de la vapeur sur chacune de ses faces. La différence est la force motrice :
$$\frac{s(n \times 76 - F_0) \times 13,6}{1000} \text{ kilogrammes.}$$

La longueur de la course (déplacement) du piston étant $l$ centimètres ou $\frac{l}{100}$ mètres, le travail (moteur) correspondant à un coup de piston, sans détente, sera
$$w = \frac{s(n \times 76 - F_0)13,6 \times l}{100 \times 1000} \text{ kilogrammètres.}$$

PUISSANCE DE LA MACHINE. — On dit qu'une machine a une *puissance de un cheval-vapeur* lorsqu'elle peut produire un travail de 75 kilogrammètres par seconde (*). Si donc le piston bat $p$ coups par seconde, son travail total sera $pw$ et la puissance P de la machine sera d'autant de chevaux-vapeur que ce nombre contiendra de fois 75 kilogrammètres.
$$P = \frac{1}{75} pw.$$

La masse de vapeur consommée dans les mêmes conditions serait, par coup de piston (94),
$$M = (s \times l)^{cc} \times 0^{gr},0013 \times \frac{n \times 76}{76} \times \frac{1}{1 + \alpha T} \times 0,622 \text{ grammes,}$$
T étant la température de cette vapeur.

---

(*) Dans le système C.G.S. l'unité de travail est l'*erg*, mais on emploie une unité pratique, le *Joule*, qui vaut $10^7$ ergs (environ 1/10 de kilogrammètre). L'unité de puissance, appelée le *Watt*, est alors la puissance d'une machine produisant 1 joule par seconde.

**105. Rendement** ou *coefficient économique*. — Puisqu'on connaît la masse de vapeur dépensée à chaque coup de piston et la chaleur totale de vaporisation (93), on peut calculer le nombre de calories Q nécessaires à la production de cette vapeur. Or de nombreuses expériences de *Hirn* établissent que le nombre de calories Q' cédées au condenseur est $<$ Q et que la différence Q — Q' est en rapport avec les résultats, avec le travail que donne la machine. On en conclut que le travail de la machine est l'*équivalent* de la chaleur disparue ; et l'on nomme *coefficient économique* ou rendement le rapport $\frac{Q - Q'}{Q}$ de la chaleur disparue, et convertie en travail (104), à la chaleur dépensée. Ce coefficient dépend théoriquement de l'écart entre la température T de la chaudière et la température θ du condenseur, et augmente avec lui. Dans la pratique, il est au plus de 0,09.

**106. Équivalent mécanique de la chaleur.** — L'équivalent mécanique de la chaleur est *le travail* (nombre de kilogrammètres) *correspondant à la disparition apparente d'une grande calorie*. On pourrait le déduire des considérations précédentes en divisant le travail $w$ que produit la machine par le nombre Q — Q' de calories transformées.

En réalité, la mesure exacte de ces nombres est peu pratique ; il est plus facile d'étudier la transformation inverse, celle du travail en chaleur.

Les chocs, les frottements, qui causent une perte apparente de travail, sont en effet accompagnés d'une élévation de température, plus généralement d'une production de chaleur (choc des projectiles contre des obstacles très résistants, déformation des corps non élastiques, forage des canons, frottement des freins, etc.).

EXPÉRIENCE DE JOULE. — Deux poids égaux P sont suspendus à deux cordons qui passent chacun sur une poulie D et vont s'enrouler sur un treuil vertical G, de façon à pouvoir le faire tourner dans le même sens. Sur le prolongement de l'axe du treuil se trouve un arbre AB qui participe à volonté à son mouvement. Cet arbre est muni de palettes plongées dans l'eau d'un calorimètre C : leur frottement contre le liquide, et tous ceux qui se produisent dans le calorimètre muni à dessein de cloisons K, K', donnent naissance à une quantité de chaleur $Q = M\theta$, M

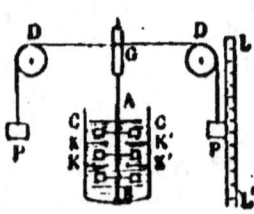

étant l'équivalent en eau du calorimètre (76) et θ l'élévation de température lue sur un thermomètre très sensible. Le travail fourni par les deux poids tombant d'une hauteur $h$ mètres mesurée sur une règle LL' est $2Ph$ kilogrammètres. Le choc de ces poids contre le sol d'une part, de l'autre, les frottements extérieurs au calorimètre, en D par exemple, correspondent respectivement à R et R' kilogrammètres, transformés en chaleur hors du calorimètre. Il reste donc pour le travail absorbé dans le calorimètre $2Ph - R - R'$, et l'équivalent mécanique de la chaleur sera

$$E = \frac{2Ph - R - R'}{Q}.$$

On peut déterminer les corrections R et R', et la seule inconnue est alors E, que l'on trouve égal à 425 kilogrammètres. Des méthodes très différentes ont donné des nombres qui concordent très sensiblement entre eux et avec celui-là, ce qui justifie l'interprétation de l'expérience de Joule. Donc, la transformation de 425 kilogrammètres produit 1 grande calorie, et inversement, la transformation de 1 calorie produit 425$^{kgm}$ de travail.

**107. Force vive.** — La *force vive* d'un point matériel de masse $m$ est le produit $mv^2$ de cette masse par le carré de sa vitesse $v$ ; la force vive d'un corps est la somme des forces vives des points matériels qui le composent. Cette grandeur n'est pas une force et l'on ne doit pas la considérer comme telle.

*La variation de force vive* d'un point matériel entre le temps $t$ et un temps $t'$ *est égale au double du travail* produit *pendant l'intervalle* $t' - t$ *par la force qui agit sur ce point.*

Ce théorème important, appelé *théorème du travail* ou *théorème des forces vives*, s'applique à un corps dans tous les cas possibles. Il est facile de le démontrer dans le cas d'un point matériel, sans vitesse initiale, soumis à une force F constante en grandeur et en direction. Le déplacement a lieu alors dans la direction de la force et le mouvement est uniformément accéléré (13). On a donc les formules

$$e = \frac{1}{2}\gamma t^2, \quad v = \gamma t,$$
$$e' = \frac{1}{2}\gamma t'^2, \quad v' = \gamma t'. \quad F = m\gamma.$$

Pendant l'intervalle $t' - t$, le mobile se déplace de $e' - e$.

Le travail de la force est

$$F(e' - e) = (m\gamma \left(\frac{1}{2}\gamma t'^2 - \frac{1}{2}\gamma t^2\right) = m \times \frac{1}{2}(v'^2 - v^2).$$

Donc $2F(e' - e) = m(v'^2 - v^2)$, qui est justement la variation (différence des deux valeurs $mv'^2$ et $mv^2$) de la force vive.

**108. Énergie.** — D'après cela, un corps de poids $p$ (kilog) tombant d'une hauteur $h$ possède une force vive $2ph$, et le théorème précédent donne

$$ph = \frac{1}{2}mv'^2 - 0,$$

la vitesse au point de départ étant nulle.

Si le corps était parfaitement élastique, et atteignait en ce moment un plan infiniment résistant, sa vitesse changerait de signe et il remonterait jusqu'à ce que sa vitesse $v''$ fût nulle. Mais pendant toute l'ascension, le déplacement serait dans le sens contraire de la force $p$, puisque celle-ci le sollicite à descendre. Le travail serait donc résistant ; quant à la variation de force vive, elle serait, au point extrême de l'ascension,

$$mv''^2 - mv'^2$$

et par suite $-mv'^2$, puisque $v''$ est nulle.

En appliquant encore le théorème des forces vives, on a

$$-px = -\frac{1}{2}mv'^2,$$

ce qui montre que $x$ est précisément égal à $h$ : le corps remonterait au point de départ.

En réalité, il y a toujours déformation, la vitesse changeant de signe au moment du choc et prenant en outre une valeur absolue $v_1'$ inférieure à $v'$ ; le corps ne remonte donc qu'à une hauteur $y$ inférieure à $h$. La demi-force vive $\frac{1}{2}mv'^2$ est alors, au moment du choc, transformée partiellement en chaleur

$$\tfrac{1}{2}mv'^2 = \tfrac{1}{2}mv_1'^2 + Eq,$$

$q$ étant le nombre de calories produites et E l'équivalent mécanique de la chaleur. Quant à la hauteur $y$, elle est donnée par une équation analogue à celle qui déterminait $x$ :

$$-py = -\tfrac{1}{2}mv_1^2.$$

On nomme *énergie actuelle* (c'est-à-dire puissance de produire du travail, au moment considéré) la demi-force vive $\tfrac{1}{2}mv^2$. On voit que l'énergie peut se transformer soit en travail mécanique, soit en chaleur.

Réciproquement, en élevant un corps pesant $p$kg à une hauteur $h$, on lui communique une *énergie potentielle*, égale au travail dépensé, c'est-à-dire qu'on le rend susceptible de produire, en tombant, ce même travail.

L'*énergie totale* est la somme des deux énergies actuelle et potentielle.

Quand on chauffe un gaz en maintenant son volume constant, on augmente sa pression (71). Le gaz acquiert ainsi un surcroît d'énergie potentielle, qui deviendra actuelle quand il mettra, par exemple, un piston en mouvement ; son énergie potentielle diminuera d'autant, c'est-à-dire qu'il perdra alors de la chaleur. Il en résulte un abaissement de sa température ; c'est ce qui arrive dans le cylindre de la machine à vapeur pendant la détente (101). Ce même phénomène est utilisé pour produire la liquéfaction des gaz par la méthode Cailletet (92).

L'étude de ces phénomènes, jointe à d'autres remarques concordantes, conduit à considérer la chaleur comme due à un mouvement vibratoire très rapide (159).

Les changements d'état d'un corps (fusion, vaporisation) sont encore des phénomènes analogues : la chaleur cédée au corps par le foyer se transforme intégralement, partie en énergie actuelle (travail correspondant à l'augmentation de volume), partie en énergie potentielle (chaleur latente). Mais cette énergie que ce corps a gagnée, les corps en combustion (combinaison chimique) dans le foyer l'ont perdue ; ils l'avaient eux-mêmes acquise, le charbon, par exemple, la devant au rayonnement solaire (169), grâce auquel les végétaux fixent le carbone. On peut donc dire que l'énergie ne peut ni se perdre, ni se créer, mais seulement se transformer; c'est la loi de la *conservation de l'énergie*, complément de celle de la conservation de la matière (Helmholtz).

109. **Conductibilité.** — La chaleur peut se transmettre de proche en proche, dans un milieu matériel ou pondérable dont elle élève la température ; c'est ce phénomène que l'on nomme *conductibilité*. Un autre mode de transmission, le *rayonnement*, est étudié après l'optique (159), parce qu'il y a des propriétés communes aux rayonnements de la lumière et de la chaleur.

Les différents corps sont dits plus ou moins conducteurs suivant que la chaleur s'y propage plus ou moins rapidement. Ainsi les métaux conduisent mieux, parmi les *solides*, que le bois, la pierre, la brique, etc.; parmi les métaux, l'argent est meilleur conducteur que le cuivre, le cuivre que le fer, etc. On montre ces différences de conductibilité avec l'*appareil d'Ingenhous* : des petites barres d'argent, cuivre, etc., recouvertes de cire, sont implantées dans la paroi d'une cuve contenant de l'eau chaude ; la cire fond alors à des distances plus ou moins grandes de la paroi, suivant que la conductibilité de la matière dont est formée la barre est plus ou moins considérable.

On tient compte de ces différences de conductibilité dans la pratique (choix des matériaux de construction, des vases destinés à chauffer des liquides, emploi des manches isolants, usage des toiles métalliques pour éviter les propagations d'incendies,... etc.).

La chaleur semble se propager facilement dans les *liquides* par conductibilité. En réalité, cette propagation est due aux courants qui s'y produisent (*convection*). L'échauffement a lieu en général par la partie inférieure du vase : les parties chaudes diminuant de densité (65), s'élèvent, tandis que les parties froides descendent, d'après le principe d'Archimède. C'est ce que l'on peut constater en ajoutant de la sciure de bois à de l'eau qu'on chauffe de cette façon.

Mais si l'on s'arrange de façon à chauffer par la partie supérieure, la convection ne peut plus se produire et l'on constate que les liquides, sauf le mercure, sont mauvais conducteurs.

Les *gaz* présentent, encore plus que les liquides, le phénomène de convection ; ils sont en réalité très mauvais conducteurs ; l'hydrogène conduit toutefois mieux la chaleur que les autres gaz.

Les corps légers (plumes, poils) avec lesquels sont faits les édredons, les fourrures, les étoffes de laine sont déjà peu conducteurs par eux-mêmes, mais en outre ils empêchent les mouvements de l'air qu'ils emprisonnent : l'ensemble constitue ainsi une enveloppe très peu perméable à la chaleur, qu'elle vienne de l'intérieur ou de l'extérieur (vêtements, tentures). L'emploi de la poussière de charbon ou de la paille dans la construction des glacières est basé sur des raisons analogues.

# ACOUSTIQUE

**110. Production et propagation du son.** — L'expérience montre que le son est toujours produit par le *mouvement vibratoire* d'un corps (cloche, timbre, corde, etc.). C'est un mouvement d'oscillation rapide du corps ou de certains de ses points de part et d'autre de leur position d'équilibre. Il est donc analogue au mouvement pendulaire (19); il est entretenu généralement par l'élasticité du corps, comme le mouvement pendulaire par la pesanteur. La *vibration simple* est le passage d'une position d'écart à la position symétrique; la *vibration double* comprend ce passage et le retour à la position initiale. Enfin l'amplitude est la distance des deux positions extrêmes. Ainsi pour une verge d'acier fixée à l'une de ses extrémités A dans un étau B, la position d'équilibre est AB ; lorsqu'on l'écarte en BC, la vibration est le passage de BC à BC' et l'amplitude CC'. Il y a un très grand nombre de manières de produire les vibrations sonores des solides, des liquides et des gaz.

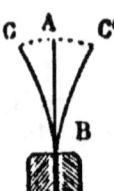

Le principe du *phonographe* est justement l'existence de ce mouvement vibratoire et son fonctionnement en démontre la généralité, quelle que soit la nature du son qu'il enregistre et reproduit.

Le son se transmet du corps sonore à l'oreille par les corps matériels intermédiaires qui vibrent aussi : la vibration se propage donc de proche en proche et il y a lieu de distinguer *la vitesse* de son déplacement ou de sa *propagation*, et la vitesse du mouvement vibratoire, c'est-à-dire celle du point A allant de C en C' et inversement. Cette transmission de la vibration produit l'*onde sonore*, ainsi nommée par analogie avec les ondes liquides.

Le son ne *se propage pas dans le vide*; on le montre en plaçant une petite sonnerie mécanique sous la cloche de la machine pneumatique : le son y devient très faible.

**111. Vitesse du son.** — Pour la déterminer dans l'air, on produit à une station, en même temps, un signal lumineux et un son, en tirant un coup de canon, par exemple. A une autre station, des observateurs aperçoivent la lumière presque au moment où elle se produit, la vitesse de la lumière étant extrêmement grande (300.000 kilomètres par seconde); ils notent ce moment sur un chronomètre. Le son ne leur parvient qu'un certain temps après ; ils notent également ce moment. La différence $\theta$ secondes de ces deux instants, donnée par le chronomètre, est le temps employé par le son pour parcourir la distance $e$ mètres des deux stations. Comme on s'assure, par des expériences dans des postes intermédiaires, que $\theta$ est proportionnel à $e$, le mouvement est uniforme, et sa vitesse est $v = \dfrac{e}{\theta}$.

Cette valeur de $v$ a été déterminée en 1822 par le Bureau des longitudes et trouvée égale à 340$^m$ par seconde, à la température de 15°. Plus exactement, suivant des expériences récentes, cette vitesse est 330$^m$,5, à la température de 0°; à $t$°, elle est donnée par la formule $v = 330^m,5 \times \sqrt{1 + \alpha t}$, $\alpha$ étant le coefficient de dilatation des gaz (70).

La vitesse du son dans l'eau est beaucoup plus grande (1435$^m$ par seconde) ; elle est encore supérieure à ce nombre dans les solides (environ 3600$^m$ dans la fonte).

**112. Réflexion du son.** — Le son se réfléchit et se

réfracte suivant les mêmes lois que la lumière (125, 136). On le constate en plaçant une montre devant un miroir sphérique concave, ou une lentille : en mettant l'oreille au foyer conjugué, on entend distinctement le bruit du balancier, à peu près imperceptible à la même distance en un autre point.

Il résulte de là l'explication du phénomène bien connu de l'*écho*. Un son peut parvenir à l'oreille, directement d'abord, puis après réflexions contre un ou plusieurs obstacles et au bout d'un certain temps, le chemin parcouru depuis le corps sonore étant nécessairement plus long. Si l'intervalle qui sépare la perception du son direct et du son réfléchi est très court, les deux sensations se superposent en partie : il y a alors *résonance*.

**113. Qualités du son.** — Il y a une infinie variété de mouvements vibratoires différant par l'amplitude ou la rapidité de l'oscillation, et par la loi suivant laquelle la vitesse varie ; aussi y a-t-il une infinie variété de sons qui sont différents par l'*intensité* (car il y en a de forts et de faibles), par la *hauteur* (puisqu'il y en a de graves et d'aigus), par une troisième qualité encore, le *timbre* (120).

L'*intensité*, toutes choses égales d'ailleurs, ne dépend que de l'*amplitude* du mouvement vibratoire qui produit le son (110) ; elle augmente ou diminue avec elle. Qu'on fasse vibrer en effet un diapason ou une corde : on voit les oscillations diminuer peu à peu, pour les mêmes raisons que les oscillations du pendule décroissent, et en même temps on reconnaît que l'intensité du son s'affaiblit constamment. L'intensité, et par suite l'amplitude, s'affaiblit aussi à mesure que le mouvement vibratoire s'éloigne de son origine ; *elle décroît*, comme l'éclairement, *en raison inverse du carré de la distance*, dans un milieu homogène indéfini, où la propagation se fait également dans toutes les directions. On évite cette rapide diminution d'intensité en limitant d'une façon convenable le milieu dans lequel se fait la propagation (porte-voix, cornet acoustique).

La *hauteur* dépend de la *rapidité* de la vibration, ou ce qui revient au même, du nombre de vibrations exécutées par le corps sonore dans l'unité de temps. Tandis que l'amplitude diminue quand la distance augmente, la rapidité ou vitesse de vibration reste constante.

A hauteur et intensité égales, deux sons se distinguent encore, quand ils sont produits par deux instruments (piano et violon): ils diffèrent par le *timbre*. D'après Helmohltz, chaque son est complexe, chacun résulte de la coexistence du son dominant pour l'oreille, et de plusieurs autres appelés *harmoniques* (118), qui en sont comme l'accompagnement, mais qui le modifient suivant leur nombre et leur force. Il en résulte, nous le verrons (120), que des sons de timbres différents dépendent des différentes formes que prend la vibration.

Les *bruits*, dans lesquels on ne distingue pas immédiatement des sons bien définis, sont également dus à des superpositions de sons, complexes, mais sans rapport les uns avec les autres. La comparaison de bruits de même nature permet souvent d'y distinguer une suite de sons musicaux (morceaux de bois donnant la gamme, harmonicas de bois, etc.). Nous ne parlerons ici que des sons musicaux.

**114. Mesure de la hauteur d'un son.** — Prenons pour mesure ou pour valeur précise de la hauteur d'un son le *nombre de vibrations par seconde* qui lui correspond.

1° MÉTHODE GRAPHIQUE. — Elle consiste à munir, quand cela est possible, le corps vibrant d'une pointe fine A, qui s'appuie légèrement contre la surface d'un cylindre enduite de noir de fumée. L'axe du cylindre porte un pas de vis, mobile dans un écrou, de telle sorte que le cylindre en tournant se déplace parallèlement à son axe. La pointe tracera donc sur le

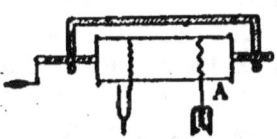

noir de fumée un trait onduló et en hélice. Le nombre des sinuosités comprises entre deux génératrices est celui des vibrations accomplies pendant que le cylindre a tourné de la quantité correspondante. Si l'on connait la vitesse de rotation, il est facile de compter le nombre N de vibrations du corps sonore par seconde. Si la vitesse est inconnue, on fait vibrer à côté du corps étudié un diapason, également muni d'une pointe et dont on connait le nombre de vibrations N' par seconde; on compte les nombres de sinuosités $p$ et $p'$ compris entre deux génératrices ; le nombre N cherché est évidemment donné par la proportion $\frac{N}{N'} = \frac{p}{p'}$.

2° SIRÈNE. — Une autre méthode consiste à produire,

à l'aide d'un appareil permettant de compter ses propres vibrations, un son que l'on fait varier jusqu'à ce qu'il ait même hauteur que le son étudié. L'oreille reconnaît très facilement le moment où cette condition est satisfaite (*unisson*) : on rend alors permanent le son donné par l'appareil, et on compte le nombre de ses vibrations pendant un certain temps ; c'est aussi celui des vibrations du corps sonore étudié.

La *sirène* de Cagniard de Latour est l'appareil le plus employé. Elle se compose essentiellement d'une caisse ou boîte cylindrique A où arrive, par le tube C, le vent d'une soufflerie. La face supérieure horizontale de A est percée de $n$ trous $a$ disposés sur un cercle et régulièrement espacés.

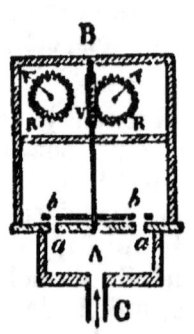

L'axe vertical AB, passant par le centre de ce cercle et terminé par deux pivots, est mobile ; il entraîne dans son mouvement de rotation le disque plan $b, b$ qui est percé de $n$ trous superposables à $a, a$. Supposons le disque animé d'un rapide mouvement pendant qu'en A on souffle de l'air : les deux séries de trous n'étant pas superposées, la pression augmente en A, puis l'air s'échappe simultanément par les $n$ ouvertures $ab$ qui se forment ; et ces deux faits se succèdent très rapidement, $n$ fois à chaque tour du disque, puisque une ouverture $b$ se place successivement au-dessus des $n$ trous $a$. A chaque coïncidence, c'est un choc de l'air intérieur contre l'air extérieur, et la succession rapide de ces ébranlements produit un son. Ce son est le résultat de $n$ vibrations par tour du disque, c'est-à-dire, si le disque fait $p$ tours par seconde, le résultat de $np$ vibrations par seconde.

On obtient le mouvement du disque $bb$ par l'insufflation de l'air : les deux trous $a, b$ sont percés obliquement dans l'épaisseur des plateaux de façon que l'air s'échappant par $a$ heurte la paroi $b$ et l'oblige à se déplacer ; comme l'effet se produit à la fois aux $n$ ouvertures, le disque mobile tourne bientôt rapidement.

Plus on souffle fort, plus la vitesse de rotation augmente et par conséquent plus les vibrations sont rapides ; on constate alors que le *son devient de plus en plus aigu*.

Pour compter le nombre de vibrations, il suffit de mesurer le nombre $p$ de tours que fait le disque par seconde; à cet effet, l'axe B est muni d'une vis sans fin V qui fait tourner la roue dentée R, d'une dent à chaque tour du plateau. Supposons que la roue R ait 100 dents ; quand elle a fait un tour entier, elle fait avancer la deuxième roue R' d'une dent. Deux aiguilles, seules visibles extérieurement, indiquent l'une combien de fois 100 tours, et l'autre combien de tours en plus a faits le disque mobile dans le temps $t$ secondes. On a ainsi $p$, et $N = \dfrac{np}{t}$ est le nombre de vibrations par seconde.

Un mécanisme convenable permet de mettre en relation l'axe et le compteur seulement lorsque, l'unisson étant obtenu, on maintient constant le son donné par la sirène.

3° La ROUE DENTÉE (de Savart) s'emploie de la même façon. Les vibrations sont produites par les chocs des dents d'une roue, tournant rapidement, contre une carte. L'appareil doit aussi être complété par un compteur.

Pour être *perceptibles* à l'oreille, les sons doivent correspondre à un nombre de vibrations doubles par seconde compris entre les nombres 30 et 30000 environ.

**115. Intervalles. — Gammes.** — *L'intervalle de deux sons est le rapport des nombres de vibrations par seconde qui les produisent.*

Deux sons de même hauteur, à l'*unisson*, ont donc un intervalle égal à l'unité. L'*octave* est l'intervalle 2, le son le plus haut étant dit à l'octave aiguë du premier, et celui-ci à l'octave grave du second. Il y a pour les intervalles intermédiaires une infinité de valeurs ; mais on en distingue sept particulièrement employés en musique ; ce sont les intervalles : $\dfrac{9}{8}$, la seconde ; $\dfrac{5}{4}$, la tierce ; $\dfrac{4}{3}$, la quarte ; $\dfrac{3}{2}$, la quinte ; $\dfrac{5}{3}$, la sixte ; $\dfrac{15}{8}$, la septième et $\dfrac{2}{1}$, l'octave. Ces rapports, sauf deux, sont simples, c'est-à-dire exprimés par des termes entiers et petits. Un premier son (*tonique*), d'un nombre arbitraire de vibrations, étant choisi, les sons qui présentent avec lui ces sept intervalles forment les *notes de la gamme* :

Intervalles de deux notes successives : $\quad \dfrac{9}{8} \quad \dfrac{10}{9} \quad \dfrac{16}{15} \quad \dfrac{9}{8} \quad \dfrac{10}{9} \quad \dfrac{9}{8} \quad \dfrac{16}{15}$

Notes : $\quad ut_1 \quad ré \quad mi \quad fa \quad sol \quad la \quad si \quad ut_2$

Intervalles de chaque note à $ut_1$ : $\quad 1 \quad \dfrac{9}{8} \quad \dfrac{5}{4} \quad \dfrac{4}{3} \quad \dfrac{3}{2} \quad \dfrac{5}{3} \quad \dfrac{15}{8}$

et ainsi de suite, les notes des octaves successives se distinguant par un indice.

Quant aux valeurs des intervalles successifs $\dfrac{mi}{ré}$, etc., on a identiquement

$$\dfrac{mi}{ré} = \dfrac{\frac{mi}{ut}}{\frac{ré}{ut}} = \dfrac{\frac{5}{4}}{\frac{9}{8}} = \dfrac{10}{9}, \text{ et ainsi de suite.}$$

Dans la pratique, on peut confondre l'intervalle $\dfrac{9}{8}$ (*ton majeur*) avec l'intervalle $\dfrac{10}{9}$ (*ton mineur*). Cela équivaut à dire que la note *ré* et la note *x* qui serait définie par l'intervalle $\dfrac{x}{ut} = \dfrac{10}{9}$, peuvent être considérées comme à l'unisson. En réalité, leur intervalle est $\quad \dfrac{ré}{x} = \dfrac{\frac{9}{8}}{\frac{10}{9}} = \dfrac{81}{80},$

au lieu d'être $\quad \dfrac{ré}{x} = 1.$

Mais l'oreille ne distingue pas, en général, deux sons qui ne présentent que cet intervalle de $\dfrac{81}{80}$, appelé *comma* ; en d'autres termes, les sons produits par 80 et 81 vibrations nous procurent la même sensation de hauteur.

L'intervalle $\dfrac{16}{15}$ est un demi-ton.

Un *accord* est la production simultanée de deux ou plusieurs sons : il est *consonnant* ou *dissonant* suivant qu'il est agréable ou non à l'oreille. L'accord *parfait*, ut, mi, sol, est le plus agréable de tous.

**116. Dièses et bémols. — Tempérament.** — La tonique étant une fois choisie, on peut se proposer de former une gamme ayant pour tonique l'une des notes de la précédente, la note *sol* par exemple. Il est facile de voir qu'en confondant les tons majeurs et mineurs, la succession *sol, la, si, ut$_2$, ré$_2$, mi$_2$*, présentera encore les intervalles successifs caractéristiques de la gamme ; mais l'intervalle entre *fa$_2$* et *mi$_2$* n'est que $\frac{fa_2}{mi_2} = \frac{fa}{mi} = \frac{16}{15}$, alors que cet intervalle (le sixième de la gamme ou $\frac{si}{fa}$ dans la gamme de *ut*) devrait être $\frac{9}{8}$ ou $\frac{10}{9}$. Il faut donc remplacer *fa* par une nouvelle note appelée *fa dièse* (*fa♯*), telle que

$$\frac{fa\sharp}{mi} = \frac{10}{9},$$

égalité qui peut s'écrire identiquement

$$\frac{fa\sharp}{fa} \cdot \frac{fa}{mi} = \frac{10}{9}.$$

Or $\quad \frac{fa}{mi} = \frac{16}{15}$ ; $\quad$ donc $\quad \frac{fa\sharp}{fa} = \frac{10}{9} \times \frac{15}{16} = \frac{25}{24}.$

*Diéser fa*, c'est le remplacer par une note dont l'intervalle avec *fa* soit $\frac{25}{24}$ ; on dit aussi que c'est l'élever d'un demi-ton.

On est conduit de même à abaisser d'un demi-ton une note, ou à la *bémoliser*, c'est-à-dire à multiplier par $\frac{24}{25}$ le nombre de ses vibrations.

*ré♯* et *mi♭*, par exemple, ne sont pas théoriquement identiques et leur intervalle est même un peu supérieur au comma. On les confond cependant dans la pratique ; de plus on rend tous les intervalles des notes (notes diésées comprises) égaux entre eux. Ainsi, dans la suite des douze intervalles *ut ut♯ ré ré♯ mi fa fa♯ sol sol♯ la la♯ si ut$_2$*, le rapport d'un terme au précédent est constant et égal à *k*.

Or $\quad \frac{ut_2}{ut} = \frac{ut_2}{si} \times \frac{si}{la\sharp} \cdots \times \frac{ut\sharp}{ut} = k^{12},$

et comme l'octave $\frac{ut_2}{ut}$ est l'intervalle 2, on a $\quad k^{12} = 2,$

d'où
$$k = \sqrt[12]{2} = 1,059.$$

C'est ce que l'on nomme le *tempérament*; la gamme ainsi définie est dite *tempérée*.

Le *diapason normal* sert à définir une note déterminée, le *la₃*, pour laquelle on est convenu de prendre le son correspondant à quatre cent trente-cinq vibrations doubles par seconde. La valeur absolue de toutes les autres notes (c'est-à-dire leur nombre de vibrations) se trouve par là même fixée.

**117. Vibrations transversales des cordes.** — Elles se produisent quand on ébranle perpendiculairement à sa direction une corde tendue, qui oscille alors entre deux positions extrêmes AMB, AM'B. *Le nombre de vibrations transversales exécutées dans une seconde* par une corde *est en raison inverse de sa longueur et de son rayon, directement proportionnel à la racine carrée du poids (de la force) qui la tend et inversement proportionnel à la racine carrée de sa densité.*

On vérifie ces lois au moyen du *sonomètre*, caisse sonore de bois, sur laquelle sont placées deux cordes, fixées à une extrémité et plus ou moins tendues, à l'aide soit d'un boulon, soit d'un poids passant sur une poulie. La longueur utile de ces cordes est limitée par deux chevalets fixes A, B et un chevalet mobile C.

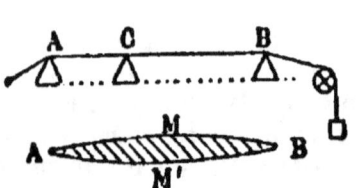

En déplaçant le chevalet mobile le long d'une règle graduée, de façon à donner successivement à la partie de la corde mise en vibration des longueurs $1, \frac{8}{9}, \frac{4}{5}$, etc., inverses des intervalles $\frac{ré}{ut}, \frac{mi}{ut}$, etc., on constate qu'elle produit les notes *ré*, *mi*, etc., ce qui vérifie la première loi.

La seconde loi se justifie en faisant vibrer deux cordes de même substance, d'égale longueur, également tendues et de rayons (ou diamètres) connus, 2 et 3 par exemple. La première donne une note dont l'intervalle avec celle de la seconde est $\frac{3}{2}$.

Pour vérifier la troisième loi, on met l'une des cordes à l'unisson de l'autre, en la tendant par un poids P ; puis on quadruple, par exemple, ce poids et on compare le nouveau son à celui de la corde témoin ; on obtient l'octave du premier son, ce qui prouve qu'en quadruplant le poids tenseur on a doublé le nombre des vibrations.

En ce qui concerne la loi des densités, on peut opérer d'une façon analogue, mais alors les nombres n'étant plus arbitrairement choisis de façon à donner des notes connues, il faut ou mesurer les nombres de vibrations (114) ou faire varier la longueur utile de l'une des cordes jusqu'à ce qu'elle soit à l'unisson de l'autre. Soient alors $l$ et $l'$ ces longueurs ; si la première corde (de densité $d$) avait la longueur $l'$, elle donnerait un son dont le nombre de vibrations serait $x = n\frac{l}{l'}$, $n$ étant le nombre de vibrations du son actuel (commun aux deux cordes) ; l'intervalle des sons $x$ et $n$ est donc $\frac{l}{l'}$ ; on vérifie qu'il est égal à $\sqrt{\frac{d}{d'}}$, $d'$ étant la densité de la seconde corde.

L'ensemble de ces lois est exprimé par la formule

$$n = \frac{1}{2rl}\sqrt{\frac{F}{\pi d}},$$

dans laquelle $n$ représente le nombre de vibrations doubles par seconde, $\pi$ le rapport de la circonférence au diamètre, $r$ et $l$ le rayon et la longueur de la corde mesurés en centimètres (unités C. G. S.), $d$ la densité de la substance dont elle est formée, F la valeur du poids tenseur en dynes. Si la masse du poids tenseur est M grammes et $g$ l'intensité de la pesanteur en centimètres, F est égal à $g$M (17).

[Avoir bien soin, *pour appliquer une formule quelconque*, de remplacer les lettres par les nombres qui mesurent les grandeurs en unités C. G. S.]

**118. Harmoniques.** — Les sons qui présentent avec un autre les intervalles exprimés par les nombres entiers 2, 3, 4, 5, etc., sont dits les *harmoniques* de celui-ci, que l'on nomme fondamental.

Une corde, outre le son fondamental qu'elle produit et que l'on a étudié au paragraphe précédent, peut encore donner les harmoniques successifs de ce son. Lorsqu'elle donne le son fondamental, elle vibre dans toute sa longueur, et l'amplitude de ses vibrations est maxima en son milieu C (*ventre de vibration*). Si on immobilise ce point par un chevalet et qu'on attaque la corde, chacune de ses deux moitiés vibre séparément et donne le premier harmonique, c'est-à-dire le son à l'octave, conformément à la loi des longueurs : C est devenu un *nœud*. On aurait de même les harmoniques suivants.

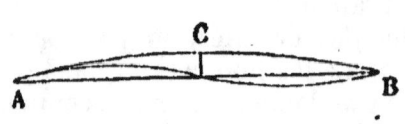

**119. Tuyaux sonores.** — L'air de ces tuyaux est mis en vibration par une *embouchure* à travers laquelle passe le vent d'une soufflerie (*tuyaux à bouche, tuyaux à anche*). La direction des vibrations est celle de l'axe des tuyaux, elle est longitudinale.

Les tuyaux sonores rendent d'abord un premier son fondamental, le plus grave ; en augmentant la vitesse du vent, on leur en fait rendre d'autres, qui sont des harmoniques du premier.

Dans les tuyaux sonores *ouverts* à l'extrémité opposée à l'embouchure, le *nombre des vibrations* ou hauteur du son fondamental est *en raison inverse de la longueur ; les harmoniques successifs correspondent à la suite des nombres entiers*, c'est-à-dire que les intervalles entre eux et le son fondamental sont 2, 3, 4, 5, etc.

Dans les tuyaux *fermés*, la hauteur du son fondamental suit la même loi ; seulement le son fondamental d'un tuyau fermé est le même que celui d'un tuyau ouvert de longueur double. Quant aux *harmoniques*, ils correspondent à la suite des nombres impairs 3, 5, 7, etc.

**120. Timbre des sons.** — En général, une corde rend *en même temps* que le son fondamental un ou plusieurs harmoniques, même lorsque l'on ne crée pas artificiellement des nœuds (118) en certains de ses points. Ces harmoniques, d'intensité moindre que le son fondamental, se superposant à lui, forment une sorte d'accord. On conçoit que ce phénomène puisse s'étendre à tous les corps sonores ; il explique l'existence du *timbre* (115), car les harmoniques peuvent être différents de hauteur (cas des tuyaux ouverts et des tuyaux fermés) ou d'intensité, pour un même son fondamental donné par deux corps différents.

Il faut se rendre compte que, tandis que la corde AB vibre, chaque moitié AC, CB exécute des oscillations comme si le point C était au repos. Tout point de la corde prend à chaque instant une vitesse résultante ; cette vitesse dépendra en général du nombre et de l'intensité des harmoniques que rendra simultanément la corde : *le timbre varie donc avec la forme de la vibration du corps sonore.*

Reconnaitre la coexistence d'harmoniques dans un son donné, s'appelle *analyser* ce son complexe. On y arrive généralement (Helmholtz) en employant des *résonnateurs*. Le principe de ces résonnateurs est le suivant : Quand un corps capable de produire un son fondamental N reçoit, par l'intermédiaire de l'air ou d'un autre corps, les vibrations d'un son identique, il entre en vibration à son tour. Le son qui lui arrive est ainsi *renforcé* dans son voisinage : ce phénomène justifie l'emploi des caisses sonores. En particulier une sphère

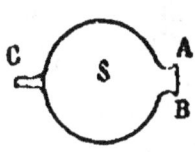

creuse telle que S présentant une ouverture AB et un conduit C à placer dans l'oreille, constitue un résonnateur qui ne peut rendre qu'un son fondamental, sans harmoniques ; ce son dépend des dimensions de la sphère, mais il est le seul qu'elle puisse renforcer. Il en résulte que, si ce son simple existe dans le son complexe qu'on analyse, l'oreille armée du résonnateur le perçoit immédiatement et considérablement accru, sans entendre les autres. Helmholtz a ainsi constaté que les sons donnés par le violon contiennent plus d'harmoniques élevés que s'ils étaient produits par un piano, un orgue et surtout un diapason. Il a démontré que si l'on chante les différentes voyelles sur la même note, les sons produits ne diffèrent que par le timbre, par les harmoniques qui accompagnent la note ; il a établi enfin que les voix de diverses personnes se distinguent aussi par leur timbre.

# OPTIQUE

**121. Propagation rectiligne de la lumière.** — Les corps peuvent être *lumineux* par eux-mêmes (*sources lumineuses*) ou *éclairés* par d'autres. Ils sont *transparents* ou *opaques* suivant qu'ils se laissent ou non traverser par la lumière. La propagation de la lumière *dans un milieu transparent homogène se fait en ligne droite ;* on le constate en plaçant sur la droite OA qui joint l'œil O à un point lumineux A — point d'un corps lumineux — une série d'écrans percés de petits orifices ; l'œil ne voit le point que si les trous sont disposés sur la droite OA. Quelle que soit la nature de la lumière (159), cette simple propriété est la base de toute l'*optique géométrique*. L'impression lumineuse étant reçue par l'œil en tous les points de OA, on dit que cette droite est un *rayon lumineux*, qu'une source de lumière émet des rayons lumineux dans toutes les directions et que la vision résulte de l'arrivée à l'œil de ces rayons.

**122.** La *vitesse* avec laquelle se propage la lumière est tellement grande que cette propagation paraît instantanée. Pour mesurer sa durée, il faut, ou considérer des espaces très grands, les distances planétaires par exemple (méthode de Rœmer, basée sur les éclipses des satellites de Jupiter et méthode de l'aberration), ou parvenir à mesurer des espaces de temps extrêmement courts (méthodes de Fizeau, de Foucault). On a ainsi trouvé des nombres voisins de 300.000 kilomètres par seconde.

**123. Ombres.** — Un point M est dans l'*ombre* d'un corps opaque O par rapport à une source lumineuse, le point A, lorsque la droite MA rencontre le corps opaque, car d'après la propagation rectiligne, il n'en peut recevoir la lumière. Si la source S est composée de plusieurs points (corps lumineux), M est dans l'ombre quand *toutes* les droites MA, MB, etc., joignant M aux différents points du corps rencontrent le corps opaque ; si quelques-unes de ces droites, $M_1D$, $M_1E$, ne le rencontrent pas, $M_1$ reçoit de la lumière des points D, E correspondants à ces droites, et est dit dans la *pénombre*. Dans un plan quelconque les régions d'ombre et pénombre se déterminent facilement en construisant les tangentes com-

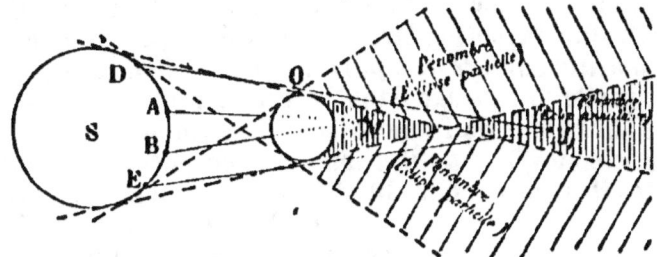

munes aux sections des deux corps S et O (*cône d'ombre*, *éclipses*).

**124. Chambre noire.** — Une petite ouverture étant faite dans une paroi, on voit se peindre sur la paroi opposée une sorte d'image renversée des objets extérieurs. Chaque point

A de l'objet peut être considéré comme un point lumineux; l'ensemble des rayons issus de ce point et pénétrant dans la chambre forme un pinceau $mAn$, dont la section $pq$ par la paroi est une figure analogue à l'ouverture. A chaque point A correspond donc une tache lumineuse analogue dont l'éclairement (160) et la couleur dépendent de l'intensité et de la couleur de A. D'autre part le contour de la région éclairée $rq$ est déterminé par les rayons partis des points extrêmes de l'objet et tangents aux bords de l'ouverture. Si l'ouverture est assez petite, chaque tache sera elle-même petite, et le contour sera sensiblement la section d'un cône ayant pour base le contour de l'objet et pour sommet un point quelconque de l'ouverture. L'ensemble reproduira donc la forme et l'apparence de l'objet. C'est ainsi que l'image du Soleil donnée par une petite ouverture de forme quelconque est toujours ronde ou ovale, suivant la position de la paroi ou écran. Il n'y a pas là une *image* proprement dite (126). On pourrait en avoir une en plaçant une lentille convergente à l'ouverture (141).

**125. Réflexion de la lumière.** — Quand des rayons lumineux rencontrent un milieu différent de celui dans lequel ils se trouvent, une partie de la lumière qui se propage suivant chaque rayon pénètre dans ce milieu, en *changeant de direction à la surface de séparation, en se réfractant* (136). Une autre partie se propage dans le premier milieu : si les nouvelles directions de lumière sont quelconques par rapport aux anciennes, il y a *diffusion* ; c'est ce phénomène qui rend visibles les corps non lumineux par eux-mêmes. Mais si,

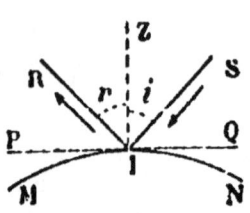

comme dans le cas où la surface des corps est polie (métaux, verre, liquides, etc.), la lumière provenant d'un rayon se propage dans une direction unique, il y a *réflexion* : la nouvelle direction du rayon *réfléchi* est déterminée par rapport à celle du rayon *incident* par les lois suivantes :

1° *Le rayon réfléchi est dans le plan d'incidence*, plan déterminé par le rayon incident SI et la *normale* IZ à la surface au point d'incidence ;

2° *L'angle de réflexion* (c'est-à-dire du rayon réfléchi avec la normale) *est égal à l'angle d'incidence* (du rayon incident avec la normale).

*L'appareil de Silberman* permet de vérifier ces lois : au centre d'un cercle divisé, généralement vertical, passe la

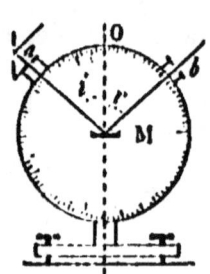

surface alors horizontale d'un miroir M. Deux tiges *a* et *b* appelées *alidades* sont mobiles autour du centre du cercle : l'une *a* porte un tube percé de l'orifice par lequel on peut recevoir la lumière solaire ; l'autre *b* un tube analogue par lequel on reçoit la lumière réfléchie en M. Si la lumière incidente suit la direction *a*M, on peut disposer la deuxième alidade de façon que la lumière réfléchie passe par l'orifice *b*, ce qui démontre la première loi, car *b*M est par construction dans le plan *a*MO. En second lieu, admettons que la normale au miroir passe par le zéro de la graduation, et que les alidades portent deux traits de repère suivant les directions *a*M, *b*M ; on constate que les arcs O*a*, O*b* sont égaux.

OPTIQUE 135

Cette méthode comporte sans doute peu de précision ; mais l'exactitude des lois de la réflexion résulte surtout de la vérification rigoureuse de leurs conséquences.

DÉVIATION. — C'est l'angle $\Delta = i + r = 2i$ du rayon réfléchi avec le rayon incident. Si l'angle d'incidence augmente de $\alpha$ (par exemple par une rotation égale de la surface réfléchissante, le rayon incident restant fixe), la nouvelle déviation étant toujours double de l'angle d'incidence sera $\Delta' = 2(i + \alpha) = 2i + 2\alpha$. Le rayon réfléchi tourne donc de $2\alpha$ quand le miroir tourne de $\alpha$.

**126. Images.** — L'œil recevant les rayons que réfléchit une surface aussi polie que possible, n'en attribue pas la provenance au *miroir*, qu'il ne verrait même pas si ce miroir ne diffusait pas un peu de lumière (125). Ces rayons lui semblent alors *émis* par une source lumineuse placée *dans la direction* des rayons réfléchis, comme si elle existait réellement. C'est cette apparence que l'on nomme *image* de la source (ou de l'objet) véritable.

*Définition.* — On appellera *image* d'un point lumineux S le point S' par lequel vont après réflexion (ou réfraction) passer tous les rayons émis par S.

**127. Miroirs plans.** — Dans ces miroirs *l'image d'un point est un point symétrique du premier par rapport au miroir.*

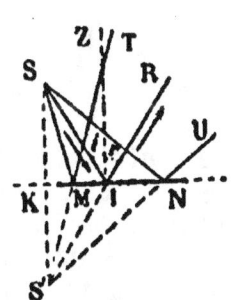

En effet, S étant le point lumineux, MN le miroir plan, SI un rayon *quelconque* tombant sur le miroir en I, on a, en prolongeant le rayon réfléchi IR jusqu'à sa rencontre en S' avec la perpendiculaire SK à la direction du miroir, $SK = S'K$, car $\widehat{KSI} = i$ et $\widehat{KS'I} = r$ ; donc les triangles rectangles KSI, KS'I sont égaux comme ayant un côté commun KI et un angle aigu égal.

En plaçant un *écran* en S', on n'intercepterait pas la lumière, puisque les rayons ne passent pas en *réalité* en S' ; l'image est dite dans ce cas *virtuelle*.

Le miroir étant supposé limité en M et N, tous les rayons partis de S et compris dans l'angle MSN (dans l'espace, ce serait un cône) seront les seuls à rencontrer le miroir. Après leur réflexion, ils seront dans la partie TMNU de l'angle MS'N. Ce n'est que dans cette région que le point-image S' sera visible.

Réciproquement, si l'on suppose l'œil placé en S et les rayons cheminant en sens inverse, l'œil ne recevra du miroir, quels que soient les points qui les envoient, que des rayons compris dans le cône MSN ; les points qui envoient ces rayons devront donc être dans la région TMNU du cône MS'N prolongé. Cette partie du cône est le *champ* du miroir par rapport au point S.

Un *objet* a pour image l'ensemble des images de ses différents points ; il résulte de la propriété des miroirs plans que cette image est *virtuelle* et *symétrique* de l'objet par rapport au miroir.

**128. Miroirs plans, parallèles ou inclinés.** — Un point lumineux S placé devant un miroir A a dans ce miroir une image symétrique $S_1$ d'où semblent partir les rayons réfléchis Rencontrant un second miroir B, parallèle au premier, ces rayons se réfléchissent comme s'ils venaient de $S_2$ symétrique de $S_1$ par rapport au miroir B ; ce point $S_2$ est donc sur la perpendiculaire commune $SS_1S_2$ aux deux miroirs, ainsi que toutes les images données par les réflexions successives des rayons $SII_1I_2$..... Une seconde série d'images résulte des rayons émis par S et tombant directement sur B.

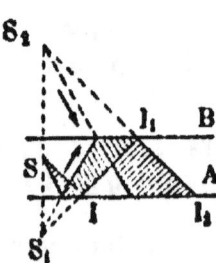

Si les miroirs ne sont pas parallèles, les images $S_1$, $S_2$, etc. sont toutes sur la circonférence ayant pour centre le sommet O de leur angle et passant par le point S : en effet, $S_1$ étant symétrique de S, $OS_1 = OS$, et de même $S_2$ étant symétrique de $S_1$ par rapport à OB, $OS_2 = OS_1 = OS$. Seulement chaque série d'images se termine à celle qui tombe dans l'angle opposé par le sommet à l'angle AOB, tandis que dans le cas des miroirs parallèles, le nombre des images

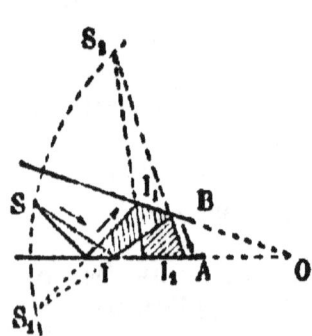

n'est pas limité. En particulier, quand l'angle des miroirs est de 60°, il y a cinq images.

Le *kaléidoscope* est une application des miroirs inclinés.

**129. Miroirs sphériques concaves.** — Ils sont formés par la surface concave et polie d'une calotte sphérique ou d'une portion de sphère. Le *centre* et le *rayon* (*de courbure*) du miroir sont le centre et le rayon de la sphère ; son *sommet* C est le pôle de la calotte sphérique considérée. Le diamètre de la sphère passant au sommet C du miroir est l'axe *principal* ; les autres diamètres sont des axes secondaires. Enfin on suppose essentiellement que l'*ouverture du miroir* (c'est-à-dire l'angle au centre qui sous-tend l'arc MN, section de la calotte par un plan passant par le centre) *est très petite* (5 degrés par exemple).

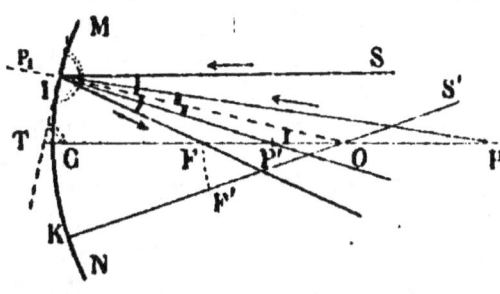

*Foyer, plan focal.* — Un rayon lumineux SI parallèle à l'axe principal tombant en I sur le miroir se réfléchit suivant la loi générale en faisant avec la normale OI (rayon du miroir) des angles d'incidence SIO et de réflexion OIR égaux. Le rayon réfléchi IR coupe l'axe principal en F : le triangle OIF est isocèle parce que l'angle en O est égal comme alterne-interne à l'angle d'incidence. Il en résulte FO = FI. En menant la tangente IT au point d'incidence jusqu'à sa rencontre en T avec l'axe principal, on verrait facilement que le triangle FIT est aussi isocèle et que FI = FT.

Or, *si l'ouverture du miroir est petite*, la distance angulaire $\widehat{IOC}$ des points I et C est elle-même forcément plus petite, et *la plus grande valeur possible* de TC (correspondant aux cas où le point I est en M ou en N) *est extrêmement petite* par rapport au rayon du miroir. Il en est de même *a fortiori* de toutes les autres valeurs de TC ; donc d'après ce Lemme on peut, *dans l'évaluation de la longueur* FT, confondre le point *variable* T avec le point fixe C, sommet du miroir.

Il résulte alors de là que FC = FO, à moins d'une quantité très petite. Le point F est donc, quel que soit le point d'incidence, le milieu du rayon OC du miroir ; *tous les rayons parallèles à l'axe viennent y passer après réflexion :* c'est le *foyer principal* du miroir ; et $CF = f$ est sa *distance focale*.

Réciproquement, tous les rayons émis par un point lumineux placé en F se réfléchissent parallèlement à l'axe principal.

Le même raisonnement s'appliquerait à des rayons parallèles à un axe secondaire S'K et *tels que leurs points d'incidences soient à de faibles distances angulaires de K*. Ces rayons viendraient converger en un foyer F' situé sur l'axe secondaire S'K et au milieu du rayon OK.

Tous les points F, F', etc. se trouvent donc sur une petite sphère concentrique au miroir et de rayon moitié moindre. Mais si les axes secondaires tels que S'K s'écartent peu, angulairement, de l'axe principal, on peut confondre la surface de cette petite sphère avec son plan tangent en F, plan perpendiculaire à l'axe principal. Ce plan est le *plan focal*. Le point de concours, après réflexion, de *rayons parallèles à un axe secondaire quelconque*, est donc *à l'intersection de cet axe secondaire avec le plan focal*. Cette propriété est utile à employer dans la construction des images des astres (135).

Les rayons passant au foyer principal, peuvent y être reçus sur un écran : le foyer et toutes les images qui jouissent de cette propriété sont dits *réels*.

**130. Foyers conjugués.** — P étant un point lumineux sur l'axe principal, PI un rayon quelconque émis par lui, IR le rayon réfléchi, et P' le point où ce rayon rencontre l'axe principal, on considère le triangle PIP'. Le rayon OI est, d'après les lois de la réflexion, bissecteur de l'angle PIP', et la tangente IT est bissectrice de l'angle extérieur P'IP₁ (parce qu'elle est perpendiculaire à OI). On a donc

$$\frac{OP'}{OP} = \frac{TP'}{TP}.$$

En désignant par $p$, $p'$ les distances CP et CP' et par $\varepsilon$ et R les distances CT et CO (rayon du miroir), cette proportion prend la forme

$$\frac{R - p'}{p - R} = \frac{p' + \varepsilon}{p + \varepsilon};$$

$\varepsilon$ est variable suivant la position du point I, mais sa suppression aux deux termes du second membre altère en général très peu la valeur du rapport, soit parce que $\varepsilon$, sous la condition de faible ouverture, est négligeable devant les valeurs de $p$ et $p'$, ainsi que cela arrive pour le foyer principal (129), soit pour d'autres raisons. On a alors, cette suppression effectuée,

$$\frac{R - p'}{p - R} = \frac{p'}{p}$$

ou, en simplifiant,

$$\frac{1}{p} + \frac{1}{p'} = \frac{2}{R},$$

formule dans laquelle n'entre plus de terme dépendant de la position du point I. On trouve toujours la même formule, si le rayon R et les distances $p$ et $p'$ de P et P' au point C, sommet du miroir, sont comptés positivement quand on s'éloigne de ce point C pour aller vers O, P ou P' en marchant dans le sens de la lumière réfléchie, négativement dans le cas contraire.

Avec ces conventions, la formule est générale, c'est-à-dire applicable à tous les cas, et l'expérience montre qu'elle se vérifie d'une façon satisfaisante pour toutes les positions du point P. *Tous les rayons issus de ce point vont donc passer au point P', qui est l'image de* P. Réciproquement, P est l'image d'un point lumineux placé en P' ; c'est pourquoi P et P' sont dits *foyers conjugués.*

En particulier, lorsque le rayon incident est parallèle à l'axe principal, le point P peut être considéré comme étant à une distance infinie sur cet axe : $\frac{1}{p} = 0$ ; la valeur de $p'$ est alors $f$, *distance focale* principale CF (129). Or il reste

$$\frac{1}{f} = \frac{2}{R}, \qquad \text{d'où} \qquad f = \frac{R}{2},$$

résultat conforme à celui qui est établi directement plus haut.

Sous la même condition de faible écart angulaire entre les points I et K, la formule s'applique à un point situé sur un axe secondaire quelconque, puisque dans le raisonnement précédent on ne s'appuie pas sur la propriété de l'axe principal ; $p$ et $p'$ doivent alors être comptés sur cet axe. C'est ce qu'exprime l'énoncé suivant :

I. *Dans les miroirs sphériques, l'image d'un point* P *est un point* P' *situé sur l'axe secondaire du premier.*

Il en résulte une seconde conséquence :

**II.** *L'image d'un arc de cercle* (dans l'espace, *d'une calotte sphérique*) *concentrique au miroir, est un arc de cercle* (ou une calotte) *concentrique au miroir*.

En effet, pour un tel arc de cercle PB, les valeurs de $p$ seront les mêmes sur tous les axes ; il en sera donc de même pour les valeurs de $p'$, c'est-à-dire que le lieu des points B' sera un arc de cercle.

En introduisant la condition de faible ouverture, on peut confondre les arcs de cercles PB, P'B' avec leurs tangentes PA, P'A' aux points de rencontre avec l'axe ; alors le théorème se simplifie :

**III.** *L'image d'une droite perpendiculaire à l'axe est une droite perpendiculaire à l'axe.*

**131. Construction des images.** — Elle se ramène toujours à la construction de l'image d'une ou plusieurs droites perpendiculaires à l'axe principal et par suite se déduit des théorèmes I et III.

A étant l'extrémité de la droite AP, on cherche son image : c'est l'intersection A' du rayon réfléchi donné par un rayon incident quelconque avec l'axe secondaire AO (ou avec un deuxième rayon réfléchi quelconque) ; puis en abaissant de A' la perpendiculaire A'P' sur l'axe, on a l'image de AP. Il est généralement commode d'employer le rayon AI parallèle à l'axe qui passe après réflexion par le foyer F.

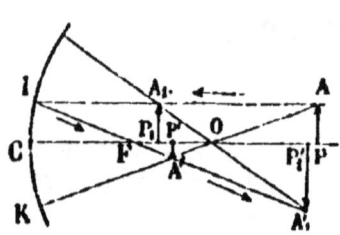

*Discussion :*

1° L'objet AP étant très loin du miroir, le rayon AIF reste toujours le même tandis que l'angle POA (*diamètre apparent de l'objet vu du point O*) est évidemment diminué. Donc l'image A'P' est aussi diminuée et se rapproche de F ; si AP est à l'infini, c'est-à-dire a un diamètre apparent POA nul, A'P' est réduite à un point, au foyer principal.

Au contraire, AP se rapprochant de F, l'angle POA augmente, A'P' augmente et s'éloigne du foyer ; AP étant en O, A'P' s'y trouve aussi, et est symétrique de AP par rapport à l'axe principal ; l'image est donc égale à l'objet. Puis AP se rapprochant toujours de F, en $A_1P_1$, son image $A'_1P'_1$ s'agrandit et s'éloigne. Enfin, l'objet étant dans le plan focal, en F, chacun de ses points envoie sur le miroir des rayons qui après réflexion sont parallèles (129). Il n'y a donc plus d'image, à proprement parler. On dit qu'elle est infiniment grande et à une distance infinie.

Dans tout ce déplacement de l'objet, *de l'infini au foyer*, l'image a toujours été *réelle* (les rayons qui la forment pouvant être reçus sur un écran placé en A'P'), *renversée*, successivement inférieure, égale et supérieure à l'objet.

2° AP étant entre le foyer et le sommet, les deux rayons AO (axe secondaire) et IF (provenant du rayon AI parallèle à l'axe) ne se coupent plus que sur leurs prolongements, parce que dans le trapèze FOAI, IA est sensiblement égal à CP, qui est plus petit que CF, c'est-à-dire plus petit que OF. Donc

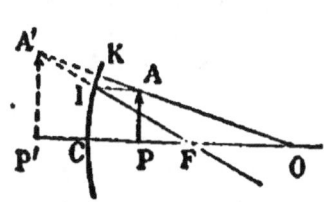

$$IA < OF$$

et la rencontre en A' des deux *directions* OA et FI se fait du côté de IA. L'image est *virtuelle*, *droite*, plus grande que l'objet ; elle diminue en se rapprochant du sommet, point où elle est égale à l'objet ou plutôt confondue avec lui.

3° Un dernier cas se présente enfin lorsque l'objet est virtuel (132).

**132. OBJETS VIRTUELS.** — On nomme *objet virtuel* par rapport à un miroir quelconque MN, une *image réelle*, donnée par un miroir, une lentille (141), ou un système optique convenable, et que le miroir MN empêche de se former, en interceptant les rayons qui iraient y concourir.

Ainsi S' étant un point vers lequel iraient concourir des rayons lumineux RS', TS' US' (dirigés en sens inverse des flèches de la figure du n° 127) pour y former une image réelle, si l'on interpose le miroir plan MN, S' sera un point virtuel. Les rayons réfléchis iront évidemment converger en S, qui sera l'image du point virtuel S' ; dans un *miroir plan*, l'image d'un *objet virtuel* est toujours *réelle* (télescope de Newton, 150), car les rayons réfléchis passent réellement au point-image S.

Soit $A_1P_1$ un objet virtuel vers lequel iraient des rayons, qu'intercepte un *miroir sphérique concave* MN. Parmi les rayons qui se dirigent vers $A_1$, on peut toujours en supposer un, DI, parallèle à l'axe principal ; il se réfléchit suivant IF. D'autre part, le rayon lumineux qui irait vers $A_1$ en suivant la direction $OA_1$ de l'axe secondaire se réfléchit suivant sa propre direction, KO, puisqu'il est normal au miroir.

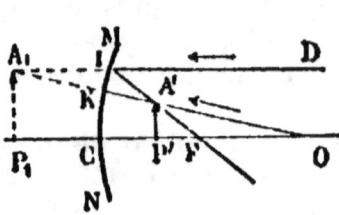

L'image A' de $A_1$ est donc à l'intersection de IF et de OK, comme dans le cas général, et A'P' est l'image, toujours *réelle* avec les miroirs concaves, de *l'objet virtuel* $A_1P_1$ ; elle est droite et plus petite que l'objet.

**133. Rapport de l'image à l'objet.** — L'image A'P' est toujours semblable à l'objet, d'après la construction même des triangles AOP, A'OP'. La même conséquence résulte de la considération des triangles rectangles ACP, A'CP', qui ont leur angle en C égal, parce que A' étant l'image de A, il faut que CA' soit le rayon réfléchi provenant de AC. Ces deux triangles semblables donnent

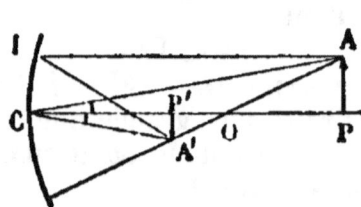

$$\frac{A'P'}{AP} = \frac{CP'}{CP} \quad \text{ou} \quad \frac{A'P'}{AP} = \frac{p'}{p},$$

d'après la notation du n° 130.

Cette relation est générale.

**134. Miroirs sphériques convexes.** — La surface réfléchissante est la partie convexe ou extérieure de la calotte sphérique.

Les définitions géométriques données à propos des miroirs concaves (129) s'appliquent aux miroirs convexes.

OPTIQUE 143

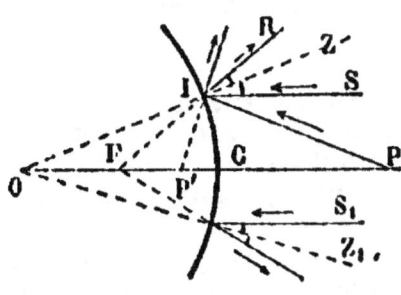

Les rayons SI, S₁I₁, etc., parallèles à l'axe principal, forment encore un foyer F, situé sensiblement au milieu du rayon de courbure OC. Mais ce foyer principal est *virtuel*, étant sur le prolongement des rayons qui semblent en *diverger* après la réflexion, tandis que dans les miroirs concaves ils *convergeaient* vers le foyer réel.

On établirait de même la formule

$$\frac{1}{p} + \frac{1}{p'} = \frac{1}{f},$$

qui lie les distances CP, CP' des deux points conjugués P et P' au sommet C du miroir, sous les mêmes conditions que pour les miroirs convexes : mais tandis que $f$ est *positif* dans les miroirs *concaves*, $f$ est *négatif* dans les miroirs *convexes*. Il en résulte immédiatement que pour toute valeur positive de $p$, c'est-à-dire pour tout objet placé devant le miroir, $p'$ doit être négatif, puisque le second membre l'est. Donc l'image P' d'un point lumineux P est toujours, de l'autre côté du miroir, *virtuelle*.

Les théorèmes (130, I, II, III), sur lesquels repose la construction des images dans les miroirs concaves s'appliquent aux miroirs convexes.

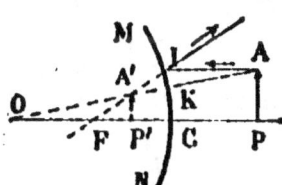

1° L'image d'un objet AP se construit donc comme dans les miroirs concaves ; elle est toujours *virtuelle*, droite et plus petite que l'objet.

2° Seul un objet virtuel (132), à condition d'être formé en A₁P₁ entre le foyer et le sommet du miroir convexe (si celui-ci n'était pas interposé) a une image *réelle* A'P' dans le miroir.

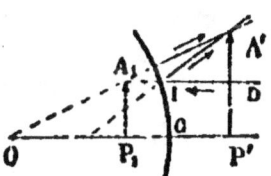

Le rapport des dimensions de l'image et de l'objet, dans les miroirs convexes, est en valeur absolue $\frac{p'}{p}$, comme dans les miroirs concaves (133).

**135. Image du Soleil dans un miroir sphérique.** — Diamètre apparent. — Le *diamètre apparent* d'un objet AB (réduit pour simplifier à une droite) vu d'un point O, est l'angle AOB. Ce diamètre apparent est d'autant plus faible que la distance de O à AB est plus grande.

Un point A situé sur un axe secondaire quelconque d'un miroir sphérique peut être considéré comme *à l'infini dans la direction de cet axe*, par rapport au miroir, quand le diamètre apparent MAN du miroir vu de A est un angle inappréciable ou *infiniment petit* (et non pas simplement petit, comme l'ouverture du miroir).

En effet, de tous les rayons émis par A et tombant sur le miroir, AM et AN sont évidemment ceux qui font entre eux le plus grand angle ; si donc cet angle est infiniment petit, tous les autres rayons feront entre eux des angles *a fortiori* infiniment petits, non mesurables. Ils seront

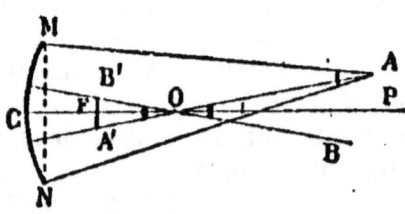

donc *parallèles*, pratiquement, comme les verticales de deux points voisins. Leur direction commune sera celle de l'axe secondaire OA ; ils feront donc leur foyer à l'intersection A' de OA et du plan focal (129).

C'est le cas des étoiles, qui nous paraissent réduites chacune à un point, c'est-à-dire avoir un diamètre apparent nul.

Chaque point du Soleil (ou de la Lune) se trouve dans le même cas, car il est bien évident que le diamètre apparent du miroir, *vu de l'un de ces points*, paraîtrait nul. Chacun de ces points fait donc son image à l'intersection de l'axe secondaire correspondant et du plan focal. Mais le Soleil n'est pas, comme l'étoile, à une distance telle que son diamètre apparent soit nul ; ce diamètre est $\frac{1}{2}$ degré environ, quantité qui n'est pas négligeable. La direction de l'axe secondaire change donc d'un point à un autre, et les images de tous les points du Soleil forment *dans le plan focal* (129) *un cercle dont le rayon est parfaitement déterminé* ; on a, en effet, dans le triangle rectangle OFA' (OP, axe principal, étant supposé passer par le centre de l'astre), $A'F = f \operatorname{tg} \frac{\delta}{2}$, $\delta$ étant le diamètre apparent du Soleil et $f$ la distance focale du miroir.

Les mêmes considérations s'appliquent aux lentilles (140).

**136. Lois de la réfraction.** — Le rayon lumineux qui se *réfracte* (125) en passant d'un milieu dans un autre, suit en général les deux lois suivantes (*Lois de Descartes*) :

1° *Le rayon réfracté est dans le plan d'incidence* (125) ;
2° *Pour deux milieux déterminés, le sinus de l'angle* i *d'incidence et le sinus de l'angle* r *de réfraction sont dans un rapport constant*, appelé l'*indice* du second milieu par rapport au premier :

$$\frac{\sin i}{\sin r} = n.$$

La valeur de $n$ change suivant les milieux ; quand elle est plus grande que 1, on dit que le second milieu est plus *réfringent* que le premier ; le rayon réfracté *se rapproche alors de la normale ;* l'indice de réfraction change aussi avec la *couleur* de la lumière (151).

On vérifie ces lois à l'aide de l'appareil de *Silbermann* (125)

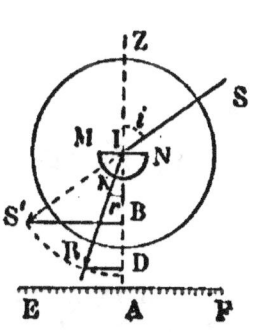

convenablement disposé. Le cercle divisé est vertical ; le miroir est remplacé par la surface MN d'un corps solide transparent MKN, ou une cuve demi-cylindrique en verre qu'on remplira de liquide (surface libre horizontale). Les deux alidades SI et IR peuvent être placées de façon que l'on reçoive par l'orifice R les rayons incidents venus par l'orifice S, ce qui démontre la première loi, comme dans le cas de la réflexion.

Remarquons qu'il n'y a pas à s'occuper de la deuxième réfraction en K, parce que le rayon IK traverse *normalement* cette surface de séparation, et l'expérience montre qu'alors il n'y a *pas de déviation*.

Pour la démonstration de la seconde loi, l'alidade SI a un prolongement $IS' = IR$ ; or dans les triangles rectangles IS'B, IRD on a

$$\sin i = \frac{S'B}{IS}, \qquad \sin r = \frac{RD}{IR}, \qquad \text{d'où} \qquad \frac{\sin i}{\sin r} = \frac{S'B}{RD}.$$

Une règle horizontale EF, qu'on peut déplacer le long du pied vertical, permet de mesurer successivement RD et S'B ; on reconnaît que, *quelle que soit l'incidence, le rapport est constant*.

Quand la lumière passe de l'air dans l'eau, $\dfrac{\sin i}{\sin r} = \dfrac{4}{3}$ ;

Quand la lumière passe de l'air dans le verre, $\dfrac{\sin i}{\sin r} = \dfrac{3}{2}$.

$\dfrac{4}{3}, \dfrac{3}{2}$ sont les indices de l'eau et du verre par rapport à l'air.

**137. Lame à faces parallèles.** — L'expérience montre qu'un rayon lumineux, traversant une telle lame, en sort dans une direction parallèle à sa direction primitive. Il ne subit donc pas de *déviation*.

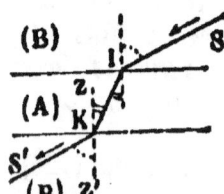

A la première réfraction en I, on a la relation

$$\frac{\sin i}{\sin r} = n,$$

$n$ étant l'indice de la lame A par rapport à l'air.

A la seconde réfraction en K,

$$\frac{\sin IKZ}{\sin S'KZ'} = x,$$

$x$ étant l'indice de l'air par rapport à la lame.

Mais $\widehat{IKZ} = r$ comme alternes-internes, et $\widehat{S'KZ'} = i$ par expérience.

Donc $\qquad x = \dfrac{\sin r}{\sin i} = \dfrac{1}{n}$ :

THÉORÈME. — *L'indice d'un milieu (B) par rapport à un milieu (A) est l'inverse de l'indice de (A) par rapport à (B).*

Il en résulte qu'un rayon marchant dans le sens KI, se présentant en I pour passer dans le milieu (B), suivra le chemin IS dans ce second milieu (*Principe du retour inverse des rayons*).

**138. Réflexion totale.** — Tous les rayons qui se présentent en I pour entrer dans un milieu plus réfringent ($n > 1$), y pénètrent toujours.

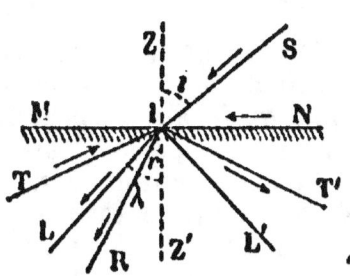

En effet, quel que soit $i$, la relation $\dfrac{\sin i}{\sin r} = n$ ou $\sin r = \dfrac{\sin i}{n}$, donne toujours une valeur $< 1$ pour $\sin r$. La plus grande valeur $\lambda$ de $r$ est donnée par $\sin \lambda = \dfrac{\sin 90°}{n} = \dfrac{1}{n}$, puisque 1 est la valeur maxima du numérateur. L'angle $\lambda$ se nomme *angle limite* (environ 42° pour le verre, 48° pour l'eau); le rayon incident qui donne le rayon réfracté IL correspond théoriquement à une incidence rasante, de 90°. Tous les rayons réfractés sont compris dans un cône d'angle $\lambda$, ayant pour axe la normale.

Réciproquement, tous les rayons contenus dans le cône LIL' marchant en sens inverse et se présentant pour passer dans le milieu moins réfringent, émergeront, le dernier d'entre eux LI sortant suivant IN.

Mais tout rayon TI faisant avec la normale un angle plus grand que $\lambda$, ne se réfracte plus. La loi de Descartes donne en effet pour l'incidence $\lambda$ un angle de réfraction de 90° dont le sinus est 1; pour une incidence $> \lambda$, le sinus de l'angle de réfraction deviendrait $> 1$, ce qui est impossible; l'expérience confirme qu'il n'y a pas de réfraction et nous apprend que le rayon TI *se réfléchit* en I comme sur un miroir.

Suivant un rayon tel que RI, la lumière est partiellement réfractée, partiellement réfléchie; à mesure qu'on se rapproche de l'incidence limite la proportion de lumière réfractée diminue, et pour les rayons LI, TI, etc., la RÉFLEXION EST TOTALE.

*Expériences de réflexion totale.* — 1° Il est impossible de voir par réfraction le clou A s'il est disposé au-dessous d'un liège B de manière que les rayons incidents aient une inclinaison $> \lambda$. Au contraire l'œil en O recevra les rayons réfléchis et verra en A' l'image virtuelle de A.

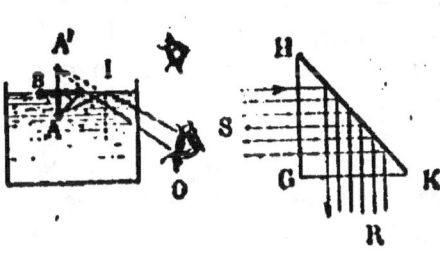

2° **Prisme (139) à réflexion totale**: la lumière venant de S se réfléchit totalement sur l'hypoténuse et prend la direction R.

**139. Prisme.** — C'est un milieu réfringent limité par deux *faces* planes qui se coupent suivant l'*arête* ou sommet, en faisant un angle dièdre nommé *angle* du prisme. Le prisme est forcément limité par une *base*, opposée à l'arête, et qui n'intervient pas dans la marche des rayons étudiés. On

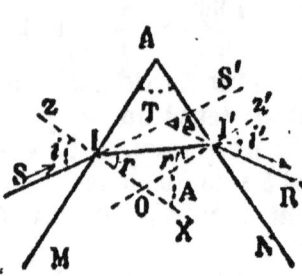

ne considère en outre ces rayons que dans une section principale, c'est-à-dire perpendiculaire à l'arête ; on suppose l'indice $n$ du prisme plus grand que 1, et enfin la lumière employée *homogène* ou *monochromatique*, sans quoi il y aurait *dispersion* (151).

Un rayon incident quelconque SI se réfracte suivant II' ; puis il se présente en I', faisant avec la normale I'Z' à la seconde face l'angle d'incidence $r'$ et sort, si $r'$ est inférieur à $\lambda$ (138), suivant I'R, en faisant un angle de réfraction $i'$.

On a donc les deux relations
$$\sin i = n \sin r, \qquad (1)$$
$$\sin r' = \frac{1}{n} \sin i' \quad \text{ou} \quad \sin i' = n \sin r'. \qquad (2)$$

De plus, dans le triangle II'O formé par le rayon II' et les deux normales,
$$r + r' = Z'OX \quad \text{ou} \quad r + r' = A, \qquad (3)$$
A étant l'angle du prisme.

Enfin, en désignant par $\Delta$ la déviation (angle de la direction SI d'incidence et de la direction finale I'R), on a, dans le triangle ITI',
$$(i - r) + (i' - r') = \Delta \quad \text{ou} \quad i + i' - (r + r') = \Delta$$
ou enfin $\quad i + i' - A = \Delta.$ (4)

Ces quatre équations contiennent, pour une incidence donnée $i$, quatre inconnues $r$, $r'$, $i'$ et $\Delta$. Elles déterminent donc ces inconnues, et en particulier $\Delta$.

Si l'on fait varier $i$ depuis 90° jusqu'à 0, puis de 0 à 90°, l'expérience montre que $\Delta$ diminue d'abord, puis passe par un minimum (minimum de déviation). Il suffit pour cela de faire tourner le prisme autour du point I, le rayon SI ou plutôt un faisceau de rayons parallèles à SI restant fixe, et de suivre sur un écran la trace du rayon dévié. Le minimum de $\Delta$ correspond à $i = i'$ et $r = r'$ ; soit D sa valeur. Les formules précédentes se simplifient alors et deviennent

$$2r = A \quad \text{ou} \quad r = \frac{A}{2}, \qquad (3^{bis})$$

$$D = 2i - A \quad \text{ou} \quad i = \frac{A + D}{2}, \qquad (4^{bis})$$

$$\sin \frac{A + D}{2} = n \sin \frac{A}{2}. \qquad (1^{bis}, 2^{bis})$$

Cette dernière formule permet de calculer $n$ en mesurant la déviation minima D et l'angle A du prisme (*mesure des indices*).

Pour une même incidence, $\Delta$ augmente avec A (*prisme à angle variable*) et avec $n$ (*polyprisme*).

Tous les rayons incidents entrent dans un prisme ; mais tous n'en sortent pas nécessairement, parce que l'angle tel que $r'$ 

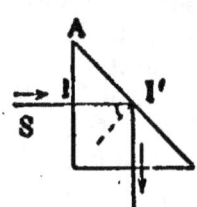

peut être supérieur à $\lambda$ (138) : il y a alors réflexion totale. C'est ce qui arrive dans un prisme en verre d'angle de 45°, pour les rayons qui à l'entrée sont voisins de l'incidence normale ; l'angle d'incidence sur l'hypoténuse est 45°, supérieur à l'angle limite 42° du verre.

**Images.** — Lorsqu'on regarde des objets à travers une surface plane transparente ou un prisme, on en voit des images qui sont déplacées, puisque les rayons sont déviés, et qui ne sont pas très nettes, parce qu'en général les rayons émis par un point, après réfraction, ne se coupent pas en un même point (126). Un bâton en partie plongé dans l'eau paraît brisé à la surface de séparation ; les objets vus à travers un prisme paraissent fortement relevés vers l'arête.

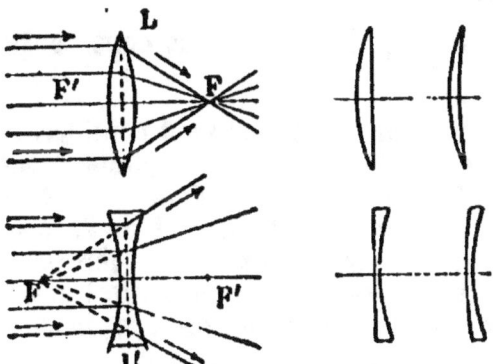

**140. Lentilles sphériques.** — Une lentille sphérique est formée d'un milieu réfringent (verre) limité par deux faces sphériques, ou par une face sphérique et une face plane. L'axe prin-

*cipal* est la droite passant par les deux centres (de courbure), ou la droite menée du centre normalement à la face plane.

Les **lentilles convergentes** sont celles qui font *converger* en un *foyer principal réel*, situé sur l'axe principal, les rayons incidents parallèles à cet axe. Elles sont à bords *minces*, c'est-à-dire plus épaisses en leur centre, et peuvent présenter trois formes : *biconvexe, plan-convexe, ménisque convergent*.

Les **lentilles divergentes**, à *bords épais*, font au contraire diverger ces rayons comme s'ils venaient d'un *foyer virtuel* également sur l'axe ; ce sont les lentilles *biconcave, plan-concave* et le *ménisque divergent*. Les premières sont analogues aux miroirs concaves ; les secondes aux miroirs convexes. On les suppose aussi de *faible ouverture*, et de plus *infiniment minces*.

Lorsqu'on retourne une lentille de façon à ce que la face d'entrée devienne face de sortie et réciproquement, la position du foyer F ne change pas. Cette propriété conduit à considérer un second foyer F' symétrique du premier, position remarquable pour les objets ou points lumineux.

CENTRE OPTIQUE. — En menant deux plans parallèles, MIN, M'I'N' tangents aux deux faces de la lentille, il est évident que

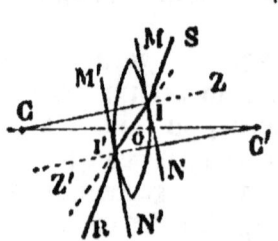

l'on détermine une droite II' telle que le rayon réfracté suivant sa direction dans le verre, traverse la lame à faces parallèles MNM'N'. Il sort donc parallèlement à sa direction d'incidence SI et ne subit qu'un déplacement d'autant plus petit que l'épaisseur de la lentille est plus faible. Le point O auquel II' coupe l'axe principal est de plus *fixe* ; en effet, menons les normales CI et C'I'; les triangles CIO et C'I'O sont semblables, et donnent $\dfrac{CO}{C'O} = \dfrac{CI}{CI'}$ ou $\dfrac{R}{R'}$ ; le rapport est donc constant.

Le point fixe O est nommé *centre optique*.

Si la lentille est infiniment mince, on peut considérer I'R comme le prolongement de SI, et le centre optique (dont la position exacte est déterminée par la relation précédente) comme placé à l'intersection de la lentille et de l'axe principal. Quant à la lentille elle-même, on la considère comme réduite à un plan (à une droite LL' dans les figures) et on ne trace que les directions du rayon entrant et du rayon sortant, sans indiquer la marche du rayon à l'intérieur.

**141. Images données par les lentilles convergentes.** — Le centre optique correspond au centre de courbure et au sommet dans les miroirs. Toute droite passant par ce point est un axe *secondaire*, et le rayon qui suit cet axe n'est pas dévié par la lentille d'après ce qui précède. De plus, on démontre que les distances $p$ et $p'$ au centre optique O, d'un point lumineux P situé sur un axe quelconque et de son image P' située sur le même axe, sont liées par la relation

$$-\frac{1}{p} + \frac{1}{p'} = \frac{1}{f};$$

$f$ est la *distance focale principale* OF : sa valeur est donnée par l'égalité

$$\frac{1}{f} = (n-1)\left(\frac{1}{R} - \frac{1}{R'}\right).$$

R et R' étant les rayons de courbure et $n$ l'indice du milieu formant la lentille, [$n$ change peu avec la *couleur* de la lumière (151)], $p, p'$, R et R' sont positifs si les longueurs que mesurent ces nombres sont parcourues à partir du centre optique dans le sens de la lumière réfractée ; négatifs en cas contraire. Grâce à cette convention sur les signes, la formule est générale ; elle conviendra à tous les cas possibles si l'on a soin pour chaque application de mettre les signes convenant à R, R' puis à $p$ et $p'$. De cette formule résultent les mêmes théorèmes que pour les miroirs (130), donc :

1° AP étant un objet (réduit à une droite perpendiculaire à l'axe principal), pour construire son image on cherche d'abord celle de A. On peut, pour cela, construire le rayon AI parallèle à l'axe principal et qui passe, après réfraction, par le foyer principal F ; puis l'axe secondaire (rayon sans déviation) AO ; l'intersection A' de ces deux rayons est l'image de A ; celle de AP s'obtient en abaissant A'P' perpendiculaire sur l'axe principal.

La distance de AP à la lentille diminuant, l'image augmente : d'une façon générale, l'objet se déplaçant d'une distance infinie jusqu'au foyer F', son image *réelle, renversée,* est d'abord très petite et au foyer F; elle augmente et s'éloigne de plus en plus ; elle est à l'infini (131) quand AP est au foyer F'. Dans l'intervalle, l'image est égale à l'objet quand celui-ci est en B, tel que BO = 2*f* ; elle se trouve alors en B' symétrique de B et tel que B'O est aussi égal à 2*f*.

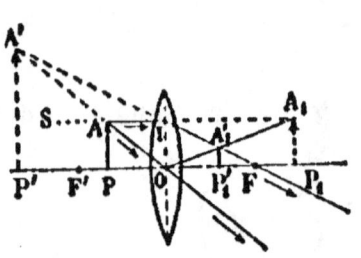

2° L'objet AP est entre le foyer F' et la lentille : IF ne rencontre plus AO ; ce sont les prolongements de ces rayons qui déterminent le point A'. En effet, AI est évidemment inférieur à F'O et par suite à son égal FO : la rencontre des deux côtés du trapèze doit donc avoir lieu du côté de AI. L'image est alors *virtuelle, droite* et plus grande que l'objet (cas de la loupe).

3° Enfin quand l'objet est *virtuel* (132) et placé en $A_1P_1$, on considère le rayon SI parallèle à l'axe, qui viendrait en $A_1$ si la lentille n'était pas interposée ; SI se réfracte comme précédemment suivant IF et son intersection avec l'axe secondaire $OA_1$ donne l'image $A'_1$ cherchée. Cette image est toujours *réelle, droite* et plus petite que l'objet.

Les résultats sont donc tout à fait analogues à ceux que donne l'étude des miroirs concaves.

**142. Lentilles divergentes.** — L'analogie se poursuit entre les lentilles divergentes et les miroirs convexes.

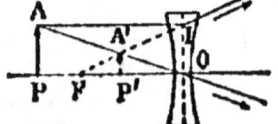

1° Tout objet réel AP donne une image *virtuelle, droite,* plus petite que lui.

2° $A_1P_1$, objet *virtuel entre la lentille et le foyer* F', donne une image *réelle* $A'_1P'_1$, parce que $IA_1$ est plus petit que OF', c'est-à-dire plus petit que son égal OF. Cette image est *droite* et plus grande que $A_1P_1$.

3° Mais $A_2P_2$, objet *virtuel* placé *au delà du*

*foyer* F', donne une image *virtuelle* $A'_1P'_1$ (parce que $IA_1 > OF$); cette image est *renversée* et peut avoir toutes les dimensions possibles, suivant la distance de $A_1P_1$ au foyer F'. Ce cas est celui de la *lunette de Galilée* (149).

La formule qui convient aux lentilles divergentes, avec les conventions de signes déjà faites sur $p, p'$, R et R', est la même que pour les lentilles convergentes ; mais dans ce cas $f$ est *négatif* et l'on écrit la formule

$$-\frac{p}{1} + \frac{1}{p'} = -\frac{1}{f}.$$

**143.** Le *rapport* des dimensions de l'*image* et de l'*objet* est encore, dans les lentilles convergentes ou divergentes, égal au rapport de leurs distances au centre optique :

$$\frac{A'P'}{AP} = \frac{p'}{p}.$$

Cela résulte immédiatement de la considération des triangles semblables A'OP' et AOP.

Ainsi que dans les miroirs (135), l'image d'une étoile E est le point du plan focal situé sur l'axe EO passant par le centre optique. L'image de chaque point du disque solaire est de même dans le plan focal, et l'image du Soleil est limitée dans ce plan par le cône ayant pour sommet O et pour angle $\frac{1}{2}$ degré.

Les instruments d'optique sont des applications des propriétés des lentilles.

**144. Microscope solaire.** — Il est destiné à donner sur un écran une image réelle AB plus grande que l'objet $ab$. Celui-ci est placé devant la lentille $l$ ou un système de lentilles convergentes, à une distance un peu supérieure à la distance focale principale (141).

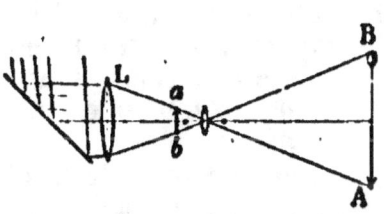

La surface de l'image croisssant comme le carré d'une de ses dimensions linéaires, pour que l'éclairement soit suffisant, il faut concentrer sur l'objet la lumière solaire, en le plaçant au foyer d'une lentille convergente L qui reçoit d'un miroir la lumière solaire.

La la ...e *magique* présente une disposition analogue, mais l'éclairement y est produit par une lampe placée devant un miroir concave.

**145. Vision.** — L'œil peut être assimilé physiquement à une *chambre noire* (124) dont l'ouverture (*pupille*) serait munie d'une lentille convergente (équivalant à l'ensemble de la *cornée transparente*, de l'*humeur aqueuse*, de l'*humeur vitrée* et du *cristallin*). La paroi postérieure de la chambre est l'écran : c'est la *rétine*, sur laquelle se forment les images qui impressionnent le *nerf optique*.

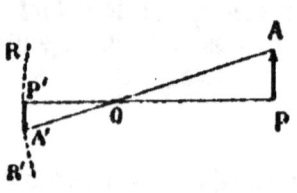

Pour que cette image soit toujours *nette*, *au point*, sur la rétine, quelle que soit la distance $p$ des objets, il faut, d'après la formule $-\frac{1}{p} + \frac{1}{p'} = \frac{1}{f}$, que $f$ varie, parce que $p'$ est constant. Cette variation est produite par un changement de *courbure* du cristallin et constitue l'*accommodation*.

Dans ces conditions, soit AP un objet, O le point jouant le rôle de centre optique de l'œil, RR' la rétine. L'image *rétinienne* de AP sera A'P' et sa *grandeur* dépendra uniquement de la valeur de l'angle P'OA' = POA, *diamètre apparent* de l'objet. Un objet paraît donc d'autant plus *grand* optiquement, qu'il est vu sous un plus grand angle, quelles que soient ses dimensions linéaires.

La faculté d'accommodation cesse pour les distances inférieures à 15 centimètres environ (minimum de vision distincte). En général, elle subsiste pour les distances les plus grandes (vision à l'infini); mais chez les *myopes* il y a un maximum de vision distincte. On y remédie en plaçant devant l'œil une lentille *divergente* (142), qui substitue à l'objet réel une image virtuelle bien plus rapprochée. Bien que cette image soit plus petite, elle serait vue exactement sous le même diamètre apparent A'OP' = AOP (142, 1°) si le centre optique de l'œil coïncidait avec celui de la lentille.

On exprime souvent l'effet de la lentille divergente en disant qu'elle diminue la *convergence* de l'œil myope qui formerait l'image rétinienne en *avant* de la rétine.

La valeur trop élevée du minimum de vision distincte *vues longues des presbytes* et des *hypermétropes*) est un incon-

OPTIQUE

vénient également grave, puisqu'il empêche d'augmenter le diamètre apparent d'un objet en l'approchant de l'œil. On corrige ce défaut par l'emploi de besicles à verres convergents dont la théorie essentielle est celle de la loupe.

**146. Loupe.** — La loupe est une lentille convergente qui, donnant une image virtuelle d'un petit objet réel, le fait voir *agrandi*, c'est-à-dire sous un diamètre apparent plus grand.

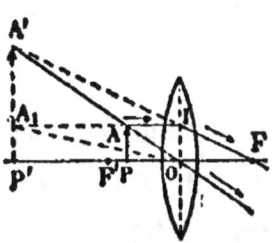

L'objet étant placé en AP entre la lentille et son foyer F', a une image A'P' virtuelle, droite, agrandie *linéairement* (143). En supposant, pour simplifier, le *centre optique de l'œil confondu avec celui de la lentille*, le diamètre apparent A'OP' est le même que celui de AP. Mais sans le secours de la loupe, on ne pourrait placer l'objet en AP à cause du *minimum de vision distincte*. Il faudrait le placer en $A_1P'$, à la distance $\Delta$ de vision distincte, position la plus avantageuse pour obtenir un grand diamètre apparent. Faisons en sorte que l'image A'P' se forme aussi à la même distance $\Delta$, ce qui est une bonne condition; les diamètres apparents de l'image et de l'objet seront alors A'OP' et $A_1OP'$. On appelle *grossissement de la loupe le rapport* $\dfrac{\beta}{\alpha}$ *de ces deux diamètres apparents*. Comme les angles A'OP', $A_1OP'$ sont toujours petits, leur rapport est égal à celui de leurs tangentes et on a

$$G = \frac{A'P'}{A_1P'} \quad \text{ou} \quad \frac{A'P'}{AP}. \qquad (1)$$

Le grossissement de la loupe se trouve donc égal *au rapport des dimensions linéaires de l'image et de l'objet* (143).

On sait que le rapport $\dfrac{A'P'}{AP}$ est égal à $\dfrac{OP'}{OP} = \dfrac{p'}{p}$ et que $p$ et $p'$ sont liés par la relation générale $-\dfrac{1}{p} + \dfrac{1}{p'} = \dfrac{1}{f}$; dans ce cas particulier on voit (135) que $p$ et $p'$ sont tous deux négatifs, parce que OP et OP' sont parcourus en sens inverse de la lumière réfractée; de plus $p' = \Delta$; on a donc

$$\frac{1}{p} - \frac{1}{\Delta} = \frac{1}{f}.$$

On tire de là $\quad \dfrac{p'}{p} \quad$ ou $\quad \dfrac{\Delta}{p} = 1 + \dfrac{\Delta}{f} = G.$ \hfill (2)

La *puissance* P de la loupe est l'angle (ou plus exactement la tangente de l'angle) sous lequel elle permet de voir l'unité de longueur.

Le diamètre apparent de AP étant $\dfrac{AP}{OP}$, celui de l'unité de longueur placé à la même distance, c'est-à-dire la *puissance*, sera $\dfrac{1}{OP}$ ou $\dfrac{1}{p}$, c'est-à-dire, d'après la formule (1),

$$\frac{1}{p} = \frac{1}{f} + \frac{1}{p'} \quad \text{ou} \quad P = \frac{1}{f} + \frac{1}{\Delta}. \tag{3}$$

Les formules (2) et (3) montrent que grossissement et puissance ont des valeurs d'autant plus grandes que $f$ est plus petit. Le presbyte a plus d'avantage à se servir d'une loupe que le myope, car le grossissement indique combien de fois plus grand est devenu le diamètre apparent, et par suite (145) combien de fois plus grande l'image rétinienne : or $G = \dfrac{\Delta}{f} + 1$ et $\Delta$ est plus grand pour le presbyte. Mais *la valeur* du diamètre apparent qui est proportionnelle sensiblement à la vraie grandeur de l'image rétinienne, c'est P, et cette valeur est *un peu* plus grande pour l'œil myope (car $\Delta$ est plus petit pour lui).

Les valeurs $G = \dfrac{\Delta}{f}$, $P = \dfrac{1}{f}$ sont suffisamment approchées dès que la loupe est un peu puissante ($f = 1^{cm}$ au plus).

**147. Microscope composé.** — Une première lentille L convergente ou *objectif* donne une image réelle amplifiée A'P' d'un petit objet AP, placé dans ce but un peu au delà de son foyer F. Les rayons lumineux, continuant leur chemin après avoir convergé en A'P', viennent rencontrer une loupe L' ou *oculaire*, disposée de façon à donner

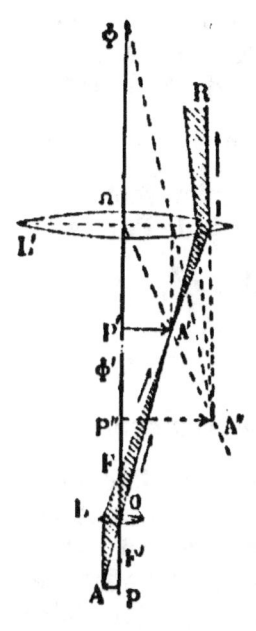

une image virtuelle A'P' que l'on construit comme plus haut (146) : on considère A'P' comme un objet réel, $\Omega$ et $\Phi$ étant le centre optique et le foyer de l'oculaire.

Les rayons qui convergeaient en A' sortent de l'oculaire, comme s'ils venaient du point A'', image de A'. Le microscope a donc pour effet de substituer à l'objet AP une image A''P'' agrandie.

Pour l'observation, l'oculaire et l'objectif sont *fixés* aux extrémités d'un tube de laiton qu'on approche *lentement* de l'objet AB disposé et éclairé sur une petite plateforme appelée *porte-objet*. On trouve une position pour laquelle l'image A'P' est confuse : alors avec un léger tâtonnement, par un mouvement très lent du tube, on achève la *mise au point*.

*Grossissement et puissance* du microscope ont mêmes définitions que pour la loupe. On voit aisément que, d'après la définition, $G = \dfrac{A''P'' : \Delta}{AP : \Delta} = \dfrac{A''P''}{AP}$, *rapport des dimensions linéaires de l'image et de l'objet* (parce qu'on admet comme précédemment que A''P'' est une image formée par la loupe à la distance $\Delta$).

On a en outre identiquement $\dfrac{A''P''}{AP} = \dfrac{A''P''}{A'P'} \times \dfrac{A'P'}{AP}$.

Le premier rapport, c'est le grossissement $\gamma$ de la loupe oculaire de distance focale $\varphi$ : $\gamma = \dfrac{\Delta}{\varphi}$.

Le second, qui est le rapport des dimensions de A'P' et AP, peut s'appeler grossissement $g$ de l'objectif. Donc *le grossissement G est égal au produit des grossissements de l'oculaire et de l'objectif.*

On peut voir sur la figure que $\dfrac{A'P'}{AP} = \dfrac{OP'}{OP} =$ très sensiblement $\dfrac{OP'}{f}$ ; donc $G = \Delta . \dfrac{OP'}{f\varphi}$. G est d'autant plus grand que les lentilles sont plus convergentes et que le tube est plus long. Le défaut de netteté des images empêche d'accroître ce tube au delà de 25 à 30°°, mais il est souvent à tirage, ce qui permet d'augmenter le grossissement, si besoin est.

Puissance. — G est le rapport $\frac{\beta}{\alpha}$ du diamètre apparent de A'P'' à celui de AP ; la puissance du microscope est, comme pour la loupe, le diamètre apparent β de l'unité de longueur. Or $\beta = \frac{\beta}{\alpha} \times \alpha$ ; si l'objet AP = 1, $\alpha = \frac{1}{\Delta}$ et on a $\beta = \frac{G}{\Delta}$. La puissance P a donc une valeur $\frac{G}{\Delta} = \frac{OP'}{f\varphi}$, *indépendante de la vue de l'observateur.*

Le grossissement peut aussi se mesurer expérimentalement. Il varie entre 50 et 1000 ; on n'observe guère que des objets transparents, éclairés par la partie inférieure à l'aide d'un miroir qui renvoie sur eux la lumière du jour ou d'une lampe.

L'objectif est formé en général de trois lentilles ; l'oculaire de deux et non d'une seule ; le résultat final est le même ; l'avantage est d'avoir des images plus nettes et non colorées sur les bords (151).

**148. Lunette astronomique.** — Une lentille *objective* convergente, à grande distance focale (de 1 à 10ᵐ), dont le diamètre est de plusieurs centimètres (7 à 25ᶜᵐ) afin qu'elle reçoive le plus de lumière possible, est placée à l'une des extrémités d'un long tube, et donne, des astres ou des objets éloignés, une image réelle que l'on regarde, comme dans le microscope, avec un *oculaire* convergent (loupe).

L'image A'F, donnée par l'objectif L, d'un objet très éloigné AP dont le diamètre apparent est AOP, se trouve dans le plan focal, ainsi qu'il a été expliqué plus haut (135).

Cette image se comportant comme un objet, a dans la loupe une image virtuelle A'P'', qui se construit exactement comme dans le microscope. L'oculaire est enchâssé dans une portion mobile (tirage) du tube de la lunette et on le déplace pour mettre au point, car un déplacement total de la lunette vers l'objet, analogue à celui du microscope, serait ici absolument insignifiant et ne déplacerait pas l'image A'F par rapport à l'ensemble des lentilles.

Tous les rayons AI, AO, etc., issus du point A (bord supérieur), forment un cylindre que l'objectif fait converger en un cône IA'O et que l'oculaire tranforme en un second cône KR

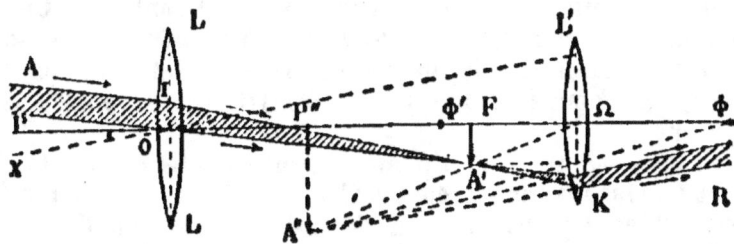

dont le sommet serait en A". Ce sont ces rayons qui arrivent dans l'œil placé derrière l'oculaire.

GROSSISSEMENT. — C'est toujours le rapport $\dfrac{\widehat{A'\Omega P''}}{\widehat{AOP}}$ des diamètres apparents de l'image et de l'objet. Il est évidemment égal à $\dfrac{\widehat{A'\Omega F}}{\widehat{A'OF}}$, c'est-à-dire (en remplaçant les angles par leurs tangentes) égal à $\dfrac{\frac{A'F}{\Omega F}}{\frac{A'F}{OF}} = \dfrac{OF}{\Omega F}$. Or OF est exactement égal à $\mathscr{F}$, distance focale de l'objectif. En supposant $\Omega F = \Omega \Phi' = f$, distance focale de l'oculaire, on commet une erreur par excès sur la valeur de $\Omega F$ (on suppose ainsi que l'observateur dispose le *tirage* pour voir A'P" à une distance infiniment grande). On aura donc pour valeur du rapport $\dfrac{OF}{\Omega F}$ une valeur trop petite $\dfrac{\mathscr{F}}{f}$; c'est ce rapport que l'on nomme le *grossissement* limite ou minimum de la lunette astronomique.

Pour que ce grossissement soit grand, il convient donc de donner une grande longueur focale à l'objectif et d'employer un oculaire aussi convergent que possible.

En réalité, comme dans le microscope et pour des raisons analogues, on emploie un objectif et un oculaire composés.

AXE OPTIQUE. — Un *réticule* formé de deux fils fins croisés est placé dans le plan focal A'F. La droite joignant le point O au point de croisée de ces fils est un axe (principal ou secondaire) de l'objectif ; sa direction est absolument invariable dans la lunette, puisque deux de ses points sont fixés. On le nomme *axe optique*. Chaque fois qu'un point forme son image sur la croisée des fils (ce que l'on constate en le regardant dans l'oculaire), on est assuré qu'il se trouve sur l'axe optique.

CHAMP. — Pour qu'un point A soit vu dans la lunette, il faut que les rayons qui en proviennent et qui sont réfractés par l'objectif parviennent à l'oculaire. Cette condition est évidemment remplie quand l'axe secondaire OA du point rencontre l'oculaire. Or l'axe secondaire le plus écarté de l'axe principal, qui est le même pour les deux lentilles, est L'OX ; *le champ de l'instrument* ou partie de l'espace visible *est donc limité par le cône* d'angle POX *qui a pour sommet le centre optique de l'objectif et pour base le contour de l'oculaire*. La tangente de cet angle est $\frac{L'\Omega}{O\Omega}$ ; le numérateur est assez faible, la lentille oculaire ne pouvant pas être très grande, puisqu'elle est à petite distance focale ; le dénominateur est la longueur de la lunette, ou sensiblement $\mathcal{F} + f$. Lorsque $\mathcal{F}$ est grand (fort grossissement), le champ est donc petit. Une lunette dite *chercheur*, est disposée parallèlement à la lunette principale ; comme elle a un faible grossissement et, par suite, un champ plus étendu, elle permet de trouver facilement l'astre que l'on veut viser avec la grande lunette.

**149. Lunette de Galilée.** — Le microscope et la lunette astronomique donnent des images renversées par rapport aux objets, ce qui est sans inconvénient dans l'usage habituel de ces instruments. Quand on observe, avec une lunette astronomique, des objets terrestres, il est au contraire généralement nécessaire de redresser les images. On peut y parvenir en interposant (*lunette terrestre*), entre la première image A'F et l'oculaire, une lentille convergente, de façon que cette nouvelle lentille donne une image réelle, renversée une seconde fois de l'objet ; l'image ainsi redressée de A'F fonctionne comme objet réel devant la loupe (141, 1°).

Comme cela augmente la longueur déjà très grande de la lunette, on emploie souvent comme oculaire une lentille divergente, disposition due à Galilée.

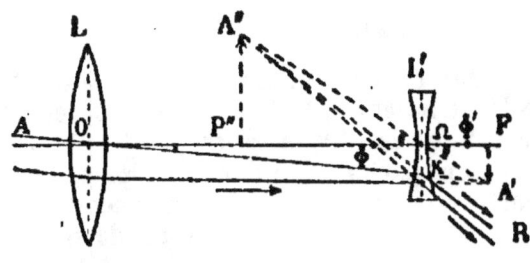

L'image donnée par l'objectif L se formant en A'F, la lentille divergente L' est disposée de façon à ce que A'F soit par rapport à elle, un *objet virtuel*, placé *au delà* de son foyer Φ'. L'image A"P" est donc virtuelle, renversée par rapport à A'F (142, 3°), c'est-à-dire finalement redressée. La marche du rayon AO dans la lunette sera donc OK, puis KR dont le prolongement passe par A", image de A'.

Le grossissement est encore le rapport des diamètres apparents

$$\frac{\widehat{A''\Omega P''}}{\widehat{AOP}} \quad \text{ou} \quad \frac{\widehat{A'\Omega F}}{\widehat{A'OF}} \quad \text{ou enfin} \quad \frac{\frac{A'F}{\Omega F}}{\frac{A'F}{OF}} = \frac{OF}{\Omega F}.$$

Ici OF, si l'objet est très loin, est égal à $\mathcal{F}$, distance focale de l'objectif ; mais $\Omega$F est toujours plus grand que $\Omega\Phi'$ qui est la distance focale $f$ ; il en résulte que $\frac{\mathcal{F}}{f}$ est une limite supérieure du grossissement.

**150. Télescopes.** — Le but et les parties essentielles (objectif et oculaire) des télescopes sont les mêmes que ceux de la lunette astronomique. Mais l'objectif est formé d'un miroir sphérique convergent M à long foyer et non d'une lentille. Ce miroir, fait d'abord d'un bronze spécial poli, est, depuis Foucault, un miroir de verre retouché à la main, moins facile à rayer, et argenté à sa surface.

Comme dans la lunette astronomique, l'objectif donne d'un objet très éloigné AP une image A'F située dans le plan focal F ; avec l'oculaire, simple ou composé, on regarde cette image. Donc si une lunette et un télescope ont mêmes distances focales $\mathcal{F}$ et $f$, ils auront même grossissement $\frac{\mathcal{F}}{f}$, et même champ, toujours d'autant plus petit que le grossissement sera plus fort.

Mais on ne peut regarder dans un télescope en plaçant l'œil sur l'axe MP de l'instrument, car l'observateur intercepterait la lumière incidente; les divers télescopes (Newton, Grégory, Herschel) diffèrent par la façon dont on déplace l'image A'F' avant de l'observer à la loupe. Voici la disposition du

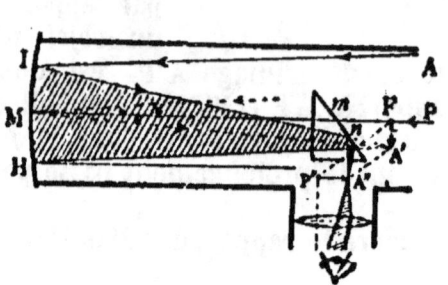

*télescope de Newton :*
L'objet AP est supposé très éloigné; A et P sont dans les directions MA et MP; α est le diamètre apparent de l'objet. Suivons les rayons venant de A par exemple : tous sont *parallèles* à AM et forment le faisceau incident AIMH qui se réfléchit pour converger en un point A' du plan focal (129). Ces rayons sont arrêtés par un miroir plan *mn*, ou mieux par un prisme à réflexion totale faisant le même effet (138); ils vont converger réellement en A", symétrique de A', puis traversent l'oculaire comme dans la lunette astronomique.

Les rayons parallèles venant de P (non figurés) convergeraient en F, puis en P" symétrique de F.

Résumons : l'objectif M donne de AP l'image réelle A'F dans son plan focal; le miroir *mn* substitue à A'F (devenu objet virtuel puisque la lumière est interceptée avant d'avoir formé l'image) une image réelle et égale, A"P"; enfin la loupe donne comme d'ordinaire une image virtuelle de A"P". L'oculaire est installé sur le côté du tube qui porte ces différentes pièces.

Il n'y a pas de réticule dans les télescopes, qui sont surtout des instruments d'investigation; on peut leur donner de grandes dimensions (jusqu'à 20$^m$ de longueur, 1$^m$ de diamètre) parce qu'il n'y a pas d'aberrations de réfrangibilité (151).

**151. Dispersion. Spectre solaire.** — Quand on fait tomber sur un prisme un rayon, ou plutôt, en réalité, un *faisceau de rayons* SI de lumière solaire traversant une fente F pratiquée dans le volet d'une chambre noire, on constate le phénomène de la *dispersion (expérience de Newton).* Non seulement ce faisceau est dévié, mais encore il est élargi (et

coloré. Un écran placé sur le trajet des rayons émergents donne une section de ce faisceau coloré *(spectre solaire)* sur laquelle les couleurs de l'*arc-en-ciel* se présentent dans l'ordre suivant, à partir de l'extrémité située vers la base du prisme :
*Violet, indigo, bleu, vert, jaune, orangé, rouge.*

En isolant, au moyen d'une petite ouverture pratiquée dans l'écran E, un faisceau d'une de ces sept couleurs et le faisant tomber sur un second prisme, on constate bien une nouvelle déviation, mais non plus de dispersion. C'est un faisceau de lumière homogène ou monochromatique (139).

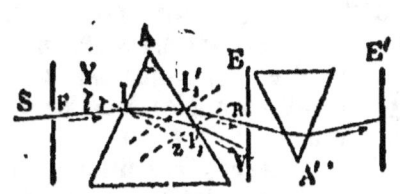

On exprime ce fait en disant que la *lumière blanche est composée de sept couleurs inégalement réfrangibles, simples ou indécomposables.*

L'indice de réfraction d'une substance A par rapport à une autre B varie donc avec la couleur de la lumière : il augmente *du rouge* (rayon I'$_1$R) *au violet* (rayon I'$_2$V), couleur la *plus réfrangible*. En effet, l'ordre dans lequel se présentent les sept couleurs étant toujours le même, quelle que soit la position de l'écran E, le point de sortie I'$_2$ est au-dessous de I'$_1$ ; donc $\widehat{ZII'_2}$ est plus grand que $\widehat{ZII'_1}$ et comme on a, à l'entrée en I, $\sin i = n_1 \sin ZII'_1$ et $\sin i = n_2 \sin ZII'_2$, il faut $n_2 > n_1$, $n_2$ étant l'indice du verre relatif au violet et $n_1$ l'indice relatif au rouge.

Il résulte de là qu'il faut toujours spécifier, en donnant la valeur numérique d'un indice de réfraction, à quelle couleur il correspond. Pour plus de précision, on prend les indices pour une raie déterminée du spectre (156, 2°).

Aux *aberrations* ou défauts de netteté des images données par les lentilles et provenant de ce que la relation (141)

$$-\frac{1}{p} + \frac{1}{p'} = \frac{1}{f}$$

n'est qu'approchée (aberrations de sphéricité), s'en ajoutent donc d'autres, les aberrations de *réfrangibilité*, que les miroirs ne présentent pas. La valeur de $\frac{1}{f} = (n-1)\left(\frac{1}{R} - \frac{1}{R'}\right)$ change avec la valeur de $n$ ; la distance focale pour les rayons rouges est plus grande que pour les rayons violets, puisque $\frac{1}{f}$ est visiblement plus grand pour ces derniers. En associant convenablement des lentilles de verres différents, on évite à peu près la coloration ou l'irisation, et on obtient des lentilles *achromatiques*.

**152. Recomposition de la lumière blanche.** — *L'analyse* précédente de la lumière blanche se confirme par sa *synthèse*, ou recomposition de la lumière blanche. On fait cette recomposition :

1° *En plaçant sur le trajet des rayons dispersés un prisme identique au premier, mais disposé en sens inversé*, ses faces étant parallèles à celles du premier.

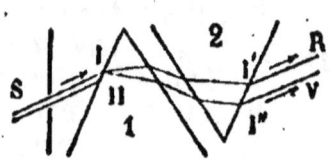

Dans ces conditions, soient SII'R le trajet du rayon rouge et SII'V celui du rayon violet, tous deux suivant la même direction incidente du rayon SI de lumière blanche. Chacun traverse en définitive une lame à faces parallèles et prend une direction d'émergence parallèle à SI ; les rayons de différentes couleurs provenant de SI sortent donc parallèles, mais légèrement séparés. En réalité, on reçoit sur le prisme 1 un faisceau de rayons parallèles : un d'eux comme SII fournit suivant I'V un rayon rouge, en sorte que dans cette direction se propagent des rayons de toutes les couleurs ; la lumière résultante dans cette direction doit être blanche. L'expérience vérifie ce fait et montre de plus qu'une coloration existe sur les bords du faisceau émergent, coloration rouge en I'R qu'aucun rayon violet ne peut atteindre, et violette vers le bas, pour une raison analogue. La distance VR étant très petite, cette irisation est relativement faible.

2° *En recevant les rayons sortant du prisme sur un miroir sphérique concave et plaçant un écran au foyer conjugué du prisme*, c'est-à-dire là où le miroir donne une *image* (réelle) du prisme. Les rayons de toutes couleurs étant confondus sur la face d'entrée du prisme, doivent en effet tous repasser après réflexion par l'image de cette face.

La même expérience réussit bien en remplaçant le miroir par une lentille convergente.

3° *En faisant tourner rapidement un disque* (disque de

Newton) *portant des séries de secteurs colorés des couleurs du spectre*. En vertu du phénomène bien connu de la persistance des impressions sur la rétine, l'ensemble paraît blanc, quand la vitesse de rotation est suffisante. Un mélange convenable de poudres colorées produit un effet analogue.

Couleurs complémentaires. — Deux couleurs sont complémentaires quand elles reproduisent du blanc par leur superposition.

En isolant une couleur du spectre, cette couleur et celle qui résulte de la superposition des six autres sont, d'après ce qui précède, *complémentaires*. Il en est de même des deux couleurs obtenues en réunissant ou superposant d'une part un groupe de couleurs du spectre, et d'autre part le groupe de toutes les autres. Exemple : rouge et vert, jaune et bleu.

**153. Couleurs des corps.** — La coloration des corps dépend essentiellement de la lumière qui les éclaire ; d'après Newton, si les corps sont colorés, c'est qu'ils diffusent inégalement les lumières de diverses couleurs qui composent la lumière blanche ; ainsi un corps est rouge s'il ne diffuse que les rayons rouges, ou un ensemble de rayons dont la superposition donne du rouge.

De même, un corps transparent peut ne laisser passer que les rayons de certaines couleurs et dès lors il est coloré. Un verre coloré en rouge par de l'oxyde de cuivre ne transmet que les rayons rouges ; un verre bleu ne transmet qu'un ensemble de rayons dont la superposition donne du bleu ; enfin, un verre incolore laisse également passer les rayons de toutes couleurs.

On dit que les rayons qui ne sont ni transmis, ni diffusés, ni réfléchis sont *absorbés*.

**154. Spectre pur. — Spectroscope.** — La section, par un écran (151), du faisceau dispersé, n'est pas une image véritable. On en obtient une par les méthodes suivantes :

1° On place une lentille convergente sur le trajet des rayons qui traversent une fente B presque linéaire (perpendiculaire au plan de la figure) et donnant passage à un faisceau de lumière solaire ; cette lentille donne de la fente B une image réelle B'. On intercepte les rayons convergents en B' au moyen d'un prisme ayant son arête parallèle à la fente, placé au *minimum de déviation* (139) par rapport à la direction moyenne des rayons. B' est alors un *objet virtuel* par rapport au prisme. Or on démontre, dans une théorie complète, que dans cette position du prisme un objet virtuel ainsi placé a une image *réelle*, formée à une distance du prisme égale à celle de l'objet virtuel. Comme la déviation est différente pour chaque couleur, il y a en définitive sept images de la fente qui donnent *un spectre pur* (le violet vers le bas) sur l'écran placé en EE'.

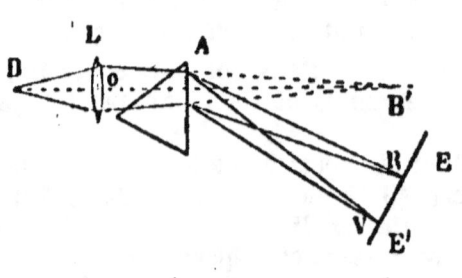

2º Spectroscope. — Le procédé est le même ; seulement la fente B, placée à une extrémité d'un tube, est au foyer de la lentille L fixée à l'autre extrémité ; cet ensemble constitue un *collimateur*. Les rayons émis par un point F sortent donc de la lentille L parallèles entre eux. Après leur passage dans le prisme, tous les rayons rouges déviés tels que RK suivent encore une direction commune ; les rayons violets tels que VH en suivent une autre, faisant un certain angle avec la première. Ces deux faisceaux de rayons se présentent donc comme ceux qui émanent de deux points du Soleil (135) ; une lunette astronomique les reçoit et donne une image R"V", exactement comme dans ce cas. Les autres couleurs se placent dans l'espace intermédiaire, entre R" et V".

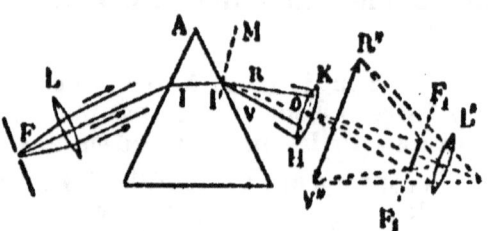

Pour simplifier cette figure, on n'a tracé qu'un rayon, FI, et on a supposé (dans la précédente également) que la dispersion se produisait seulement à la face de sortie du prisme.

Enfin une petite échelle latérale ou *micromètre* envoie des rayons tels que MI' sur la face de sortie du prisme, de telle façon qu'en se réfléchissant sur cette face ces rayons viennent former dans la lunette astronomique une image du micromètre qui se superpose à celle du spectre et permet d'en *repérer* les différentes régions.

Raies du spectre. — Les deux dispositifs précédents permettent d'observer dans le spectre solaire des raies noires, véritables lacunes ou discontinuités obscures dans la succession des sept couleurs du spectre. Ces raies noires, qui avaient échappé à Newton, ont été découvertes par Wollaston et étudiées par Fraunhofer. Les principales ont été désignées par les lettres A, B, C, D, etc., puis d'autres, moins apparentes, par *a*, *b*, etc. Avec des instruments suffisamment puissants, on en a vu plus de 4000.

155. Spectres des différentes sources lumineuses. — En analysant de même la lumière émise par différentes sources, on fait les constatations suivantes :

1° Le spectre d'un *corps solide ou liquide incandescent* est *continu, sans aucune raie*; quand on élève progressivement la température de la source, à partir de 550 degrés, le spectre, qui ne contenait d'abord que du rouge, s'augmente successivement de toutes les autres couleurs.

2° Les *vapeurs* ou les *gaz incandescents* ont au contraire un spectre formé de *lignes brillantes*, espacées comme les raies noires du spectre solaire, et *séparées* par des *bandes obscures*. En particulier, la flamme contenant *en vapeur un métal ou un composé de ce métal* donne toujours les mêmes lignes ou *raies brillantes, caractéristiques du métal*.

3° En interposant sur le trajet des rayons lumineux émis par un corps solide incandescent (spectre continu) une flamme qui produit un éclairement beaucoup moindre, et contient une vapeur métallique, on constate dans le spectre des *raies sombres coïncidant exactement avec les raies brillantes* que donnerait la flamme à vapeur métallique si elle était seule (Expérience de *Foucault* ou du *renversement des raies*).

On en conclut que la vapeur métallique interposée *intercepte* ou *absorbe* justement les rayons ou radiations qu'elle peut *émettre* (168). Les spectres ainsi modifiés sont dits *spectres d'absorption*; les précédents, *spectres d'émission*.

4° En comparant la position des raies brillantes produites par les vapeurs métalliques à celle des raies solaires, on reconnaît qu'un certain nombre coïncident exactement: la raie jaune du sodium avec la raie D du Soleil ; deux raies de l'hydrogène avec les raies C et F, etc.

5° Cette coïncidence conduit à expliquer la présence des raies noires du spectre solaire par l'existence d'une *photosphère gazeuse*, jouant le rôle absorbant de la flamme dans l'expérience du renversement (3°), le *noyau* solaire étant le corps liquide incandescent (1° et 3°). L'existence, dans la photosphère, des métaux et en général des éléments correspondant à ces raies est ainsi établie (hydrogène, sodium, fer, etc.).

6° Les spectres des *étoiles* présentent, comme le spectre solaire, des raies noires correspondant soit aux mêmes corps, soit à des éléments différents. Les *nébuleuses* donnent des spectres à raies brillantes (spectres d'émission) comme les gaz.

7° Raies telluriques. — Quelques raies obscures du spectre solaire ne s'expliquent pas comme précédemment et sont dues à l'absorption exercée par l'atmosphère (vapeur d'eau en particulier) : on les nomme *raies telluriques*.

**156. APPLICATIONS.** — 1° Analyse spectrale. — L'expérience 2° du n° 155 constitue un procédé extrêmement sensible d'analyse chimique qualitative. Des quantités très faibles d'un sel métallique, introduites dans la flamme chaude (peu éclairante par elle-même) d'un brûleur Bunsen suffisent pour faire apparaître dans le spectre les raies brillantes du métal. On a ainsi découvert des corps nouveaux, le *cæsium*, le *rubidium*, le *thallium*, le *gallium*, etc. (Kirchhoff et Bunsen, Lamy, Lecoq de Boisbaudran). Les expériences du n° 155, 5° et 6°, se rattachent de même à l'*analyse spectrale*.

2° Mesure des indices de réfraction. — La fixité des raies a conduit à définir les indices de réfraction pour la lumière correspondante à ces raies (139, 151). Ainsi l'indice du verre (glace de Saint-Gobain) est 1,528 pour la lumière jaune correspondant à la raie D du soleil ; 1,524 pour la raie rouge B et 1,544 pour la raie H. Une flamme de Bunsen contenant du chlorure de sodium est une *source monochromatique* jaune employée pour mesurer l'indice moyen des substances.

**157.** Spectre calorifique ; Spectre infra rouge. — En plaçant un thermomètre ou un thermoscope sensible (163) dans le spectre solaire, on y constate l'existence de chaleur, dont la quantité (intensité) croît du violet vers le rouge. En employant un prisme et une lentille de *sel gemme* (167) on constate, non seulement que l'on trouve encore de la chaleur dans la partie du spectre supposé prolongé au-dessous du rouge (*spectre infra-rouge, radiations obscures*), mais encore que dans cette région l'intensité calorifique présente son *maximum*.

D'autre part, l'étude complète de la chaleur rayonnante montre que *toutes les modifications* que l'on peut faire subir à la *lumière* de la partie visible du spectre par *réflexion, réfraction* ou *diminution d'intensité*, se constatent en même temps sur la chaleur qui accompagne cette lumière. Il est impossible de séparer les deux phénomènes, calorifique et lumineux, dans un même faisceau de rayons (167).

158. Spectre ultra-violet. — Les actions chimiques de la lumière, dont la photographie (170) est une application, ne cessent pas avec la partie lumineuse du spectre ; elles s'étendent au-delà de la couleur violette, et ont permis, en employant des substances convenables, de photographier cette région *ultra-violette*, qui présente, comme la région lumineuse, des raies. Certaines substances, telles que le verre coloré par de l'oxyde d'uranium ou verre d'urane, rendent ces rayons ultra-violets visibles ; elles émettent en effet des rayons dont l'indice est plus petit que l'indice des rayons qui les frappent : ces substances sont *fluorescentes*.

Les corps *phosphorescents* restent lumineux plus ou moins longtemps après avoir été éclairés (phosphore, sulfures des métaux alcalino-terreux). Les rayons violets et ultra-violets développent surtout la phosphorescence.

159. **Identité de la chaleur rayonnante et de la lumière.** — On est conduit par ces considérations, qui se confirment par l'étude du rayonnement de la chaleur, à conclure que la lumière et la chaleur proviennent d'un mouvement vibratoire extrêmement rapide.

La rapidité des vibrations va en augmentant à mesure que croît la réfrangibilité, c'est-à-dire de l'infra-rouge vers l'ultra-violet. Mais elles ne sont pas identiques aux vibrations sonores : 1° elles sont infiniment plus rapides : le mouvement vibratoire qui nous donne la sensation de lumière jaune correspond à 520 trillions de vibrations par seconde ; 2° elles *traversent le vide*. Cette dernière propriété conduit à l'hypothèse d'un milieu formé d'une matière *impondérable*, l'*éther*, qui existerait entre les molécules des corps, dans les espaces interplanétaires et dans le vide.

Un certain nombre d'autres différences distinguent encore les vibrations calorifiques ou lumineuses des vibrations sonores.

**160. Quantités de lumière : éclairement** — La chaleur étant une manifestation de l'énergie ou de la force vive et pouvant s'évaluer au moyen de son équivalent mécanique(106), on serait conduit, par analogie, à mesurer de même les quantités de lumière. Mais, dans la pratique, on se borne à appliquer les principes suivants : 1° plusieurs sources identiques placées séparément dans les mêmes conditions envoient à une même surface des quantités de lumière égales ; 2° l'œil peut apprécier d'une façon suffisante l'égalité d'*éclairement*, c'est-à-dire l'égalité des *quantités de lumière* qui tombent sur deux aires égales prises sur deux surfaces voisines.

Théorème I. — *Les éclairements d'une surface recevant normalement les rayons d'une source lumineuse* réduite à un point (lumière divergente) *sont en raison inverse des carrés des distances de la surface à la source.*

En effet, en supposant que la lumière se propage également dans toutes les directions et que la quantité Q émise reste constante, une sphère de rayon R et de surface S ayant pour centre la source O, recevra par unité de surface $q = \dfrac{Q}{S}$ ; une autre sphère concentrique, de rayon R', recevrait

$$q' = \frac{Q}{S'}; \quad \text{d'où} \quad \frac{q}{q'} = \frac{S'}{S} = \frac{R'^2}{R^2},$$

d'après un théorème connu.

On démontre expérimentalement cette proposition en appliquant les deux principes précédents, et vérifiant qu'une bougie produit, dans le photomètre de Bouguer par exemple (161), le même éclairement que quatre bougies semblables placées à une distance double.

Le théorème ne s'appliquerait plus si au lieu d'un point lumineux ou d'une source très petite on avait un faisceau de lumière solaire (lumière parallèle) : dans ce cas l'éclairement serait le même sur deux surfaces égales et également inclinées sur les rayons.

Théorème II. — *L'éclairement d'une surface est proportion-*

*nel au cosinus de l'angle des rayons incidents avec la normale à la surface.* (Loi du cosinus.)

En effet, soit OI la direction commune des rayons (lumière parallèle) qui tombent sur la surface CD d'aire $s$ et soit AB, d'aire $\sigma$, la section droite du cylindre qu'ils forment ; l'angle

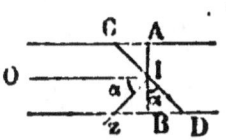

$\alpha$ de OI avec la normale IZ à CD sera aussi celui des surfaces AB et CD.

La quantité de lumière Q reçue par CD sera, dans ces conditions, la même que celle reçue par AB ; l'*éclairement* ou quantité reçue par unité de surface de CD sera donc $e' = \frac{Q}{s}$ ; celui de AB est $e = \frac{Q}{\sigma}$ ; donc $\frac{e'}{e} = \frac{\sigma}{s}$ ; mais $\sigma = s \cos \alpha$ ; par suite, $\frac{e'}{e} = \cos \alpha$ ou $e' = e \cos \alpha$, ce qui établit le théorème pour la lumière parallèle.

Dans le cas de la lumière divergente, le théorème ne serait plus applicable qu'à un cône d'ouverture très petite, dont les sections auraient des aires $s$ et $\sigma$ également très petites.

**161. Comparaison des intensités de deux sources lumineuses.** — On nomme *intensité* d'une source lumineuse la quantité de lumière que reçoit d'elle une surface normale aux rayons, égale à l'unité de surface et placée à l'unité de distance. C'est donc l'*éclairement à l'unité de distance*.

$e$ étant l'éclairement à une distance $d$ de la source, I l'intensité, le théorème I donne la relation

$$\frac{I}{e} = \frac{d^2}{1^2} = d^2, \quad \text{d'où} \quad e = \frac{I}{d^2}.$$

**Photomètres.** — *Photomètre de Bouguer.* — Un écran translucide MN est partagé en deux parties

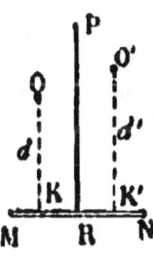

par une cloison PR qui lui est perpendiculaire. Les deux sources à comparer, supposées de dimensions très petites par rapport aux distances $d$, $d'$, sont placées en O et en O' ; on fait varier la distance $d'$ de l'une d'elles à l'écran jusqu'à ce que les deux parties MR et RN paraissent également éclairées. Lorsqu'il en est ainsi, les éclairements $e$ et $e'$ en K et K' étant égaux et ayant respectivement pour valeur $e = \dfrac{I}{d^2}$ et $e' = \dfrac{I'}{d'^2}$, il en résulte $\dfrac{I}{d^2} = \dfrac{I'}{d'^2}$ ou $\dfrac{I}{I'} = \dfrac{d^2}{d'^2}$.

Les intensités sont donc *directement* proportionnelles aux carrés des distances de chaque source à l'écran.

Lorsque O' est pris comme source donnant l'unité d'intensité, $I' = 1$ par définition, et l'on a $\dfrac{I}{1} = \dfrac{d^2}{d'^2}$; $\dfrac{d^2}{d'^2}$ est la mesure de I.

La source dont l'intensité est prise pour unité est *un centimètre carré de la surface d'un bain de platine à sa température de fusion*; cette température est constante, et l'intensité invariable (expériences de M. Violle).

La lampe Carcel, brûlant 42 grammes d'huile de colza à l'heure, est une unité secondaire plus commode valant $\dfrac{1}{2,08} = 0^{\text{unité}},481$, environ une demi-unité Violle.

Le *Photomètre de Foucault* est un perfectionnement de celui de Bouguer. L'écran MN forme le fond d'une chambre obscure ouverte seulement du côté de OO'; la séparation PR se termine un peu avant sa rencontre avec la surface éclairée et peut se déplacer légèrement; ceci permet d'approcher jusqu'au contact les deux moitiés éclairées du disque translucide, car on peut en tâtonnant éviter toute séparation d'ombre ou de lumière. La comparaison des deux éclairements devient plus précise.

Le *Photomètre de Rumford* se compose simplement d'une tige cylindrique T placée verticalement devant l'écran AA'.

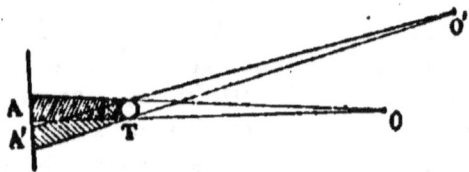

L'ombre A de la tige, provenant de la lumière O, n'est éclairée que par O' et inversement. On a encore, lorsque ces deux pénombres paraissent identiques et, par suite, également éclairées :

$$\dfrac{I}{I'} = \dfrac{d^2}{d'^2};$$

$d'$ c'est O'A et $d$ c'est OA'.

# CHALEUR RAYONNANTE

**162.** Tel un corps lumineux ou éclairé émet de la lumière, tel un corps chaud, lumineux ou non, émet de la chaleur. Le rayonnement de la chaleur est sa *propagation d'un point à un autre, sans que le milieu interposé soit échauffé*. Ce caractère distingue le rayonnement de la conductibilité (109). Ainsi la chaleur solaire peut se transmettre à travers une plaque ou une lame de glace sans en déterminer la fusion même partielle.

Il est facile de constater par l'expérience :

1° Que la chaleur se transmet par rayonnement en ligne droite ;

2° Qu'elle se transmet dans le vide : un thermomètre sensible a son réservoir dans un ballon où l'on a fait le vide ; en plongeant le ballon dans l'eau chaude on voit le thermomètre monter *instantanément* (Rumford) ;

3° Qu'elle se réfléchit et se réfracte comme la lumière et suivant les mêmes lois. Pour le vérifier, on place une source de chaleur, *lumineuse ou non*, en un point de l'axe d'un miroir ou d'une lentille et un thermomètre au foyer conjugué, le thermomètre s'échauffe. L'expérience du spectre calorifique (157) conduit à la même conclusion.

**163. Quantités de chaleur rayonnées.** — L'optique géométrique élémentaire n'étudie que la marche des rayons lumineux. On conçoit cependant que la photométrie puisse servir à mesurer les rapports des quantités de lumière réfléchie, transmise, diffusée, à la quantité de lumière incidente.

La détermination des quantités de chaleur rayonnées (nombre de calories tombant sur une surface connue) est un problème particulier de calorimétrie présentant certaines difficultés. Mais la comparaison de ces quantités, c'est-à-dire l'étude de leurs *rapports*, est beaucoup plus facile. Le principe de la méthode employée est le suivant :

Loi de Newton. — *Un corps — ou une surface — qui rayonne dans un milieu dont la température t est inférieure à la sienne, T, perd à chaque instant une quantité de chaleur* (nombre de calories) *proportionnelle à la différence* T — t, pourvu que cette différence ne dépasse pas 30° environ. L'application de cette loi est complexe en général, parce que la perte de chaleur entraîne un abaissement continuel de la température T. Cette difficulté disparaît quand le corps reçoit une quantité de chaleur qui maintient sa température T constante. Alors, en effet, la quantité de chaleur rayonnée est, dans un temps quelconque, $R = k(T — t)$, $k$ étant une constante ; et la quantité de chaleur $q$ reçue par le corps est aussi égale à R et par suite proportionnelle à $(T — t)$.

Il résulte de là que la connaissance de la différence $T — t$ donne une quantité proportionnelle à la quantité de chaleur reçue par un corps ou une surface. Si dans d'autres circonstances la différence est $T' — t$, c'est que la quantité de chaleur reçue $q'$ est $k(T' — t)$. Pour *comparer* ces quantités $q$ et $q'$, il suffira de faire le quotient

$$\frac{q}{q'} = \frac{k(T — t)}{k(T' — t)} = \frac{T — t}{T' — t}.$$

Les *thermomètres différentiels* (thermoscopes) permettent de déterminer $T — t$ ; la pile de Melloni (236, *thermo-multiplicateur*) donne un courant dont l'intensité est proportionnelle à $T — t$, T et t étant les températures de ses deux faces. En présentant aux rayons calorifiques l'une de ces faces AB, l'autre restant à la température ambiante $t$, le galvanomètre indiquera dans deux expériences, par exemple, des intensités $i$ et $i'$ telles que

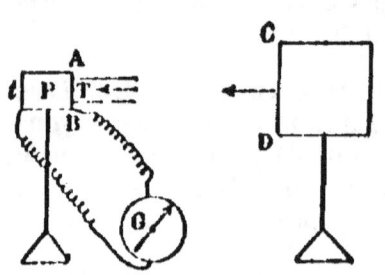

$$i = h(T — t),$$
$$i' = h(T' — t),$$

$h$ étant une constante. On aura donc finalement

$$\frac{i}{i'} = \frac{T — t}{T' — t} = \frac{q}{q'},$$

et il suffira de faire le quotient $\frac{i}{i'}$ pour avoir le rapport cherché des quantités de chaleur reçues par AB.

**164. Pouvoir émissif.** — La quantité de chaleur émise

par un corps, toutes choses égales d'ailleurs (c'est-à-dire à *égalité de surface, de température, etc.*) dépend de la nature de sa surface. On le constate en prenant comme source un cube (cube de Leslie) renfermant de l'eau chaude et dont les faces sont enduites de différentes substances. En présentant successivement, *à la même distance*, le thermo-multiplicateur aux rayons émis par ces faces, on constate des intensités $i$, $i'$, etc. Par conséquent (163) les quantités de chaleur émises $q$, $q'$, etc., sont différentes.

On nomme *pouvoir émissif d'un corps* (d'une surface), le rapport $\frac{q}{q'}$ de la quantité de chaleur qu'émet ce corps à celle qu'émettrait, dans les mêmes conditions, le noir de fumée. Ce rapport se mesure en faisant le quotient $\frac{i}{i'}$ des intensités observées avec le thermo-multiplicateur. Le pouvoir émissif du noir de fumée étant, d'après la définition, 1, on trouve que celui du blanc de céruse est également 1, celui de l'argent poli 0,025. Aucun n'est supérieur à celui du noir de fumée. Celui des *métaux polis* est *très faible*.

Le pouvoir émissif n'est pas constant pour une même matière : *il varie avec la température* de la source.

**165. Pouvoir réflecteur.** — *C'est le rapport $r$ de la quantité de chaleur réfléchie $q'$ à la quantité incidente $q$.*

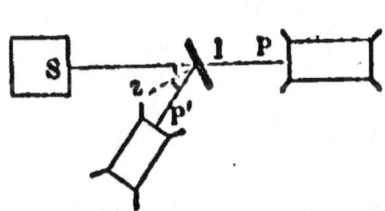

La source étant en S (cube de Leslie, lampe ou lame incandescente) et le thermo-multiplicateur en P, le galvanomètre indique une intensité $i$. On place alors une lame de la substance réfléchissante en I et on fait tourner la pile autour de I jusqu'en P' (afin que dans les deux cas la distance à la source soit la même) ; on observe une intensité $i'$. Le pouvoir réflecteur est $r = \frac{i'}{i}$ (163).

Le pouvoir réflecteur *augmente avec l'angle d'incidence*, pour les corps transparents (verre) ; la quantité de chaleur pénétrant dans le milieu (chaleur réfractée, 162) va donc, au contraire, en diminuant.

Pour les corps opaques (*métaux*), il ne *varie presque pas avec l'incidence*, mais dépend un peu de la *nature de la source*.

**166. Pouvoir diffusif.** — Les substances mates diffusent la chaleur comme la lumière. Cette diffusion étant irrégulière, il faut, pour obtenir le pouvoir diffusif défini comme le pouvoir réflecteur, chercher le rapport de la *somme* des quantités de chaleur diffusées dans toutes les directions autres que celle du rayon réfléchi à la quantité de chaleur incidente. Le pouvoir diffusif est très faible pour les métaux polis et le verre.

**167. Pouvoir diathermane.** — Les substances qui se laissent traverser par la chaleur rayonnante sont dites *diathermanes*; les autres, *athermanes*.

Le *pouvoir diathermane* est le *rapport de la quantité de chaleur qui traverse* une lame d'une substance, *à la quantité incidente*.

Pour le déterminer, on opère comme pour le pouvoir réflecteur, mais sans avoir à déplacer la pile, et en plaçant la lame normalement aux rayons.

Le pouvoir diathermane *diminue*, pour une même substance, quand l'*épaisseur* augmente, sans lui être inversement proportionnel.

Il *varie beaucoup* pour *certaines substances* (à épaisseur égale) avec la *nature de la source*. Ainsi le *verre* a un pouvoir diathermane presque nul pour la chaleur obscure (source à 100°); égal à 0,29 pour une source à 400°, et à 40 environ pour la chaleur d'une lampe Locatelli (lampe sans verre). De là résulte un des avantages de l'emploi du verre dans la construction des serres : les vitres laissent entrer la chaleur lumineuse, qui, transformée ensuite, à l'intérieur, en chaleur obscure, ne peut plus sortir.

Au contraire, le pouvoir diathermane *ne dépend pas de la nature de la source* pour les chlorures de sodium (*sel gemme*) et de potassium. En outre, sa valeur est pour ces corps toujours voisine de 1, valeur maxima que puisse atteindre, d'après sa définition, le pouvoir diathermane. Aussi fait-on usage du prisme de sel gemme pour mettre en évidence la chaleur obscure du spectre (spectre infra-rouge, 157).

Rapprochons ces deux propriétés des corps : transparence et diathermanéité : elles n'en font en réalité qu'une. Un corps se laisse traverser par des rayons d'indice déterminé, sans qu'on puisse séparer la radiation calorifique de la radiation lumineuse. Ainsi, un corps transparent, le verre, laisse passer la chaleur lumineuse, et n'est à peu près athermane que pour les rayons infra-rouges ; un corps opaque, tel que la solution d'iode dans le sulfure de carbone, peut bien être diathermane, mais seulement pour la chaleur des rayons non lumineux.

**168. Pouvoir absorbant.** — C'est le *raport de la quantité de chaleur absorbée à la quantité de chaleur incidente.*

En supposant égale à 1 la quantité de chaleur qui tombe sur un corps et en désignant par $r$, $\rho$, $d$, $a$ les pouvoirs réflecteur, diffusif, diathermane et absorbant d'une lame d'une substance quelconque, on a évidemment

$$1 = r + \rho + d + a$$

ou bien 
$$a = 1 - (r + \rho + d).$$

En particulier, si la substance est *bien polie* et *athermane*, $\rho$ et $d$ sont négligeables ou nuls, et il vient

$$a = 1 - r.$$

Le pouvoir absorbant est alors le complément à l'unité du pouvoir réflecteur. C'est le cas des métaux.

Pour le noir de fumée, $r$, $\rho$ et $d$ sont nuls : son pouvoir absorbant est donc l'unité ; il est égal à son pouvoir émissif tel qu'il résulte de la définition (164).

L'expérience montre que *cette égalité des nombres qui mesurent le pouvoir émissif et le pouvoir absorbant d'une même substance pour des rayons ou radiations de même nature (même réfrangibilité), est un fait général.*

Il en résulte que les métaux polis, ayant un grand pouvoir réflecteur, ont un faible pouvoir émissif (calorimètre, 76).

## ACTIONS CHIMIQUES DE LA LUMIÈRE

**169.** L'*énergie* (108) des vibrations lumineuses ou analogues qui constituent le spectre peut se manifester par des actions chimiques (*travail* chimique). Ainsi, dans les parties vertes des plantes, elle contribue à la décomposition de l'eau et de l'acide carbonique, dont le carbone, l'hydrogène et une partie de l'oxygène servent à constituer les matières organiques, le surplus de l'oxygène étant éliminé à l'état libre. La décomposition du chlorure d'argent à la lumière est un phénomène du même ordre; ce corps, exposé à la lumière du jour, devient violet foncé par suite de la mise en liberté du chlore et de la formation d'un sous-chlorure d'argent, facilement réductible en chlorure et argent métallique. Il en est de même de l'iodure et du bromure.

**170. Photographie.** — On commence par recouvrir une plaque de verre bien propre d'une couche sensible : on y verse pour cela du collodion (solution de coton-poudre dans un mélange d'alcool et d'éther) contenant des bromures et iodures solubles (de potassium, par exemple). Le liquide une fois écoulé, il se forme une mince pellicule. On plonge la plaque, à l'abri de la lumière, dans une dissolution d'azotate d'argent ; par suite d'une double décomposition avec les bromures et iodures solubles, la couche mince qui recouvre la plaque contient du bromure et de l'iodure d'argent.

D'autre part, une chambre noire dont l'ouverture est munie d'une lentille convergente (141) est disposée de façon à ce qu'une image réelle et nette vienne se former sur la paroi opposée ; l'opérateur observe cette image derrière la paroi qui est translucide (glace dépolie), et met au point soit en modifiant la position de l'écran, soit en déplaçant la lentille par un mouvement convenable du tube à tirage qui la porte.

Ce résultat obtenu, il met la plaque sensible à la place du verre dépoli, et découvre la lentille objective momentanément couverte pendant cette manœuvre. La lumière *impressionne* la plaque aux différents points de l'image. Une durée d'exposition ou de *pose* très courte suffit ; l'impression est même instantanée quand on remplace le collodion contenant les bromures par les *gélatino-bromures*.

La plaque, retirée de la chambre obscure, ne présente aucune image visible. On la transporte dans un laboratoire toujours à l'abri de la lumière (ou tout au moins des rayons d'indice supérieur à celui du jaune, qui agissent sur les sels d'argent) et on y verse une solution réductrice, d'oxalate ferreux ou d'acide pyrogallique. Ces substances achèvent la réduction des sels d'argent aux points où ils ont été impressionnés par la lumière, c'est-à-dire mettent en liberté l'argent métallique et font *apparaître, révèlent* ou *développent* l'image. On lave ensuite à l'hyposulfite de soude, qui dissout les bromure et iodure d'argent non altérés. L'image est alors *fixée* en un *cliché* appelé *négatif*, parce que les parties éclairées ou blanches y apparaissent en noir par suite du dépôt métallique.

Pour obtenir un *positif*, on expose, sous ce cliché, à l'action de la lumière, un papier rendu sensible d'une façon analogue à celle qui a servi pour la plaque primitive, le chlorure d'argent remplaçant seulement les iodure et bromure. Les parties noires du cliché interceptent la lumière, tandis que les blanches la laissent passer et se reproduisent, par suite, en noir sur le papier sensible. Après un traitement à l'hyposulfite de soude analogue au précédent et un lavage prolongé, le papier porte donc une image dont les parties claires, ombrées ou noires correspondent à celles de l'objet.

# ÉLECTRICITÉ ET MAGNÉTISME

## ÉLECTRICITÉ STATIQUE

**171. Électrisation par le frottement.** — Certains corps, comme l'ambre, la résine, le verre, frottés sans aucune précaution particulière avec une étoffe de laine ou un corps analogue, acquièrent la propriété d'attirer les corps légers. On dit qu'ils sont alors *électrisés* ou chargés d'électricité ; ils ne le sont qu'aux points frottés.

Tous les autres corps qui ne s'électrisent pas ainsi peuvent cependant acquérir la propriété électrique quand on les tient à la main par l'intermédiaire d'un des corps précédents. De plus ils présentent cette propriété *en tous leurs points* et non pas seulement, comme les premiers, aux *seuls points frottés*. Les métaux, le bois sont dans cette catégorie. Une fois électrisés, ils perdent immédiatement cette propriété si on les met en contact, directement ou par l'intermédiaire d'un corps du même groupe, avec le sol. On exprime ce fait en disant qu'ils sont *conducteurs* ou bons conducteurs. Les premiers sont mauvais conducteurs ou *isolants*. Le corps humain étant un bon conducteur et l'air un isolant, les différences que présentent les corps dans cette expérience fondamentale s'expliquent, et l'on peut dire que *tous les corps s'électrisent par le frottement*.

Tous les corps peuvent encore être électrisés *par contact avec un autre corps électrisé*. Les isolants ne s'électrisent ainsi qu'aux points touchés ; mais il suffit que deux conducteurs aient le moindre contact pour que leur surface entière acquière la propriété électrique.

**172. Distinction de deux espèces d'électricité.** — On reconnaît qu'un corps est électrisé s'il y a attraction quand on l'approche de corps légers, par exemple d'une petite balle de sureau C suspendue à un long fil isolant de soie (*pendule électrique*).

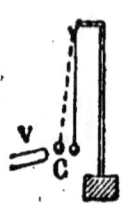

Un bâton de verre frotté avec de la laine et approché d'un pendule électrique, attire la petite balle jusqu'au contact, puis aussitôt la repousse. La balle est alors électrisée, comme on pourrait le constater avec un autre pendule ; tant qu'elle reste chargée, elle est *repoussée* par le bâton de *verre* précédent ou par tout autre bâton de verre frotté avec de la laine. Mais elle est *attirée* par le bâton de *résine* frotté avec de la *peau de chat*.

L'électrisation de la résine est donc différente par ses effets de l'électrisation du verre ; on dit que l'électricité du verre (frotté avec de la laine) est *vitrée* ou *positive* ; celle de la résine, *résineuse* ou *négative*.

Cette distinction se confirmerait en *déchargeant* le pendule (pour cela on le met en communication avec le sol par le contact du doigt), et en répétant ainsi l'expérience : on approche la résine frottée (avec de la peau de chat toujours) ; le pendule est attiré, électrisé au contact, puis *repoussé par la résine*, et au contraire il est *attiré par le verre* (Exp. de Dufay, 1733).

Tous les corps électrisés se comportent comme le verre ou la résine : on peut donc dire qu'il existe deux groupes de corps différemment électrisés, ou, pour abréger, deux espèces d'électricité, et conclure en outre que :

*Deux corps chargés d'électricité de même nom se repoussent;*

*Deux corps chargés d'électricité de nom contraire s'attirent.*
Pour reconnaître de quelle électricité un corps est chargé, on le présentera avec précaution à un pendule isolé et chargé, par contact avec le verre ou la résine, d'une électricité connue. S'il y a répulsion, l'électricité du corps est de même nom que celle du pendule. S'il y a attraction, il n'est pas permis de conclure, parce qu'un corps non électrisé, ou, comme on dit, à *l'état neutre*, et un pendule électrisé s'attirent; il vaut mieux changer l'électrisation du pendule, que le corps observé doit alors repousser : si cela est, on peut affirmer que son électrisation est de même nom que la charge actuelle du pendule.

**173.** *Deux corps frottés l'un contre l'autre s'électrisent, l'un positivement, l'autre négativement.*
L'expérience se fait en frottant deux disques munis de manches isolants : un de verre V et un de bois recouvert de laine B ; les disques séparés, V attire le pendule que B repousse; mais si l'on approche les deux disques au contact près d'un pendule non électrisé, il n'y a ni attraction, ni répulsion (174).

**174. Énoncé de la loi de Coulomb.** — Tout ce qui précède, électrisation par frottement et par contact, conductibilité électrique, distinction des corps électrisés positivement et négativement, loi des attractions et répulsions, enfin production simultanée de charges positive et négative, constitue les propriétés qualitatives des corps électrisés. Ces expériences préliminaires nous ont appris que dans un certain *champ* (c'est-à-dire un certain espace autour d'un corps électrisé), une très petite balle serait soumise à des forces attractives ou répulsives variables avec sa position; ce champ appelé *champ électrique* est théoriquement indéfini, mais pratiquement très limité, parce que les forces électriques diminuent rapidement pour des distances croissantes et cessent d'être mesurables.

La variation des forces électriques a été étudiée par Coulomb, dans le cas d'abord simple de deux corps électrisés sphériques, assez petits par rapport à leur distance pour qu'on puisse considérer chacun comme réduit à son centre.

Dans ce cas en effet les forces sont, par raison de symétrie,

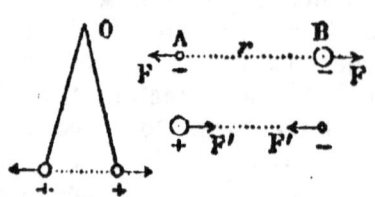

dirigées suivant la ligne des centres, et l'expérience ainsi que le principe de l'action et de la réaction montrent qu'aux deux corps sont appliquées des forces égales et contraires. Coulomb, avec une sorte de dynamomètre très sensible (balance de Coulomb), a démontré que, *toutes choses égales d'ailleurs, les forces attractives ou répulsives* F', F *varient en raison inverse du carré de la distance* r.

### 175. Masses électriques ou quantités d'électricité.

— Mais à une même distance r les forces F ou F' sont encore variables. Si nous appelons *électricité* la cause inconnue de ces phénomènes d'attraction et de répulsion, nous sommes conduits par la variation de l'effet à admettre la variation de la cause et à considérer l'électricité comme une grandeur ; on emploie indifféremment les expressions *quantités d'électricité et masses électriques.*

Par définition : 1° Deux masses électriques sont égales si à la même distance du même corps électrisé B elles produisent deux forces égales — attractives ou répulsives d'ailleurs: (Par conséquent dans le frottement de deux corps il y a production de masses égales d'électricité positive et négative, 173). 2° La masse électrique ou charge d'une petite balle A devient double, triple, quadruple,... si la répulsion entre A et B (dont la distance et l'état sont invariables), devient une force double, triple, quadruple,... Cette définition est justifiée par l'expérience suivante de Coulomb : entre B et A il y a une force répulsive F ; on touche B avec une sphère B' identique, mais non électrisée, qu'on enlève ensuite : la force répulsive entre A et B est devenue $\frac{F}{2}$, à la même distance r.

Il est logique après cette expérience d'admettre qu'entre B et B' il y a eu partage égal de la quantité d'électricité de B ; donc la charge de B devenant moitié, la force répulsive devient aussi moitié moindre.

De même que la température d'un corps est définie par la grandeur de son volume, la masse électrique d'une petite balle est définie par la grandeur de la force attractive ou répulsive exercée sur une petite sphère électrisée.

De ces définitions et de la loi de Coulomb résulte que la force F varie proportionnellement aux masses électriques $m$, $m'$ de A et B et en raison inverse du carré de la distance AB ; c'est ce qu'exprime la formule $f = k \dfrac{mm'}{r^2}$.

Pour déterminer l'unité de masse électrique, on convient de prendre la *quantité d'électricité qui, placée à l'unité de distance d'une quantité égale*, produit *une force répulsive égale à une dyne* ; grâce à ce choix, $f = 1$ lorsque $m = m' = 1$ et $r = 1$ ; il en résulte $k = 1$, ce qui simplifie la formule fondamentale. Cette quantité est l'unité électro-statique C. G. S. de quantité ou de masse électrique ; on emploie *pratiquement* comme unité le *Coulomb*, qui vaut $3 \times 10^9$ fois l'unité théorique (*).

Enfin, si une charge négative de A produit une attraction, une égale charge positive donne une répulsion égale. La somme de ces charges produisant une force nulle, on en conclut que cette somme est elle-même nulle, et l'on donne aux charges positives et négatives des signes contraires, de sorte que la masse $+ m$ d'électricité positive ajoutée à $- m$ d'électricité négative donne une masse égale à 0, conformément à l'expérience.

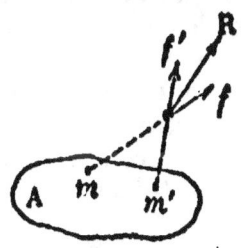

Ce qui précède s'applique aux divers éléments ou parties infiniment petites d'un corps électrisé, en sorte que : 1° la charge d'un corps est la somme des charges de ses éléments ; 2° la répulsion ou l'attraction d'un corps A sur une petite balle ayant la charge $+1$ est la résultante de toutes les forces telles que $f$, $f'$,... produites par les charges $m$, $m'$, ...

Cette résultante R a une grandeur et une direction qui sont la grandeur et la direction du champ électrique au point où se trouve la petite balle.

---

(*) Le coulomb est une charge colossale comparée à celles qu'on obtient par le frottement ou avec les machines de Ramsden et Holtz ; mais cette quantité est rapidement produite par les piles et les machines d'induction ; de là le choix de cette unité.

**176. Électroscopes.** — Laissons de côté la mesure des charges qui, pour de très petits corps, se fait avec la balance de Coulomb ; disons seulement comment, avec les électroscopes, on voit qu'une charge est inférieure à une autre.

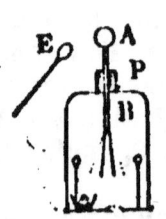

Le pendule électrique est un électroscope : si, en effet, on présente successivement à la balle chargée plusieurs petits corps électrisés, on obtient, à la même distance, des angles d'écart qui varient comme les charges. On se sert pour juger de la charge de la machine Ramsden d'un petit pendule muni d'un arc divisé, l'*électromètre de Henley ;* ce n'est qu'un électroscope.

Le pendule manque de sensibilité ; on emploie de préférence l'*électroscope à feuilles d'or.* Il se compose d'un conducteur AB terminé par deux feuilles d'or extrêmement délicates qu'il faut protéger contre les mouvements de l'air par un flacon transparent ; AB est supporté par un bouchon isolant, de préférence en paraffine. Il est bon de dessécher l'air intérieur de la cloche avec un peu de chaux vive.

Pour utiliser cet appareil, on touche le conducteur AB avec le corps (petite sphère ou disque) dont on étudie l'électrisation : l'électroscope est chargé par contact et les feuilles d'or se repoussent comme un double pendule très sensible. La divergence des feuilles — qu'on peut même mesurer — donne une indication sur la charge prise par l'électroscope et, par conséquent, sur la charge, qui doit toujours être assez faible, du corps considéré E. Pour ramener l'appareil à l'état neutre, on le touchera simplement avec le doigt.

Les autres usages de cet électroscope sont indiqués plus loin (187).

**177. L'électricité se porte à la surface des corps conducteurs.** — Touchons avec un petit conducteur tenu par un manche isolant l'intérieur d'un conducteur creux électrisé (sphère creuse, filet de mousseline, cage métallique); nous reconnaissons avec l'électroscope que ce petit conducteur ne se charge pas ; donc la surface intérieure du conducteur creux n'est pas électrisée. On le prouve encore en recouvrant une sphère métallique isolée et électrisée avec deux hémisphères isolés que l'on sépare ensuite : les hémisphères sont alors électrisés, la sphère ne l'est plus, on le constate à l'électroscope.

**178.** Il résulte de cette proposition une première conséquence. Appliquons un petit disque de clinquant que porte un manche très isolant — un *plan d'épreuve* E — sur un conducteur électrisé, puis enlevons-le ; nous emportons avec lui la masse électrique qui se trouvait dans la région *recouverte* par le disque, et cette masse est mesurable ; on peut donc explorer avec le plan d'épreuve les différents points de la surface d'un corps électrisé.

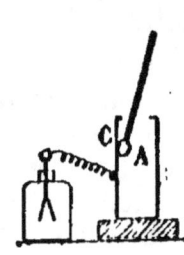

Autre conséquence : si dans un conducteur creux C, en communication avec l'électroscope, on introduit un corps électrisé A, on fait passer intégralement la charge de A sur la surface extérieure de C. En introduisant successivement plusieurs corps, on donnerait au cylindre une charge égale à la somme des charges introduites (*Cylindre de Faraday*).

**179. Distribution de l'électricité.** — Les charges, mesurées par la méthode précédente du plan d'épreuve, sur des *surfaces égales* d'un conducteur électrisé, ne sont généralement *pas égales* entre elles. Il y a cependant égalité dans le cas où le conducteur est une *sphère* : on dit alors que la distribution est uniforme.

Le quotient de la masse électrique qui se trouve sur une petite surface, autour d'un point, par l'aire de cette surface se nomme *densité électrique moyenne*.

En général, sur un même conducteur, cette densité est d'autant plus grande que la surface a, au point considéré, un *rayon de courbure* plus faible.

*Pouvoir des pointes.* — Lorsque ce rayon de courbure devient très petit, c'est-à-dire lorsque la surface présente une *pointe* ou une *arête vive*, la valeur de la densité électrique y devient très grande. L'expérience montre qu'alors le corps se décharge très rapidement (*pouvoir des pointes*). Les particules d'air voisines sont énergiquement attirées, puis repoussées après s'être chargées (172) ; il en résulte un véritable courant d'air (*vent électrique*). Comme le conducteur est lui-même repoussé par ces particules d'air, il peut se mettre en mouvement, s'il est mobile (*tourniquet électrique*).

**180. Déperdition.** — Il résulte de là l'utilité d'éviter les arêtes vives ou les pointes sur les conducteurs ; d'où l'emploi de surfaces arrondies ou de plans raccordés par ces surfaces, à rayon de courbure assez grand. Malgré ces précautions, il y a toujours perte d'électricité par l'air, *même sec* : cette perte s'ajoutant à celle qui peut provenir de l'isolement imparfait des supports (171), se nomme *déperdition*. Il faut en tenir compte dans les mesures faites à des moments différents sur un même conducteur électrisé.

**181. Potentiel d'un Conducteur.** — L'intelligence des phénomènes nécessite la définition de nouvelles grandeurs électriques. On sait que si l'on met en contact un conducteur A, dont la charge est M, avec un autre B, non électrisé, il y a partage de la quantité d'électricité M entre les deux corps. Or M *n'a pas varié*, comme on peut le vérifier avec le cylindre de Faraday (178) ; il faut donc admettre un déplacement de masses électriques entre A et B. L'équilibre étant établi (très rapidement d'ailleurs), les charges prises par A et B peuvent être encore très différentes. La cause du déplacement d'électricité n'est donc pas la différence de charges ; nous l'attribuons, *par définition*, à la *différence* des valeurs *du potentiel de chaque conducteur*.

I. — Si, par définition, une différence de potentiel entre deux conducteurs est la cause d'un déplacement de masses électriques (de même qu'une différence de température est la cause d'un échange de chaleur entre deux corps), il en résulte : que *deux conducteurs au contact* ou réunis par un fil métallique *se partagent leurs charges de manière à prendre le même potentiel* ; que *deux régions d'un même conducteur en équilibre électrique ont le même potentiel.*

*Expérience* : Faisons communiquer par un fil métallique long et fin le conducteur électrisé A et l'électroscope E ; on voit cette disposition sur la figure. Il y a nouvelle distribution de l'électricité de A et les feuilles divergent ; le conducteur et l'électroscope doivent avoir même potentiel : aussi lorsqu'on promène le contact B sur A, et même à l'intérieur de

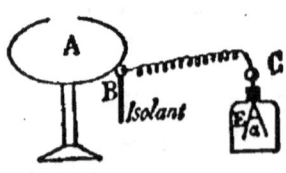

A, la divergence des feuilles reste constante. L'écart a mesuré, non la charge de B *qui varie avec le point touché, mais le potentiel commun du conducteur et de l'électroscope.*

II. — *Un conducteur isolé dans l'espace a un potentiel proportionnel à sa charge.* En effet, supposons le conducteur BCE de dimensions très petites par rapport à A, de sorte que le contact de B ne modifie pas sensiblement la charge ni le potentiel de A, de même qu'un très petit thermomètre ne modifie pas sensiblement la température d'un bain. Donnons à A successivement des charges 1, 2, 3,... (178); les écarts successifs et petits des feuilles sont $\alpha, 2\alpha, 3\alpha,$... Donc le potentiel du conducteur prend des valeurs proportionnelles aux charges ; et l'on aura, quelle que soit l'unité choisie, $M = CV$, M étant la valeur de la charge, V celle du potentiel et C un nombre constant pour un même conducteur.

La relation $M = CV$ devient, dans le cas de la sphère, $M = RV$, R étant le rayon de la sphère. En effet, deux sphères de rayons R et 2R chargés au même potentiel (pour quoi il suffit de les mettre en contact) prennent des charges M et 2M. Donc la charge d'une sphère est proportionnelle à V et à R : $M = kRV$. Choisissons pour *unité de potentiel* le potentiel d'une sphère de rayon $1^{cm}$ dont la charge est 1 unité (C. G. S.) de quantité. Grâce à ce choix, on a simultanément $M = 1$, $R = 1$ et $V = 1$ ; donc $k = 1$ ; la relation précédente devient simplement $M = RV$.

Dans la pratique, on mesure les potentiels en *Volts* ; le Volta ou Volt est $\frac{1}{300}$ de l'unité électrostatique (C. G. S.) que nous venons de choisir.

**182. Remarques.** — I. — Si un électroscope est mis en communication avec le sol, il prend le potentiel de la Terre ; or les feuilles de l'électroscope ne divergent plus, donc *le potentiel de la Terre est nul.* Tout conducteur touchant le sol prendra le potentiel zéro.

II. — Puisque $M = CV$, le potentiel est de même signe que la charge : les corps chargés d'électricité positive sont à des potentiels positifs ; ceux électrisés négativement à des potentiels négatifs.

III. — Renseignement pratique : entre deux conducteurs présentant une différence de potentiel jaillissent des étincelles dont la longueur croît avec cette différence.

IV. — Nous verrons qu'entre deux métaux en contact, il y a des différences de potentiel (Volta), mais très faibles comparées à celles qu'on développe par le frottement ; nous pouvons donc actuellement négliger les premières par rapport aux autres et dire : Un conducteur métallique est *tout entier* au même potentiel.

**183. Capacité électrique.** — Dans la relation $M = CV$, C s'appelle capacité électrique, parce que c'est la *charge nécessaire pour élever le potentiel du conducteur de 1 unité* : pour $V = 1$, $C = M$ (voir la définition de la capacité calorifique : 75).

La capacité d'une sphère a même mesure que son rayon puisque $M = RV$. L'unité de capacité est nécessairement, d'après le choix de l'unité de potentiel, la capacité d'une sphère de rayon $1^{cm}$. L'unité pratique de capacité s'appelle *Farad* et vaut $9 \times 10^{11}$ unités théoriques. C'est-à-dire qu'une sphère aurait pour capacité 1 farad si son rayon était $9 \times 10^{11}$ centimètres. Ce dernier choix a été fait pour que l'on puisse appliquer la relation fondamentale $M = CV$ aux mesures faites en unités pratiques. Ainsi un conducteur ayant pour capacité $C'$ farads, pour charge $M'$ coulombs, et pour potentiel $V'$ volts, ces trois quantités satisfont à la relation $M' = C'V'$. Le farad, on le voit, est une unité trop grande et dans la pratique on emploie le *Microfarad* qui vaut un millionième de farad. Une sphère dont la capacité est 1 microfarad a pour rayon $\dfrac{9 \times 10^{11\,cm}}{10^6}$ ou 9 kilomètres.

D'après la relation $M' = C'V'$, on voit que 1 coulomb charge 1 farad au potentiel de 1 volt, ou $\dfrac{1}{1000}$ de coulomb charge 1 microfarad au potentiel de 1000 volts.

*Problème du partage des charges entre les conducteurs.* — Soient M, M' ; C, C' et V, V' les charges, capacités et potentiels de deux conducteurs qu'on met en contact : leur capacité devient $C + C'$, le potentiel commun $x$, et la charge totale $M + M'$ ; donc on a

$$M + M' = (C + C')x, \quad \text{d'où} \quad x = \frac{M + M'}{C + C'} \quad \text{ou} \quad \frac{CV + C'V'}{C + C'}.$$

**184. — Influence électrique (ou induction électrostatique).** — Un *conducteur isolé*, voisin d'un *corps électrisé* dont il est séparé par un isolant, *s'électrise*. Ce phénomène se nomme *influence* ou *induction* ; le corps primitivement chargé est *influent* ou *inducteur* ; le conducteur est *influencé* ou *induit*.

Loi : *La région de l'influencé la plus voisine de l'influent se charge d'électricité de nom contraire à celle de l'influent ; la région la plus éloignée, d'électricité de même nom.*

1° L'expérience dont on déduit cette loi se fait avec un inducteur A, chargé, par exemple, positivement et un induit BC présentant la forme cylindrique, terminé par des surfaces arrondies, et muni de pendules conducteurs associés deux à deux, comme les feuilles d'or de l'électroscope (176). Ces pendules indiquent, par leur divergence, l'état d'électrisation de la région dans laquelle ils se trouvent. En leur présentant un corps chargé d'électricité connue (verre, résine), on déduit de la répulsion observée le signe de leur charge (172).

Vers la région moyenne du cylindre, mais plus près de l'influent, se trouve une *ligne neutre*.

2° Si l'on éloigne les deux corps l'un de l'autre, l'induit revient à l'*état neutre* : les quantités ou masses d'électricité de BC sont donc égales en *valeur absolue*.

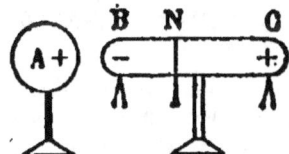

3° Quand on met *l'induit en communication avec le sol*, l'électricité de même nom que celle de l'inducteur *disparaît*, quel que soit le point, fût-ce B, où est établie la communication. Mais l'électricité de nom contraire persiste ; car en supprimant la communication de BC avec le sol et l'éloignant de l'inducteur on constate qu'il est chargé négativement. BC est ainsi électrisé par influence.

4° La divergence des pendules augmente si on approche les deux corps, ce qui prouve que l'influence sur BC est de plus en plus grande. Réciproquement, BC modifie la distribution de la charge de A, et lorsque leur distance est assez petite, il se produit une *étincelle* : une partie *m* de la charge négative de B neutralise une quantité égale (en valeur absolue) et positive de A. Si alors on éloigne BC, il reste sur ce conducteur un excès de charge positive justement égale à $m$.

5° L'influence se produit entre A et B à travers l'air et se produirait à travers un isolant quelconque (193). Si c'est un conducteur isolé qu'on interpose entre A et B, on constate qu'il s'électrise par induction ainsi que BC ; plusieurs conducteurs les uns après les autres subissent des *influences successives*. Mais si le conducteur interposé est en communication avec le sol, l'influence cesse presque complètement ; ce conducteur forme *écran électrique*. L'écran devient parfait si c'est un conducteur entourant complètement le cylindre BC ou l'inducteur A ; ainsi un électroscope placé

dans une cage métallique (cette cage suffit comme conducteur fermé), ne subit l'influence d'aucun corps électrisé extérieur.

Il en est de même si le corps électrisé est dans la cage et l'électroscope au dehors. Un conducteur fermé divise donc l'espace en deux régions où les phénomènes électriques sont tout à fait indépendants les uns des autres.

**185. Théorème de Faraday.** — Il établit une relation très simple entre la charge (175) de l'inducteur et celle de l'induit, *quand ce dernier entoure complètement l'inducteur : La valeur absolue de chacune des deux quantités d'électricité développées par influence est égale à la charge de l'inducteur.*

Pour le démontrer, on prend comme induit un cylindre métallique, en communication avec l'électroscope à feuilles d'or (176). La boule A positive, suspendue à un fil de soie, est

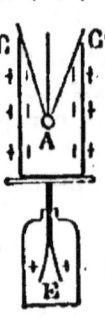

introduite dans le cylindre et y produit par influence des charges positive et négative égales. A partir d'une profondeur suffisante pour que l'angle CAC' soit assez faible, l'écart des feuilles d'or reste constant, même lorsque l'on touche les parois avec la boule. Or, à ce moment, la charge positive tout entière de cette boule est passée sur le cylindre (178) ; donc auparavant la positive d'induction, produisant le même effet dans les mêmes circonstances, était en quantité égale.

**186. Attraction des corps légers.** — La théorie de

l'influence permet de rattacher l'attraction des corps légers par les corps électrisés à l'attraction des corps chargés d'électricité contraire. Dans le cas où le corps léger est primitivement en communication avec le sol, cela est évident, puisqu'il ne prend alors que de l'électricité négative, si l'influent est positif. Dans le cas où il est isolé, il faut remarquer que la masse totale de l'électricité en B (184), égale à la masse totale en C (en valeur absolue), est plus éloignée de A. L'attraction entre A et B l'emporte donc sur la répulsion entre A et C.

**187. Application à l'électroscope à feuilles d'or.** (176). — Pour augmenter la divergence des feuilles d'or, on place devant chacune d'elles une petite colonne en communication avec le plateau qui porte l'appareil. Ces colonnes s'électrisent sous l'influence des feuilles et les attirent. Elles empêchent aussi l'effet d'un excès de divergence qui pourrait briser les feuilles, car elles les déchargent quand elles arrivent à leur contact.

Ainsi construit, l'électroscope est rendu plus sensible et sert à reconnaître de quelle électricité un corps est chargé ; en voici l'emploi. On s'assure que le corps étudié est électrisé, en l'approchant de l'électroscope ; il doit y avoir divergence des feuilles d'or par influence ou par contact.

Puis on charge l'électroscope, généralement par influence (184), en trois temps : 1° On approche de l'électroscope un

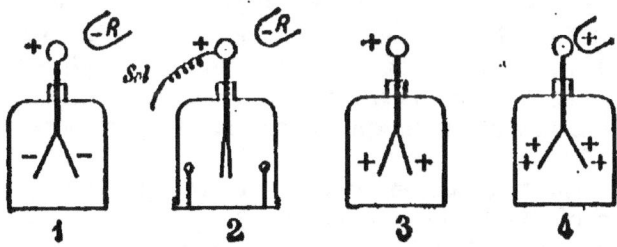

corps électrisé connu, de la résine par exemple. Il y a influence, les feuilles divergent. 2° On touche un instant le bouton de l'électroscope avec le doigt, les feuilles retombent (ce qui n'étonnera pas, puisque l'électroscope prend le potentiel zéro de la terre). 3° On éloigne la résine, les feuilles divergent et, d'après 184 (3°), ces feuilles sont positives.

Cela fait, on approche *doucement* le corps étudié A de l'électroscope ; si A est négatif, on rétablit manifestement les conditions de la position 2, les feuilles retombent ; mais si A est positif, l'effet est contraire et les feuilles divergent davantage (position 4).

Remarques. — Si A n'était pas chargé, il s'électriserait par influence dans le voisinage de l'électroscope : l'électricité négative la plus voisine produirait encore le cas de la position 2 les feuilles se rapprocheraient. De même si on mettait la main près de la boule de l'électroscope.

Enfin, on recommande d'approcher A doucement et de loin parce qu'au rapprochement peut succéder un nouvel écartement des feuilles, et qu'il est urgent pour une conclusion sérieuse de voir nettement le résultat obtenu.

188. Électrophore. — Dans l'électrophore, la machine de Ramsden et les suivantes, la production d'électricité se fait par frottement ou influence ; ces instruments sont des applications des phénomènes électrostatiques.

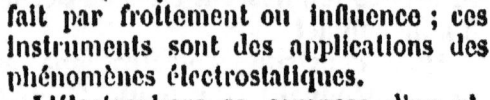

L'électrophore se compose d'un gâteau de résine A coulé dans un moule métallique, et d'un disque conducteur BC (bois recouvert d'étain, par exemple) muni d'un manche isolant. Supposons qu'on ait électrisé la résine en la frottant, ou mieux en la frappant avec une peau de chat. On charge alors le disque comme on a chargé l'électroscope ; on le pose sur le gâteau, ce qui a pour effet de diminuer la distance AB sans que le contact établi en quelques points d'un *isolant* modifie le phénomène d'influence. On touche un instant du doigt le disque BC et on l'éloigne enfin pour que sa charge (184, 3°) positive soit utilisable.

Faisons remarquer que le moule, qui touche le sol, est chargé aussi par influence.

On peut électriser un grand nombre de fois BC sans recommencer à frapper la résine.

Pour utiliser la charge du disque, on approche BC du doigt ou d'un conducteur quelconque : à faible distance il jaillit une étincelle (*Eudiomètre*).

189. Machine de Ramsden. — Un disque de verre A tourné avec la manivelle O *s'électrise par frottement* entre

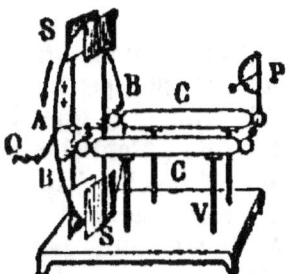

des coussins SS fixés aux extrémités d'un diamètre. Le verre se charge d'électricité positive. Après un quart de tour la surface de verre frottée se trouve en face des conducteurs CC, isolés sur des pieds de verre, et portant des pointes (peignes) en B. *Il y a influence.*

Les pointes, très voisines de A, se chargent négativement et le reste du conducteur est positif ; il est aisé de constater expérimentalement que la charge négative des pointes neutralise, en s'écoulant, la charge positive de A ; mais le plateau de verre se recharge constamment par son passage entre les coussins. Le conducteur C conserve donc un excès de charge positive, et l'on voit le petit pendule P monter graduellement.

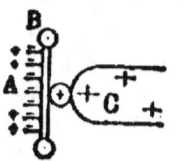

Les mêmes phénomènes se reproduisant à chaque tour, la charge et, par suite, le potentiel des conducteurs augmente ; il y a toutefois une limite, qui dépend : 1º en partie de la *nature* des corps frottés, car on obtient de bien meilleurs résultats, par exemple, si l'on enduit les coussins de bisulfure d'étain (*or mussif*) ; 2º de la conductibilité de l'air et des supports : par les temps humides ou chauds, il faut sécher l'air qui environne la machine avec un feu de charbon, sécher le plateau et les supports en les frottant avec des linges chauds ; 3º enfin de la déperdition, d'autant plus inévitable que la déperdition croît elle-même lorsque la charge augmente ; on la diminue en plaçant des enveloppes de soie autour des deux quadrants électrisés du plateau.

190. **Machines à deux pôles.** — Il y a toujours production simultanée de quantités égales d'électricités positive et négative ; on doit donc pouvoir simultanément charger un conducteur positivement, un autre négativement ; en d'autres termes, toute machine, *toute source électrique est à deux pôles.*

Dans la machine de Ramsden, si l'on faisait communiquer les coussins, qui s'électrisent négativement, avec un conducteur, on aurait une véritable machine à deux pôles : c'est ce qui est réalisé dans les machines de Van Marum et de Nairne. Entre les pôles, P, N, placés à quelques centimètres

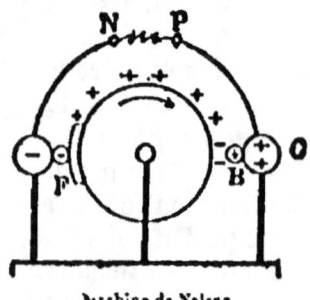

Machine de Nairne
Un cylindre de verre tourne entre un frottoir F et un peigne B

de distance, s'établit une différence de potentiel (qui peut atteindre 100.000 volts), et quand cette différence de potentiel est suffisante, une étincelle jaillit, longue, mais *sans danger*; la machine se rechargeant, nouvelle étincelle.

Il semble avantageux d'employer une machine à deux pôles pour obtenir une plus grande différence de potentiel; mais il n'en est rien : si l'un des pôles, N, est mis en communication avec le sol, la longueur maximum de l'étincelle reste la même. Il s'établit donc entre les deux pôles une *différence de potentiel* qui, dans des conditions données, reste constante et caractérise la *source* d'électricité. Dans la machine de Ramsden, les coussins sont mis en communication avec le sol par les supports ou même par des bandes métalliques et une chaîne; il jaillira donc des étincelles entre les conducteurs positifs et un corps quelconque touchant le sol. Il se produit souvent des étincelles entre les coussins et les peignes; c'est encore une cause qui limite l'élévation de potentiel des conducteurs.

Les machines suivantes sont à deux pôles; pour n'en utiliser qu'un, on met l'autre au sol.

**191. Notions sur les machines de Bertsch, de Carré, de Holtz.** — Dans ces machines l'électrisation du plateau ou disque tournant, au lieu d'être produite par frottement, l'est elle-même par influence. Ainsi une plaque en caoutchouc durci A, électrisée préalablement et négative, agit, au

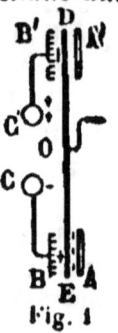

Fig. 1

travers du plateau DE également en caoutchouc durci de la *machine de Bertsch* (fig. 1), sur le peigne B placé en regard. Par influence le conducteur C se charge donc négativement; de l'électricité positive s'écoule par les pointes B et charge le plateau qui dans son mouvement vient passer devant le peigne B' diamétralement opposé. Nouvelle influence : C' sera le conducteur positif de la machine et l'électricité négative des pointes B' neutralise le plateau.

ÉLECTRICITÉ STATIQUE

La machine est *amorcée*. Les deux boules qui terminent les conducteurs C et C' peuvent se rapprocher à volonté, de façon à faire jaillir l'étincelle entre elles. Le principe de l'appareil rappelle celui de l'électrophore.

La plaque inductrice A finit par se décharger, et la machine se désamorce. Cet inconvénient est évité dans la *machine de Carré* : A est remplacé par un disque de verre tournant entre deux coussins.

On peut se faire une idée analogue du fonctionnement de la *machine de Holtz* (fig. 2). Au lieu d'un inducteur, il y en a deux, A et A', formés par des *armures en papier*, parallèles au plan du plateau de verre tournant ; ces armures présentent chacune une pointe, également en papier, placée en sens inverse du mouvement du plateau. Ces deux armures sont supposées dans la fig. 2 derrière le plateau, vues par transparence, et sur un diamètre AA' un peu différent de celui des peignes BB'.

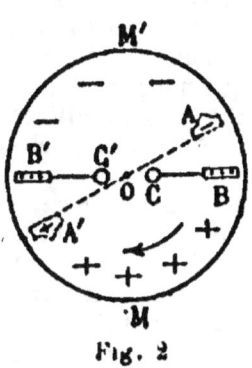

Fig. 2

Il faut amorcer la machine : les pôles CC' sont mis en contact ; puis on électrise négativement, par exemple, l'armure A, au moyen d'une plaque d'ébonite ou caoutchouc durci, frottée avec de la peau de chat, que l'on place contre elle pendant que le plateau tourne. Dans ces conditions, B laisse s'écouler de la positive ; la négative provenant de la même induction due à l'ébonite, sur le conducteur BCC'B', s'écoule de B' et électrise le plateau. Au bout d'une demi-rotation, toute la moitié inférieure M du disque est positive, et la moitié supérieure M' négative. Il en est toujours ainsi par la suite : en effet, on comprend qu'en arrivant devant B', la positive du demi-cercle inférieur soit neutralisée par la négative qui s'écoule de B', la plaque d'ébonite agissant toujours en B. Mais A s'est chargée négativement par l'influence de M' (s'exerçant au travers du plateau), à peu près comme se charge le conducteur d'une machine de Ramsden. Son influence renforce celle de la plaque sur le peigne B et envoie en B' un excès de négative.

On verrait de même comment A' se charge positivement. Au bout d'un instant, on peut retirer la lame d'ébonite, et la machine s'entretient d'elle-même par l'effet de l'électrisation continuelle de A et A'. En séparant les deux boules C et C', on obtient entre ces deux pôles une série de longues étincelles.

**192. Débit.** — On appelle *débit* la quantité d'électricité M (positive ou négative d'ailleurs) que peut produire la machine en une seconde. La machine de Holtz a un plus grand débit que celle de Ramsden ; de deux machines à frottement, celle qui a les plus grandes dimensions a le plus grand débit, parce que les surfaces de frottement sont plus larges. Mais dans tous les cas ce débit est insignifiant si on le compare à celui d'autres *électromoteurs* que nous étudierons, piles et dynamos (220-260) ; il atteint 1 à 2 dix-millièmes de coulomb seulement par seconde. La longueur de l'étincelle croît quand la différence de potentiel entre les pôles augmente : ce renseignement est souvent utile. L'éclat, le bruit et aussi le danger de l'étincelle dépendent des quantités d'électricité, des charges qui la produisent (éclair, tonnerre). L'étincelle est le résultat de la décharge des conducteurs : aussi est-elle d'autant plus brillante que les conducteurs ont une plus grande capacité. De là les gros cylindres de la machine de Ramsden ; on les a remplacés avantageusement, dans les machines à influence, par des conducteurs de petites dimensions mais de plus grande capacité, des bouteilles de Leyde (195).

Il n'y a guère à utiliser le débit de ces machines ; on les emploie seulement à charger des conducteurs à un potentiel élevé, à répéter les expériences indiquées (attractions et répulsions électriques ; grêle électrique, carillon; pouvoir des pointes, vent et tourniquet électrique), enfin à charger les condensateurs.

**193. Condensation électrique.** — Le phénomène principal de l'influence électrique (184) est accompagné d'un changement de distribution sur l'inducteur, facile à constater immédiatement quand celui-ci est formé d'un bon conducteur, une sphère métallique A par exemple.

Il résulte de cette influence des conséquences très importantes, dans le cas où l'inducteur A (nommé alors *collecteur*) est en communication avec une *source*, où l'induit BC (*condenseur*) est en communication avec le sol, et enfin où les surfaces en présence sont de grandes dimensions et à une faible distance.

On étudie expérimentalement ces phénomènes avec l'appareil d'Épinus.

A est un plateau métallique à support isolant et en communication avec la machine S ; il est muni d'un pendule $p$ analogue à l'électroscope de Henley (176). B est un plateau semblable, en communication avec le sol et muni du pendule $p'$. Enfin E est une lame isolante (*diélectrique*), qui peut être simplement la couche d'air interposée.

1° A est chargé seul, B étant éloigné. Il prend le potentiel V de la machine, caractérisé par un certain angle d'écart du pendule $p$ ; sa charge est alors $M = cV$, $c$ étant sa capacité (183).

2° A est chargé en présence de B jusqu'à ce que $p$ indique le même potentiel V que précédemment ; la charge nécessaire est M'.

3° On supprime la communication entre A et la machine (en enlevant le conducteur D avec un corps isolant), et entre B et le sol. On éloigne les deux plateaux l'un de l'autre : la divergence de $p$ augmente alors ; elle indique un nouveau potentiel V' supérieur à V. Donc la masse M' dont est chargé A a augmenté, puisque l'on a alors $M' = cV'$.

4° Le pendule $p'$ jusque-là au repos, diverge dès que B est éloigné ; il accuse une charge négative (figures de Lichtenberg).

Conclusions : le plateau A ainsi placé en présence de B s'est chargé de la masse $M' > M$ ; comme on ne le porte qu'au potentiel V de la machine, il faut bien que sa capacité de $c$ soit devenue $C > c$ et telle que l'on ait $M' = CV$ ; ce que l'on exprime en disant qu'il y a eu *condensation* de l'électricité sur A. L'appareil employé est un *condensateur*.

**194. Théorie.** — Les phénomènes d'influence conduisent à donner l'explication de la condensation. Reportons-nous à l'électroscope chargé positivement (187) : si dans le champ de ce conducteur au potentiel $+V$ on approche un corps négatif ou un conducteur communiquant avec le sol, *les feuilles se rapprochent, ce qui indique que le potentiel de l'électroscope diminue*. De même ici : le plateau A étant chargé par la quantité M au potentiel V, on en approche B qui se charge négativement (puisqu'il communique au sol), et ramène le potentiel de A à une valeur $v$ d'autant plus petite que la distance AB est plus faible. On remet A en communication avec la machine : à mesure que la charge positive de A croît, la négative de B produite par influence augmente aussi, et chaque augmentation de charge M produit seulement l'élévation $v$ de potentiel. Et ainsi jusqu'à ce que A soit au même potentiel que la machine : sa charge est alors $M' > M$, son potentiel V, donc sa capacité est C telle que l'on ait $M' = CV$.

Force condensante et capacité. — On appelle quelquefois force condensante le rapport $\varphi = \dfrac{M'}{M}$ des charges prises par le collecteur A monté en condensateur ou isolé ; on voit que $\dfrac{M'}{M} = \dfrac{CV}{cV} = \dfrac{C}{c}$ ; il suffit donc d'étudier la capacité.

La capacité C est évidemment proportionnelle à la surface S : elle augmente quand l'épaisseur $e$ du diélectrique diminue ; elle dépend aussi de la *nature* de l'isolant : elle est plus petite avec l'air qu'avec un verre (de même épaisseur), plus petite avec le verre qu'avec le mica. Chaque diélectrique a un pouvoir d'influence particulier *ou pouvoir inducteur spécifique*, duquel dépend la capacité (Cavendish, 1771, et Faraday). On mesure la capacité d'un condensateur en la comparant à celle de condensateurs étalonnés valant $\dfrac{1}{10}$, $\dfrac{2}{10}$, $\dfrac{2}{10}$, $\dfrac{5}{10}$ de microfarad.

**195. Différents condensateurs. — Bouteille de Leyde.** — Deux surfaces métalliques séparées par un isolant constituent un condensateur. Le plus répandu, le premier en date (1746, Leyde), est la *bouteille de Leyde* : sur le verre de

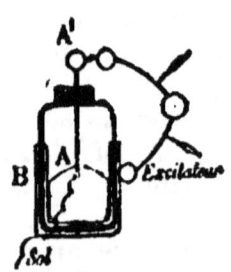

la bouteille servant d'isolant sont collées deux lames d'étain A et B qu'on appelle *armatures* (interne et externe) ; le bouton extérieur A' communique métalliquement avec A. Plusieurs bouteilles de Leyde, six par exemple, dont on fait communiquer toutes les armatures internes d'une part, toutes les armatures externes de l'autre, forment une *batterie* ; ce n'est qu'un condensateur dont la surface —

et par suite la capacité — sont six fois la surface et la capacité d'une seule bouteille.

Le condensateur d'Æpinus, le *carreau de Franklin*, sont sans importance pratique. Mais on emploie, dans des conditions spéciales (257), un condensateur dit *à grande capacité* : imaginons $n$ feuilles d'étain s'écartant de A comme les feuilles d'un livre, et de même $n$ feuilles d'étain réunies en B et alternant avec les précédentes; entre deux lames successives, on dispose un isolant, papier paraffiné ou mica ; on a ainsi réalisé un condensateur qui, sous un petit volume, a une grande surface et dont les armatures sont A et B. Un condensateur à lames de mica ayant $6^{mq}$ de surface a un microfarad de capacité.

**196. Charge et décharge des condensateurs.** — Pour charger une bouteille de Leyde, on la tient à la main — ce qui met l'armature externe au sol — et avec A' on touche le conducteur de la machine Ramsden ou un pôle d'une autre machine. La décharge se produit quand on fait communiquer les deux armatures par un conducteur métallique appelé *excitateur*. On touche d'abord l'armature B qui communique avec le sol et l'on approche de A' la seconde boule de l'excitateur : une étincelle éclatante jaillit, la bouteille est déchargée. On doit éviter, tenant la bouteille d'une main, d'approcher l'autre de A', parce que le corps devient l'excitateur et qu'on ressent une violente commotion.

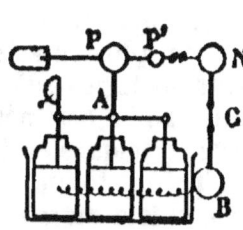

Plus généralement, on met les armatures A et B d'un condensateur en contact respectivement avec les pôles positif et négatif d'une machine ; et lorsque la différence de potentiel entre A et B est suffisante, on fait glisser la tige P' : une étincelle jaillit. Pendant l'étincelle le *circuit* entre A et B a été fermé; pour ce nouvel état d'équilibre un déplacement de masses électriques, véritable courant momentané, s'est produit dans l'excitateur. Pour faire passer la décharge dans un fil conducteur ou à travers un corps quelconque, on les dispose sur le circuit, par exemple en C.

**197. Décharges résiduelles.** — Après une première décharge de la bouteille de Leyde, on peut en obtenir une seconde, relativement très faible, puis une troisième et plus. Ces décharges *résiduelles* tiennent à ce que l'électricité des conducteurs « pénètre » en quelque sorte sur les deux faces de l'isolant. On prouve même que la plus grande partie de la charge du condensateur se trouve sur l'isolant; il suffit pour cela d'un condensateur *à armatures mobiles* (bouteille de Franklin). L'appareil chargé, on en sépare les armatures, on les touche de sorte qu'elles ne sont plus électrisées, enfin on reforme le condensateur ; sa décharge est presque aussi forte que si on ne l'avait pas démonté. Cette expérience est remarquable en ce qu'elle montre l'importance de l'isolant dans le condensateur.

Après une première décharge, la presque totalité de l'électricité a disparu ; cependant l'isolant conserve un peu de sa charge et l'on peut obtenir encore une série de petites étincelles.

L'isolant intervient aussi dans la condensation par son pouvoir inducteur spécifique (194) : cette propriété jointe à la pénétration des charges dans l'isolant solide, explique la supériorité du verre sur l'air comme diélectrique employé dans les condensateurs.

**198. L'électroscope condensateur** est une invention de Volta : la boule de l'électroscope ordinaire est remplacée par un plateau verni ; un second plateau métallique verni forme avec le premier un condensateur. Voici l'avantage de

cette disposition : pour faire diverger les feuilles d'un électroscope, il faut les charger au potentiel de plusieurs dizaines de volts; si donc on dispose d'une source ne produisant entre ses pôles qu'une différence de quelques volts, l'électroscope ordinaire ne donne aucune indication. On emploie alors l'appareil de Volta, et pendant que l'on touche B avec le doigt, on met A en communication avec l'un des pôles de la source : les feuilles ne divergent pas, puisque A n'est qu'au potentiel de quelques volts : mais sa charge devient $M = CV$, C étant la capacité du condensateur.

On supprime les communications et on enlève B : les feuilles divergent, car la capacité du plateau A est réduite à $c$, sa charge est restée M, donc son potentiel s'est élevé à V' tel que $M = cV'$, d'où $\dfrac{V'}{V} = \dfrac{C}{c}$ ; le nouveau potentiel peut être suffisant pour faire diverger les feuilles. (Voir 218.)

**199. Effets de la décharge.** — EFFETS PHYSIOLOGIQUES. — La décharge de la bouteille de Leyde produit une commotion que peuvent ressentir un grand nombre de personnes formant une chaîne interposée entre les deux armatures. La décharge des batteries peut foudroyer des animaux de forte taille.

EFFETS LUMINEUX. — L'étincelle qui accompagne la décharge soit d'une machine, soit d'une batterie, varie de forme et de longueur suivant le potentiel et la capacité. Rectiligne ou ramifiée pour des distances faibles (potentiel relativement peu élevé), elle forme des zigzags (analogues à ceux des éclairs) pour les potentiels plus élevés et les fortes charges. Sa couleur varie avec la nature des conducteurs entre lesquels elle jaillit et dont quelques parcelles sont volatilisées.

Dans les gaz raréfiés (*œuf électrique*), la décharge entretenue par une machine de Holtz, par exemple, présente des bandes lumineuses continues, toutes différentes de l'étincelle. Il en est encore de même à l'air dans certaines conditions, en particulier lorsque l'espace placé entre les deux conducteurs dépasse la longueur maximum de l'étincelle (*aigrettes des machines de Holtz, effluve*, etc.). On modifie encore l'aspect de l'étincelle, mais d'une manière toute apparente, dans les expériences du *tube* et du *carreau étincelants*.

EFFETS CALORIFIQUES. — Le passage de la décharge d'une batterie peut fondre les métaux (*fer*, etc.) et même les volatiliser (*or, portrait de Franklin*, etc.). L'étincelle détermine la combinaison de l'hydrogène et de l'oxygène (*pistolet de Volta, eudiomètre*), etc.

EFFETS MÉCANIQUES. — En passant entre deux pointes métalliques que sépare une lame de carton, de bois ou même de verre, la décharge perce ou brise ces corps (expérience du *perce-verre*). La lame étant remplacée par un fil métallique fin, court et plongé dans l'eau, le vase contenant le liquide est brisé (expérience dite de la *torpille*). Dans un gaz, à cause de son élasticité, il y a seulement projection du bouchon ou du liquide qui ferme le vase (*mortier électrique, thermomètre de Kinnersley*).

EFFETS CHIMIQUES. — Enfin les étincelles peuvent déterminer

des effets purement chimiques, comme la décomposition du gaz ammoniac (bobine de Ruhmkorff, 256), la combinaison de l'azote et de l'oxygène qui donne de l'acide azotique en présence de l'eau de chaux (*expérience de Cavendish*) ; la décomposition des sels s'obtient aussi, mais très difficilement, même avec les condensateurs, à cause de la quantité relativement très faible d'électricité produite par les machines statiques.

**200. Énergie électrique.** — La décharge d'une batterie a pour conséquence, entre autres, l'échauffement d'un fil, c'est-à-dire une production de chaleur. Tout corps électrisé à un potentiel élevé est capable aussi de donner une étincelle, manifestation de chaleur. En somme, une diminution de charge équivaut à une production d'énergie. Donc, l'électrisation d'un corps équivaut à l'augmentation de son énergie potentielle.

Nous pouvons appliquer aux corps électrisés le principe de la conservation de l'énergie. Les *expériences de Riess* sur la décharge des batteries ont montré que la quantité de chaleur produite est proportionnelle à la charge M et à la différence V de potentiel entre les armatures ; donc l'énergie électrique d'un corps est $k$MV. Exactement, on établit que $\frac{1}{2}$MV mesure en unités C.G.S., en ergs, l'énergie potentielle d'un conducteur que la charge M élève du potentiel zéro au potentiel V. On emploie souvent une unité pratique d'*énergie*, le *joule*, qui vaut $10^7$ ergs (104).

L'électrisation d'un corps doit être, d'après ce qui précède, le résultat d'une dépense d'énergie égale à l'énergie électrique. Examinons le cas de la production d'électricité dans l'électrophore. Tant que le disque est sur le gâteau de résine, son énergie est nulle parce que son potentiel est zéro ; lorsqu'on l'a éloigné, son énergie est $\frac{1}{2}$ MV, mais il a fallu séparer deux corps électrisés de nom contraire ; le travail dépensé ainsi contre les forces d'attraction existant entre la résine et le disque équivaut à l'énergie électrique produite. De même dans les machines statiques, il faut continuellement séparer (contre les forces électriques) des corps positifs et négatifs : de là un travail, d'ailleurs excessivement faible, qui est l'équivalent de l'énergie électrique.

**201. Électricité atmosphérique.** — Par un temps serein, l'air est électrisé à un potentiel positif et qui augmente avec la hauteur. On le reconnaît à l'aide de l'électroscope de *de Saussure*, formé essentiellement d'un électroscope à feuilles d'or dont la boule est remplacée par une pointe métallique (sur laquelle l'air agit par influence), ou même par un fil métallique relié à une flèche.

Les nuages peuvent être électrisés positivement ou négativement, soit qu'ils participent à l'électrisation de l'atmosphère, soit qu'ils aient agi les uns sur les autres par influence. Cette électrisation se manifeste en temps d'orage par l'*éclair*, étincelle de grandes dimensions (pouvant avoir 10 kilom. et plus) qui jaillit entre deux nuages ou entre un nuage et le sol, en produisant la décharge connue sous le nom de *foudre* ou de *tonnerre*.

La décharge du nuage inducteur A équivaut au passage d'une quantité correspondante d'électricité sur le sol induit BC (184),

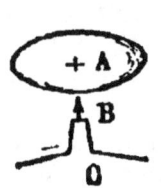

ce qui justifie le nom de *chute* de la foudre ou du tonnerre. Les effets de la foudre ressemblent, dans des proportions très amplifiées, à ceux des décharges des batteries (effets calorifiques, physiologiques, mécaniques, etc., 199). Le bruit sec qui accompagne la foudre correspond au crépitement de l'étincelle. Les roulements du tonnerre paraissent dûs à des étincelles successives et aux échos ; ils parviennent à l'oreille un instant quelquefois assez long après que l'éclair a été aperçu, parce que la vitesse du son (111) est bien inférieure à celle de la lumière, qui est presque instantanée.

La chute de la foudre faisant cesser brusquement l'influence d'un nuage sur les objets terrestres, il se produit, même dans les corps qui ne sont pas frappés directement, un changement de distribution, puisqu'ils reviennent à l'état neutre. Cette modification équivaut à un courant de décharge et peut être aussi dangereuse ; on la nomme *choc en retour*.

**202. Paratonnerres.** — La foudre frappe de préférence les lieux élevés, le sommet des arbres, etc. Ce fait est absolument d'accord avec la théorie de l'influence, puisque ces points sont les plus rapprochés du nuage inducteur. Franklin, qui a montré l'analogie de l'électricité atmosphérique avec celle que l'on produit dans les laboratoires, a imaginé le *paratonnerre*, qui évite la production de la décharge brusque (pouvoir des pointes), ou tout au moins en empêche les effets dangereux. Un paratonnerre se compose d'une tige métallique en fer, de section suffisante pour n'être pas fondue par la foudre (5$^{cm}$ de côté environ), dressée au sommet de l'édifice à protéger. Elle se termine à son extrémité supérieure par une pointe en cuivre doré (pour éviter son oxydation, qui lui ferait perdre sa conductibilité et surtout la détériorerait rapidement). A sa partie inférieure, elle est reliée à un conducteur formé par une suite de tiges de fer que joignent entre elles des manchons, ou par un câble de fil de cuivre ou de fer. Ce conducteur doit aller dans le sol jusqu'à une nappe d'eau qui ne tarisse pas. On relie aussi métalliquement la tige aux masses de fer ou de métal qui entrent dans la construction de l'édifice (charpente, gouttières, etc.) afin d'éviter que l'étincelle ne jaillisse entre ces conducteurs et la tige, ou directement entre eux et le nuage.

Quand le paratonnerre ne suffit pas à neutraliser l'électricité des nuages, ce qui arrive souvent, il reçoit la décharge, ce qui est sans inconvénient (autre que la fusion possible de la pointe) s'il est en *bonne communication* avec le sol, comme il vient d'être dit. Au contraire, si cette communication était insuffisante ou interrompue en certains points, la foudre y produirait des effets du même genre que ceux du perce-verre, de la torpille, etc. (199), mais autrement redoutables.

Un autre moyen, plus récent, de protéger les édifices contre la foudre est une application du corollaire à l'induction (184) : *les corps placés à l'intérieur d'un conducteur en communication avec le sol échappent à l'influence des corps électrisés extérieurs*. Comme il n'est pas nécessaire que le conducteur soit continu, on se borne à entourer l'édifice d'une sorte de réseau formé par des barres de fer suivant les lignes architecturales, en bonne communication avec le sol, et munies dans la partie supérieure de l'ensemble, de petites tiges de cuivre terminées en pointe. Ce système constitue le *paratonnerre Melsens*.

# MAGNÉTISME

**203. Aimants naturels ou artificiels.** — La pierre d'aimant naturelle est formée d'oxyde de fer (oxyde magnétique) $Fe^3O^4$. Elle a la propriété d'attirer un nombre restreint de corps (*corps magnétiques*), en particulier le fer, le nickel, le cobalt.

Sa propriété *magnétique* peut se communiquer ou être artificiellement donnée (214) à l'*acier* (fer carburé), qui la conserve d'une façon permanente. On donne à ces *aimants artificiels* des formes géométriques (barreaux prismatiques, aiguilles), qui permettent de les étudier plus facilement.

On constate ainsi que la limaille de fer est particulièrement attirée vers les extrémités de ces barreaux (expérience du *spectre magnétique*) ; les *pôles* sont deux points situés vers ces deux extrémités et mieux définis par la suite (209).

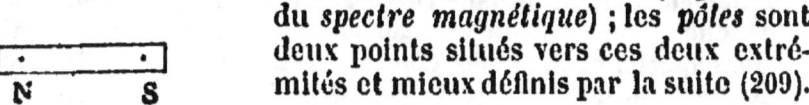

**204. Action directrice de la Terre sur les aimants.** — Quand un barreau aimanté est suspendu de façon à se mouvoir librement, une de ses extrémités, toujours la même, se tourne vers le *Nord* ; c'est l'extrémité ou pôle *nord* ; l'autre, naturellement, se tourne vers le *Sud* et prend le nom de pôle ou extrémité *sud*.

Une aiguille aimantée très mobile dans un plan horizontal (placée sur un flotteur de liège par exemple, à la surface de l'eau) ne prend *aucun mouvement* (autre que celui que peuvent lui communiquer les oscillations du liquide). De plus un barreau ou une aiguille d'acier a le même poids *avant* et *après* son aimantation. Ces deux faits prouvent que les forces qui agissent sur les aimants n'admettent pas une *résultante unique*, qui aurait forcément une composante horizontale ou verticale. Elles se réduisent alors à *un couple*, qui produit l'orientation du barreau, en le faisant tourner (s'il est complètement libre) jusqu'à ce qu'il soit dans la direction des deux forces composant ce couple. C'est ce que l'on nomme l'*action directrice* de la Terre.

**205. Attractions et répulsions magnétiques.** — On constate facilement que *deux pôles de même nom* (204) *se repoussent* et que *deux pôles de noms contraires s'attirent*.

Il résulte de là et l'expérience vérifie qu'un aimant mobile, placé dans le voisinage d'un aimant fixe et à une distance sensiblement égale des deux pôles, se placera parallèlement à cet aimant fixe, ses pôles étant orientés en sens inverse de ceux de ce dernier.

D'après Coulomb, l'attraction ou la répulsion entre deux pôles d'aimants varie *en raison inverse du carré de leur distance.*

**206. Hypothèse de l'aimant terrestre.** — Il est logique de comparer l'action directrice de la Terre sur les barreaux aimantés *ns* (204) à celle d'un aimant *hypothétique* AB placé dans l'intérieur du globe. Le pôle B de cet *aimant terrestre* situé dans l'hémisphère (géographique) boréal reçoit naturellement le nom de pôle *boréal.* Si l'on adopte ce genre de dénomination pour le barreau aimanté mobile *ns*, il faut alors appeler *austral* son pôle *nord n*, puisqu'il doit être de nom contraire à B (205). De même le pôle *sud s* d'un aimant quelconque est souvent nommé *boréal.*

**207. Aimantation par influence.** — Les corps magnétiques (203), en présence d'un aimant AB, s'aimantent eux-mêmes, en prenant des pôles orientés comme ceux de l'aimant primitif. Il en est ainsi de proche en proche lorsque plusieurs de ces corps sont placés à la suite les uns des autres. Ce phénomène permet de faire rentrer leur attraction par l'aimant, le spectre magnétique, etc., dans le cas général des attractions et répulsions magnétiques (205); cela rappelle l'attraction des corps légers en électricité.

L'aimantation par influence disparaît quand on éloigne l'aimant AB, dans le cas où le barreau influencé est du *fer doux* (fer décarburé). Elle est moindre si le barreau est en acier, mais alors elle persiste après l'influence (*force coercitive*); dans le cas où la composition du métal est intermédiaire, il conserve une partie plus faible d'aimantation après l'influence (*magnétisme rémanent*).

**208. Rupture des barreaux aimantés.** — En rompant de façon à en faire deux ou plusieurs fragments, un barreau aimanté, on reconnaît (en le présentant à une aiguille aimantée mobile) que chacun de ces fragments constitue

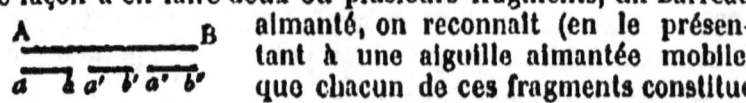

un aimant avec des pôles orientés comme ceux du barreau complet.

Il n'est donc *pas possible de séparer* de cette façon (ni d'aucune autre) du magnétisme austral et du magnétisme boréal. Ce phénomène est *absolument différent* de ce qui se passe en électricité statique (172, 184).

On base sur le fait précédent une hypothèse simple sur la constitution du barreau aimanté, avant sa rupture. On peut le supposer d'abord réduit à une aiguille linéaire, formée de la suite $ab$, $a'b'$, etc. d'*éléments* magnétiques présentant chacun les deux pôles : des masses magnétiques (définies comme les masses électriques) $\alpha$ et $\beta$ placées en $a$ et $b$, l'une de magnétisme austral, l'autre de magnétisme boréal, sont égales entre elles en valeur absolue ; il en est de même des masses $\alpha'$ et $\beta'$, $\alpha''$ et $\beta''$, etc., supposées respectivement en $a'$, $b'$, $a''$, $b''$, etc.

Il résulte ensuite de l'influence réciproque de ces aimants les uns sur les autres, que la valeur commune de $\alpha''$ et $\beta''$ par exemple, situées vers le milieu de la file, est supérieure à celle de $\alpha'$ et $\beta'$, ou de $\alpha'''$ et $\beta'''$. En effet, $a''b''$ est dans la position la plus favorable à l'aimantation : il est sous l'influence des quatre éléments $ab$, $a'b'$ et $a'''b'''$, $a_4 b_4$, disposés deux à deux de part et d'autre de lui, tandis que $a'''b'''$ par exemple, ayant un élément $a_4 b_4$ d'un côté et trois de l'autre, le dernier de ceux-ci, $ab$, est forcément plus éloigné de lui, et son action d'influence est moindre.

Enfin, si l'on remarque que les points $a'$ et $b$, $a''$ et $b'$, etc. sont confondus, les quantités (masses) de magnétisme qui s'y trouvent ensemble se retranchent (étant l'une australe, l'autre boréale). En $(Aa)$ se trouvera donc la masse australe $\alpha$ ; en $(a'b)$ la masse $(\alpha' - \beta)$, australe aussi puisque $\alpha' > \beta$, etc. De même dans la partie boréale, en $(Bb_4)$ se trouvera la masse boréale $\beta_4$ ; en $(a_4 b''')$ la masse $(\beta''' - \alpha_4)$, boréale parce que $\beta''' > \alpha_4$, etc. On nomme *masses magnétiques libres* ces quantités $\alpha$, $(\alpha' - \beta)$, etc., $\beta_4$, $(\beta''' - \alpha_4)$, etc.

**209. Définition des pôles.** — Il résulte de là que tout se passe comme si la moitié australe d'un barreau aimanté ne contenait que des masses *australes* $\mu$, $\mu'$, dont chacune serait soumise à deux forces, l'une répulsive, due à la région australe de la Terre, l'autre, attractive, due à la région boréale ;

c'est-à-dire enfin dont chacune serait sollicitée par une seule force $f$ résultante des deux précédentes. Toutes ces forces $f$ sont parallèles entre elles à cause de la proximité des différentes masses $\mu$, $\mu'$, etc., *tout à fait comme dans le cas de la pesanteur* (6,7). On nommera alors *pôles* de l'aimant les deux points d'application des résultantes F et F' de toutes les forces parallèles $f$ dans chacune des parties australe et boréale de l'aimant. Les deux résultantes F et F' forment le couple terrestre, d'où résulte l'action directrice de la Terre (204).

**210. Déclinaison.** — Un aimant soustrait à l'action de la pesanteur, c'est-à-dire mobile en tous sens autour de son centre de gravité, se mettrait en équilibre dans là direction du couple terrestre (204). Il est impossible de réaliser cette disposition ; mais on peut facilement rendre un barreau ou une aiguille mobile seulement dans un *plan horizontal*, autour d'un axe *vertical*, ou dans un plan *vertical*, autour d'un axe *horizontal*.

Dans le premier cas, l'aiguille ou le barreau — plus rigoureusement la ligne passant par ses deux pôles — fait un certain angle avec la méridienne. Cet angle se nomme *déclinaison magnétique*. Le plan vertical passant par la direction de l'aiguille aimantée (ligne des pôles) se nomme *méridien magnétique* du lieu ; son angle avec le méridien géographique a évidemment pour mesure aussi la *déclinaison*.

La déclinaison varie suivant les lieux ; dans un même lieu, elle varie d'une façon lente et continue avec le temps (*variations séculaires*) et légèrement d'une heure à l'autre de la journée (*variations diurnes*). Sa valeur moyenne était, à Paris, au 1er janvier 1894, de 15°24' vers l'*Ouest* (déclinaison *occidentale*). Elle diminue d'environ 7' par an. En 1580, elle était de 11°30' vers l'*Est* ; en 1666, nulle ; en 1814, de 22°34', son maximum vers l'*Ouest*.

**211. Boussole de déclinaison.** — Elle se compose essentiellement d'une aiguille aimantée, mobile sur un pivot placé au centre d'une boîte circulaire de cuivre rouge (métal *non magnétique*). Un axe, prolongement du pivot de l'aiguille, est perpendiculaire au plan de la boîte, dont le fond porte une graduation en degrés (ou en grades). L'ensemble peut tourner autour de cet axe, rendu vertical.

Une lunette astronomique est mobile autour d'un axe hori-

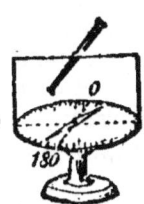
zontal supporté par deux colonnes verticales fixées sur la boîte métallique. L'ensemble forme donc un système analogue à un théodolite (*Cosmogr.*, 5) ; le plan vertical décrit par l'axe optique de la lunette, lorsqu'on la fait tourner sur son support, passe par la ligne 0 — 180° de la graduation.

L'aiguille (plus exactement la ligne de ses pôles) se place toujours suivant le méridien magnétique. Si la lunette est dirigée suivant le méridien géographique, la graduation permet de mesurer la déclinaison. Réciproquement, si l'on connaît la déclinaison α, en tournant la boîte jusqu'à ce que l'aiguille fasse avec la ligne 0 — 180° un angle égal à α, la lunette est alors dans le méridien géographique.

**212. Boussoles usuelles.** — La BOUSSOLE D'ARPENTEUR est une simplification de la précédente ; la lunette ou la ligne des deux alidades qui la remplace est placée parallèlement à un des côtés de la boîte, qui est carrée. On obtient ainsi les angles des diverses directions successivement visées, avec une direction fixe, celle du méridien magnétique.

Dans la BOUSSOLE MARINE, maintenue horizontale par une suspension à la Cardan, l'aiguille entraîne avec elle un disque de carton sur lequel est tracée la *rose des vents*. L'axe du navire (*ligne de foi*) étant tracé sur la boîte, on constate à chaque instant sa direction par rapport à celle de la rose des vents. Il faut naturellement tenir compte de la *déclinaison*, qui change suivant les lieux (210).

**213. Inclinaison.** — Une aiguille aimantée mobile autour
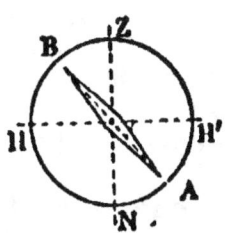
d'un axe horizontal passant par son centre de gravité ne reste pas en équilibre indifférent. Elle prend une position d'équilibre stable AB, variable suivant les lieux et la position du plan vertical dans lequel elle est mobile. Lorsque cette aiguille est dans le *méridien magnétique*, on nomme *inclinaison* l'angle aigu fait par sa partie australe A avec l'horizontale HH'. La valeur de cet angle à Paris est 65°7′ (1er janvier 1894) ; elle subit des variations comme la déclinaison ; depuis 1671, où l'inclinaison était de 75°, elle diminue constamment.

**214. Procédés d'aimantation.** — 1° SIMPLE TOUCHE. —
On frotte le barreau d'*acier* AB à aimanter avec l'extrémité d'un aimant NS, en allant toujours de A vers B et reportant, par conséquent, après chaque friction le barreau NS en A. L'extrémité B devient alors un pôle de nom contraire à N.

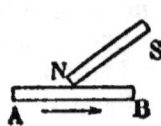

2° DOUBLE TOUCHE. — Le barreau AB à aimanter est appuyé à ses deux extrémités sur deux aimants $N_1S_1$, $N_2S_2$ disposés comme on le voit sur la figure. Deux autres aimants NS et N'S' sont placés au-dessus, inclinés et séparés par une petite cale de bois ; leur orientation est la même que celle

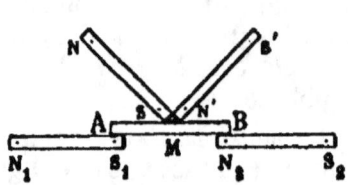

des aimants précédents. Ils forment un ensemble mobile que l'on promène en partant du milieu M vers B, puis revenant de B vers A, encore de A vers B, ainsi de suite, en terminant par le segment AM. Il est facile de voir que l'action de SN' tend à aimanter toutes les particules de ce barreau AB de la même façon, en leur donnant un pôle de nom contraire à S vers A et un pôle de nom contraire à N' vers B.

Dans la TOUCHE SÉPARÉE, même disposition ; seulement on sépare les deux aimants NS et N'S' en partant de M ; on frotte avec l'un vers A, avec l'autre vers B, puis reportant ces deux aimants en M on recommence un certain nombre de fois.

3° L'ACTION DE LA TERRE peut aussi aimanter un barreau placé suivant la direction de l'aiguille d'inclinaison (213), surtout si on le soumet à des frottements ou des chocs assez énergiques. L'extrémité inférieure (et dirigée vers le nord) du barreau devient alors, par influence, un pôle *austral*.

4° Enfin l'ACTION DES COURANTS (247) constitue le meilleur procédé d'aimantation.

En général, le magnétisme (somme des masses magnétiques australes ou boréales libres) diminue après l'aimantation pour prendre ensuite une valeur constante. Si la température s'élève, le magnétisme diminue ; au rouge, il disparait sans retour. A cette température, le fer doux n'est plus attirable à l'aimant, mais il recouvre cette propriété par le refroidissement.

**215. Système d'aimants.** — L'aimantation d'un barreau ne dépasse pas les couches superficielles ; en effet on a des aimants plus puissants en les formant de lames minces d'acier superposées et aimantées isolément (*aimants à lames*, de Jamin). Pour conserver l'aimantation, on réunit deux pôles de noms contraires par une pièce de fer doux, l'*armature*.

Un système de deux aiguilles identiques, invariablement liées et parallèles, est évidemment soustrait à l'action de la Terre si les pôles en regard sont de nom contraire ; on l'appelle *système astatique*. Comme deux aiguilles ne sont jamais absolument identiques ni rigoureusement parallèles, les deux couples terrestres appliqués au système se composent seulement en un couple d'autant plus faible que le parallélisme et l'identité sont plus près d'être réalisés.

# ÉLECTRICITÉ DYNAMIQUE

**216. Courants électriques.** — Nous avons surtout étudié jusqu'ici les différentes propriétés des conducteurs, des systèmes de corps en général, qui, électrisés, prennent un état d'équilibre ; d'où le nom d'*électricité statique* donné à cette première partie. Nous avons remarqué souvent que le passage d'un état d'équilibre à l'autre faisait supposer un déplacement de masses électriques ; en particulier, si l'on réunit par un fil conducteur les armatures d'une batterie, tous les points du fil prennent pendant la décharge des propriétés nouvelles ; et l'on définit cet état en disant que dans le conducteur passe un *courant momentané*. On conçoit que si deux conducteurs, entre lesquels on pourrait maintenir une différence de potentiel constante, étaient réunis par un fil conducteur, l'équilibre ne s'établirait pas et le fil serait le siège d'un *courant permanent*. La première machine qui ait permis de réaliser utilement ces conditions est la *pile*, imaginée par Volta. Pile ; effets, lois et production des courants, tel est le sujet de l'*électricité dynamique*.

Pour la simplification du langage, on appelle *sens du courant* la direction, sur le fil, du potentiel le plus élevé vers le plus faible.

**217. Expériences de Galvani.** — A défaut de l'étincelle et, à plus forte raison, des effets calorifiques, etc., il est difficile de constater l'existence d'un courant. Les effets physiologiques, dans certaines circonstances, se manifestent plus aisément ; certains animaux et, en particulier, la grenouille convenablement préparée, constituent, à ce point de vue, une sorte d'électroscope très sensible. En réunissant par un fil ou arc métallique les nerfs lombaires aux muscles cruraux d'une grenouille fraîchement tuée et dépouillée, Galvani constata des contractions manifestes. Il les attribua à un phénomène analogue à la décharge des condensateurs à travers un fil, c'est-à-dire à ce que nous nommons un *courant*. Les contractions sont plus énergiques, quand l'arc métallique est formé de *deux métaux différents*, le zinc et le cuivre, par exemple.

**218. Expériences de Volta.** — Pour Volta le contact (simple ou par soudure) de deux métaux ou de deux substances *hétérogènes* est la cause qui produit l'électricité. Parmi ses expériences sur ce sujet, les trois suivantes se répètent facilement :

1° Soit un électroscope condensateur AB (193) ; on met le plateau de cuivre B en communication avec le sol, et A avec le cuivre d'une lame zinc-cuivre tenue à la main par son extrémité zinc. On retire la lame, puis le plateau condenseur ; on voit les feuilles d'or diverger et on constate qu'elles sont *négatives* ; l'écart augmente en effet en présence de la résine frottée avec de la peau de chat, et diminue au contraire à l'approche du verre frotté avec de la laine.

L'expérience réussit particulièrement bien quand la main qui tient le zinc est humectée d'eau acidulée D.

2° On répète l'expérience en retournant la lame ; on ne constate généralement aucun signe d'électrisation.

3° On recommence l'expérience (2), mais en interposant entre le zinc Z et le cuivre A du plateau une rondelle de drap D humectée d'eau salée ou acidulée avec quelques gouttes d'acide sulfurique. En répétant la manœuvre précédente, on constate une divergence, produite par de l'électricité *positive*.

D'après Volta, la première expérience montre qu'au contact zinc-cuivre Z/C, le cuivre s'électrise *négativement*. Plus généralement, elle indique que la succession des corps D, Z, C mis en communication avec le sol (au potentiel 0) par le corps de l'expérimentateur, prend à son extrémité cuivre un potentiel inférieur à celui du sol.

L'insuccès de la seconde expérience tient à ceci : C est à l'état neutre (potentiel zéro du sol) ; la différence d'électrisation ou de tension, comme disait Volta, entre C et Z rend Z positif: mais le contact suivant Z/A entre le zinc et le cuivre du plateau amène une *diminution* ou chute de tension (de potentiel) précisément égale à l'augmentation précédente. Le cuivre A doit donc bien être à l'état neutre.

La troisième expérience indique, d'après Volta, que le zinc est *positif* et a la même tension que l'eau acidulée et le plateau, parce que le contact précédent Z/A est ainsi évité. En dehors de toute idée préconçue, elle montre que la suite cuivre (C), zinc (Z), eau acidulée (D) et cuivre (A) étant en communication avec le sol, par le corps de l'expérimentateur ou d'une autre manière, à son extrémité C, prend un potentiel positif à son extrémité A.

**219. Loi du contact.** — Volta conclut de ses expériences que : *Il y a au contact de deux métaux* (comme cuivre-zinc) *une élévation caractéristique e de potentiel. Cette élévation de potentiel ne dépend pas de l'étendue des surfaces en contact.*

*Elle est indépendante de l'état antérieur d'électrisation de l'ensemble*, c'est-à-dire que si dans l'expérience (3) par exemple, l'extrémité C était en communication avec un corps au potentiel V (au lieu du sol qui est à 0), le potentiel de A serait $V + e$.

Quant au siège exact de cette élévation de potentiel, on *peut* le placer, avec Volta, au contact zinc-cuivre Z/C. Il est admis effectivement aujourd'hui qu'en général *au contact de deux substances hétérogènes, il existe une différence de potentiel qui dépend de la nature et de la température de ces corps.* C'est la *première loi de Volta*. Il en résulte immédiatement que d'autres différences peuvent exister, entre le liquide humectant le drap et les métaux zinc et cuivre par exemple. Mais pour le résultat, tout se passe comme s'il y avait en un contact quelconque Z/C une différence de potentiel égale à la somme algébrique de toutes les autres.

**220. Pile de Volta.** — Le principe de l'addition algébrique des différences de potentiel, conséquence de la 3e loi de Volta, conduisit ce physicien à la disposition de la *Pile*. A la suite des contacts cuivre/zinc/drap humide/cuivre, on ajoute une série analogue, puis une 3e,... une $n^e$, empilées les unes sur les autres. Le dernier cuivre de chaque série est le premier de la suivante ; et, pour mieux assurer le contact cuivre/zinc, on soude ces rondelles métalliques. L'ensemble a bien l'aspect d'une pile.

C étant le premier cuivre à un potentiel quelconque V, le zinc Z a un potentiel supérieur de $e$ à celui-là ; la rondelle de

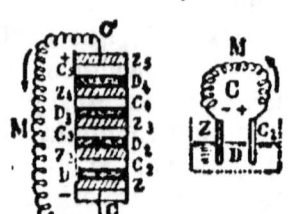

drap mouillé d'eau acidulée D prend le même potentiel, ainsi que le cuivre $C_2$ de l'élément suivant. $Z_2$ a un potentiel supérieur de $e$ à celui de $C_2$, c'est-à-dire excédant de $2e$ celui de C, et ainsi de suite. Le cuivre $C_5$ du dernier élément aura un potentiel plus élevé de $4e$, et $Z_5$ de $5e$. Mais si on établit la communication entre $Z_5$ et C par un fil de cuivre C'M, le contact C'/$Z_5$ détruira l'effet du contact $Z_5$/$C_5$ ; par suite tout se passera comme si le fil C' était attaché à $C_5$, le disque $Z_5$ étant supprimé. On effectue dans la pratique cette suppression. Le dernier *cuivre* est alors l'extrémité au *potentiel le plus élevé* V', on le nomme *pôle positif*.

D'autre part, la différence de potentiel ne dépendant pas de la surface de contact, on peut attacher directement le fil de cuivre au *zinc* Z, qui est alors le disque de la pile au potentiel le plus bas et se nomme *pôle négatif*.

Le fil C'MC constitue le *circuit extérieur* parcouru par le courant du pôle cuivre au pôle zinc, suivant la convention faite (216). Dans le cas de la figure, la pile est composée de quatre éléments tels que C, Z, D ; la différence de potentiel V' — V à ses pôles (en y comprenant l'extrémité C du fil de cuivre) est $4e$. Elle serait, en général, $ne$ si $n$ était le nombre des éléments.

La disposition précédente fut promptement perfectionnée : la pile *à auges* n'a été que la pile précédente placée horizontalement et dans laquelle on remplaça le drap humide par du liquide acidulé. La pile à *tasses* est formée d'une série de vases dans chacun desquels on place : cuivre soudé au zinc, liquide et cuivre ; ce dernier communique avec le premier cuivre de la série suivante. Chaque vase est un élément de pile, un élément Volta.

**221. Force électromotrice.** — $V' - V$ étant la différence de potentiel entre les pôles d'une pile et M une certaine charge produite par la source, on sait que la dépense d'énergie nécessaire à cette production d'électricité (200) est en général $kM(V' - V)$ et l'on démontre que c'est simplement $M(V' - V)$; $V' - V$ est donc la dépense d'énergie nécessaire à la production de l'unité de charge, quelle que soit d'ailleurs la cause du mouvement d'électricité. On appelle *force électromotrice* d'une pile, cette quantité d'énergie ; *elle a pour valeur la différence* $V' - V$ *de potentiel entre les pôles* non réunis par un fil de cuivre ou, suivant l'expression consacrée, « en circuit ouvert ». En circuit fermé, la différence de potentiel aux pôles diminue (229).

L'énergie nécessaire à la production du courant est empruntée aux phénomènes chimiques exothermiques, tels que la réaction du zinc et de l'acide sulfurique, dont la pile est le siège. Dans le circuit extérieur, cette énergie est dépensée en effets calorifiques, lumineux, chimiques, etc.

La différence de potentiel, par suite la force électromotrice de l'élément Volta, est presque égale à un volt, l'unité pratique choisie (181).

**222. Effets chimiques des courants. Intensité.** — Faisons communiquer les deux pôles d'une pile avec deux fils de platine (électrodes) qui traversent le fond d'un vase renfermant de l'eau acidulée par $\frac{1}{10}$ d'acide sulfurique : le

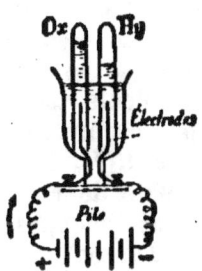

liquide rendu conducteur par l'acide est décomposé. Sur l'électrode recevant le courant (électrode positive, *anode*) se dégage de l'oxygène ; sur l'électrode de sortie (électrode négative, *cathode*) se dégage de l'hydrogène. Les gaz sont recueillis dans des éprouvettes : le volume de l'hydrogène est double de celui de l'oxygène ; c'est l'expérience faite en 1800 par Carlisle et Nicholson.

Les effets d'un courant dépendent nécessairement de l'énergie de la pile ; ils dépendent par suite de la quantité d'électricité M produite et de la force électromotrice $V' - V$ de la source ; en particulier *la masse de liquide décomposé,*

ainsi que l'a montré Faraday, *est proportionnelle à M.* On fait
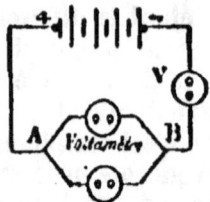
pour prouver cette loi l'expérience suivante : le circuit d'un courant étant bifurqué entre A et B, on dispose sur chaque fil un voltamètre ; 1° si les deux parties de la bifurcation sont identiques, il est logique que le courant se divise en deux parties égales, et l'on constate que la quantité d'hydrogène dégagé est la même dans les deux voltamètres ; 2° si on dispose en outre le voltamètre V en un point *quelconque* du circuit unique, le poids d'hydrogène qui s'y dégage est toujours la somme des poids dégagés sur la bifurcation.

Appelons *intensité du courant électrique* la quantité d'électricité qui en une seconde traverse une section du conducteur : 1° la quantité qui traverse une section *quelconque* étant la même, l'intensité a la même valeur tout le long du circuit *extérieur et intérieur* ; 2° la masse d'hydrogène ou d'un autre élément dégagé est proportionnelle à l'intensité du courant et peut servir à la mesurer (*voltamètre*).

Le courant qui débite *un coulomb par seconde* a, par définition, une intensité de *un ampère*, unité pratique d'intensité, et dégage $0^{mmg},0104$ d'hydrogène.

**223. Electrolyse.** — L'électrolyse ou décomposition chimique par les courants se produit toutes les fois que le composé (l'électrolyte) est suffisamment conducteur, qu'il soit fondu ou dissous. Oxydes, comme la potasse et la soude (Davy), sulfures, chlorures et autres composés binaires sont dédoublés en leurs éléments : *le métal ou l'hydrogène se déposent ou se dégagent à l'électrode négative,* les autres éléments, *électro-négatifs* par rapport aux précédents, se portent à l'électrode positive. Les composés de trois éléments (sels des acides oxygénés par exemple) sont également décomposés de façon que *le métal se dépose à l'électrode négative, tout le reste à l'électrode positive.* Exemple : le sulfate de cuivre, l'azotate d'argent placés dans un voltamètre sont décomposés ; l'électrode négative se recouvre de cuivre ou d'argent.

**224. Actions secondaires dans l'électrolyse.** — En même temps que les éléments d'un composé sont séparés suivant cette loi, il peut se produire des actions chimiques dont l'effet change le résultat final.

1° Le métal peut décomposer l'eau : c'est alors de l'hydrogène qui se dégage à sa place à l'électrode négative. Ce fait se produit dans la décomposition de la potasse humide par un courant : le potassium brûle à l'électrode négative ; $K + H^2O = KOH + H$. Aussi Davy, qui découvrit ainsi le potassium, ne put-il le recueillir ; on procède en plaçant un fragment de potasse solide entre une électrode positive de platine et une électrode négative formée par une goutte de mercure : le potassium s'amalgame et peut ensuite être séparé du mercure par distillation. La soude et les sels des métaux alcalins en général, le sulfate de soude par exemple, donnent la même réaction secondaire : du sirop de violettes placé à l'électrode négative dans la dissolution verdit par suite de la formation de soude. Le sirop de violettes au contraire rougit à l'électrode positive, car là aussi pour beaucoup de sels, même non alcalins, se produit une réaction secondaire. Dans le cas cité du sulfate de sodium, le résidu $SO^4$ en présence de l'eau forme de l'acide sulfurique et l'oxygène se dégage :

$$SO^4 + H^2O = SO^4H^2 + O.$$

2° Il y a quelquefois réaction entre l'électrode et les corps qui s'y dégagent : c'est ainsi que dans l'électrolyse d'un sulfate, si l'on remplace la tige de platine positive par une tige de cuivre, le résidu $SO^4$ se combine au métal en régénérant le sulfate de cuivre $SO^4Cu$. Il n'y a donc pas de dégagement d'oxygène, mais l'électrode semble *se dissoudre* (*électrode soluble*).

Si le sulfate électrolysé dans ces conditions est du *sulfate de cuivre*, pour un poids $p$ de cuivre mis en liberté à l'électrode négative, il s'en dissout un poids égal à l'électrode positive. La concentration de la liqueur, ou sa richesse en sulfate de cuivre, reste donc constante.

**225. Théorie de Grotthuss.** — Il est particulièrement remarquable que le dégagement ou le dépôt des éléments, dans l'électrolyse, *n'a lieu qu'aux électrodes* et non sur le reste du trajet du courant dans le liquide. Grotthuss explique ce fait en supposant que les molécules du composé *s'orientent* dès que le courant commence à passer : l'élément ou le groupement électro-négatif (O, ou $SO^4$, etc) se tournant du côté de l'électrode positive et l'élément électro-positif (H, métal) vers l'électrode négative. Dans l'électrolyse de l'eau par exemple, l'hydrogène de la molécule 1 la plus voisine de l'électrode A se dégagerait, et l'oxygène se combinerait avec l'hydrogène de la molécule 2 et ainsi de suite, de telle façon que seul l'oxygène de la dernière molécule, la plus voisine de B, deviendrait libre. Puis les nouvelles molécules s'orienteraient de nouveau, et ainsi de suite.

**226. Effets chimiques dans la pile.** — On peut, particulièrement avec la pile à tasses, observer ce qui se passe dans un élément de pile; on reconnaît qu'il s'y produit un phénomène analogue à celui de l'électrolyse dans le voltamètre. L'eau acidulée est décomposée ; l'hydrogène se dégage sur la lame de cuivre C, c'est-à-dire au pôle *positif* (c'était à l'électrode *négative* dans le voltamètre) ; le zinc, au pôle négatif, en présence du groupe SO⁴, donne du sulfate de zinc, et constitue une véritable *électrode soluble* (224). Si l'on remarque que le courant du circuit extérieur arrive au pôle zinc, on est conduit à le considérer comme se prolongeant *dans la pile*, jusqu'au *pôle positif*, formant ainsi un circuit complet. Il y a analogie; dans la pile, comme dans le voltamètre, l'*hydrogène* semble *suivre le sens du courant* (223).

**227. Lois de Faraday** (*). — Disposons sur un circuit plusieurs voltamètres de façon que la même quantité d'électricité les traverse : voltamètres à eau, à azotate d'argent AzO³Ag, à sulfate de cuivre SO⁴Cu, à chlorure d'antimoine SbCl³ ; on constate que quand 1ᵍʳ d'hydrogène est dégagé, 108ᵍʳ d'argent, $\frac{63,5^{gr}}{2}$ de cuivre et $\frac{120^{gr}}{3}$ d'antimoine sont déposés (**). Or ces nombres sont les quantités de ces corps qui se substituent à 1 d'hydrogène, *équivalentes* à 1 d'hydrogène. On peut donc énoncer cette seconde loi : *La même quantité d'électricité passant à travers différents électrolytes, déplace des quantités équivalentes de chaque corps simple.*

Dans la *pile*, chaque élément se comporte comme *un des voltamètres* du circuit extérieur ; à un gramme d'hydrogène

---

(*) Une première loi de Faraday a été énoncée (222).
(**) Les nombres 1, 63,5, 66, 108, 120 sont les poids atomiques de l'hydrogène, du cuivre et du zinc qui sont bivalents, de l'argent qui est monovalent, de l'antimoine qui est trivalent (*Chimie*, 12).

dégagé dans chaque voltamètre, en correspond donc un gramme dégagé dans chaque élément de pile. Dans chacun de ces éléments se dissolvent en même temps 33 grammes de zinc $\left(\frac{1}{2}Zn = 33\right)$ transformé en sulfate d'après la réaction

$$Zn + SO^4H^2 = SO^4Zn + H^2.$$

Or, cette réaction *dégage* de la chaleur, dont une partie est *transformée en énergie électrique* (221), *partiellement employée à son tour dans le voltamètre* à produire des réactions telles que la décomposition de l'eau, des sels, etc., qui *absorbent* de la chaleur.

**228.** La corrélation entre ce phénomène *chimique* (voir la préparation du gaz hydrogène) et le phénomène physique de la production du courant est telle, que le *zinc pur* n'est pas dissous par *l'acide sulfurique pur* (concentré ou étendu). Pour que la réaction ait lieu, il faut former un circuit avec un autre métal moins oxydable, le cuivre par exemple, et fermer le circuit en plongeant ce métal dans le liquide. On voit alors l'*hydrogène se dégager* sur le *cuivre* (226) et le zinc est transformé en sulfate. Le *zinc pur* ne s'use donc qu'en *circuit fermé*, ce qui constitue une propriété très importante pour la construction des piles. Le zinc impur, au contraire, est attaqué par l'acide, les impuretés (charbon, etc.) jouant le rôle du cuivre et constituant avec le métal un couple voltaïque.

Mais en *amalgamant* ce zinc impur, on lui donne la propriété du zinc pur, de ne réagir qu'en circuit fermé.

**229. Polarisation** — Le dégagement de gaz aux électrodes dans le voltamètre, ou d'hydrogène sur la lame cuivre (pôle positif) de la pile a pour effet de diminuer graduellement l'*intensité* (222) du courant. Tout se passe alors comme si un courant de sens contraire au principal et diminuant son intensité parcourait le circuit. Ce phénomène, se nomme *polarisation* : il constitue une cause d'affaiblissement rapide de la pile de Volta.

**230. Pile au bichromate.** — Pour éviter dans la pile la formation d'hydrogène libre qui est cause de la *polarisation*, on cherche à engager ce gaz dans une combinaison en ajoutant du *bichromate de potasse* ($Cr^2O^7K^2$) à l'acide sulfurique ; ce bichromate, *réduit* à l'état de sulfate chromique par l'hydrogène, est donc un *dépolarisant*. Dans cette pile on remplace par un morceau de *charbon de cornue* (bon conducteur) la lame de cuivre (pôle positif), que le liquide dissoudrait.

**231. Piles à deux liquides séparés.** — On obtient un meilleur résultat en *séparant* de l'acide, au moyen d'un *vase poreux*, le liquide destiné à réagir avec l'hydrogène. Dans l'élément de PILE DE DANIELL, un premier vase V de terre ou de verre, contient l'eau acidulée et le zinc (pôle négatif). Un second vase, en terre poreuse V', renferme une dissolution de sulfate de cuivre et une lame de cuivre (pôle positif). L'hydrogène, se portant vers le pôle cuivre, déplace le cuivre du sulfate, et c'est ce métal qui va seul se déposer sur le pôle positif, c'est-à-dire sur la lame de cuivre, dont il ne change pas la nature

$$SO^4Cu + H^2 = SO^4H^2 + Cu.$$

La force électromotrice (221) de l'élément Daniell est
$e = 1^{volt}$ environ.

L'ÉLÉMENT CALLAUD n'est autre que celui de Daniell, mais le vase poreux est supprimé. La séparation des deux liquides est obtenue alors en utilisant la différence des densités.

Dans l'ÉLÉMENT DE BUNSEN, le vase poreux contient de l'acide azotique $AzO^3H$, que l'hydrogène réduit partiellement, avec formation d'eau et dégagement de vapeurs nitreuses. La lame de cuivre, attaquable par l'acide azotique, est remplacée, comme dans la pile au bichromate, par le charbon de cornue. $e = 1^{volt},9$ environ.

Dans l'ÉLÉMENT MARIÉ DAVY, le dépolarisant est une pâte de sulfate de protoxyde de mercure, à la place de l'acide azotique de l'élément Bunsen. L'hydrogène déplace le mercure, comme il déplaçait le cuivre dans l'élément Daniell. $e = 1^{volt},5$.

Enfin dans l'ÉLÉMENT LECLANCHÉ, le *dépolarisant* qui oxyde l'hydrogène est du *bioxyde de manganèse*, humide, tassé avec du charbon autour du pôle positif, également en charbon de cornue. L'eau acidulée est remplacée par une dissolution de chlorure d'ammonium AzH⁴Cl, qui transforme le zinc en chlorure de zinc. $e = 1^{volt}, 46$.

Dans toutes ces piles, on emploie le zinc *amalgamé*. La pile Daniell est seule bien constante.

**232. Piles secondaires, accumulateurs.** — Dans un voltamètre, le courant de *polarisation* (229) doit être considéré comme allant, dans le circuit extérieur, de l'électrode positive ou anode (qui devient un pôle positif) à l'électrode négative. C'est en effet ce que l'on observe, *avec un dispositif convenable*, quand, après un certain temps d'électrolyse, on supprime la pile et on réunit par un circuit extérieur les deux électrodes. L'énergie dépensée dans l'électrolyse se retrouve à l'état d'*énergie potentielle* (108) dans les gaz oxygène et hydrogène, et plus généralement, dans les éléments libérés. Elle se manifesterait, dans les circonstances ordinaires, par la chaleur dégagée dans leur combinaison chimique. Ici, cette énergie se distribue dans le courant de polarisation ; le voltamètre devient un véritable élément de pile (*pile secondaire*), et son fonctionnement (en circuit fermé) est accompagné de la disparition progressive de l'hydrogène et de l'oxygène qui se recombinent.

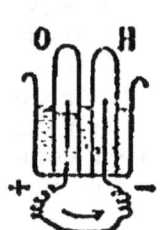

Le principe des *piles secondaires* ou *accumulateurs* est le même ; chaque élément est une sorte de voltamètre dont les électrodes sont formées par de grandes lames de plomb baignant dans l'eau acidulée. On fait traverser l'ensemble par un courant dont l'énergie s'accumule, et est restituée comme il est dit précédemment. L'emploi en est très répandu (*piles Planté*, 1860) ; leur force électromotrice est de 2 volts.

**233. Galvanoplastie. Dorure. Argenture.** — La galvanoplastie utilise le dépôt de cuivre produit à l'électrode négative dans l'électrolyse du sulfate de cuivre (223), ou au pôle positif d'une pile Daniell (231). Dans ce dernier cas, l'appareil est dit *simple*. Un moule en gutta-percha, rendu conducteur par une légère couche de plombagine, est plongé dans le vase à sulfate de cuivre, et relié par un fil de cuivre au pôle zinc (négatif). On entretient la concentration de la dissolution saline en y plaçant un sac qui contient du sulfate de cuivre en cristaux.

Dans l'appareil *composé*, qui est une sorte de voltamètre, le moule M est suspendu à un fil de cuivre relié au pôle *négatif* d'une pile et plonge dans une dissolution de sulfate de cuivre. L'électrode *positive* est formée d'une lame ou d'un gros fil de cuivre L. ; elle est par conséquent *soluble* (224) et sa dissolution entretient la concentration du sulfate de cuivre. Lorsque le métal ainsi déposé électrolytiquement a une épaisseur suffisante, on le détache du moule ; on obtient ainsi une pièce en relief.

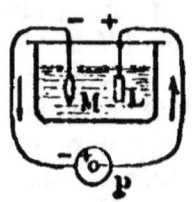

La *dorure*, l'*argenture*, le *nickelage* reposent sur le même principe ; la couche de métal déposée n'est que superficielle ; elle recouvre un objet métallique parfaitement propre, *décapé* afin de la rendre adhérente, et placé au pôle négatif d'un appareil composé. Les dissolutions employées comme électrolytes sont : le cyanure double de potassium et d'argent, le cyanure double de potassium et d'or maintenu vers 60°, le sulfate double d'ammoniaque et de nickel.

**234. Expérience d'Œrstedt. — Mesure des intensités.** — Le voltamètre ne peut guère être employé qu'à la mesure des courants très intenses, parce que son interposition modifie trop les courants de quelques ampères et parce que l'eau n'est plus décomposée par de faibles sources.

Le véritable appareil de mesure des intensités est le *galvanomètre* ; il a pour principe l'expérience d'Œrstedt (1820, Copenhague) : une aiguille aimantée, mobile horizontalement et en équilibre, est déviée par un courant voisin presque parallèle à l'aiguille. Le sens de la déviation varie avec la position et le sens du courant ; il est prévu par la *règle d'Ampère*. Un observateur étant supposé couché sur le fil de manière qu'il voie l'aiguille et que le courant aille des pieds à sa tête, *cet observateur verra toujours le pôle nord se porter à sa gauche*, que nous appellerons la gauche du courant.

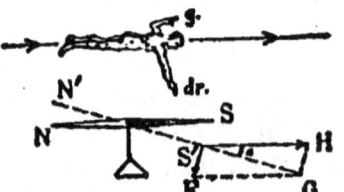

L'aiguille NS déviée par un courant constant prend une position d'équilibre en N'S', direction de la résultante des deux forces S'H et S'F : S'H est la composante horizontale de l'action terrestre, parallèle à NS par conséquent ; S'F est la force répulsive exercée par le courant sur chaque pôle, force perpendiculaire à la direction du fil (par raison de symétrie) et variable avec l'intensité I du courant. Si l'on suppose $S'F = kI$ on aura dans le triangle S'HG : $S'H \, tg\, \alpha = HG = kI$ ; I est donc proportionnel à tg $\alpha$. L'angle de déviation $\alpha$ peut donc servir à mesurer l'intensité d'un courant (mesure *électromagnétique*).

Cette expérience se fait dans des conditions de grande sensibilité. 1° Si l'on enroule le fil autour d'une *bobine* rectangulaire AB (ou circulaire) dont le plan est orienté dans le méridien magnétique les effets des deux portions A et B du circuit sur l'aiguille NS s'ajoutent, comme on peut s'en assurer en plaçant l'observateur d'Ampère en A et en B. 2° L'action répulsive du courant est multipliée par le nombre de tours du fil si les différentes spires sont sensiblement à la même distance de l'aiguille. 3° Toutes choses égales d'ailleurs, l'angle $\alpha$ est d'autant plus grand que la composante horizontale de la terre est plus faible. De là l'idée d'employer un système d'aiguilles astatiques (215), une seule aiguille étant à l'intérieur du cadre ; mieux encore d'enrouler autour de chaque aiguille du système une bobine de fils, parce que les effets des deux bobines sont concordants, pourvu que le courant les parcoure en sens contraire.

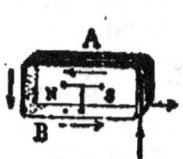

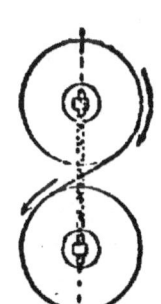

**235. Galvanomètres.** — L'ancien *galvanomètre de Nobili* est formé d'une bobine plate rectangulaire comme la précédente AB ; un système de deux longues aiguilles astatiques est suspendu par un fil de cocon (sans torsion) de manière qu'une seule, *b*, soit à l'intérieur du cadre ; la seconde, *a*, au-dessus, sert d'aiguille indicatrice sur un cercle de cuivre divisé (254). Remarquons que les actions du « cadre multiplicateur » sur les deux aiguilles sont concordantes.

Le *galvanomètre Thomson*, bien plus sensible, réalise le cas où chaque aiguille du système astatique est environnée d'une bobine ; on n'y utilise que les *petites* déviations, mais on les mesure par la méthode de réflexion (125) ;

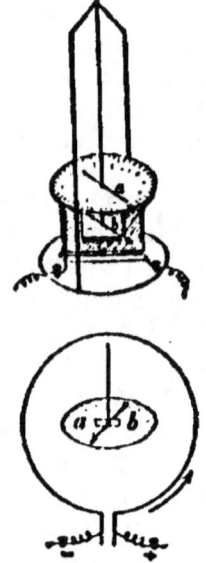

l'une des aiguilles porte donc un petit miroir. Cet appareil est sensible au dix-millionième d'ampère, le précédent au dix-millième seulement ; on n'y doit pas lancer de courant de piles. Pour ces derniers, on a la boussole des tangentes, ou *galvanomètre de Pouillet*. Une lame de cuivre forme un cercle de 15 à 20$^{cm}$ de diamètre, qu'on oriente dans le plan du méridien magnétique. Au milieu est un barreau aimanté, petit, pour que ses pôles soient très voisins du centre et que l'action du courant soit normale au plan du cadre ; enfin le barreau est mobile sur un cercle divisé — comme dans une boussole — et les déviations sont indiquées par une tige placée en croix sur l'aimant.

Faisons passer divers courants de plusieurs éléments dans le circuit d'un voltamètre à eau et d'une boussole des tangentes : les *tangentes des déviations* sont proportionnelles *aux quantités d'hydrogène dégagées* dans le même temps, ce qui d'abord vérifie que l'intensité $I$ est proportionnelle à tg $\alpha$, permet ensuite de graduer en ampères un galvanomètre (*ampèremètre*), et enfin montre que les mesures faites au galvanomètre ou au voltamètre sont concordantes.

Résumons : un courant dévie l'aiguille aimantée : dans des conditions convenables, I est proportionnelle à tg $\alpha$ ; et enfin si les déviations sont *petites*, les intensités sont proportionnelles aux déviations.

**236. Courants thermo-électriques.** — La sensibilité du galvanomètre permet de découvrir une source nouvelle d'électricité, la pile *thermo-électrique*. Dans un circuit formé

de deux métaux différents A et B, il n'y a pas de courant (Volta), parce qu'il n'y a aucune dépense d'énergie dans le circuit ; à la force électromotrice de contact A/B est opposée B/A égale et de sens contraire. Mais si l'on chauffe une des soudures, il y a courant ; Seebeck (1821) fit l'expérience en formant avec deux lames de métaux, antimoine, bismuth, une sorte de cadre au milieu duquel se trouve une aiguille aimantée. On chauffe une soudure, l'aiguille dévie.

De même formons avec une série de métaux un circuit fermé dont fait partie le fil de cuivre d'un galvanomètre ; *il n'y a pas de courant* ; donc, à la même température, toutes les forces électromotrices de contact A/B, B/C..., etc. ont une somme nulle

$$A/B + B/C + \ldots + D/E + E/A = 0$$

ce qui peut s'écrire

$$A/B + B/C + \ldots + D/E = A/E,$$

d'où cette loi :

*La différence de potentiel entre deux métaux A/E ne change pas lorsqu'on les sépare par d'autres métaux.* Entre deux fils identiques, les deux pôles cuivre d'une pile par exemple, on peut donc placer une suite quelconque de métaux sans modifier la force électromotrice du circuit.

Mais si l'on chauffe un des contacts, l'aiguille du galvanomètre accuse un faible courant, par suite une force électromotrice petite. C'est là le principe des piles thermo-électriques

Un élément de pile est formé par un *couple* de métaux, ou mieux un couple de soudures entre lesquelles il y a une différence de température. Exemple : la suite antimoine-bismuth-antimoine A, B, A', présentant les soudures 1 et 2, est un élément de pile : lorsqu'on chauffe la soudure 2, le courant va du bismuth à l'antimoine à travers la soudure chaude ; A' est donc le pôle + de cet élément.

Plaçons à la suite un élément identique A'B'A''; si on chauffe la soudure 4, A'' est le pôle positif de cet élément et de même pour le suivant. Ces trois éléments sont montés en série et par conséquent les forces électromotrices s'ajoutent (219). On peut grouper ainsi des couples

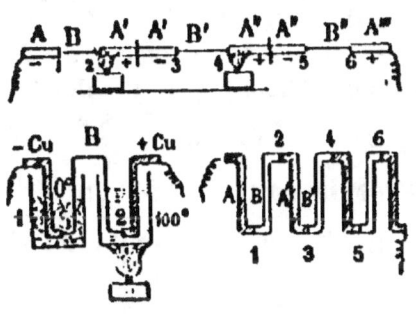

bismuth-cuivre (Pouillet) ; les soudures impaires étant à 0°, les soudures paires à 100°, le courant obtenu est très constant.

Nobili et Melloni ont disposé une série de couples Bi/Ant de telle façon que toutes les soudures paires soient d'un même côté et puissent être chauffées simultanément tandis que les autres restent froides. Si l'on reçoit un faisceau de chaleur sur les soudures paires, il y a production de courant et déviation du galvanomètre. L'appareil est assez sensible pour accuser des différences de $\frac{1}{20}^c$ de degré : le seul voisinage de la main suffit à produire une déviation. Melloni appelait cette pile *thermo-multiplicateur* (163).

**237. Lois fondamentales des courants.** — Ces lois sont relatives à la valeur que prend l'intensité d'un courant produit par une source donnée dans un circuit simple ou complexe.

Loi de Ohm. — Une première loi fut énoncée par Ohm (1827) et plus tard vérifiée expérimentalement par Pouillet (1837). Voici les faits :

1° Faisons passer à travers un galvanomètre sensible le courant constant d'un seul couple thermo-électrique Bi/Cu, puis de 2, 3,... $n$ couples identiques : les déviations sont $\alpha$, $2\alpha$..., $n\alpha$. Donc *l'intensité du courant est proportionnelle à la force électromotrice de la pile*.

2° Si on réunit les pôles d'une pile thermo-électrique d'abord par un fil de longueur $l$, puis par un fil identique de longueur $2l$, l'intensité devient $\frac{1}{2}$ ; puis au contraire par un fil de même longueur mais de section double (deux fils par exemple), l'intensité devient double. *L'intensité est donc proportionnelle à la section et en raison inverse de la longueur du circuit*; elle dépend encore de la *nature du fil conducteur*, de sorte que $I$ est égal à $\frac{E \times s}{\rho l}$, où $\rho$ est un coefficient variable avec la nature du fil. On écrit $I = \frac{E}{\rho \frac{l}{s}}$ ou $= \frac{E}{R}$, en désignant par une seule lettre l'expression du dénominateur. R est une grandeur qui en augmentant diminue l'intensité ; on l'appelle *résistance du conducteur*. Quant à $\rho$, puisque l'on a $R = \rho \frac{l}{s}$, $R = \rho$

pour $l=1$ et $s=1$; $\rho$ est donc la *résistance spécifique* ou résistance du conducteur de longueur $1^{cm}$ et de section $1^{cmq}$. La loi de Ohm s'énonce alors simplement : *L'intensité d'un courant est proportionnelle à la force électromotrice et en raison inverse de la résistance du circuit total.*

*Remarque.* — Dans ce qui précède, on confond le circuit extérieur à la pile avec le circuit total du courant parce que la pile thermo-électrique est formée de barreaux *gros* et *courts* de bismuth et de cuivre dont la résistance est négligeable par rapport à celle du circuit extérieur. Dans le cas des piles à liquides, R est la somme de la résistance extérieure $r$ et de la résistance $r'$ de la pile : $I = \dfrac{E}{r+r'}$.

L'OHM, UNITÉ PRATIQUE DE RÉSISTANCE. — On compare la résistance des conducteurs à une grandeur de même espèce, prise pour unité : *la résistance d'une colonne de mercure à 0° ayant 1 millimètre carré de section et $106^{cm}$ de longueur*. Cette unité s'appelle *Ohm* ; son choix se rattache à des questions qui ne peuvent être traitées ici. Il nous suffit que la formule $I = \dfrac{E}{R}$ soit applicable quand on mesure I, E, R en ampères, volts et ohms. Voici quelques exemples de résistances spécifiques :

| | | | |
|---|---|---|---|
| Argent | $\dfrac{1,52}{10^6}$ ohms ou 1,52 microhms | $SO^4H^2$ (densité 1,1) | $0^{ohm},88$ |
| Cuivre | 1,61 » | $SO^4Cu$ saturé | 21 ,7 |
| Platine | 9,16 » | Eau | .9320 |
| Mercure | 99,74 » | | |

Chaque élément de pile est une résistance dans le circuit total : Daniell, 1 ohm; Bunsen, ou pile au Bichromate, $0^{ohm},06$ ; Leclanché, 3 ou 4 ohms ; accumulateur, $0^{ohm},01$. Ce ne sont là que des valeurs approchées pour les dimensions les plus ordinaires de ces piles ; en augmentant la taille des piles, on diminue leur résistance et on accroît l'intensité du courant.

**238. Applications aux courants de piles.** — *Quelle est l'intensité du courant produit par une pile de n éléments dans un circuit extérieur de résistance r ?* Tel est le problème à résoudre. Si les éléments sont les uns à la suite des autres, le cuivre de chacun allant au zinc du suivant, on rencontre dans le circuit total la résistance $r$ et $n$ fois la résistance $p$ d'un élément ; d'ailleurs la force électromotrice est $n$ fois celle d'un élément ou $ne$ (Volta) ; donc $I = \dfrac{ne}{r + np}$. Où l'on voit que si $r$ est très grand par rapport à $p$ et $np$ on aura sensiblement $I = n\dfrac{e}{r}$ ou $n$ fois l'intensité donnée par un élément ; il y aura grand avantage à grouper ainsi les piles, *en tension*.

Mais on peut associer les piles autrement : réunir en B les pôles positifs et en A les pôles négatifs ; tout se passe

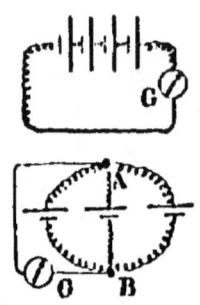

comme si A et B étaient les pôles d'un seul élément de surface $n$ fois égale à celle des éléments partiels. C'est l'*association en batterie*, puisque c'est la disposition des bouteilles de Leyde. Dans ce cas la résistance de $n$ éléments est $\dfrac{p}{n}$, la force électromotrice est $e$, celle d'un seul élément ; donc

$$I = \dfrac{e}{r + \dfrac{p}{n}} = \dfrac{ne}{nr + p}.$$

On reconnait que cette disposition n'est avantageuse que si $p$ est considérable par rapport à la résistance extérieure.

Dans la pratique, on pourra combiner les deux modes d'association de façon à obtenir le maximum d'effet de la pile dont on dispose. [Se rapprocher pour cela de la condition $r = r'$].

*Conséquence.* — Si, sur un circuit donné, on place un galvanomètre G : ou bien sa résistance est insignifiante, ne modifie pas le courant, et l'appareil est un mesureur d'intensité, *un ampèremètre* ; ou bien sa résistance est grande, de plusieurs milliers d'ohms par exemple : dans ce cas les courants qui traversent le galvanomètre sont simplement proportionnels aux forces électromotrices qui les produisent et l'appareil est un mesureur de forces électromotrices, mesureur de volts ou *voltmètre*.

**239. Courants dérivés.** — Beaucoup d'autres problèmes pratiques se posent ; j'indiquerai seulement la solution du suivant : *comment se divise le courant entre deux points A et B réunis par plusieurs conducteurs ?*

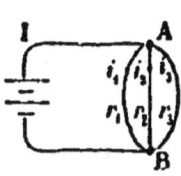

Toute la quantité d'électricité qui traverse le conducteur unique se divise en plusieurs masses qui sont inversement proportionnelles à la résistance de chaque dérivation, de sorte que si l'on appelle $i_1, i_2, i_3$ les intensités des trois courants partiels, $r_1, r_2, r_3$ les résistances des trois fils :

$$I = i_1 + i_2 + i_3 \quad \text{et} \quad \frac{i_1}{\left(\dfrac{1}{r_1}\right)} = \frac{i_2}{\left(\dfrac{1}{r_2}\right)} = \frac{i_3}{\left(\dfrac{1}{r_3}\right)} = \frac{i_1 + i_2 + i_3}{\dfrac{1}{r_1} + \dfrac{1}{r_2} + \dfrac{1}{r_3}}.$$

Ces équations donnent les valeurs de $i_1, i_2, i_3$ en fonction de I, $r_1, r_2, r_3$.

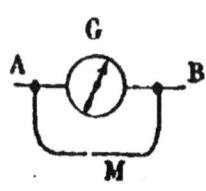

Voici une application : dans un galvanomètre sensible G, on veut laisser passer seulement $\dfrac{1}{100}$ du courant ; entre les bornes du galvanomètre de résistance G, on établit une dérivation AMB dont la résistance est $\dfrac{G}{99}$ ; les $\dfrac{99}{100}$ du courant passeront par AMB et $\dfrac{1}{100}$ seulement par G.

**240. Loi de Joule.** — C'est une loi fondamentale, relative aux *effets calorifiques des courants*.

On montre aisément par l'expérience qu'un circuit traversé par un courant s'échauffe tout entier ; l'échauffement du fil peut aller, dans des conditions convenables, jusqu'à l'incandescence, la fusion, la volatilisation. Par exemple, un accumulateur rougit sur toute sa longueur un fil de cuivre ou d'argent qui en réunit les pôles.

Joule a mesuré la quantité de chaleur $q_1$ produite en une seconde sur une portion du circuit de résistance $r_1$. Cette quantité, (pour une même valeur de $r_1$) est proportionnelle au carré $I^2$ de l'intensité ; elle est aussi — pour une valeur constante de I — proportionnelle à $r_1$ ; donc $q_1 = k r_1 I^2$. De même la chaleur produite en une autre région, de résistance $r_2$, est $q_2 = k r_2 I^2$, et la chaleur totale produite dans le circuit est

$$Q = q_1 + q_2 + \ldots = kI^2(r_1 + r_2 + \ldots) = kRI^2.$$

Or on a, d'après la loi de Ohm, $RI = E$; il vient, par suite, une autre expression de la chaleur totale $Q = kEI$. Telle est la loi établie expérimentalement par Joule; elle est identique à la loi sur la décharge des condensateurs (200) et justifie la comparaison que nous avons faite (216).

[Pour appliquer cette relation avec les unités pratiques, $k = \dfrac{1}{4,17}$ et Q est mesurée en calories-gramme: $4,17\,Q = RI^2$].

**241. Lumière à incandescence.** — La loi de Joule explique l'expérience précédente: l'accumulateur n'a qu'une résistance très faible, de $\dfrac{1}{100}$ d'ohm environ, le fil de cuivre ou d'argent a une résistance insignifiante; l'intensité

$$I = \dfrac{2}{0,01}{}^{\text{amp}} \quad \text{environ}$$

est donc énorme; par suite, il en est de même de la chaleur dégagée.

Mais les expériences de Joule nous apprennent surtout que la chaleur Q dégagée dans le circuit se distribue sur les différentes parties proportionnellement aux résistances $r_1, r_2\ldots$ etc., de ces régions. On comprend donc qu'un fil résistant (au point de vue électrique) puisse rougir tandis que le reste du circuit s'échauffe à peine : un filament de platine ou de charbon devient incandescent parce qu'il est résistant et aussi parce qu'il est petit. Tel est le principe de la lumière électrique à *incandescence*.

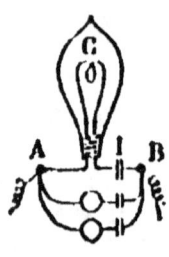

La lampe à incandescence (Edison 1877) est formée d'un filament C de bois (bambou) carbonisé qu'on place sur le circuit ACB d'un courant; comme le charbon incandescent brûle à l'air, on enferme le filament dans une poire de verre où l'on fait le vide avec grand soin; les deux extrémités du charbon sont soudées à des fils de platine. Souvent on dispose une série de lampes entre A et B, « en dérivation »; on peut les allumer séparément.

Sur une de ces lampes on voit écrit : 75 volts et $1^{\text{ampère}},2$ par exemple : cela signifie qu'il faut établir entre les bornes de la lampe 75 volts et fournir un courant de 1,2 ampère pour obtenir l'incandescence à blanc ; avec plus on risquerait de *brûler* la lampe, ce qui arrive quelquefois. Cet éclairage n'est pas pratique avec des piles : on emploie des accumulateurs montés en série, ou des dynamos (260).

On fait de nombreuses applications des effets calorifiques ; les chirurgiens, pour cautériser des plaies profondes, emploient de gros fils de platine qu'ils portent au rouge au moment voulu (galvano-cautère) ; ils se servent pour cela de piles au bichromate, groupées en batterie parce que le fil à rougir a une faible résistance (238).

**242. Lumière ou arc électrique.** — Davy (1821) ayant réuni les deux pôles d'une pile de 2000 éléments à deux charbons dont les pointes étaient voisines, vit une étincelle éblouissante jaillir en forme d'arc (*arc voltaïque*) et les pointes de charbon rougir à blanc. C'est la première expérience de lumière électrique.

Réunissons deux charbons épointés aux pôles d'une pile de 60 Bunsens : il ne se produit pas d'étincelle, la différence de potentiel (environ 100 volts) est insuffisante ; mais si les pointes sont mises au contact, elles sont échauffées au rouge blanc à cause de leur grande résistance. On peut alors séparer les pointes et le courant continue à passer produisant une courte, mais brillante étincelle. Les gaz chauds et la vapeur de carbone rendent l'intervalle suffisamment conducteur c'est l'arc, la lumière électrique ; l'*éclat* de l'arc est toujours le même parce que sa température est celle d'un changement d'état du carbone ; le charbon positif est beaucoup plus brillant. Mais les charbons s'usent, ils brûlent à l'air ; de là une difficulté : la distance des deux conducteurs n'est pas constante, la lumière n'est pas fixe, l'arc peut s'éteindre. On y a remédié par l'invention des *régulateurs* : Foucault, en 1848, inventa le premier appareil destiné à rapprocher les charbons à mesure qu'ils s'usaient ; Jablokoff eut l'idée ingénieuse de placer les deux crayons de charbon à côté l'un de l'autre en les séparant par un corps isolant, du plâtre : à mesure que les crayons s'usaient, l'isolant se volatilisait et les pointes libres restaient à une dis-

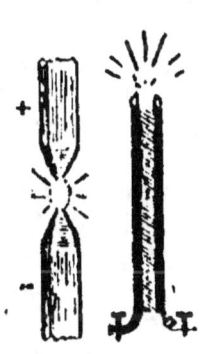

tance fixe de 1cm *(bougie Jablokoff,* figure); on est ensuite revenu aux régulateurs (Serin et Cance). Les difficultés de l'éclairage électrique sont des difficultés de régulation, de distribution, de production des courants à bon marché. (259-260).

On s'est longtemps servi, pour l'arc voltaïque, de charbons de cornue; on n'emploie plus que des charbons artificiels, plus purs, plus homogènes (coke en poudre, noir de fumée, sirop de sucre, le tout mélangé, comprimé, séché et durci à chaud). 50 volts et 15 ampères sont de très bonnes conditions pour produire un arc: l'énergie dépensée est de $50 \times 15$ ou 750 watts, environ un cheval. Les conditions minimum sont: 30 volts et 5 ampères.

**243. Electrodynamique.** — L'expérience d'Œrstedt conduisit Ampère à la découverte (1821) de remarquables phénomènes d'attractions et de répulsions entre les courants. Leur étude constitue l'*électrodynamique.* Pour les constater, il faut avoir un courant *mobile :* suspendons par un fil sans torsion OA une petite pile au bichromate P qui pourra ainsi tourner librement autour de l'axe OA; un circuit rectangulaire, ou tout autre, attaché aux bornes 1 et 2 sera parfaitement mobile. En approchant du courant mobile un courant fixe, placé en F ou F', on constate les phénomènes et on peut vérifier les LOIS D'AMPÈRE:

1° *Deux courants parallèles et de même sens s'attirent; deux courants parallèles et de sens contraires* (F *et* C), *se repoussent. Deux courants croisés (comme* F' *et* C') *tendent à se mettre parallèles et de même sens.*

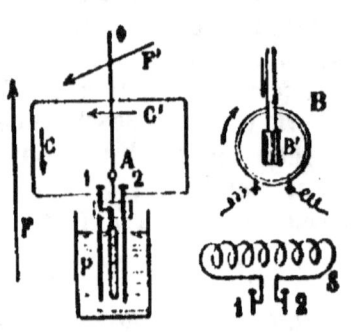

Si, par exemple, au milieu du cadre circulaire B on place le cadre B' orienté dans un plan perpendiculaire et suspendu; lorsque B et B' seront traversés par des courants, B' tendra à tourner de façon que les courants deviennent parallèles et de même sens. Il est manifeste que si l'on change le sens du courant à la fois dans les deux cadres, le sens de la déviation ne changera pas; on pourra donc se servir de cet appareil pour montrer l'existence de courants (255) qui se produisent alternativement et très rapidement dans les deux sens, ce qu'on ne pourrait pas faire avec le galvanomètre ni le voltamètre. On peut même *mesurer* ces courants dits alternatifs avec ce genre d'appareil (*Electrodynamomètre de Weber*).

2° *Un courant traversant un fil sinueux produit le même effet qu'un courant non sinueux ayant même direction générale, mêmes extrémités, et même intensité.*

**244. Solénoïdes.** — Ampère fut amené par l'étude mathématique de ces phénomènes aux propriétés d'une suite de petits courants circulaires égaux, de même sens, disposés normalement à un axe et qu'il appela *solénoïde* (c'est-à-dire tuyau). Pratiquement, à cause de la seconde loi, la suite de spires S est un solénoïde. En le disposant sur les bornes 1 et 2 de la pile on en ferait un solénoïde mobile ; une bobine allongée est également un solénoïde.

Placé, comme l'aiguille aimantée du galvanomètre, au milieu d'un cadre multiplicateur, le *solénoïde*, comme elle, *est dévié*, se met en croix. De même la bobine B' (de l'électrodynamomètre) supposée allongée peut être considérée comme un solénoïde et se met en croix de façon que les courants soient parallèles et de même sens : par suite, à la gauche du courant B se trouve l'extrémité ou pôle du solénoïde, qui est aussi à la gauche du courant B'.

Les deux extrémités d'un solénoïde sont, l'une à gauche du courant (*pôle nord ou austral*), l'autre à droite (*pôle sud ou boréal*). Avec un solénoïde mobile et un autre tenu à la main, on constate que : *Deux pôles de même nom se repoussent. — deux pôles de nom contraire s'attirent.* Les solénoïdes, dont on voit maintenant l'importance, ont donc les *propriétés des aimants.*

**245. Électromagnétisme.** — L'électromagnétisme est l'étude des actions réciproques des courants et des aimants. L'expérience d'OErstedt en est le premier phénomène : un courant rectiligne ou une bobine dévie l'aiguille aimantée, pôle austral à gauche (234). Un pôle nord de solénoïde repousse un pôle nord et attire un pôle sud d'aimant ; cela montre qu'à ce pôle d'aimant est appliquée une force, dite électromagnétique ; l'intensité et la direction de cette force dépendent de l'intensité du courant et de la distance des divers éléments du circuit au pôle (lois de Laplace, de Biot et Savart). En particulier, si un pôle d'aimant est au centre ou très près du centre d'une bobine circulaire, à ce pôle est appliquée une force normale au cadre et proportionnelle à l'intensité du courant (galvanomètre, 235).

Réciproquement, un aimant fixe peut, en général, déplacer un courant mobile. Exemples : 1° Un barreau NS est placé dans le plan du cadre mobile C, le cadre tourne et oscille jusqu'à ce que son plan soit perpendiculaire à l'aimant — le pôle austral N à gauche.

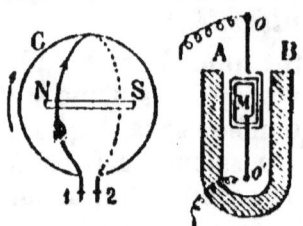

2° Entre les pôles A et B d'un aimant en fer à cheval on suspend un petit cadre rectangulaire mobile autour de OO'; dès qu'un courant passe, le circuit est dévié brusquement, *sans oscillation*.

L'expérience de la roue de Barlow, celle de la rotation de l'arc voltaïque par l'aimant et bien d'autres prouvent encore l'action des aimants sur les courants.

De ce qui précède résulte qu'un courant produit autour de lui un champ magnétique de même nature que le champ magnétique d'un aimant ; tous les phénomènes électro-magnétiques ou électro-dynamiques en sont des conséquences.

**246. Action de la Terre sur les courants. — Aimants et solénoïdes.** — Il est certain maintenant que la Terre dirigera un solénoïde comme un aimant : l'expérience réussit bien avec le solénoïde S (244) monté sur la pile mobile, car le courant est de 10 ampères au moins dans ce circuit de très-faible résistance. La Terre dirige également un cadre rectangulaire ou circulaire comme une seule des spires du solénoïde ; on voit que le courant est ascendant à l'*Ouest*.

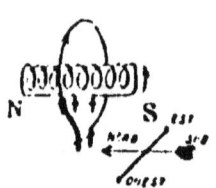

Les idées d'Ampère ont eu comme autre conséquence la théorie du magnétisme ou assimilation d'un aimant à un faisceau de solénoïdes extrêmement minces dans lesquels les courants « *particulaires* » auraient le même sens ; le côté des différents pôles nord des solénoïdes serait alors le pôle nord de l'aimant. Le faisceau s'épanouissant aux extrémités à cause de la répulsion mutuelle des solénoïdes, on comprend que les pôles ne soient pas tout à fait aux extrémités de l'aimant comme le sont les pôles de solénoïdes.

**247. Aimantation par les courants.** — Le fait fut découvert par Arago en 1820. Si l'on place une aiguille d'acier au milieu d'une hélice ou d'une bobine allongée où passe un courant, l'aiguille s'aimante. La théorie précédente en rend compte : les courants particulaires, d'abord dirigés d'une manière quelconque dans l'acier, sont orientés par le courant de la bobine de façon que tous soient parallèles et de même sens. Le pôle nord (ou austral) de l'aiguille sera donc *à la gauche du courant magnétisant*. On peut même prévoir que si l'hélice est enroulée dans un sens puis dans l'autre on aura à chaque changement de direction un double pôle appelé *pôle conséquent*, et l'expérience le vérifie. Sur la figure on voit deux pôles conséquents (*bb* et *a'a'*).

L'intensité de l'aimantation croît d'abord avec l'intensité du courant, mais s'approche rapidement d'une valeur maximum, ce qui fait qu'il n'y a plus alors d'intérêt à augmenter le courant.

L'aimantation se produit dans un temps très-court : il suffit par exemple, que l'aiguille soit projetée à travers la bobine pour être aimantée.

La décharge, à travers l'hélice, d'un condensateur, d'une batterie, aimante également ; on conçoit donc des effets magnétiques de la foudre.

Pour aimanter un barreau d'acier on promène à sa surface (exactement comme pour la double touche, 214) un anneau formé de quelques spires d'un gros fil où passe un intense courant. S'il s'agit d'un aimant en fer à cheval, on engage les deux branches dans les boucles d'un double anneau enroulé en 8 et traversé par un courant ; il suffit de promener plusieurs fois l'anneau le long des branches.

**248. Électro-aimant.** — Dans les mêmes conditions que l'acier, le fer doux n'est aimanté que pendant la durée du courant : cet aimant temporaire est un *électro-aimant*. Le cylindre ou barreau de fer doux, qu'il soit droit ou courbé en fer à cheval, est le *noyau* de l'électro-aimant ; il est entouré sur toute sa longueur — ou seulement, ce qui suffit, vers les extrémités, — d'une bobine formée d'un fil enroulé toujours dans le même sens. Avec un grand nombre de spires sur chaque bobine, un courant intense, et de bonnes dimensions, l'électro-aimant est capable de supporter des centaines de kilogrammes suspendus à l'*armature* (215). L'aimantation ne cesse pas instantanément ni complètement après le passage du courant ; ce magnétisme rémanent (207) aurait dans les applications des inconvénients si l'on n'évitait — par l'interposition d'un papier ou tout autre moyen — le contact de l'armature et des pôles.

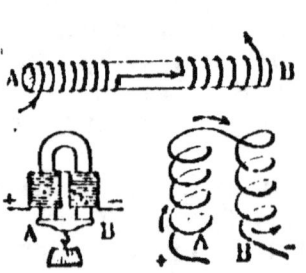

Enroulons sur un tube de caoutchouc AB et toujours dans le même sens, du fil de cuivre ; puis tordons le tube en fer à cheval ; on reconnaîtra que dans les deux bobines, le fil maintenant est enroulé en sens contraire ; il doit en être ainsi pour que dans une bobine la gauche du courant soit en A, que dans l'autre, la droite du courant soit en B.

APPLICATIONS. — Chaque fois que le courant sera établi dans un électro E, une armature de fer doux voisine F pourra être attirée ; comme on peut *fermer* le courant à grande distance, on a aussitôt songé à utiliser ces attractions en les répétant pour transmettre au loin des signaux conventionnels.

**249. Sonnette électrique.** — L'électro-aimant E attirant l'armature F qui est mobile autour du point O, il se produit un choc de petit marteau sur le timbre T. Suivons sur la figure le courant à partir du pôle positif de la pile P : on voit que le courant passe par le contact C d'un ressort et de l'armature de fer doux, puis dans l'électro-aimant. Ce courant se trouve interrompu au point C dès que le fer doux est déplacé ; mais la lame

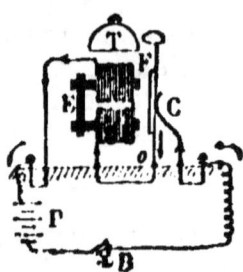

élastique o (*trembleur*), qui porte F, ramène alors le fer doux au contact de C, et le mouvement recommence, puisque le courant est rétabli dans l'électro. Il résulte de là des interruptions répétées, automatiques, du courant en C (voir bobine Ruhmkorff, 256) et, partant, une série de chocs sur le timbre (*sonnerie électrique*).

La sonnette est placée sur un courant comprenant en outre une pile de plusieurs éléments Leclanché (2 à 6), et un bouton B où le circuit est interrompu. Si l'on appuie sur B, le circuit est fermé et la sonnette fonctionne.

**250. Télégraphe Morse.** — On va voir dans le télégraphe Morse, un mode analogue de transmission des signaux.

Imaginons un circuit formé de : 1° Un électro-aimant E qui, lorsque le courant est établi, attire une lame de fer doux et la retient aussi longtemps que dure le courant; par un mouvement de bascule, cette armature presse une bande de papier A, qui se déroule régulièrement, contre une roulette imprégnée d'encre. Cet ensemble forme le *récepteur*. 2° Une pile P d'éléments Daniell ou Callaud ou même Leclanché (10, 20, 30 ou plus suivant la distance); 3° *Un manipulateur* B, qui n'est qu'un interrupteur permettant d'ouvrir ou de fermer le circuit plus ou moins longtemps, à volonté.

Jusqu'ici, c'est à peu de chose près le circuit dans lequel on a placé la sonnette électrique. Si l'on appuie sur le bouton B, le courant passe dans l'électro E; l'armature mobile autour de O est attirée et la pointe A applique la bande de papier bleu

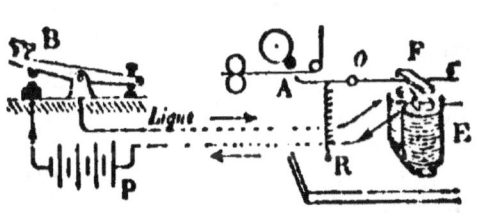

bien connue contre la roue d'encre. Un trait est tracé sur le papier, qui se déplace, puis le ressort antagoniste R soulève le fer doux. En appuyant sur B un temps très court on ne fera tracer sur le papier qu'un trait court, *un point*. Une combinaison de traits et de points représente chaque lettre de l'alphabet.

Deux fils conducteurs qui réunissent le manipulateur de la station de départ au récepteur de la station d'arrivée forment la ligne télégraphique. On en supprime un, mais il faut en mettre les deux bouts en communication avec le sol. Cela se comprend : la différence de potentiel entre le pôle libre et l'extrémité du fil qui est au potentiel zéro de la terre est la même qu'entre les deux pôles (190). On a donc l'avantage de supprimer la moitié du circuit et par suite la moitié de la résistance. La ligne est ainsi réduite à un fil télégraphique : entre deux stations c'est généralement un fil de fer galvanisé, isolé avec soin par des *poupées* en porcelaine, et supporté par les poteaux télégraphiques ; c'est quelquefois un faisceau de fils de cuivre, bien isolés dans une enveloppe de gutta-percha, qu'on peut alors disposer sous terre.

Ce n'est pas tout : il faut pouvoir répondre de la station d'arrivée à la station de départ ; répondre par le même fil, parce que la ligne est la grosse dépense. Pour cela, il y a manipulateur, récepteur et pile à l'arrivée comme au départ, et l'on voit la disposition symétrique des communications :

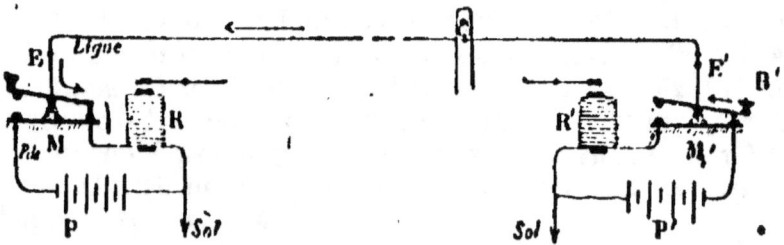

pendant que le manipulateur M est supposé au repos, M' fonctionne. Quand on appuie sur B', le courant de la pile P' passe dans le fil de ligne. Suivons les flèches, il passe à l'autre station dans le récepteur R avant d'arriver au sol. Si M' revenait au repos, le manipulateur M — en réponse — pourrait fermer le courant de la pile P à travers le récepteur R' ; c'est évident à cause de la symétrie.

*Remarque.* — Les récepteurs pourraient être placés en E et E' ils fonctionneraient alors simultanément ; chacun d'eux enregistrerait les dépêches envoyées comme les dépêches reçues, ce qui présente un avantage de contrôle.

Accessoires. — L'emploi des sonnettes d'appel se justifie de lui-même. On se sert de *relais*, appareils auxiliaires intermédiaires, lorsque la résistance de la ligne étant trop considérable, le courant devient insuffisant à faire fonctionner directement le récepteur. Le rôle du *parafoudre* est de protéger appareil et employés contre les décharges qui peuvent se faire en temps d'orage par le fil de ligne. Entre ce fil de ligne et le récepteur on dispose un fil métallique fin $f$ qui

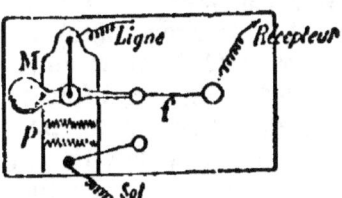

fond dès que le courant devient dangereux : ainsi la communication avec les appareils est coupée ; la décharge ne peut plus se produire qu'entre les pointes $p$ du parafoudre dont les unes sont en communication avec le sol.

Pour plus de sécurité, on mettra directement la ligne à la terre, en tournant la poignée M.

251. Il y a plusieurs autres systèmes, les dispositions générales restant d'ailleurs les mêmes : manipulateur ou transmetteur — un seul fil de ligne — récepteur et pile. Le télégraphe *Bréguet* est à cadran. Le télégraphe *Hughes*, fort employé dans les grands centres, — merveille de mécanisme — imprime les dépêches et a surtout l'avantage d'être d'une manipulation bien plus rapide que le Morse ; la transmission se fait par un clavier sur les touches duquel on presse comme sur les touches d'un piano. Grâce au *distributeur Baudot*, cinq transmetteurs Hughes peuvent utiliser à la fois le même fil de ligne : *une* transmission de Paris à Bordeaux dure en effet $0^{\text{seconde}},04$ environ, on peut donc envoyer 25 signaux par seconde ; et comme un appareil n'en peut transmettre que 5 au plus, on conçoit que 5 appareils puissent fonctionner ensemble : le fil de ligne est distribué à tour de rôle, un temps très court, à chaque transmetteur, et naturellement, à l'arrivée, au récepteur correspondant.

252. **Télégraphie sous-marine.** — Pour les transmissions au-delà des mers, la ligne est nécessairement isolée avec soin. Le conducteur est un faisceau de sept fils de cuivre entouré de plusieurs couches de gutta-percha, et d'une couche de jute ; le tout est protégé par une série de gros fils de fer recouverts de chanvre. Ce *câble sous-marin* est, on le voit, un vrai condensateur (cuivre, isolant et fer) de grande capacité. Pour cette raison, et d'autres (induction) le courant atteint lentement sa valeur normale, et revient lentement à 0 ; la durée de transmission d'un signal, d'une lettre serait de plusieurs secondes par les systèmes à électro-aimant, qu'il a fallu dès lors abandonner. On employa comme signaux les déviations à droite et à gauche de l'aiguille d'un galvano-

mètre très sensible de Thomson, devenu ainsi récepteur (idée déjà utilisée par Wheatstone au début de la télégraphie). Le manipulateur permettait de mettre à volonté le galvanomètre en communication avec le pôle positif ou négatif de la pile. Le contact établi, une demi-seconde suffisait pour produire une déviation au galvanomètre ; on neutralisait alors la charge du condensateur par un courant convenable de sens contraire et le câble était prêt pour une nouvelle transmission. Sir W. Thomson a remplacé le galvanomètre par un récepteur qui enregistre en langage conventionnel la dépêche ; c'est le *Siphon Recorder*.

## INDUCTION

**253.** En général, un circuit fermé que l'on déplace dans un champ magnétique, c'est-à-dire au voisinage d'un courant ou d'un aimant, est parcouru par un courant dit *courant d'induction*. C'est la grande découverte de Faraday (1831). Voici les circonstances favorables pour l'observer :

**1° Induction par les courants ou Volta-électrique.** — Soit une bobine B, qu'il convient de prendre à fil long et fin fermé sur un galvanomètre ; c'est là le circuit *induit*. Soit en outre une bobine plus petite A à fil gros et court fermé sur une pile de plusieurs bunsens : ce circuit *inducteur* est parcouru par un courant qui crée le champ magnétique.

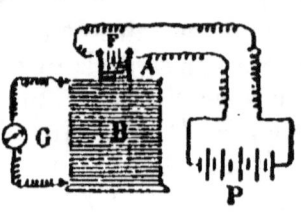

Le courant établi, on *introduit* rapidement la bobine A dans B : déviation au galvanomètre. On *retire* A : déviation encore, mais de sens inverse. Ou bien, A étant fixe au milieu de B, on *ferme* le circuit ; il y a déviation comme si, très brusquement, on avait introduit A dans B ; le courant inducteur s'est en effet établi dans un temps très court θ en croissant de zéro à 1, et toute augmentation de courant produit une variation du champ magnétique, comme si on rapprochait les deux bobines.

Lorsqu'on *ouvre* le circuit inducteur, on obtient le même effet que si on avait éloigné très vite A de B.

2° **Induction par les aimants ou magnéto-électrique.** — Un aimant étant comparable dans ses effets à une bobine telle que A, il se produit un courant d'induction : 1° lorsqu'on *introduit* un pôle d'aimant dans la bobine B ou qu'on le *retire* ; 2° lorsqu'on *aimante* ou *désaimante* par influence un barreau de fer doux placé au milieu de B.

On obtient les deux effets magnéto et volta-électrique superposés en plaçant au milieu de la bobine A un fer doux F ou mieux un faisceau de fils de fer ; de la sorte on introduit à la fois dans B une bobine et un aimant dont les effets concordent et s'ajoutent.

3° **Induction terrestre.** — Puisque nous avons constaté autour de la terre un champ magnétique, le déplacement d'un circuit fermé aura en général pour effet un courant induit terrestre. Pour mettre ce fait en évidence, plaçons d'abord un solénoïde ou une bobine (fermés sur un galvanomètre) dans la direction de la force terrestre (213) ; puis retournons la bobine bout par bout, brusquement, en restant dans le plan du méridien magnétique : il y a déviation au galvanomètre.

4° Une décharge de bouteille de Leyde (199) peut également provoquer des courants induits (Matteucci).

**254. Lois des courants induits. — Loi de Lenz.** — Dans toutes les expériences qui précèdent, l'aiguille est déviée comme sous une impulsion, et revient au 0 ; les courants induits sont donc *momentanés*, ils ne durent que le temps du déplacement relatif de l'inducteur et de l'induit.

On remarque encore que la déviation de l'aiguille, et par suite, l'intensité du courant induit augmentent avec l'*intensité* du courant inducteur et avec la *vitesse du déplacement* relatif.

Quant à la direction du courant induit, elle est dans tous les cas donnée par la *loi de Lenz* : *Le courant induit qui prend naissance tend toujours à s'opposer au mouvement qui le produit.* Reprenons, pour le démontrer, l'appareil employé en électromagnétisme (245). Faisons osciller le cadre M en l'écartant de sa position d'équilibre et fermons le circuit induit IOMO'I. *Brusquement le cadre s'arrête:* les courants induits magnéto-électriques qui y prennent naissance s'opposent donc au mouvement.

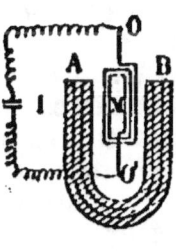

Cette loi peut d'ailleurs être établie comme conséquence du principe de la conservation de l'énergie (Helmholtz et Thomson, 108). Appliquons-la aux précédentes expériences.

Quand on introduit la bobine A dans B, les spires sont parallèles ; or des courants parallèles et de sens contraires se repoussent et cette répulsion générait le mouvement: donc le *courant induit sera de sens contraire au courant inducteur* et cela arrivera dans tous les cas analogues. Ainsi l'induit est *inverse* quand les circuits *s'approchent* ; quand le courant inducteur *commence ou augmente* ; lorsque l'aimant inducteur (pensez solénoïde) *s'approche* ou bien que son aimantation *commence ou augmente*.

Quand le sens du courant inducteur ou le nom du pôle, change, le sens de l'induit change aussi.

Deux mouvements de sens contraires doivent, d'après la loi de Lenz, produire des courants induits de sens opposés ; donc, dans les cas où le *courant, l'aimant s'éloignent, finissent ou diminuent, le courant induit est de même sens que l'inducteur*. On dit encore le courant induit est *direct*.

La loi de Lenz explique également cette observation de Gambey et d'Arago : une aiguille aimantée mobile horizontalement s'arrête beaucoup plus vite lorsqu'elle oscille au voisinage d'un disque de cuivre rouge, parce que des courants induits gênent son mouvement ; on adopte cette disposition toutes les fois qu'on veut amortir les oscillations d'un aimant (galvanomètre ordinaire, 235).

**255. COMPARAISON DES COURANTS INDUITS DIRECT ET INVERSE.** — Lorsqu'on ferme puis qu'on ouvre le courant inducteur, on obtient deux courants induits, *l'un inverse, l'autre direct* ; par une succession rapide d'ouvertures et de fermetures, on obtient donc une série de courants alternatifs.

Si on les fait passer à travers un galvanomètre, il n'y a pas de déviation ; à travers un voltamètre à eau, pas de dégagement de gaz. On en conclut que la même quantité d'électricité traverse dans les deux cas les appareils : *les courants induits direct et inverse sont égaux en quantité*.

Il n'est pas indispensable, pour obtenir un effet d'induction, d'avoir un circuit fermé. Laissons à quelques millimètres les deux bouts du fil induit ; il jaillit entre eux des étincelles comparables à celles des machines statiques. Une force électro motrice d'induction établit donc entre les extrémités de l'induit une grande différence de potentiel : *les courants in-*

duits sont des courants à potentiel élevé ou à haute tension.

Le courant direct, ou courant de *rupture* dure un temps moindre que l'autre, il est donc plus intense, il donne de bien plus longues étincelles. C'est *un courant à plus haute tension*.

**256. Bobine de Ruhmkorff** (1850). — La transformation des courants de piles, courants produits par une différence de potentiel de quelques volts, en courants à haute tension est réalisée par la bobine de Ruhmkorff, qui n'est ainsi qu'un *transformateur*.

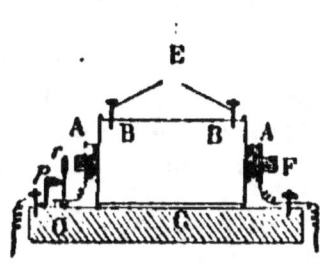

Sur une grosse bobine BB (bobine induite) est enroulé un fil long et fin, dont les deux bouts sont en E. Au milieu de B est la bobine inductrice AA formée d'un gros fil, et au milieu de A un faisceau de fils de fer doux. Si l'on fait passer dans A un courant (de 2 à 10 Bunsens), le trembleur *rp* analogue au trembleur de la sonnette produit automatiquement une série d'interruptions (249). Il en résulte (253) dans B une suite de courants induits alternatifs, mais on n'utilise que les induits directs (255), seuls capables de franchir la solution de continuité E et d'y produire de longues étincelles. Ces étincelles ont quelques millimètres avec de petites bobines ; de 2 à 10$^{cm}$ avec des bobines moyennes ; mais elles peuvent atteindre 60, 80$^{cm}$ et même 1$^m$ avec de grosses bobines et un courant inducteur suffisant.

Si l'on tenait à chaque main une extrémité du fil induit, on éprouverait — même avec une *petite* bobine — de violentes contractions musculaires et des commotions ; en médecine on utilise ces courants gradués et amoindris convenablement. Avec des moyennes bobines ce serait déjà très dangereux, parce que le débit de la bobine Ruhmkorff est incomparablement supérieur à celui d'une machine de Holtz.

Ce sont les étincelles de la bobine que l'on utilise surtout pour faire des combinaisons et décompositions chimiques, pour illuminer les *tubes de Geissler*, pour produire l'*effluve électrique* (ozone) ; mais on emploie aussi cet appareil pour charger une bouteille de Leyde, et en général pour obtenir les effets que donne une machine statique.

**257. Extra-courants ou self-induction.** — Faraday démontra encore que quand on *ferme* le circuit d'un courant à travers une bobine quelconque, le courant qui croît dans chaque spire produit par induction dans les spires voisines un courant momentané de sens contraire au sien. Ce courant induit est de même sens dans toutes les spires, il constitue un *extra-courant* ou, comme on l'appelle aujourd'hui, un *courant de self-induction*. Puisqu'il est inverse (254), il retarde l'état permanent du courant inducteur.

Lorsqu'on *ouvre* le courant d'une bobine, en rompant le circuit, il y a encore induction sur le circuit même de la bobine, c'est-à-dire self-induction. Cet induit est nécessairement *direct*, il renforce donc le courant inducteur au moment de la rupture ; il est cause de l'étincelle qui jaillit entre les deux bouts du fil qu'on sépare, de la commotion qu'on éprouve si on tient ces deux bouts à la main.

Les courants de *self-induction* ont les propriétés des induits ordinaires. Ils se produisent dans tout circuit, même rectiligne, puisqu'une variation du courant entraîne une variation du champ magnétique au voisinage du fil même ; mais ils sont bien plus importants si le circuit forme des spires rapprochées et surtout si à l'intérieur des spires se trouve un barreau de fer doux.

On voit par là combien ces courants sont fréquents. Par exemple, il s'en produit dans la bobine de Ruhmkorff : à chaque rupture du circuit inducteur il jaillit entre la pointe $p$ et le ressort $r$ une étincelle, étincelle de self-induction, qui a l'inconvénient de prolonger un peu l'inducteur. C'est pour éviter ce désavantage que Fizeau imagina l'emploi d'un condensateur C à grande surface (195), placé dans le socle de la bobine et dont les deux armatures communiquent aux deux extrémités de la bobine inductrice ; on peut constater qu'après l'adjonction du condensateur la longueur des étincelles en E est double environ. Dans les grandes bobines, on emploie en outre un interrupteur spécial de Foucault.

**258. Courants induits d'ordre supérieur.** — On conçoit aisément que si le circuit B d'une bobine de Ruhmkorff comprend le circuit inducteur A' d'une seconde bobine, on aura dans l'induit B' de ce second appareil des courants induits de deuxième ordre, et ainsi de suite ; pour deux courants induits dans la première bobine, il y en a quatre dans la deuxième, huit dans la troisième, etc.

**259. Machines d'induction.** — Les phénomènes d'induction, de faible portée en apparence, ont conduit à toutes les machines industrielles qui produisent des courants.

Ces machines sont formées en principe : 1° d'un système d'aimants (machines magnéto-électriques) ou d'électro-aimants (machines dynamo-électriques) créant un champ magnétique intense ; 2° d'un circuit (formé de spires ou de bobines), qui ayant dans ce champ un mouvement de rotation très rapide est parcouru par des courants d'induction.

La machine de Pixii (1832), celle de Clarke, qui fut pourtant employée à l'éclairage d'un phare, ne sont plus qu'historiques. Celle imaginée par Pacinotti (1854) en Italie, par M. de Romilly (1866) puis par Gramme (1869) en France, est le type des machines actuelles à courants continus.

**Machine Gramme à courants continus.** — *Partie magnétique :* Un aimant puissant — à lames et en fer à cheval — comprend entre ses pôles fixes l'*anneau* Gramme, sorte de tore ou de tambour en fer doux mobile autour de l'axe O. Si l'anneau tourne, les pôles produits par l'influence de l'aimant restent fixes sur la ligne NS, en sorte que tout se passe comme si l'anneau restait fixe.

*Circuit mobile :* Disposons sur l'anneau une série de bobines enroulées dans le même sens, (six sur la figure où chacune est représentée par deux spires) formant un circuit fermé sur lui-même. Lorsque l'anneau tournera, il entraînera avec lui les bobines, mais l'effet est le même que si les spires tournaient seules dans le champ magnétique. Voyons les courants qui s'y produisent :

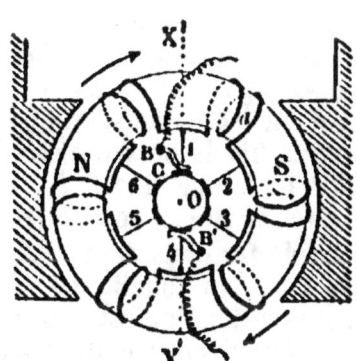

1° Considérons pour cela la spire *a* dans son mouvement près du pôle S ; nous supposons S produit comme un pôle conséquent (247), c'est-à-dire que l'enroulement du solénoïde équivalent change en ce point. D'autre part la spire $a$ s'approche puis s'éloigne de S ; il s'y produit donc un induit inverse, puis un induit direct ; mais de ce *double changement* au point S résulte que le *sens du courant dans la spire reste le même*.

2° *Dans deux bobines diamétralement opposées les courants induits sont de sens contraires* ; car ces deux bobines passent dans les mêmes conditions, l'une autour d'un pôle nord, l'autre autour d'un pôle sud. De part et d'autre du plan de symétrie XY les courants produits sont donc égaux et de sens contraires.

Cette disposition produit le même résultat que deux piles P, P' identiques qu'on placerait sur le même circuit PXP'Y en opposant les pôles : *le courant dans ce circuit serait nul*. Mais, si en X et Y on établit « une dérivation » XGY, on se trouve dans le cas de deux éléments associés en batterie, puisque les pôles de même nom sont réunis ; ces deux éléments donnent à travers le circuit extérieur G *un courant continu*.

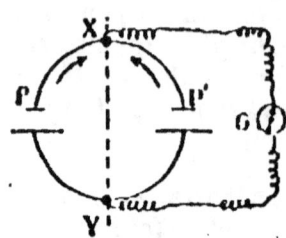

Faisons de même pour la machine Gramme : les fils conducteurs 1 et 4, puis les contacts B, B' permettent d'établir un circuit extérieur dans lequel la machine fournit un courant continu. Pour que ces fils et ces contacts ne gênent pas le mouvement de l'anneau, tous les fils analogues (1, 2, 3, 4, 5, 6) entre deux bobines communiquent à des lamelles de cuivre C qui forment un petit cylindre central appelé *collecteur*, (perpendiculaire au plan de la figure). Collecteur et anneau tournent ensemble. Les contacts sont constamment établis par les *balais* B, B', faisceaux de fils de cuivre platiné qui appuient sur le collecteur (*Pôles* de la machine).

L'intensité du courant augmente avec la vitesse de rotation.

REMARQUE. — Les pôles de l'anneau de fer doux sont déplacés quand la machine fonctionne : en effet, les bobines autour de cet anneau en font un électro circulaire dont les pôles sont en X et Y. Les deux aimantations se superposant, la ligne des pôles résultants N'S' est inclinée sur NS d'autant plus que l'intensité du courant est

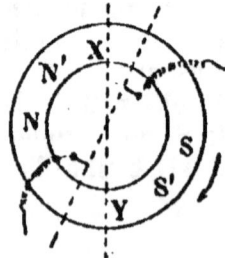

plus grande ; les balais doivent donc être *calés* suivant une direction également inclinée sur XY. Pratiquement, on fait en sorte de supprimer les étincelles aux balais.

**260. Dynamos.** — Dans les machines industrielles, l'aimant est remplacé par un électro-aimant de grandes dimensions ;

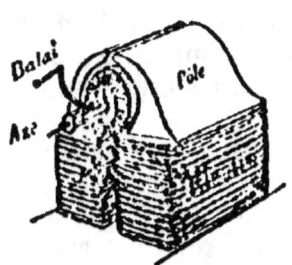

on peut exciter l'électro par un courant auxiliaire, mais aussi par le courant même que produit la machine. La « *dynamo* » s'amorce parce que le noyau de l'électro-aimant n'est jamais parfaitement doux ; c'est déjà un aimant entre les pôles duquel tourne l'anneau : alors le faible courant produit accroît l'aimantation, d'où un courant plus intense et ainsi jusqu'au maximum d'aimantation. C'est le courant tout entier, ou seulement une dérivation, qui excite l'électro-aimant.

Ces machines donnent une différence de potentiel aux pôles comprise entre 50 et 250 volts et un courant pouvant atteindre des centaines d'ampères. Pour le transport de l'énergie, les machines sont construites pour donner une plus grande tension (jusqu'à 3000 volts) et moins d'ampères.

**261. Réversibilité de la machine Gramme.** — Une machine Gramme dans laquelle on lance un courant tourne ; elle est donc *réversible*. Cela se comprend : quand on tourne l'anneau, des courants induits prennent naissance qui, d'après la loi de Lenz, gênent le mouvement ; donc aux spires sont appliquées des forces électromagnétiques de sens contraire à celui de la rotation. Les mêmes forces existent si dans le circuit on fait passer un courant, et ces forces ont pour effet de faire tourner l'anneau dans le sens inverse de celui qui produirait le courant établi.

C'est là une propriété très importante. Qu'une dynamo soit mise en mouvement par une chute d'eau ou une autre source d'énergie disponible en un lieu A, le courant qu'elle produit peut être amené par des fils convenables à une deuxième dynamo placée à 10, 20, 50 kilomètres en B et faire tourner l'anneau. C'est réellement à la chute d'eau qu'est empruntée l'énergie de la seconde machine : on a réalisé le transport électrique de l'énergie (H. Fontaine 1873). Ce problème présente d'ailleurs de grandes difficultés. La dynamo qui produit le courant s'appelle *génératrice* ; l'autre *réceptrice*. Une semblable machine est le véritable *moteur électrique*.

**262. Machines à courants alternatifs.** — *A priori*, les machines d'induction doivent être à courants alternatifs, à cause de la production des courants induits direct et inverse ; de fait, ces machines sont les plus nombreuses, et ce n'est que par un artifice de disposition que celle de Gramme est à courants continus.

Considérons le circuit mobile d'une machine d'induction traversée *par un courant* A ; les forces électromagnétiques qui prennent naissance tendent à amener le circuit à un point P de sa rotation où il est en équilibre. Si alors on fait passer brusquement un courant de sens contraire B, les forces électro-magnétiques changent de sens ; il y a répulsion du circuit ; et la rotation continue. Il en serait de même à toute position analogue d'équilibre. Cette machine est dans ces conditions *un moteur;* mais, inversement, si on met le circuit en mouvement, il se produit des courants d'induction : approcher le circuit du point P entraîne, d'après la loi de Lenz, un courant de sens contraire à A ; l'éloigner entraîne un courant de sens contraire à B. Les induits qui se produisent changent de sens au point P et à tout point analogue. C'est ce qui arrivait dans la machine de *Clarke*, ce qui arrive dans la machine Gramme à courants alternatifs.

Ces machines — *alternateurs* — peuvent être employées pour l'éclairage électrique et avec avantage pour le transport de l'énergie.

Signalons aussi sans insister les machines *Siemens*.

**263. Téléphone.** — Récente et merveilleuse découverte, poursuivie par Reis en Allemagne, et faite vers 1877 à peu près simultanément par Graham Bell, E. Gray et Edison.

Le téléphone le plus pratique est celui de Bell : une plaque de tôle mince $p$ serrée par ses bords est maintenue à très faible distance d'un pôle d'aimant ; autour de ce pôle est enroulé en bobine un fil fin isolé ; enfin en avant de la plaque vibrante un pavillon pour parler ou pour entendre.

Associons deux appareils identiques de façon que le circuit des deux bobines soit fermé ; devant l'un, le *transmetteur*, on parle ; à l'autre, le *récepteur*, on écoute. Les vibrations de la voix sont reproduites par la plaque de fer doux qui oscille dans le voisinage du pôle : il en résulte des variations (influence magnétique) dans l'aimantation du pôle, partant des courants induits dans la bobine. Ce sont ces courants qui arrivent au récepteur et y produisent, à cause de la réversibilité de ces phénomènes, des vibrations identiques de la deuxième plaque. L'oreille perçoit donc les sons émis.

La transmission ne fut parfaite que par l'adjonction du MICROPHONE, que Hughes imagina en 1878. Nous indiquons l'appareil perfectionné appelé *transmetteur Ader* qu'on emploie aujourd'hui avec le téléphone. Le circuit de transmission comprend : une pile P, un téléphone T et un microphone

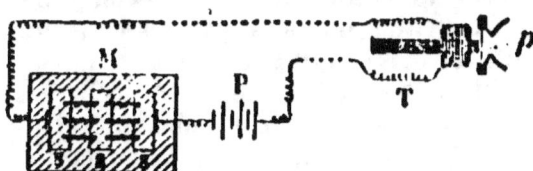

M : derrière une planchette de sapin sont collés des supports en charbon qui soutiennent plusieurs crayons de charbon restés libres. Les bâtons de charbon sont disposés sur le circuit ; si on vient à parler devant la planchette, les vibrations entraînent sans doute des variations de résistances aux contacts des charbons : d'où variations dans l'intensité du courant qui traverse la bobine du téléphone et enfin vibrations de la plaque *p*. La voix est merveilleusement reproduite.

Tout bruit sur la planchette M (tic-tac d'une montre, frottement, etc.) est reproduit très amplifié par le récepteur, d'où le nom de microphone.

**264. Effets physiologiques des courants.** — Nous avons développé dans ce qui précède les effets chimiques des courants (électrolyse et applications, piles secondaires); leurs effets calorifiques (lumière électrique); leurs effets magnétiques (production d'un champ magnétique, galvanomètre et solénoïdes) ; leurs lois fondamentales (Ohm — Joule — Faraday — Ampère — Lenz); et leurs modes de production (piles hydro-électriques et thermo-électriques, machines d'induction) ; il nous reste à indiquer leurs effets *physiologiques* variés.

Lorsqu'on tient à chaque main un pôle d'une pile de plusieurs éléments, on n'éprouve aucune commotion, aucune sensation : les contacts aux mains sont mauvais et la résistance, du corps est telle que l'intensité n'est que de quelques dix millièmes d'ampère. Établissons les contacts avec des tampons imprégnés d'eau salée, et fermons le courant de 10, 20 ou 30 éléments sur une portion du bras : le courant permanent ne donne aucune commotion, mais on sent aux points de contact un picotement ; il y a électrolyse ; la *galvanocaustique* est en médecine une application de ces effets. On n'éprouve de commotions qu'à la fermeture ou à l'ouverture du courant, et on les utilise à l'excitation des muscles.

Les effets physiologiques deviennent très dangereux si les courants sont produits par des forces électromotrices de plusieurs centaines, ou surtout de milliers de volts. On comprend donc les commotions fréquentes données par les courants induits qui sont à haute tension et qui sans cesse commencent, puis finissent ; analogues sont les effets des décharges de condensateurs. Les courants alternatifs des machines d'induction, courants à haute tension, sont de même dangereux. Et cependant si les alternances de courants deviennent *extraordinairement* fréquentes (plusieurs millions d'alternances par seconde) les effets sont tout à fait différents : il n'y a plus de danger, même si la tension est énorme et le corps peut être traversé sans éprouver de sensation pénible par des courants capables d'allumer une lampe à incandescence. (Expériences récentes : courants de Tesla].

# TABLE

### Préliminaires
Divers états de la matière . . . . . . . . . . . . . . . . . 1
Inertie. — Forces . . . . . . . . . . . . . . . . . . . . . . . 3

### Pesanteur.
Direction de la pesanteur. — Centre de gravité. — Poids. . 5
Balance . . . . . . . . . . . . . . . . . . . . . . . . . . . . . . 6
Masse ; accélération. — Lois de la chute des corps . . . . 12
Pendule . . . . . . . . . . . . . . . . . . . . . . . . . . . . . 21

### Hydrostatique ou équilibre des liquides.
Pressions ; leur transmission. — Principe de Pascal. . . . 27
Surface libre. — Vases communicants . . . . . . . . . . . . 29
Pressions sur les parois et sur le fond des vases . . . . . 32
Principe d'Archimède. — Densité. — Aréomètres . . . . . 36

### Aérostatique ou équilibre des gaz.
Pression atmosphérique. — Baromètre . . . . . . . . . . . 43
Loi de Mariotte. — Manomètres. . . . . . . . . . . . . . . 48
Mélange des gaz. . . . . . . . . . . . . . . . . . . . . . . . 52
Machine pneumatique. — Pompes. — Siphons. — Aérostats . . . . . . . . . . . . . . . . . . . . . . . . . . . . . . . 54

### Chaleur.
### Dilatations.
Dilatation des corps. — Température. — Thermomètre . . 62
Coefficient de dilatation ; usage . . . . . . . . . . . . . . . 67
Maximum de densité de l'eau . . . . . . . . . . . . . . . . 76
Densité des gaz . . . . . . . . . . . . . . . . . . . . . . . . 83

### Calorimétrie et changements d'état.
Chaleurs spécifiques . . . . . . . . . . . . . . . . . . . . . 86
Fusion. — Dissolution. — Solidification . . . . . . . . . . 89
Vaporisation. . . . . . . . . . . . . . . . . . . . . . . . . . . 93
Hygrométrie. . . . . . . . . . . . . . . . . . . . . . . . . . . 103
Machines à vapeur . . . . . . . . . . . . . . . . . . . . . . 109
Travail ; équivalent mécanique de la chaleur. — Énergie . . 113
Conductibilité . . . . . . . . . . . . . . . . . . . . . . . . . 119

### Acoustique.
Production et propagation du son. — Vitesse . . . . . . . 121
Intensité, hauteur. — Intervalles musicaux. . . . . . . . . 123
Vibrations transversales des cordes. — Harmoniques. — Timbre. . . . . . . . . . . . . . . . . . . . . . . . . . . . . 128

## Optique.

| | |
|---|---|
| Propagation de la lumière. — Vitesse | 132 |
| Réflexion. — Miroirs plans. — Miroirs sphériques | 134 |
| Réfraction. — Prisme. — Lentilles | 145 |
| Instruments d'optique | 153 |
| Dispersion. — Spectres | 162 |
| Photométrie | 170 |
| CHALEUR RAYONNANTE | 173 |
| ACTIONS CHIMIQUES DE LA LUMIÈRE. — Photographie | 177 |

## Électricité et Magnétisme.
### Électricité statique.

| | |
|---|---|
| Electrisation par frottement. — Masses électriques. — Distribution. — Potentiel | 179 |
| Influence. — Electroscope. — Machines | 189 |
| Condensation. — Bouteille de Leyde. — Décharge | 196 |
| Electricité atmosphérique. — Foudre. — Paratonnerre | 203 |

### Magnétisme.

| | |
|---|---|
| Aimants. — Boussoles | 205 |

### Électricité dynamique.

| | |
|---|---|
| *Courants.* — Pile de Volta | 211 |
| Effets chimiques des courants. — Piles à courant constant | 215 |
| Galvanoplastie. — Dorure et argenture | 221 |
| Expérience d'Œrstedt. — Galvanomètre | 222 |
| Piles thermo-électriques | 224 |
| Lois fondamentales des courants | 226 |
| Effets calorifiques. — Lumière électrique | 230 |
| Electro-dynamique. — Action des courants sur les courants | 232 |
| Electromagnétisme. — Aimantation par les courants. — Télégraphes | 235 |
| INDUCTION. — Machines magnéto et dynamo-électriques | 240 |
| Téléphone | 248 |
| Effets physiologiques des courants | 249 |

# CHIMIE

# PROGRAMME DU BACCALAURÉAT

Avec renvois aux numéros correspondants du *Manuel* (*)

---

Corps simples et corps composés, 1-2. — Cristallisation. — Isomorphisme et dimorphisme, 26. — Analyse et synthèse, 1-2. — Nomenclature, 9 à 16.

Métalloïdes et métaux, 9 ; 184 à 186. — Acides, bases, sels, corps neutres, 16 à 20. — Proportions multiples, 3. — Equivalents chimiques, 5-6.

Notions générales sur le dégagement ou l'absorption de chaleur dans les combinaisons chimiques, 22-23.

Eau. — Analyse et synthèse, 45 à 51. — Lois des volumes, 4 et 51.

Hydrogène, 27 à 30.

Oxygène. — Combustion ; chaleur dégagée, 31 à 34.

Air atmosphérique. — Analyse, 36 à 44.

Azote, 92 à 94. — Oxydes de l'azote, 101 à 113. — Acide azotique, 114 à 120. — Ammoniaque, 95 à 100.

Chlore, 77 à 81. — Brome, iode et fluor, 82 à 85. — Acide chlorhydrique, 86 à 91.

Soufre, 53 à 56. — Acide sulfureux, 61 à 67. — Acide sulfurique, 68 à 76. — Acide sulfhydrique, 57 à 60.

Phosphore, 121 à 125. — Acides phosphoriques, 131 à 140. — Hydrogène phosphoré, 126 à 130.

---

(*) Depuis 1892, la notation atomique s'est introduite, en France, dans les établissements d'enseignement secondaire et y a fait de si rapides progrès qu'aujourd'hui elle est presque exclusivement employée partout. Cela nous a imposé l'obligation de nous en servir dans ce *Manuel*, et aussi de présenter les matières dans un ordre un peu différent de celui du programme officiel, qui date de 1891.

Carbone, 141 à 144. — Oxyde de carbone, 151 à 154. — Acide carbonique, 145 à 150. — Sulfure de carbone, 155 à 160.

Carbures d'hydrogène : acétylène, gaz des marais, gaz oléfiant, 165, 172 à 180. — Gaz de la houille, 181-182. — Flamme, 183.

Classification des métalloïdes en familles naturelles, 184.

Métaux en général. — Propriétés, classification, 185-186.

Alliages, 187.

Principaux modes de production des oxydes métalliques, 188. — Action de la chaleur, du carbone et de l'eau, 190 à 192.

Potasse, 193 ; soude, 195 ; chaux, 196. — Sulfures, 198-199. Chlorures, 206 à 208 ; sel marin, 209.

Sels. — Propriétés générales, 200 à 204.

Actions des acides, des bases et des sels sur les sels, 205.

Principaux genres de sels. — Carbonates, 210 à 213 ; carbonate de potasse, de soude, de chaux, 214 à 219. — Sulfates 220 à 222 ; aluns, 224-225. — Azotates, 226-227 ; nitre et poudre, 228-229.

Eaux potables, 49-50.

Principes de la métallurgie du fer, 230. — Fontes et aciers, 231 à 235.

Généralités sur les matières organiques existant dans les êtres vivants ou produites artificiellement, 161. — Méthodes générales : analyse, 162 à 164, et synthèse, 171. — Principes généraux de la classification : fonctions, 165 à 170.

# CHIMIE

## GÉNÉRALITÉS

**1. Analyse; corps simples.** — La plupart des corps peuvent être *décomposés*, directement ou indirectement, par l'action de la chaleur, de l'électricité, etc., en d'autres corps que l'on ne peut plus, dans l'état actuel de la science, décomposer à leur tour. Ces derniers corps sont dits *simples*, ou nommés *éléments* ; on en connaît environ soixante-douze. La décomposition qui les met en liberté ou qui permet tout au moins de reconnaître leur existence dans un corps composé, est une *analyse*.

**2. Synthèse; combinaison.** — Des éléments différents peuvent, réciproquement, se réunir pour former un *composé* et reproduire ainsi, par *synthèse*, les corps précédemment analysés, ou d'autres. Il peut aussi arriver que deux composés se réunissent, en donnant naissance à un composé plus complexe. Dans les deux cas, on dit que les *composants* ont formé une *combinaison*.

La combinaison se distingue du mélange. D'une façon générale, les propriétés physiques et chimiques du nouveau corps diffèrent profondément, en effet, de celles des composants, tandis que ces propriétés persistent dans le mélange et permettent souvent de séparer mécaniquement (par différence de densité, attraction magnétique, etc.) les corps qui y entrent. Une distinction plus nette résulte de l'énoncé même des lois des combinaisons (3, 22).

**3. Lois des poids (ou des masses).** — 1° *Le poids — ou la masse — d'un composé est égal à la somme des poids des composants* (LAVOISIER). C'est la loi de la *conservation de la matière*, à laquelle correspond celle de la *conservation de l'énergie* (Phys., 108).

2° *Pour former un même composé, deux ou plusieurs com-*

posants se combinent toujours dans des proportions invariables (Loi des *proportions définies*, de Proust).

Ainsi l'eau, composée d'hydrogène et d'oxygène, est caractérisée par la proportion

$$\frac{p, \text{ masse de l'hydrogène}}{p', \text{ masse de l'oxygène}} = \frac{1}{8},$$

le gaz chlorhydrique, par la proportion

$$\frac{q, \text{ masse de l'hydrogène}}{q', \text{ masse du chlore}} = \frac{1}{35,5}; \text{ etc.}$$

Si l'un des composants se trouve en *excès*, c'est-à-dire en quantité supérieure à celle qui correspond à la proportion définie caractérisant le composé dont la formation est possible *dans les conditions de l'expérience*, cet excès reste simplement *mélangé* au composé.

On peut remarquer que la valeur commune de ces rapports n'est pas exprimée, en général, par des nombres simples.

3° Mais deux composants peuvent donner différents composés, caractérisés chacun d'après la loi précédente par un rapport constant. Dans ce cas :

*Les valeurs des rapports caractérisant, d'après la loi des proportions définies, les différents composés que deux corps peuvent donner en se combinant, sont multiples simples les unes des autres* (loi des *proportions multiples*, de Dalton).

Exemples :

*Sulfure cuivreux* : $\dfrac{\text{masse du soufre}}{\text{masse du cuivre}} = \dfrac{16}{63}$ ;

*Sulfure cuivrique* : $\dfrac{\text{masse du soufre}}{\text{masse du cuivre}} = \dfrac{32}{63}$, soit $\dfrac{16}{63} \times 2$ ;

*Oxyde azoteux* : $\dfrac{\text{masse de l'oxygène}}{\text{masse de l'azote}} = \dfrac{4}{7}$ ;

*Oxyde azotique* : $\dfrac{\text{masse de l'oxygène}}{\text{masse de l'azote}} = \dfrac{8}{7} = \dfrac{4}{7} \times 2$ ;

*Anhydride azoteux* : $\dfrac{\text{masse de l'oxygène}}{\text{masse de l'azote}} = \dfrac{12}{7} = \dfrac{4}{7} \times 3$ ;

etc...

Les nombres 1, 2, 3, 4, etc., entiers et petits, ou les fractions qui, réduites à leur plus simple expression, les ont pour termes expriment des rapports *simples*.

# ÉQUIVALENTS

**4. Lois des volumes ou lois de Gay-Lussac.** — Elles s'appliquent aux cas où les composants sont *gazeux*.

*Les volumes* (mesurés à la même température et à la même pression) *de deux gaz qui se combinent sont entre eux dans un rapport simple.*

*Le volume* (mesuré dans les mêmes conditions) *du composé, s'il est gazeux, est dans un rapport simple avec le volume de chacun des composants.*

Ainsi 1 volume d'*hydrogène* se combine à 1 volume de *chlore* pour donner 2 volumes de gaz *chlorhydrique*; il n'y a pas *contraction*, et les rapports $\frac{1}{1}, \frac{2}{1}$ sont simples.

2 volumes d'*hydrogène* se combinent à 1 vol. d'*oxygène* pour donner 2 vol. de vapeur d'eau (dans les conditions où cette vapeur peut exister, c'est-à-dire au dessus de 100°, à la pression atmosphérique); les rapports $\frac{1}{2}, \frac{2}{2}, \frac{2}{1}$ sont encore simples. Il y a ici contraction; le volume du composé *n'est* donc *pas* toujours égal à la somme des volumes des composants. Cette contraction ou *condensation* se remarque quand les volumes des composants ne sont pas égaux.

**5. Équivalents chimiques.** — 1° En comparant entre eux, au point de vue seulement des poids ou masses de matière qui y entrent, les différents composés de l'*hydrogène* avec chacun des autres éléments, on constate que pour un gramme d'hydrogène, ils contiennent respectivement 8$^{gr}$ d'oxygène, 16$^{gr}$ de soufre, 35$^{gr}$,5 de chlore, etc. On peut donc les envisager comme résultant du remplacement dans l'un d'eux, l'eau par exemple (45-52) de 8$^{gr}$ d'oxygène par 16$^{gr}$ de soufre, 35$^{gr}$,5 de chlore, etc., et dire que ces poids *s'équivalent*.

2° En comparant de même la composition de l'eau avec celle des composés d'un métal et d'oxygène, on reconnaît qu'à 8$^{gr}$ d'oxygène sont combinés, dans ces corps, 23$^{gr}$ de sodium, 39$^{gr}$ de potassium, 108$^{gr}$ d'argent, etc.

On arriverait au même résultat en prenant comme type de comparaison non plus l'eau, mais le gaz chlorhydrique. Le poids 1$^{gr}$ d'hydrogène que contient ce corps pour 35$^{gr}$,5 de chlore, remplacé par 23$^{gr}$ de sodium, 39$^{gr}$ de potassium, etc., donne les chlorures de sodium, de potassium et autres.

Les poids 23$^{gr}$ de sodium, 39$^{gr}$ de potassium, 108$^{gr}$ d'argent.

etc., *s'équivalent* donc vis-à-vis de 8$^{gr}$ d'oxygène, ou de 35$^{gr}$,5 de chlore.

3° Enfin le chlore peut, dans certains composés, remplacer l'hydrogène, et cette substitution a lieu encore à raison de 35$^{gr}$,5 de chlore contre 1$^{gr}$ d'hydrogène. Ce fait établit, en raisonnant de proche en proche, l'*équivalence* des nombres de la seconde série avec ceux de la première.

Définition. — On est donc conduit à dire que l'équivalent *d'un corps simple est le poids de ce corps qui,* dans les combinaisons, *remplace* 1$^{gr}$ *d'hydrogène ou s'y combine.*

**6. Remarques.** — 1° Les remplacements ou substitutions dont il vient d'être parlé peuvent, *dans un certain nombre de cas,* se réaliser très simplement. Tels sont la mise en liberté de l'hydrogène par le potassium, dans la décomposition de l'eau (27) et la substitution du chlore à l'hydrogène dans les carbures (173).

2° Lorsqu'il existe plusieurs combinaisons d'un élément avec l'oxygène ou le chlore, l'application des règles précédentes donnerait autant de nombres pour l'équivalent. Toutefois ces nombres seraient des multiples ou sous-multiples simples de l'un quelconque d'entre eux, d'après la loi des proportions multiples (3). Le choix de l'équivalent définitif est déterminé par les mêmes considérations que pour les poids atomiques (7).

3° Si l'on ne se place plus exclusivement au point de vue des masses, l'équivalence n'existe, dans un sens plus exact, qu'entre des corps d'une même famille (9, 184). Ainsi, 8$^{gr}$ d'oxygène occupent un volume moitié moindre que celui de 35$^{gr}$,5, c'est-à-dire d'un équivalent de chlore; les sulfures, analogues sous beaucoup de rapports aux oxydes, diffèrent profondément des chlorures, etc.

**7. Poids moléculaires, poids atomiques.** — Actuellement, on a renoncé au système précédent, fondé sur l'équivalence, pour en adopter un autre, basé sur les considérations suivantes :

1° On admet (*Phys.*, 2) que la matière n'est pas divisible à l'infini, les lois des proportions définies et des proportions multiples (3) s'accordant parfaitement avec cette manière de voir. On nomme alors *molécule la masse la plus petite d'un corps qui puisse exister libre.* Si le corps est composé, sa molécule doit cependant être considérée comme formée elle-même de particules de chacun des composants. Ce sont ces particules, constituant la molécule et physiquement inséparables, que l'on nomme *atomes*.

Ainsi une molécule de gaz chlorhydrique (89) est formée de l'union, sans condensation, de volumes égaux d'hydrogène et de chlore : chacun des deux composants occupe le volume *un*, celui de la molécule chlorhydrique étant pris comme égal à *deux* (*Lois de Gay-Lussac*, 4). La molécule de gaz chlorhydrique est, en conséquence, considérée comme formée de deux atomes, l'un d'hydrogène, l'autre de chlore.

2° D'autre part, on est conduit à supposer que *la molécule de tous les corps, simples ou composés, à l'état gazeux, occupe toujours le même volume*, dans les mêmes circonstances de température et de pression (*Hypothèse d'Avogadro et d'Ampère*).

Il résulte de là que l'*atome* d'hydrogène contenu dans la molécule chlorhydrique, une fois libéré chimiquement, ne pourra exister seul, puisque la *molécule* d'hydrogène doit avoir le même volume que la molécule chlorhydrique, c'est-à-dire le volume 2, double de celui qu'aurait l'atome d'hydrogène. La molécule d'hydrogène a donc *deux atomes*; elle est *diatomique*. En prenant pour unité de poids ou de masse le poids ou la masse de l'atome d'hydrogène, le poids de cette molécule, ou *poids moléculaire* de l'hydrogène, est 2; par suite de la définition même, le *poids atomique* de l'hydrogène est 1.

Le poids moléculaire du gaz chlorhydrique est la somme du poids atomique de l'hydrogène 1, et du poids 35,5 de l'atome de chlore qui s'y combine : 35,5 est le *poids atomique* du chlore. Il est facile de voir, en raisonnant comme pour l'hydrogène, que le *poids moléculaire* du chlore est 71.

**8. Définitions pratiques.** — Les raisonnements précédents ne reposent, au point de vue expérimental, que sur les lois des combinaisons en poids et en volume (3, 4). Au lieu de prendre pour unité de poids le poids de l'atome d'hydrogène, rien n'empêche de dire, par définition :

Le *poids atomique* de l'hydrogène est $1^{gr}$; son *poids moléculaire* est $2^{gr}$, occupant à 0° et sous la pression de $76^{cm}$ de mercure un volume $\dfrac{2^{gr}}{a.d} = 22^{lit},32$, $a$ étant le poids du litre d'air à 0° et 76$^{cm}$, soit 1$^{gr}$,293, et $d$, densité de l'hydrogène, étant pris égal à 0,0693. (*Phys.*, 35, 74).

Le *poids moléculaire* d'un corps simple ou composé, à l'état de *gaz* ou de *vapeur*, *est le poids* (en grammes) *de ce corps qui, à 0° et sous la pression de 76$^{cm}$, occuperait le même volume* (22$^{lit}$,32) *que* 2$^{gr}$ *d'hydrogène*.

On prend pour *unité de volume chimique* le volume, dans ces conditions, de 1$^{gr}$ d'hydrogène, soit 11$^{lit}$,16. Le volume moléculaire de tous les corps (gazeux) est donc $\dfrac{22^{lit},32}{11,16} = 2$ vol. chimiques.

Dans le cas d'une vapeur comme la vapeur d'eau, qui ne peut exister sous la pression de 76$^{cm}$ qu'à une température T égale ou supérieure à sa température de liquéfaction, le volume correspondant au poids moléculaire sera

$$22^{lit},32 \times (1 + \alpha T);$$

mais à cette température T le volume de 1$^{gr}$ d'hydrogène sera lui-même devenu 11$^{lit}$,16 $\times (1 + \alpha T)$ ; le volume moléculaire sera $\dfrac{22^{lit},32(1+\alpha T)}{11^{lit},16(1+\alpha T)}$, c'est-à-dire toujours 2 volumes chimiques.

Enfin, *le plus petit des poids d'un corps simple qui existe dans le poids moléculaire de ses composés est le poids atomique de ce corps simple*. Exemple : tous les composés (gazeux) du chlore, pris sous leur poids moléculaire, contiennent au moins 35$^{gr}$,5 de chlore ; 35,5 est donc le plus petit des poids de chlore qui entrent dans une molécule : c'est le poids atomique du chlore.

A défaut de composé gazeux ou volatil, on a recours, pour déterminer le poids atomique d'un élément, à des considérations tirées de l'étude des chaleurs spécifiques (*loi de Dulong et Petit*, *Phys.*, 76) ou de l'*isomorphisme* (26).

REMARQUE. On dit souvent, pour abréger, une molécule, au lieu de volume ou de poids moléculaire.

**9. Nomenclature écrite.** — On représente le poids atomique de chaque élément par un symbole, formé d'une ou deux lettres de son nom.

Les symboles et poids atomiques des principaux corps simples sont les suivants :

$$H = 1$$

| Métalloïdes | | | | Métaux | | | |
|---|---|---|---|---|---|---|---|
| Fluor.. | F = | 19 | (I) | Potassium (*kalium*)... | K = | 39 | |
| Chlore | Cl = | 35,5 | | Sodium (*natrium*).. | Na = | 23 | |
| Brome | Br = | 80 | | Argent... | Ag = | 108 | |
| Iode . | I = | 127 | | | | | |
| Oxygène. | O = | 16 | (II) | Calcium .. | Ca = | 40 | |
| Soufre.. | S = | 32 | | Baryum . . | Ba = | 137 | |
| | | | | Magnésium . | Mg = | 24 | |
| | | | | Manganèse . | Mn = | 55 | |
| | | | | Aluminium. | Al = | 27 | |
| Azote.. | Az = | 14 | (III) | Fer..... | Fe = | 56 | |
| Phosphore | P = | 31 | | Zinc .... | Zn = | 66 | |
| Arsenic . | As = | 75 | | Cuivre... | Cu = | 63 | |
| | | | | Mercure (*hydrargyrum*) | Hg = | 200 | |
| Carbone. | C = | 12 | (IV) | Or (*aurum*). | Au = | 196,5 | |
| Silicium. | Si = | 28 | | Étain (*stannum*)... | Sn = | 117,5 | |
| Bore... | Bo = | 11 | | | | | |

Le poids d'un élément entrant dans le poids moléculaire d'un de ses composés représente toujours un nombre entier, et généralement petit, d'atomes, d'après la définition même du poids atomique (8) et la loi des proportions multiples (3). Il sera donc exprimé par un multiple simple du poids atomique, c'est-à-dire, *algébriquement*, par le symbole de l'élément multiplié par un coefficient entier.

Le poids moléculaire (8) du composé sera naturellement représenté par la somme des symboles des composants, affectés chacun du coefficient convenable ; cette expression est la *formule* du corps.

Il est d'usage de supprimer les signes d'addition et d'écrire en exposants les coefficients. Ainsi, la formule de l'acide sulfurique

$SO^4H^2$  signifie  $S + 4O + 2H = 98^{gr}$.

Lorsqu'un coefficient est écrit de la manière ordinaire, il multiplie tous les termes de la formule. Ainsi $8SO^4H^2$ signifie $8(S + 4O + 2H)$ ; on peut d'ailleurs employer aussi la parenthèse, surtout lorsque la formule est compliquée.

**10. Atomicité.** — Le poids moléculaire (8) est le double du poids atomique porté au précédent tableau pour l'hydrogène, les éléments du groupe I (famille du chlore), du groupe II (famille de l'oxygène) et l'azote. Ces corps ont donc leur molécule réprésentée par $H^2$, $Cl^2$, $O^2$, $Az^2$ : ils sont *diatomiques*.

Le poids moléculaire du phosphore est quadruple de son poids atomique; sa molécule est $P^4$. Le phosphore est donc *tétratomique*.

**11. Équations chimiques.** — Les combinaisons entre corps simples ou composés se faisant sans que le poids total de matière soit altéré (3), il doit y avoir égalité entre les deux sommes qui représentent le poids total, l'une avant, l'autre après le phénomène chimique. Exemple :

$$SO^4H^2 + K^2O = SO^4K^2 + H^2O.$$
$$\underbrace{\qquad\qquad}_{192^{gr}} \quad \underbrace{\qquad\qquad}_{192^{gr}}$$

Cette égalité est nommée l'*équation* de la réaction ; c'est plutôt une identité, au sens algébrique.

**12. Valence.** — L'équation de la réaction qui se produit entre la molécule d'hydrogène et la molécule de chlore pour donner deux molécules de gaz chlorhydrique est la suivante (29) :

$$Cl^2 + H^2 = 2HCl,$$

ou bien :  $\quad Cl.Cl + H.H = HCl + HCl$
                1 moléc. 1 moléc. 1 moléc. 1 moléc.

Cette réaction se représente donc comme s'il y avait eu passage d'un atome de la molécule d'hydrogène dans la molécule de chlore et réciproquement. Dans cette substitution, l'atome Cl a remplacé l'atome H : on dit, pour exprimer ce fait, que le chlore est *monovalent*.

L'équation représentant la formation de l'eau a une forme différente :

$$O.O + 2H^2 = H^2O + H^2O, \quad \text{ou} \quad O^2 + 2H^2 = 2H^2O;$$
1 moléc. 2 moléc. 1 moléc. 1 moléc.

on voit qu'ici $H^2$ a remplacé O ; l'atome d'oxygène vaut donc, à cet égard, 2 atomes d'hydrogène ; il est *divalent*.

*Pratiquement*, on peut dire qu'un corps est monovalent, divalent, etc., suivant que son atome se combine à un, deux, trois atomes d'hydrogène ou de chlore. On représente alors ce fait en donnant au corps une formule de constitution :

Acide chlorhydrique (86) . . . . . Cl.H ou H.Cl.

Eau (45) . . . . . . H²O = O $\begin{cases} \cdot H \\ \cdot H \end{cases}$ ou H.O.H.

Ammoniaque (95) . . . AzH³ = Az $\begin{cases} \cdot H \\ \cdot H \\ \cdot H \end{cases}$ ou $\begin{array}{c} H \\ Az \\ H \quad H \end{array}$

Méthane (172) . . . . CH⁴ = C $\begin{cases} \cdot H \\ \cdot H \\ \cdot H \\ \cdot H \end{cases}$ ou $\begin{array}{c} H \\ H.\dot{C}.H \\ H \end{array}$

Les éléments de la famille du chlore (9, groupe I) sont *monovalents* comme lui ; ceux de la famille de l'oxygène (gr. II) sont *divalents* ; l'azote est *trivalent*, le carbone *tétravalent* ; le potassium, le sodium, l'argent *monovalents* ; le calcium, le baryum, le manganèse, le fer, le cuivre, le mercure, *divalents* ; l'or, *trivalent* ; l'étain, *tétravalent*.

On rappelle quelquefois dans les formules la valence de l'élément en accentuant son symbole. Ainsi : Ca″ représente le calcium *divalent*, qui joue le rôle de 2 atomes K² de métal monovalent : le nombre d'accents est le même que l'exposant de l'élément monovalent dans le composé correspondant. Exemple :

SO⁴K² et SO⁴Ca″.
sulfate de potassium   sulfate de calcium

**13 Densité des gaz par rapport à l'hydrogène.** — Le poids moléculaire M d'un composé gazeux (gaz ou vapeur) occupe, par définition, le même volume que 2ᵍʳ d'hydrogène (8). *La densité δ d'un gaz par rapport à l'hydrogène* (*Phys.*, 73, 38), *est donc le rapport* $\frac{M}{2}$, c'est-à-dire *la moitié de son poids moléculaire.*

Exemples :
  Oxygène : M = O² ou 32ᵍʳ, δ = 16 ;
  Gaz carbonique : M = CO² ou 44ᵍʳ, δ = 22, etc.

La densité *d* par rapport à l'air s'obtient en multipliant δ par la densité de l'hydrogène par rapport à l'air, soit $\frac{1}{14,4}$ environ :

$$d = \frac{\delta}{14,4}.$$

**14. Composition d'un gaz, en volume.** — Soient V un volume quelconque d'un gaz composé, $d$ sa densité par rapport à un corps de poids spécifique $a$, V' et V" les volumes, dans les mêmes circonstances de température et de pression, des gaz composants, $d'$ et $d''$ leurs densités par rapport au même corps que le précédent. Le poids du composé, V$ad$ (*Phys.*, 35), est égal à la somme des poids des composants (3) :

$$Vad = V'ad' + V''ad''$$

ou $$Vd = V'd' + V''d'',$$

égalité qui peut s'écrire

$$\frac{d - \frac{V'}{V}d'}{d''} = \frac{V''}{V}.$$

Si donc on a, par expérience, trouvé que $\frac{V'}{V} = 1$, on tire de là $\frac{V''}{V}$, qui sera aussi toujours un rapport simple (4), égal à $\frac{1}{2}$ par exemple. On en conclura alors qu'un volume quelconque du composé contient 1 volume du premier composant et $\frac{1}{2}$ volume du second. (Analyses dans la *cloche courbe*, 60).

Il est commode de prendre, dans l'*exposé* de ces expériences et de ces calculs, les densités par rapport à l'hydrogène, plus faciles à retenir ou à retrouver (13).

Remarque. — Lorsque les deux gaz composants ont même atomicité (10), les volumes de leurs atomes sont égaux, étant une même portion du volume moléculaire. Les coefficients (exposants) de la formule du composé expriment donc sa composition en volumes.

Exemple : $HCl$, un volume d'hydrogène et un volume de chlore, formant deux volumes ; $H^2O$, deux volumes d'hydrogène et un d'oxygène, condensés en deux volumes (4).

**15. Nomenclature parlée.** — Les noms des *corps simples* sont arbitraires, consacrés par l'usage ou donnés pour rappeler quelque propriété ou circonstance particulière.

**Composés binaires.** — Les corps binaires, c'est-à-dire formés de deux éléments, se désignent par deux substantifs ou par un adjectif ajouté à un substantif exprimant une propriété générale, physique ou chimique, du corps.

Exemples : *chlorure d'hydrogène*, gaz *chlorhydrique*, acide *chlorhydrique*, composé de chlore et d'hydrogène; anhydride *azotique*; *oxyde de fer, oxyde ferreux*, etc.

Lorsqu'il y a *plusieurs composés formés par les mêmes éléments*, on les distingue par les préfixes *proto, sesqui, bi, tri, tétra*, etc., à mesure que le rapport du nombre des atomes de l'élément *électro-négatif* (Phys., 223) à celui des atomes de l'élément électro-positif va en augmentant :

*Protoxyde* de manganèse, $MnO$; *sesquioxyde*, $Mn^2O^3$; *bioxyde*, $MnO^2$; *tétrachlorure* de carbone, $CCl^4$; etc.

On se sert aussi des désinences *eux* et *ique*, ajoutées à l'adjectif tiré du nom de l'élément électro-positif; on combine l'emploi de ces désinences, en cas de besoin, avec d'autres préfixes : *hypo*, et *per*. Exemples :

Protoxyde d'azote ou oxyde azot*eux*, $Az^2O$;

Bioxyde d'azote ou oxyde azot*ique*, $AzO$;

Anhydride *hypochloreux*, $Cl^2O$; anhydride chlor*eux*, $Cl^2O^3$;

Anhydride azot*eux* (trioxyde), $Az^2O^3$; anhydride azot*ique* (pentoxyde), $Az^2O^5$; anhydride *perazotique*, $Az^2O^4$.

Un même composé peut, comme on voit, être désigné par plusieurs noms, dont un seul est habituellement employé. Quelques combinaisons ont un nom particulier, consacré par un usage antérieur : *eau* ($H^2O$), au lieu d'oxyde d'hydrogène ou d'oxyde hydrique; *ammoniaque* ($AzH^3$), au lieu d'azoture d'hydrogène; *potasse, soude, chaux*, au lieu d'oxyde ou d'hydrate de potassium, de sodium, de calcium, etc.

REMARQUE. — Ces distinctions ne sont que relatives : ainsi le composé $CO^2$ est nommé gaz ou anhydride carbon*ique*, tandis que le composé $SO^2$ est nommé gaz ou anhydr: le sulfur*eux*, parce qu'il se trouve parmi les combinaisons binaires du soufre et de l'oxygène un anhydride sulfur*ique* $SO^3$, plus oxygéné que $SO^2$, tandis que le terme analogue n'existe pas pour le carbone.

**16. Composés ternaires.** — Les composés de trois éléments se désignent quelquefois d'après des règles analogues aux précédentes; c'est ainsi qu'est nommé l'*oxychlorure de phosphore* $POCl^3$. Mais on n'a pas étendu ce mode de dénomination, qui deviendrait très compliqué dans les cas où il existe plusieurs composés des trois mêmes éléments. On emploie alors de préférence la forme adjective, et, en outre, on la simplifie.

Ainsi au lieu de nommer acide oxy-hydro-sulfurique le composé représenté par $SO^4H^2$, on le nomme simplement acide *sulfurique*. Le mot acide implique (17) que le corps contient de l'*hydrogène*, et la désignation de l'oxygène est *supprimée par convention*, ce corps entrant généralement dans la constitution de ceux des *acides* et *sels* qui sont composés ternaires.

L'emploi des préfixes et désinences est d'ailleurs le même que pour les composés binaires (10). Exemples :

acide sulfur*eux* $SO^3H^2$,
acide sulfur*ique* $SO^4H^2$.

Si, au lieu d'hydrogène, le composé ternaire contient un métal et constitue un *sel* (19), on supprime de plus le mot sel et on le désigne comme l'acide, en changeant la terminaison *eux* en *ite*, et *ique* en *ate*. Exemples :

$AzO^2H$, acide azot*eux* ; $AzO^2K$ azot*ite* de potassium,
$AzO^3H$, acide azot*ique*; $AzO^3K$, azot*ate* de potassium.

REMARQUE. — Lorsque, dans les acides ou les sels en question, l'oxygène est remplacé par un autre élément, il faut nommer cet élément. Exemple :

$CO^3K^2$, carbonate de potassium, dérivant de l'acide $CO^3H^2$ ;
$CS^3K^2$, *sulfo*carbonate de potassium.

**17. Acides.** — Les *acides* sont des corps, généralement solubles ou liquides, ayant, aussi en général, une action caractéristique sur la teinture *bleue* de tournesol, qu'ils font virer au *rouge*, et sur certaines autres matières colorantes. Ils font effervescence avec le carbonate de calcium (calcaire) ; ils ont, en somme, à différents degrés, les propriétés du vinaigre (*acetum*, acide acétique).

Au point de vue de la constitution, ils sont formés d'*hydrogène*, uni soit à un élément électro négatif tel que le fluor, le chlore, le brome, l'iode, soit à un ensemble de deux éléments, dont l'un est l'oxygène (ou le soufre, élément analogue), l'autre généralement un métalloïde (184) :

$ClH$,  $AzO^3H$,  $SO^4H^2$.
acide chlorhydrique   acide azotique   acide sulfurique.

Leur mode de dénomination a été indiqué plus haut (15, 16).

**18. Bases.** — Les *bases* sont des corps composés, qui se dissolvent pour la plupart dans l'eau et ramènent alors au bleu la teinture de tournesol rougie par les acides ; elles verdissent le sirop de violettes.

Ce sont des oxydes (ou des sulfures) métalliques, ou plutôt des combinaisons dérivant de l'eau $H^2O$ dans laquelle l'hydrogène est partiellement remplacé par un métal (188 ) :

$H^2O$ ou $H.OH$,   $KHO$ ou $K.OH$,   $NaHO$ ou $Na.OH$,
  eau                  base                   base

l'hydrogène et le potassium, *monovalents*, étant liés à l'oxygène *divalent* (12). On les nomme aussi potasse, soude, etc., ou mieux *hydrates* de potassium, de sodium, etc. Cette dénomination se justifie en considérant l'eau, neutre en réalité, comme un acide (acide hydrique) et appliquant la règle du n° 16. D'après ces mêmes règles, les bases $KHS$, $NaHS$ sont des *sulfhydrates*, le soufre devant être nommé (16, *Rem.*).

Si le métal est *divalent*, du calcium par exemple, son hydrate est $Ca''\begin{cases}.OH\\.OH\end{cases}$ ou $Ca''(OH)^2$, chacun des groupements $OH$ (*oxhydryle*) étant lié par une des valences de son oxygène au calcium.

**19. Sels.** — Les corps *neutres* au tournesol ou à un réactif coloré sont ceux qui n'agissent pas sur la couleur de ce réactif. Parmi les nombreux corps neutres, un certain nombre résultent de l'action d'une base sur un acide. Exemples :

$ClH$ + $KOH$ = $KCl$ + $H^2O$,
acide (chlorhy-  base  sel (chlorure  eau
drique).              de potassium)

$AzO^3H$ + $KOH$ = $AzO^3K$ + $H^2O$.   (1)
acide (azotique) base (hydrate sel (azotate de  eau
de potassium) potassium)

Le corps ainsi formé, avec élimination d'eau, dans cette réaction ou *neutralisation* d'un acide par une base, est un *sel* (201).

Remarque. — La réaction précédente équivaut, en ce qui

concerne la formation du sel, au remplacement de l'atome d'hydrogène de l'acide par l'atome d'un métal ; cela résulte de la comparaison des *formules* : $AzO^3H$ (acide) et $AzO^3K$ (sel).

**20. Basicité ; sels acides.** — Lorsque la molécule d'acide est ainsi neutralisée par une molécule d'hydrate de potassium, ou, en d'autres termes, lorsqu'elle contient un seul atome d'hydrogène remplaçable par le potassium, l'acide est dit *monobasique*. C'est le cas des acides chlorhydrique et azotique.

Mais il peut se faire que deux molécules de potasse soient nécessaires pour neutraliser ou *saturer* la molécule d'acide. C'est ce qui se présente avec l'acide sulfurique :

$$SO^4H^2 + 2KOH = SO^4K^2 + 2H^2O. \qquad (2)$$

Deux atomes d'hydrogène sont donc remplacés par deux atomes de potassium, et la réaction représentée par (2) équivaut, *si l'on n'envisage que la formation du sel*, à la suivante :

$$SO^4H^2 + K^2 = SO^4K^2 + H^2. \qquad (2^{bis})$$

L'acide est dit alors *bibasique*.

Qu'arriverait-il si l'on n'avait introduit dans la réaction qu'une molécule d'hydrate de potassium ? L'expérience montre qu'*un* seulement des atomes d'hydrogène aurait été remplacé par du potassium. On donne encore au composé formé le nom de *sel* ; mais *ce sel n'est plus neutre*. C'est un *sel acide*, le *sulfate acide* de potassium :

$$SO^4H^2 + KOH = SO^4KH + H^2O. \qquad (3$$
sulfate acide

Ce sulfate contient encore un atome d'hydrogène remplaçable par un métal ; il donnerait, comme un acide monobasique, avec une nouvelle molécule de potasse, un sulfate *neutre* :

$$SO^4KH + KOH = SO^4K^2 + H^2O. \qquad (4)$$

La suite des réactions (3) et (4) équivaut donc à la réaction (2).

L'acide orthophosphorique (131) est *tribasique*.

1ʳᵉ REMARQUE. — Lorsque le métal libre ou entrant dans la base est divalent, c'est-à-dire remplace par un de ses atomes deux atomes d'hydrogène (12), il faut, pour former son sel, *deux* molécules d'acide *monobasique*. Exemples :

$2AzO^3H$ + $Ca''(OH)^2$ = $(AzO^3)^2Ca''$ + $2H^2O$, (5)
acide        hydrate           azotate
azotique    de calcium        de calcium

$2ClH$ + $Ba''(OH)^2$ = $Cl^2Ba''$ + $2H^2O$.
acide          hydrate          chlorure
chlorhydrique  de baryum       de baryum

Mais *une* molécule d'acide *bibasique* suffit, puisqu'elle contient $H^2$ remplaçable par $Ca''$ ou $Ba''$ (12) :

$$SO^4H^2 + Ca'' = SO^4Ca'' + H^2.$$

2º REMARQUE. — Le fer est *divalent* dans les sels *ferreux*, correspondant à l'hydrate $Fe''(OH)^2$ et tels que le chlorure $Fe''Cl^2$. Mais il existe des sels *ferriques*, dérivant de l'hydrate $Fe^2(OH)^6$, et tels que le chlorure $Fe^2Cl^6$. $Fe^2$ est donc *hexavalent*, $(Fe^2)^{vi}$, dans ces sels, puisqu'il se combine à $6Cl$ et remplace $6H$ (12). Le sulfate ferrique, par exemple, contenant $(Fe^2)^{vi}$ exigera pour sa formation trois molécules d'acide sulfurique, qui contiennent $6H$ ; sa formule sera

$$(SO^4)^3(Fe^2)^{vi}.$$

**21. Anhydrides.** — Un *anhydride* dérive d'un acide oxygéné qui perd une ou plusieurs molécules d'eau formée aux dépens de l'hydrogène remplaçable (19).

Si donc l'acide est monobasique (20), la soustraction devra forcément porter sur deux molécules :

$2AzO^3H - H^2O = Az^2O^5$, *anhydride azotique*.

S'il est bibasique, une seule molécule suffit :

$SO^4H^2 - H^2O = SO^3$, *anhydride sulfurique*.

En chimie minérale, les anhydrides sont généralement des oxydes ; les dénominations d'anhydride azotique, sulfurique, etc., sont préférées à celles de pentoxyde d'azote, trioxyde de soufre, etc. (15).

REMARQUE. — Les anhydrides peuvent se combiner directement aux bases et donner le sel de l'acide correspondant :

$SO^3 + KOH = SO^4KH$     sulfate acide  } de potassium.
$SO^3 + 2KOH = H^2O + SO^4K^2$ sulfate neutre

**22. Notions de thermochimie.** — *Toute réaction chimique est accompagnée d'un dégagement ou d'une absorption de chaleur.*

Les réactions dégageant de la chaleur sont dites *exothermiques* ; celles qui en absorbent, *endothermiques*.

Généralement les *combinaisons* présentent le premier phénomène (cuivre devenant incandescent dans la vapeur de soufre, etc.) et les décompositions le second, plus difficile à observer. C'est une différence de plus entre le mélange et la combinaison (3).

La réaction inverse (*décomposition*) *absorbe* la même quantité de chaleur ; c'est un *fait constant*, analogue à ce qui se passe en physique, dans les changements d'état (*Phys.*, 79). Mais il ne suffit pas, pour déterminer la décomposition, de disposer de cette quantité de chaleur ; il faut des *conditions ou circonstances convenables* (température, réactions différentes simultanées, etc.).

Les lois de la thermochimie peuvent se résumer dans les propositions suivantes (M. Berthelot) :

1. *La quantité de chaleur dégagée dans une réaction mesure la somme des travaux physiques ou chimiques accomplis dans cette réaction.*

On retrouve donc là encore le principe de l'*équivalence* du travail et de la chaleur (*Phys.*, 108).

2. *La quantité de chaleur dégagée ou absorbée dans les changements éprouvés par un système de corps, dépend uniquement de l'état* INITIAL *et de l'état* FINAL *du système, quels que soient les états intermédiaires.*

Cet énoncé comprend le principe, cité plus haut, de *la réaction inverse*; il signifie aussi, pour se borner à un exemple simple, que la quantité de chaleur dégagée en transformant $12^{gr}$ de charbon en oxyde de carbone CO, puis brûlant cet oxyde de carbone pour en faire de l'anhydride carbonique $CO^2$, est la même que celle que l'on produirait en brûlant directement le charbon pour le transformer en anhydride carbonique.

3. *Tout changement chimique, accompli sans l'intervention d'une énergie étrangère* (d'une source de chaleur, par exemple) *tend à produire le corps ou les corps dont la formation dégage le plus de chaleur* (*Principe du travail maximum*).

Il résulte de cette manière d'envisager les réactions chimiques une idée plus nette de ce que l'on nommait vaguement l'*affinité* de deux corps, ou la *puissance* d'une base, dans sa neutralisation par un acide (19) : la chaleur dégagée peut servir à caractériser ces grandeurs.

## 23. Chaleurs dégagées dans la formation de quelques combinaisons.

| COMBINAISONS | | NOMBRES DE CALORIES | | | | OBSERVATIONS |
|---|---|---|---|---|---|---|
| $H + Cl$ | $= HCl$ | (1) | 22,0 | (2) | 39,3 | (1) État gazeux. |
| $H^2 + O$ | $= H^2O$ | (1) | 59,0 | (3) | 69,0 | (2) État dissous. |
| $Az + H^3$ | $= AzH^3$ | (1) | 12,2 | (2) | 21,0 | (3) État liquide, à 15°. |
| $Az^2 + O$ | $= Az^2O$ | (4) | −20,6 | | | (4) État gazeux; réaction endothermique. |
| $S + O^2$ | $= SO^2$ | (1) | 69,2 | (2) | 76,8 | |
| $C + O$ | $= CO$ | (5) | 25,8 | (6) | 28,8 | |
| $CO + O$ | $= CO^2$ | (1) | 68,2 | (1) | 68,2 | (5) État gazeux; C diamant. |
| $C + O^2$ | $= CO^2$ | (5,7) | 94,0 | (6,7) | 97,0 | |
| $K^2 + O$ | $= K^2O$ | (8) | 97,2 | (2) | 164,4 | (6) État gazeux; C amorphe. |
| $K + O + H$ | $= KOH$ | (8) | 101,3 | (2) | 116,8 | (7) Somme des deux nombres précédents (22). |
| $KOH + HCl$ | $= KCl + H^2O$ | » | | (9) | 13,7 | |
| $KOH + AzO^3H$ | $= AzO^3K + H^2O$ | » | | (9) | 13,8 | |
| $2(KOH) + SO^4H^2$ | $= SO^4K^2 + 2H^2O$ | » | | (9) | 31,4 | (8) État solide. |
| $Cu + O$ | $= CuO$ | (8) | 40,4 | | » | (9) Les molécules de base et d'acide dissoutes chacune dans 4lit d'eau. |
| $C^2 + H^2$ | $= C^2H^2$ acétylène | (1,5) | −60,6 | | » | |
| $C^2 + H^4 + O$ | $= C^2H^6O$ alcool | (5) | 59,8 | (3) | 69,9 | |

Les poids (masses) représentés par les symboles sont exprimés, comme toujours, en *grammes* ; les quantités de chaleur, en *grandes* calories (*Phys.* 75). Ainsi la chaleur dégagée par la formation de 36gr,5 de gaz chlorhydrique HCl élèverait de 1° la température de 22 kilogr. d'eau.

## 24. Circonstances qui favorisent les réactions.

L'état de *division* et surtout de dissolution facilite, toutes choses égales d'ailleurs, les réactions. Il en est souvent de même de la condensation des gaz par les *corps poreux* (charbon, etc.), phénomène très analogue à la dissolution et variable suivant la nature du gaz.

Une *élévation de la température* jusqu'à une valeur convenable est souvent indispensable. Ainsi le chlore et l'hydrogène s'unissent (avec explosion) à la température ordinaire, sous l'action de la *lumière*, mais l'oxygène et l'hydrogène ne se combinent que vers 500° : l'*étincelle électrique* détermine aussi leur combinaison. Le *courant* (électrolyse), l'*arc voltaïque* et les *étincelles d'induction* peuvent produire, au contraire, des décompositions (eau, 51 ; ammoniaque, 99) ; la *chaleur* enfin a le même effet dans certains cas (oxyde de mercure, 31).

**25. Dissociation** (*H. Sainte-Claire Deville*). — C'est une décomposition partielle, limitée par la tension (*Phys.*, 40, 49) du gaz ou des gaz qui en proviennent. A chaque température de décomposition partielle correspond une valeur de cette tension, dite *tension de dissociation;* quand cette valeur est atteinte, la décomposition cesse, quelle que soit la durée de l'expérience. Si l'on extrait le gaz formé, une nouvelle décomposition en fournit une masse égale à celle qui a disparu et rétablit ainsi la tension de dissociation ; si l'on abaisse la température, une partie du gaz dégagé rentre en combinaison, jusqu'à ce que la pression ait pris la valeur de la tension de dissociation correspondant à la nouvelle température. C'est ainsi que le carbonate de calcium $CO^3Ca''$ se dissocie en chaux $Ca^2O$ et gaz carbonique $CO^2$; l'oxyde de cuivre $CuO$, en oxyde $Cu^2O$ et oxygène.

La dissociation se produit aussi dans la dissolution de certains sels, suivant des lois analogues à la précédente.

**26. Cristallisation. Isomorphisme. Dimorphisme.** — Les formes géométriques prises par les corps lorsqu'ils cristallisent (*Phys.*, 79) peuvent servir dans beaucoup de cas à les caractériser. Ces formes se rapportent à *six systèmes cristallins*, qui ont pour types : 1° le *cube* ; 2° le *prisme droit à base carrée*; 3° le *prisme orthorhombique* ou *droit à base rhombe* (losange) ; 4° le *rhomboèdre* ou le *prisme droit à base hexagonale* ; 5° le *prisme clinorhombique* (base losange, arêtes parallèles à un plan de symétrie perpendiculaire à cette base) ; 6° le *prisme triclinique* (arêtes inclinées d'une façon quelconque sur la base).

Toutes les formes de cristaux peuvent se déduire de ces types et se rattachent, par conséquent, à l'un des six systèmes.

Un corps est *dimorphe* ou *trimorphe*, etc. lorsqu'il peut se présenter en cristaux différents, appartenant à deux ou à trois systèmes. Exemple : le soufre, dimorphe ; l'anhydride titanique, trimorphe ; l'anhydride silicique, polymorphe.

On nomme *isomorphes* les corps qui peuvent entrer à l'état de mélange dans la composition d'un même cristal. Il *ne suffit pas* pour cela qu'ils appartiennent au même système. Ainsi les sulfates de fer et de magnésium sont *isomorphes* (système orthorhombique) ; l'*alun* (sulfate de potassium et d'alumine) et le chlorure de sodium (sel marin), bien que cristallisant sous la même forme (système cubique), ne le sont pas.

L'isomorphisme correspond à des constitutions chimiques *semblables* :

Sulfate de zinc. . . . $SO^4Zn'' + 7H^2O$ (eau de cristallisation, 48).
Sulfate de magnésium $SO^4Mg'' + 7H^2O$.

A défaut de composé gazeux auquel on puisse appliquer la définition du n° 8, l'isomorphisme permet souvent de fixer le poids moléculaire (8) ou la formule (9) d'un corps, et le poids atomique d'un des éléments qui y entrent. On donne alors au corps considéré une formule semblable à celle d'un de ses isomorphes pour lequel la même difficulté n'existe pas.

Les corps non cristallisés sont dits *amorphes*.

# HYDROGÈNE

Poids atom. (1 vol.) : $H = 1$.  Poids molec. (2 vol.) : $H^2 = 2$.

**27. Préparation.** — 1° Par l'eau et un métal. — Les métaux *alcalins*, potassium (K), sodium (Na), décomposent l'eau *à froid* en donnant un hydrate, d'après la réaction représentée par l'équation

$$H^2O + K = KOH + H,$$

dont il conviendrait de doubler les termes pour avoir l'hydrogène sous son poids moléculaire $H^2$ ($22^{lit},32$ à 0° et $76^{cm}$).

Mais ces métaux sont coûteux, et dangereux à manier dans ces conditions. Aussi dans la pratique, doit-on leur substituer le *fer*, qui décompose l'eau (en vapeur), *au rouge* :

$$4H^2O + 3Fe = Fe^3O^4 + 4H^2.$$

On fait passer un courant de vapeur d'eau sur des fils de fer portés au rouge dans un tube de porcelaine vernissée (fig. 1).

Le gaz hydrogène est recueilli dans des éprouvettes sur la

*cuve à eau.* L'oxyde de fer obtenu Fe³O⁴ a la même composition que la pierre d'aimant (*Phys.*, 203), d'où son nom d'*oxyde magnétique*; il est intermédiaire entre l'oxyde ferreux FeO et le sesquioxyde ou oxyde *ferrique* Fe²O³.

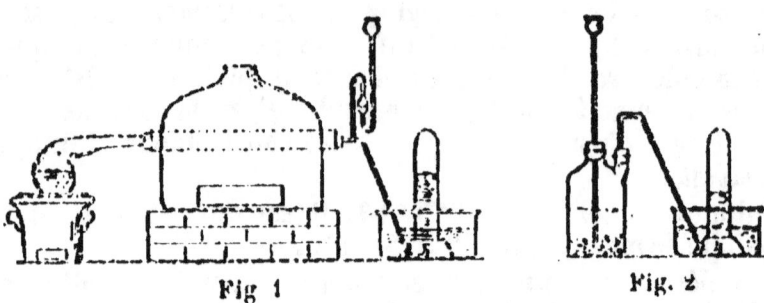

Fig. 1    Fig. 2

2° PAR UN ACIDE ET LE ZINC OU LE FER. — Le fer et les métaux de sa famille décomposent *à froid* l'acide chlorhydrique HCl (gaz en dissolution, 87) ou l'acide sulfurique SO⁴H² (liquide, *étendu d'eau*, 73), en dégageant deux atomes (une molécule) d'hydrogène auxquels se substitue un atome de métal *divalent* Fe″ ou Zn″ (12):

$$2(ClH) + Zn'' = Zn''Cl^2 + H^2 \; (22^{lit},32 \text{ à } 0° \text{ et } 76^{cm})$$
chlorure de zinc

$$SO^4H^2 + Zn'' = SO^4Zn'' + H^2.$$
sulfate de zinc

La réaction se fait dans un flacon à deux tubulures (*fig.* 2); c'est le procédé pratique des laboratoires. Le sulfate ou le chlorure produit reste en dissolution.

Pour *dessécher* le gaz, on le ferait passer dans une éprouvette à *chlorure de calcium* ou à pierre ponce imbibée d'*acide sulfurique*. Il faudrait alors le recueillir sur le mercure, ou l'employer directement.

Les métaux renfermant des impuretés, qui favorisent leur attaque (*Phys.* 228), l'hydrogène entraîne des produits gazeux (sulfure, arséniure) dont on le débarrasse en le faisant passer dans un tube chauffé contenant du cuivre, qui se combine au soufre et à l'arsenic.

3° PAR ÉLECTROLYSE. — L'électrolyse de l'eau (*Phys.*, 222) donne les gaz hydrogène et oxygène. Ce procédé théorique a été utilisé dans la pratique pour la préparation de l'hydrogène destiné au gonflement des ballons. L'eau est alors additionnée non d'un acide, mais d'hydrate de potassium KOH ou d'hydrate de sodium NaOH.

**28. Propriétés physiques.** — L'hydrogène (incolore, inodore) est *le plus léger* de tous les gaz; sa densité par rapport à l'air est $d = 0{,}06947$ (M. Leduc), ou $\frac{1}{11{,}4}$ environ; son poids spécifique $a.d$ (*Phys.*, 74), à 0° et 76$^{cm}$ de pression est, par suite, $1^{gr}{,}293 \times 0{,}06947 = 0^{gr}{,}090$ environ par litre. Cette grande légèreté peut être mise en évidence par une série d'expériences (gonflement de bulles de savon, introduction du gaz dans une éprouvette ayant, dans l'air, son ouverture vers le bas, etc.). Elle motive son emploi pour le gonflement des ballons (*Phys.*, 55), mais entraîne une conséquence remarquable, sa *diffusion rapide* (*propriété endosmotique*) à travers les parois *poreuses* (membranes, porcelaine non vernissée, métaux chauffés au rouge).

L'hydrogène est très peu soluble dans l'eau; longtemps considéré comme *permanent* (c'est-à-dire impossible à liquéfier), il a été liquéfié (Cailletet, Pictet) par l'action d'un froid énergique, accru encore par la *détente*, au-dessous de sa température *critique* — 220° (*Phys.*, 92).

Il conduit la chaleur beaucoup mieux que les autres gaz (*Phys.*, 109).

**29. Propriétés chimiques.** — ACTIONS DU CHLORE ET DE L'OXYGÈNE. — L'hydrogène se combine avec les éléments électro-négatifs (métalloïdes), particulièrement avec l'*oxygène* et le *chlore*. Il peut s'y unir: 1° directement, ces éléments étant libres; 2° en les enlevant aux combinaisons qui les contiennent (*réduction*). Cette *affinité* s'explique par la grande *quantité de chaleur dégagée* par la formation de l'eau ou de l'acide chlorhydrique (22, 23):

Des volumes *égaux d'hydrogène* et de *chlore* forment un mélange *détonant spontanément* à la lumière solaire et *très dangereux*:

$$H^2 + Cl^2 = 2HCl. \qquad (7, 12)$$
$$\text{2 vol.} \quad \text{2 vol.} \quad 2 \times 2 \text{ vol.}$$

Un volume d'*oxygène* et deux d'*hydrogène* détonent avec

moins de violence que le précédent mélange, et seulement au contact d'une flamme, de l'étincelle, ou de la *mousse de platine* (corps poreux, 24) :

$$H^2 + O = H^2O.$$
$$\text{2 vol.} \quad \text{1 vol.} \quad \text{2 vol.}$$

Le mélange d'hydrogène avec un volume d'air convenable (c'est-à-dire contenant un volume d'oxygène moitié de celui de l'hydrogène) est aussi *détonant*.

Dans les conditions ordinaires, l'hydrogène, après contact préalable d'une flamme, brûle dans l'air (expériences de la *lampe philosophique*, de l'*harmonica chimique*), en donnant de la vapeur d'eau, qu'il est facile de condenser sur un corps froid (*expérience de Cavendish*). Lorsque l'on enflamme le gaz directement à sa sortie de l'appareil producteur, il faut être certain que l'hydrogène, en se dégageant assez rapidement et assez longtemps, a expulsé l'air ; sans cette précaution, il pourrait se produire une *explosion*.

La flamme de l'hydrogène, peu éclairante, est très chaude (*chalumeau à oxygène et hydrogène*, de Deville et Debray).

RÉDUCTIONS. — Les oxydes métalliques sont pour la plupart *réduits* à chaud par l'hydrogène, qui forme de l'eau et met en liberté le métal ou quelquefois un oxyde moins riche en oxygène que le précédent. On montre souvent cette réduction en faisant passer l'hydrogène sur de l'oxyde (noir) de cuivre légèrement chauffé dans un tube de verre ; le cuivre (rouge) est mis en liberté et il se dégage de la vapeur d'eau. L'excès de calories (22, 23) entre les chaleurs de formation de l'eau ($59^{cal}$) et de l'oxyde de cuivre ($40^{cal}$) se dégage et porte le métal à l'incandescence :

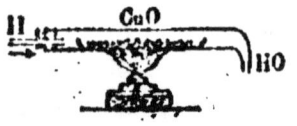

$$CuO + H^2 = Cu + H^2O \ldots\ldots\ldots 59 - 40 = 19^{cal}.$$

RÔLE CHIMIQUE. — L'hydrogène occupe une place à part parmi les éléments, qui tous ont un poids atomique supérieur au sien. Son état gazeux et certaines propriétés le rapprochent des métalloïdes, d'autres (conductibilité supérieure à celle des autres gaz, formation avec certains métaux de combinaisons ayant le caractère d'*alliages*, etc.), des métaux. Ainsi l'hydrogène, comprimé à température ordinaire ou sous l'influence d'une légère élévation de température à la pression atmosphérique, déplace l'argent de son sulfate, en formant de l'acide sulfurique, que l'on pourrait nommer sulfate d'hydrogène :

$$SO^4Ag^2 + H^2 = SO^4H^2 + Ag^2.$$

L'hydrogène se comporte dans cette circonstance comme le cuivre :

$$SO^4Ag^2 + Cu'' = SO^4Cu'' + Ag^2.$$

Cette réaction de l'hydrogène peut d'ailleurs être considérée comme un cas particulier de *réduction*.

30. L'hydrogène, bien que connu antérieurement (air inflammable), n'a été étudié et caractérisé que par Cavendish, vers 1766. Il entre dans la composition de l'eau pour $\frac{1}{9}$, dans les acides (17) et dans les nombreux composés organiques.

Il est très souvent employé dans les laboratoires, surtout comme *réducteur* (29, 2°) ; il sert à gonfler les ballons, mais, à cause de sa propriété endosmotique, on lui préfère ordinairement le gaz d'éclairage.

# OXYGÈNE

Poids atom. (1 vol.) : $O = 16$.    Poids moléc. (2 vol.): $O^2 = 32$.

31. **Préparations.** — On le prépare ordinairement en décomposant par la chaleur un de ses composés (oxyde, ou composé ternaire) convenablement choisi.

1° PRÉPARATION PAR LES OXYDES. — On chauffe (*calcination*) l'*oxyde rouge de mercure* $HgO$ dans un tube fermé à un bout ou dans une petite cornue de verre. Du mercure métallique distille et se condense sur les parois relativement froides ; le gaz oxygène se recueille sur la cuve à eau :

(1)     $HgO = Hg + O$ ($11^{lit},16$ à $0°$ et $76^{cm}$).

Ce procédé n'est plus utilisé aujourd'hui que dans des cas particuliers (préparation d'oxygène parfaitement pur).

La calcination, à température plus élevée et dans une cornue de grès placée dans un fourneau à réverbère, du *bioxyde (noir) de manganèse* $MnO^2$ donne aussi de l'oxygène. Mais ici le résidu est un oxyde moins oxygéné et non le métal :

(2)    $3MnO^2 = Mn^3O^4 + O^2$   ($22^{lit},32$ à $0°$ et $76^{cm}$).

Comme l'oxyde $Fe^3O^4$ (27), l'oxyde (brun) $Mn^3O^4$ est intermédiaire entre l'oxyde manganeux $MnO$ et l'oxyde manganique $Mn^2O^3$.

2° PRÉPARATION PAR LE CHLORATE DE POTASSIUM. — Ce sel (cristallisé, en lamelles ou paillettes) fond sous l'action de la chaleur, puis, à température plus élevée, dégage de l'oxygène :

(3)    $ClO^3K = KCl + 3O.3 \times 11^{lit},16$ à $0°$ et $76^{cm}$).
   chlorate  chlorure

Le chlorure de potassium reste dans la cornue.

*Remarque.* — Il peut se former d'abord du perchlorate de potassium $ClO^4K$ (qui n'est décomposable qu'à une température plus élevée, ce qui présente quelque danger d'explosion) :

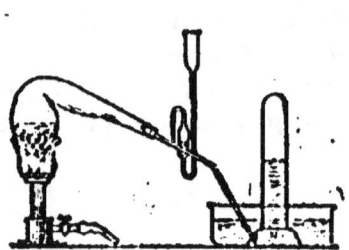

(4) $2ClO^3K = KCl + O^2 + ClO^4K$.

On évite la formation de ce perchlorate en additionnant le chlorate d'une petite quantité d'oxyde brun de manganèse (résidu de la préparation précédente), qui semble n'agir que par sa présence, n'étant pas altéré à la fin de l'expérience. C'est la seule préparation en usage dans les laboratoires : on y remplace ordinairement la cornue par un vase de fonte, dont le couvercle, *luté* avec du plâtre, livre passage à un tube de dégagement. Le gaz traverse un flacon *laveur* contenant de la potasse qui absorbe un peu de chlore (77), qui a pu prendre naissance ; il se rend ensuite dans un *gazomètre*.

La décomposition du chlorate de potassium représentée par l'équation (3) est exothermique (22), au contraire des autres décompositions en général ; elle dégage 11 calories.

3° EXTRACTION DE L'OXYGÈNE DE L'AIR OU DE L'EAU. — L'oxygène forme environ le cinquième de l'air atmosphérique (36). Mais pour l'en extraire, on doit, en raison de l'impossibilité d'engager l'azote seul dans une combinaison, faire entrer l'oxygène dans un composé qui le restitue ensuite. Tel est l'oxyde de baryum ou baryte $Ba^2O$ qui absorbe l'oxygène vers $600°$ en donnant du bioxyde $BaO^2$, décomposable à la température de 800° environ, en baryte et oxygène :

$$BaO + O = BaO^2 ; \quad BaO^2 = BaO + O.$$

On peut aussi préparer l'oxygène par *électrolyse* de l'eau (27, 3°).

**32. Propriétés physiques.** — Gaz incolore, inodore, sans saveur ; $d$ (par rapport à l'air) $= 1,1053$ ; poids spécifique $a.d = 1^{gr},43$ par litre à 0° et $76^{cm}$. Il est peu soluble et n'a été liquéfié que difficilement (Cailletet, Pictet, Wroblewski et Olzewski) ; il bout à $-184°$ sous la pression atmosphérique.

**33. Propriétés chimiques. — Combustion.** — L'oxygène se combine directement à presque tous les corps simples (portés préalablement à l'incandescence ou enflammés). Ces corps s'*oxydent* ; cette oxydation constitue la *combustion*. Elle se produit aussi pour un grand nombre de corps composés, dont les éléments forment avec l'oxygène des oxydes.

COMBUSTIONS VIVES. — Une allumette ne présentant plus que quelques points incandescents, se rallume immédiatement dans l'oxygène. Cette propriété n'appartient qu'à ce gaz et au protoxyde d'azote, que l'on peut en distinguer facilement (104).

Le *charbon* y brûle de même avec éclat, en donnant du gaz ou anhydride carbonique $CO^2$ : le *soufre*, du gaz anhydride sulfureux $SO^2$ ; le *phosphore*, de l'anhydride phosphorique $P^2O^5$ :

$$C + O^2 = CO^2 \text{ (gaz)},$$
$$S + O^2 = SO^2 \text{ (gaz)},$$
$$2P + 5O = P^2O^5 \text{ (solide blanc, fumées)}.$$

On caractérise ces produits par leurs propriétés particulières (action sur l'eau de chaux pour le gaz carbonique, par exemple, 148) et par leur propriété générale (21) de donner, avec un peu d'eau versée dans le flacon, des *acides*, qui colorent en rouge la teinture bleue de tournesol (17).

La combinaison de l'oxygène avec l'hydrogène a été indiquée dans l'étude de ce dernier corps (29).

Parmi les *métaux*, les combustions remarquables sont celles du magnésium et du fer, qui donnent l'un l'oxyde MgO (*magnésie*), l'autre l'oxyde $Fe^3O^4$ (*oxyde magnétique*, 27) :

$$Mg + O = MgO ; \qquad 3Fe + 4O = Fe^3O^4.$$

La combustion des différents corps composés (gaz sulfhydrique, carbures, etc.) sera mentionnée lors de l'étude de ces corps.

Les combustions précédentes, rapides et accompagnées de lumière, sont des *combustions vives*.

Combustions lentes. — L'oxydation des corps simples ou composés peut se faire moins rapidement et sans production de lumière ; on dit alors qu'il y a *combustion lente*. C'est le cas : 1° du phosphore, non enflammé préalablement, qui s'oxyde dans l'oxygène ou l'air (37) en donnant des oxydes moins oxygénés que l'anhydride phosphorique ; 2° du fer, qui se transforme en sesquioxyde $Fe^2O^3$ ou plutôt en hydrate correspondant (*rouille*) ; 3° de certaines *matières organiques* (161) à l'air ; 4° de ces mêmes matières dans le phénomène de la respiration (44), ou dans certaines fermentations (167).

Chaleurs de combustion. — Mais, que la combustion soit *vive* ou *lente*, qu'elle ait lieu dans l'*oxygène pur* ou dans ce gaz *dilué* (air), la *quantité de chaleur* dégagée, pendant ce phénomène, par un même poids d'un corps, donnant le même composé, *est toujours la même*. Ainsi $12^{gr}$ de carbone (amorphe) se transformant en gaz carbonique, soit en brûlant rapidement et avec éclat dans l'oxygène pur ou moins facilement dans l'air, soit par combustion lente, dégagent toujours $97^{cal}$ (23).

*Remarque*. — On dit souvent que, dans les combustions, l'oxygène est le *comburant* et le corps qui y brûle (hydrogène, carbone, etc.) le *combustible*. Cette distinction n'est que relative ; de plus, l'oxygène n'est pas le seul corps qui produise des combustions ; le *soufre*, combustible dans l'oxygène, est comburant par rapport au cuivre, qui brûle dans la vapeur de soufre.

Rôle chimique. — L'oxygène est le plus électro-négatif de tous les corps. Il n'est pas indispensable, contrairement à ce que croyait Lavoisier et à ce qu'indique son nom, à la constitution des *acides*, qui tous contiennent de l'*hydrogène* (17) ; mais tous ceux de ces corps qui ont une composition ternaire le renferment en général. C'est le cas de la presque totalité des acides *organiques* (467). En chimie minérale, il forme les oxydes *anhydrides* (21), auxquels il ne manque que les éléments de l'eau pour constituer les acides les plus énergiques (acides *azotique, sulfurique, phosphorique*).

34. L'oxygène a été découvert par Priestley et par Scheele en 1774 et étudié par Lavoisier, qui a montré son existence et son rôle dans l'air (36). Il entre pour $\frac{8}{9}$ dans l'eau ; les minéraux qui forment l'écorce terrestre (oxydes, silicates, carbonates, etc.) en contiennent une grande quantité ; il existe aussi dans de nombreux composés organiques.

## Ozone

35. Un certain nombre de causes (en particulier les étincelles électriques, l'effluve) donnent à l'oxygène des propriétés particulières. Il prend une odeur qu'il est facile de constater au voisinage d'une machine de Holtz en activité, une couleur *bleue* sous une épaisseur suffisante (quelques mètres) et surtout des affinités chimiques encore plus accentuées. C'est ainsi qu'il oxyde, *a froid*, le mercure et l'argent ; qu'il brûle facilement, aussi à la température ordinaire, les matières *organiques* ; qu'il déplace l'iode des iodures, etc.

On donne à l'oxygène, ainsi modifié (modification *allotropique*) le nom d'*ozone*. Son action sur les matières organiques lui fait jouer un rôle important dans l'atmosphère (37).

L'ozone doit être considéré comme constitué par la condensation de *trois atomes* d'oxygène n'occupant que le volume d'une molécule :

$$O^2 + O = O^3.$$

Cette réaction, endothermique, absorbe 29 calories, qui sont mises en liberté lorsque l'ozone se détruit pour oxyder un corps et s'ajoutent ainsi à la chaleur de l'oxydation produite par l'oxygène ordinaire. Ce fait explique (22) pourquoi les *affinités* de l'ozone sont supérieures à celles de l'oxygène.

## Air atmosphérique.

Comp. en vol. : { Oxygène. 21 / Azote. . 79 }   Comp. en poids : { Oxygène . 23 / Azote . . 77 }

36. L'air atmosphérique est un *mélange* formé essentielle-

ment des gaz *oxygène* $\left(\frac{1}{5}\right.$ environ, en volume $\left.\right)$ et *azote* $\left(\frac{4}{5}\right)$. L'impossibilité à peu près absolue de séparer ces gaz par des moyens mécaniques ou résultant de la différence de propriétés physiques (2) rend nécessaire l'emploi des *réactions chimiques* pour analyser l'air, comme s'il s'agissait d'une combinaison.

**37. Analyse (qualitative).** — Expérience de Lavoisier. — Ayant chauffé du mercure pendant plusieurs jours à une température voisine de 350°, au contact d'une quantité d'air limitée, Lavoisier constata que le volume du gaz avait diminué ; que le mercure s'était recouvert de pellicules *rouges* (précipité *per se*, oxyde HgO) ; que le gaz restant (*azote*) était impropre à entretenir la combustion et la respiration ; enfin que les pellicules rouges, chauffées vers 400° (31), dégageaient un gaz (*oxygène*) possédant à un plus haut degré que l'air les propriétés comburantes (33) et *régénéraient* le mercure métallique.

Ce procédé de Lavoisier, absolument insuffisant au point de vue de l'analyse *quantitative* (parce que la totalité de l'oxygène n'est pas absorbée), est incomparablement supérieur aux autres à cause de ce fait, d'une *importance capitale*, que l'oxygène combiné avec le mercure peut être dégagé facilement par une simple élévation de température. Les autres *absorbants*, tels que le phosphore, qui s'emparent de tout l'oxygène, contractent avec lui des combinaisons dont on ne peut, au contraire, extraire ce gaz.

En outre de l'oxygène et de l'azote, l'air atmosphérique contient aussi, d'une façon constante, du *gaz carbonique* (145) et de la *vapeur d'eau*. La présence du premier de ces corps se reconnaît en exposant à l'air une dissolution d'hydrate de calcium ou *eau de chaux*, qui se couvre rapidement d'une pellicule solide de carbonate de calcium (148) :

$$Ca''(OH)^2 + CO^2 = CO^3Ca'' + H^2O.$$

La proportion de gaz carbonique dans l'air est d'ailleurs très faible (41).

Quant à la vapeur d'eau, elle se dépose dans l'atmosphère sur les corps froids, et l'*hygrométrie* donne les moyens d'en reconnaître la présence et même d'en mesurer la *tension* (*Phys.*, 95).

L'atmosphère contient enfin des *traces* d'ammoniaque, de gaz sulfureux et sulfhydrique, et, à l'état de poussière en suspension, des matières minérales et organiques, en particulier des *germes* microscopiques (*Pasteur*). L'*ozone* détruit, en les oxydant, ces gaz et ces matières organiques (35).

**38. Analyse (quantitative) en volumes.** — 1° Par le phosphore a froid. — Un bâton de *phosphore* est introduit dans une petite éprouvette *graduée*, placée sur la cuve à eau, et contenant un volume d'air connu. Il s'oxyde en donnant des acides moins oxygénés que l'acide phosphorique (33, 132) et qui se dissolvent dans l'eau. Au bout de douze heures environ, l'oxydation est terminée, et la *phosphorescence* dans l'obscurité, qui l'accompagne, a disparu. Le volume d'azote restant, mesuré et corrigé au besoin (température, pression, est les $\frac{79}{100}$ du volume primitif.

2° Par le phosphore a chaud. — On remplace l'éprouvette précédente par une autre, ou *cloche courbe*, qui permet de chauffer un morceau de phosphore dans le volume d'air étudié et de l'enflammer. Il se forme de l'*anhydride phosphorique* $P^2O^5$, qui se dissout dans l'eau à l'état d'*acide* (17, 132). On laisse refroidir et on mesure le résidu.

3° Par l'acide pyrogallique et la potasse. — L'acide *pyrogallique* (acide organique), en présence de l'*hydrate de potassium* ou potasse KOH (193), s'oxyde et absorbe très vite l'oxygène. On fait passer dans une éprouvette graduée contenant de l'air, quelques centimètres cubes d'une dissolution concentrée de potasse, puis un peu d'une dissolution récemment faite et incolore d'acide pyrogallique. On agite : le mélange brunit, et il ne reste dans la cloche qu'un résidu formé d'azote.

**39. Analyse en volumes par l'eudiomètre.** — On introduit 100cc, par exemple, d'air dans un *eudiomètre* (à eau, ou mieux à mercure); on y ajoute 100cc d'hydrogène, sachant que ce volume, qui peut brûler 50cc d'oxygène, sera plus que suffisant, d'après l'une des expériences précédentes ou même d'après l'analyse qualitative. On excite l'étincelle; après l'explosion, il reste 137cc au lieu de 200cc : 63cc ont donc disparu et représentent la somme des volumes d'oxygène et d'hydrogène qui se sont combinés pour former de l'eau; le rapport de ces volumes étant de 1 à 2 (4, 51), un tiers de 63cc ou 21cc étaient le volume de l'oxygène contenu dans les 100cc d'air.

Le volume de l'hydrogène restant dans les 137cc doit être 100cc — 42cc = 58cc. Comme vérification on constate, en effet, qu'en ajoutant $\frac{58}{2}$ = 29cc nouveaux d'oxygène et faisant passer une seconde fois l'étincelle, il ne reste plus que 79cc, qui sont de l'azote.

REMARQUE. — La proportion, très faible, d'acide carbonique (41) ne peut troubler les résultats de ces analyses. Quant à la vapeur d'eau, si elle est saturante (dans les expériences faites en présence de ce liquide), elle a simplement pour effet de diminuer de sa tension la pression commune sous laquelle on mesure les gaz. Cela ne change pas les résultats concernant leurs proportions *relatives*, qui sont donc celles qui correspondent à l'*air sec*.

**40. Analyse (quantitative) en poids.** — Elle a été faite par *Dumas et Boussingault*, en absorbant l'oxygène de l'air par le *cuivre*, au rouge :

$$Cu + O = CuO \text{ (oxyde noir)}.$$

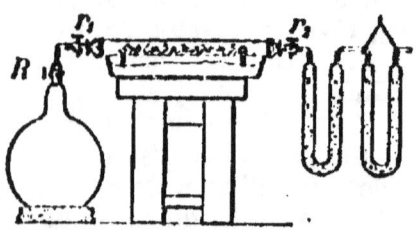

Un grand ballon à robinet, dans lequel on a fait le vide, communique avec un tube de verre, également muni de robinets et vide d'air, contenant de la tournure de cuivre et chauffé par une grille. Quand on ouvre successivement, avec lenteur, les robinets $r_2$, $r_1$ et R, l'air extérieur passe sur le

cuivre et lui abandonne son oxygène :
$$Cu + O = CuO.$$

A la fin de l'expérience, l'augmentation de poids P du ballon donne une partie du poids de l'azote ; on détermine aussi l'augmentation de poids $p$ du tube. On extrait ensuite de ce tube, le gaz (azote) qu'il contient et on note sa diminution de poids $p'$.

$P + p'$  est alors le poids total de l'azote;

$p - p'$  celui de l'oxygène fixé sur le cuivre ;

donc $\dfrac{p - p'}{P + p'}$ est le rapport du poids de l'oxygène à celui de l'azote.

Ce rapport est égal à $\dfrac{23}{77}$ ; la *composition en poids de l'air pur et sec* est donc 23 *pour cent d'oxygène et* 77 *pour cent d'azote*. Elle est *constante dans toutes les régions*, à très peu près.

REMARQUE. — Dans cette expérience, la remarque précédente (39) ne s'appliquerait pas, et les poids du gaz carbonique et de la vapeur d'eau fausseraient les résultats. Aussi l'air est-il dépouillé de ces deux corps par les tubes en U placés entre le tube $r_1 r_2$ et l'atmosphère. Ces tubes contiennent les uns, voisins de $r_2$, une matière desséchante (pierre ponce imbibée d'acide sulfurique), les autres de la potasse caustique (hydrate de potassium), qui absorbe le gaz carbonique (148) :
$$2(KOH) + CO^2 = CO^3K^2 + H^2O.$$

Cette méthode, comportant des *pesées*, est beaucoup plus précise que les mesures de *volumes*.

**41. Dosage du gaz carbonique et de la vapeur d'eau.** — Pour doser le gaz carbonique, on utilise la réaction précédente : on fait passer un volume d'air connu dans des tubes à potasse, ou dans de l'eau de baryte (analogue à l'eau de chaux). L'augmentation de poids des tubes à potasse est le poids de gaz carbonique cherché ; le poids du carbonate de baryum formé, dans le second cas, permet aussi de trouver, par une règle de trois, cette quantité :
$$Ba''(OH)^2 + CO^2 = CO^3Ba'' + H^2O.$$
$$\quad\;\; 44^{gr} \qquad\;\; 197^{gr}$$

On trouve d'après les résultats de ces expériences que le ro-

*lume* d'acide carbonique contenu dans l'air est environ 3 dix-millièmes du volume total. Cette proportion augmente légèrement dans les villes et les centres industriels, en raison des nombreuses combustions de carbone qui s'y produisent; elle peut devenir plus grande dans l'air *confiné*.

La vapeur d'eau, en proportion variable, se dose dans la même expérience, suivant la méthode indiquée en *hygrométrie* (37 ; *Phys.*, 97).

**42. Propriétés physiques de l'air.** — La constance de la composition de l'air lui donne des propriétés physiques caractéristiques. Sa densité, lorsqu'il est *pur* et *sec*, est prise comme unité, d'après la définition de la *densité des gaz* (*Phys.*, 73). A 0° et 76ᶜᵐ, sa densité par rapport à l'eau est 0,001293; son poids spécifique est alors $a = 1^{gr},293$ par *litre*.

Incolore, l'air ne paraît bleu que sous une grande épaisseur, dans l'atmosphère ; il a été liquéfié dans ces dernières années (Cailletet, Wroblewski) ; sa température de liquéfaction sous la pression normale est — 192°.

**43. Propriétés chimiques.** — Ce sont celles de l'*oxygène*, *atténuées* par la dilution de ce gaz dans l'azote. Les *combustions* y sont *moins vives*, c'est-à-dire moins rapides et accompagnées d'une lumière moindre ; mais les quantités de chaleur dégagées, toutes choses égales d'ailleurs, sont *les mêmes* (33).

C'est l'oxygène de l'air qui, dans la *combustion respiratoire*, entretient la *chaleur animale* par production d'eau et de gaz carbonique, provenant du carbone et de l'hydrogène des tissus :

$$C + O^2 = CO^2,$$
$$H^2 + O = H^2O,$$

le phénomène étant d'ailleurs plus complexe que ne l'indiquent ces réactions.

La quantité d'air consommée par les animaux et les plantes n'est qu'une fraction extrêmement petite de la masse totale de l'atmosphère. D'ailleurs, une partie du gaz carbonique produit est décomposée dans les parties vertes des plantes (150) en régénérant de l'oxygène.

**44. L'air est bien *un mélange*,** parce que : 1° les rapports des volumes d'oxygène et d'azote ne sont pas simples, contrairement aux lois des combinaisons (4); 2° le mélange de

79ᵛᵒˡ d'azote et de 21ᵛᵒˡ d'oxygène reproduit de l'air sans le dégagement ou l'absorption de chaleur caractéristique de la combinaison (22) ; 3° chacun des gaz azote et oxygène de l'air se dissout dans l'eau comme s'il était *seul*; l'oxygène étant deux fois plus soluble que l'azote peut être considéré, d'après les lois de la dissolution des gaz (*Phys.*, 50), comme occupant dans la dissolution un volume double de celui de ce gaz, mais à la pression de $\frac{1}{5}$ d'atmosphère (puisqu'il forme environ $\frac{1}{5}$ en volume de l'air) tandis que l'azote est à la pression de $\frac{4}{5}$. A la même pression, le volume de l'azote sera donc finalement double de celui de l'oxygène. Telle est, en effet, la composition de l'air dissous dans l'eau (50).

## Eau.
### (Protoxyde d'hydrogène).

Poids moléc. (2 vol.): $H^2O = 18^{gr}$; vol. $22^{lit},32 \times \left(1 + \frac{100}{273}\right)$ à 100°, sous la pression de 76ᶜᵐ.

**45. État naturel. — Purification.** — L'eau est abondamment répandue dans la nature, à l'état libre, liquide ou gazeux, et à l'état de combinaison dans un certain nombre de corps minéraux ou organiques. Pour l'obtenir pure, on la distille (*Phys.*, 91), afin de la séparer des matières solides qu'elle tient en suspension ou en dissolution.

**46. Propriétés physiques.** — C'est un liquide incolore (bleu indigo sous une grande épaisseur), inodore, sans saveur. Ses propriétés remarquables sont étudiées en Physique. En voici le sommaire : Elle se *solidifie* (*glace*) à 0°, par définition même de ce *point fixe* (sauf *surfusion*), avec *accroissement* de volume; se contracte de 0 à 4°; sa masse à 4° (*maximum de densité*) sous le volume de 1ᶜᶜ définit le gramme. Elle existe en *vapeur* même *au-dessous* de 0°; entre en *ébullition* à la température définie 100° (2ᵉ point fixe), sous la pression de 76ᶜᵐ de mercure; a une *chaleur spécifique* égale à *une calorie* (*grande* calorie pour 1 kilogr.), aussi par définition, et supérieure à celle de tous les autres corps; a une chaleur de *fusion* de 80 calories, et de *vaporisation* de 537 calories, à 100°; une *densité* de vapeur (par rapport à l'air) $d = 0,622$ (*Phys.*, 58, 68; 17; 85; 75, 81, 93, 94). L'eau est le *dissolvant* d'un grand nombre de corps (43); pure, elle conduit très mal l'électricité.

**47. Propriétés chimiques.** — DÉCOMPOSITION, DISSOCIATION. — Le *courant électrique* décompose l'eau en ses éléments (51); mais il y a là une action secondaire (*Phys.*, 224). La *chaleur*, à haute température, produit la dissociation (25) de la vapeur d'eau.

ACTIONS DU CHLORE ET DU CHARBON. — C'est ainsi que le *chlore* semble décomposer la vapeur d'eau au rouge, en donnant, *en apparence*, la réaction
$$H^2O + Cl^2 = 2HCl + O,$$
qui n'est pas possible, parce que la chaleur de formation de $2HCl$ ($2 \times 22^{cal}$) est inférieure à celle de $H^2O$ ($59^{cal}$). En réalité, le chlore s'empare seulement de l'hydrogène libéré par la dissociation, qui en reproduit aussitôt une nouvelle quantité (25) :
$$\underline{H^2 + O} + Cl^2 = 2HCl + O.$$

De même le *carbone* (charbon) semble décomposer l'eau en donnant au rouge *sombre* du gaz carbonique $CO^2$, et au rouge *vif* de l'oxyde de carbone $CO$.
$$C + 2H^2O = CO^2 + 2H^2,$$
$$\text{2 vol} \quad \text{4 vol}$$
$$C + H^2O = CO + H^2.$$
$$\text{2 vol} \quad \text{2 vol}$$

ACTION DES MÉTAUX. — Les *métaux*, sauf le cuivre, le plomb, l'argent, le mercure, l'or et le platine, décomposent l'eau, savoir :

Le *potassium*, le *sodium*, à la température ordinaire (*à froid*) :
$$K + H^2O = KOH + H.$$
$$\text{hydrate}$$

Cette réaction dégage $116^{cal},8 - 69^{cal} = 47^{cal},8$, différence entre la chaleur de formation de l'hydrate de potassium dissous dans l'eau en excès, et la chaleur de formation de l'eau liquide, chaleur précisément nécessaire à sa décomposition (22, 23).

Le *fer*, le *zinc*, et les métaux analogues *au rouge* (préparation de l'hydrogène, 27 :
$$3Fe + 4H^2O = Fe^3O^4 + 4H^2.$$

COMBINAISON AVEC LES OXYDES. — Les *oxydes* dits *anhydrides* (21), des métalloïdes s'unissent à l'eau pour régénérer les *acides* :

Anhydride azotique $(Az^2O^5) + H^2O = 2(AzO^3H)$, acide azotique, monobasique.

Anhydride sulfurique $SO^3 + H^2O = SO^4H^2$, acide sulfurique, bibasique.

Les *oxydes* des métaux (*alcalins* et *alcalino-terreux* en particulier) se combinent aussi à l'eau (190) :

(Métal monovalent) $\quad K^2O + H^2O = 2(KOH)$, hydrate de potassium.

(Métal bivalent) $\quad Ba''O + H^2O = Ba^2O^2H^2$ ou $Ba'' \begin{cases} \cdot OH \\ \cdot OH, \end{cases}$

hydrate de baryum.

Les dissolutions de ces hydrates sont souvent nommées dissolution de *potasse*, *eau de baryte*, *eau de chaux*, etc.; on ne tient alors compte que de l'addition, exprimée par le premier membre des équations précédentes, d'une molécule d'oxyde à une molécule d'eau.

**48. Dissolution.** — Ces dernières réactions sont de véritables combinaisons *suivies de dissolution*. Un grand nombre de corps, gaz et *sels* se dissolvent également dans l'eau. En *cristallisant* (*Phys.*, 79), plusieurs peuvent retenir de l'eau de *cristallisation*, que l'on ne peut enlever aux cristaux sans les détruire. On nomme encore ces composés d'addition *hydrates*.

Exemples :

$Cl + 5H^2O$, hydrate du chlore.

$SO^4Na^2 + 10H^2O$, hydrate du sulfate de sodium, etc.

**49. Matières contenues dans les eaux naturelles. — Sels.** — Ces eaux (sources, puits) contiennent souvent du sulfate de calcium $SO^4Ca''$ (eau *séléniteuse* donnant des composés insolubles avec le *savon* et la matière organique des *légumes*); elles peuvent aussi renfermer des chlorures (chlorure de sodium NaCl) en petite quantité. En outre de ces sels, solubles, s'en trouvent d'autres, le carbonate et le phosphate de calcium, ainsi que de la silice ($SiO^2$, anhydride silicique) : *insolubles* dans l'eau pure, ces corps sont dissous dans l'eau contenant du gaz carbonique ; mais ils se déposent à l'ébullition, le gaz carbonique étant alors complètement expulsé.

Les premiers resteraient comme résidus d'une distillation complète. On peut les mettre en évidence dans l'eau par des *réactifs* convenables. Ainsi les sulfates se reconnaissent au trouble produit par l'addition de quelques gouttes d'une solution de chlorure ou d'azotate de baryum :

$SO^4Ca'' + Ba''Cl^2 = Ca''Cl^2 + SO^4Ba''$ (précipité blanc, insoluble).

Les chlorures se décèlent par l'azotate d'argent :

$NaCl + AzO^3Ag = AzO^3Na + AgCl$ (précipité blanc, caillebotté, noircissant à la lumière).

Les sels de calcium, en général, se reconnaissent en outre au précipité d'oxalate de calcium qu'ils donnent avec la solution d'*oxalate d'ammonium*.

*Matières organiques.* — La présence de matières *organiques* dans l'eau se reconnaît par l'ébullition avec quelques gouttes de *chlorure d'or*, (dissolution jaune); le chlore de ce sel est enlevé par les matières organiques et l'or *réduit* donne une coloration violacée ou brune à la liqueur. Le *permanganate de potassium* (violet) étendu est décoloré, aussi à l'ébullition, par les matières organiques (réduction partielle).

**50. Gaz dissous dans l'eau. Eau potable.** — Pour extraire les gaz dissous dans l'eau, on la chauffe dans un ballon dont le col et le tube de dégagement sont aussi remplis du liquide. A l'*ébullition*, les gaz sont totalement expulsés; on les recueille sous une éprouvette, sur la cuve à *mercure*.

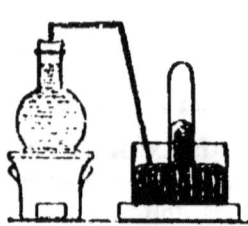

L'eau *potable* ne doit pas contenir de matières *organiques*, ni de grandes quantités de *sulfate de calcium* (49); il est bon qu'elle soit *aérée* et il faut qu'elle renferme des matières minérales utiles à la nutrition ou servant, comme le carbonate de calcium, à la formation des *os*, mais dont le poids ne dépasse cependant pas $0^{gr},5$ par litre.

**51. Composition de l'eau.** — 1° ELECTROLYSE. — Cette analyse, faite au moyen du *voltamètre* (*Phys.*, 222), montre que l'eau est formée d'*hydrogène* (se dégageant à l'électrode négative) et d'*oxygène*, le volume du premier étant sensiblement double de celui du second (*Carlisle* et *Nicholson*).

2° ANALYSE PAR LE FER AU ROUGE. — Cette réaction (préparation de l'hydrogène, 27) montre l'existence de l'*hydrogène* dans l'eau ; l'identité de l'oxyde ($Fe^3O^4$) avec celui qui se produit lors de la combustion du fer dans l'oxygène (33), y indique celle de ce gaz. *Lavoisier* et *Meusnier* avaient employé ce procédé pour déterminer approximativement la composition de l'eau.

3° SYNTHÈSE, EN VOLUMES. — La combustion de l'*hydrogène* dans l'air ou l'oxygène, avec condensation d'*eau* (expérience de Cavendish, 29) est une synthèse *qualitative* de l'eau.

Le rapport exact des volumes d'hydrogène et d'oxygène a été établi par la méthode de synthèse *eudiométrique* (Gay-Lussac et de Humboldt). On introduit dans l'eudiomètre $100^{cc}$ d'oxygène et $100^{cc}$ d'hydrogène ; après le passage de l'étincelle et la détonation, on constate l'existence, à la même pression, d'un résidu de $50^{cc}$, totalement absorbable par le *phosphore*, et qui est par suite de l'oxygène pur. Les $50^{cc}$ de ce gaz disparus se sont donc combinés à $100^{cc}$ d'hydrogène.

Il est facile de passer de là à la composition en poids de l'eau, en appliquant la *loi des poids* (3, 14) :

$$Vad = V'ad' = V''ad'', \quad \text{ou} \quad Vd = V'd' + V''d''.$$

poids de    p. de l'hy-    p. de l'oxy-
l'eau         drogène       gène

On trouve que le rapport des poids $\dfrac{V'ad'}{V''ad''} = \dfrac{V'd'}{V''d''} = \dfrac{1}{8}$,

les quantités $V'$, $V''$ étant connues par les mesures mêmes et $d'$ et $d''$ par la détermination physique (*Phys.*, 73) des densités de l'hydrogène (0,0694) et de l'oxygène (1,1053). Donc $1^{gr}$ d'hydrogène s'unit à $8^{gr}$ d'oxygène pour donner $9^{gr}$ d'eau.

La même équation donne le volume V de l'eau (*en vapeur*) formée, connaissant la densité $d$ de la vapeur d'eau (0,622) :

$$V = \frac{V'd' + V''d''}{d} \quad \text{ou, en remarquant que } V' = 2V'',$$

$$V = \frac{2d' + d''}{d} V'', \text{ et remplaçant les densités par leurs valeurs,}$$

$$\frac{V}{V''} = \frac{0,1388 + 1,1053}{0,622} = \frac{1,2441}{0,622} = 2.$$

Le volume (gazeux) V de l'eau formée est donc égal au vo-

lume V' de l'hydrogène qui y entre, et double du volume V"
d'oxygène ; d'où l'énoncé suivant :

L'eau est formée de *deux volumes d'hydrogène et d'un volume d'oxygène, condensés en deux volumes* (4).

Quant au *poids moléculaire* P de l'eau, il se détermine par la condition générale (8) que P = Vad, V étant le volume de $2^{gr}$ d'hydrogène ou $22^{lit},32$ (2 vol. chim.) :

P = $22^{lit},32 \times 1^{gr},293 \times 0,622 = 18^{gr}$, poids moléculaire $H^2O$.

On aurait pu déduire immédiatement cette formule de l'énoncé précédent, puisque $H^2$ et O représentent respectivement 2 et 1 volumes chimiques.

Le volume V est ici théorique, l'eau n'étant pas gazeuse à 0° et $76^{cm}$ de pression. Pour l'observer expérimentalement, il faudrait porter l'eudiomètre à 100°; le volume moléculaire deviendrait alors $22^{lit},32 \times \left(1 + \frac{100}{273}\right)$, $\frac{1}{273}$ étant le coefficient de dilatation des gaz (*Phys.*, 70), mais le poids spécifique de l'air devant alors être divisé par le même binome, le poids trouvé serait le même.

**4° Synthèse en poids.** — La *méthode de Dumas* consiste à utiliser la réduction de l'oxyde de cuivre par l'hydrogène, avec formation d'eau (29) :

$$CuO + H^2 = Cu + H^2O.$$

L'hydrogène, produit par la réaction du zinc sur l'acide sulfurique (27) et purifié avec un soin particulier, est dirigé sur de l'oxyde de cuivre, contenu dans un ballon B et que l'on chauffe légèrement. L'eau produite, entraînée à l'état de vapeur par l'excès d'hydrogène, se condense en grande partie dans un ballon refroidi C, et totalement dans des tubes en U contenant de l'*anhydride phosphorique* (132) et de plus refroidis. L'augmentation de poids, à la fin de l'expérience, du ballon C et des tubes, donne le poids de l'eau formée P ; la diminution de poids du ballon à oxyde de cuivre, le poids *p* de l'oxygène qui entre dans ce poids P ; la différence P — *p* est le poids d'hydrogène contenu dans le poids P d'eau. On constate ainsi que

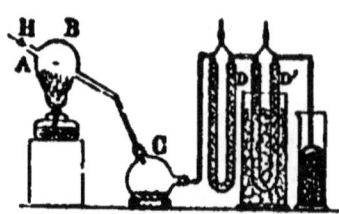

$\dfrac{P-p}{p}$ est égal à $\dfrac{1}{8}$ ; •on en conclut, par un calcul analogue au précédent, la composition de l'eau en volumes et sa formule.

Cette méthode comportant des *pesées* est, comme dans le cas de *l'analyse* de l'air (40), la plus *précise*.

### EAU OXYGÉNÉE OU BIOXYDE D'HYDROGÈNE $H^2O^2$

**52.** L'hydrogène et l'oxygène donnent un second composé, l'eau oxygénée, $H^2O^2$ (Thénard). Il s'en forme un peu dans l'*électrolyse* de l'eau, au pôle positif ($H^2O + O = H^2O^2$). C'est un liquide incolore, de densité $D = 1,45$.

Sa formation par la réaction $H^2O + O = H^2O^2$ *absorbe* $21^{cal},6$. Sa décomposition, suivant la réaction inverse : $H^2O^2 = H^2O + O$, *dégage* donc cette même quantité de chaleur ; aussi est-elle *très instable*, et un *oxydant* énergique.

## SOUFRE

Poids atom. (1 vol.) : $S = 32$.    Poids moléc. (2 vol.) : $S^2 = 64$.

**53. Extraction, préparation.** — 1° Le soufre, connu dès la plus haute antiquité, existe dans la nature à l'état libre, plus ou moins mélangé à des matières terreuses. On le sépare de ces matières par *fusion*, en chauffant le minerai réuni en

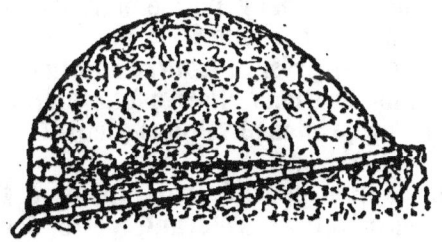 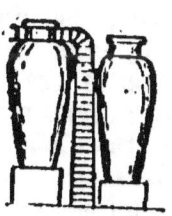

meules (*calcaroni*) et perdant une partie du soufre qui brûle, ou par *distillation*, dans des cornues de terre en forme de pots. Pour le *raffiner*, on le distille aussi ; ses vapeurs, en se condensant dans des chambres en maçonnerie, donnent d'abord du soufre très divisé (*fleur de soufre*), qui fond ensuite sous l'action de la chaleur dégagée par la condensation (*Phys.*, 91) et est coulé dans des moules (*soufre en canons*).

2° On peut extraire le soufre de la *pyrite* (bisulfure de fer)

FeS², en calcinant ce minerai dans des cornues à l'abri de l'air :

$$3FeS^2 = Fe^3S^4 + S^2.$$

Cette préparation est identique à celle de l'oxygène par le bioxyde de manganèse (31) :

$$3MnO^2 = Mn^3O^4 + O^2.$$

**54. Propriétés physiques.** — A température ordinaire, le soufre est un solide jaune citron, de densité $D = 2$ environ, très mauvais conducteur de l'électricité et de la chaleur (craquements et rupture des *canons*, formés de petits cristaux). Il fond vers 114°; le liquide, d'abord jaune clair et mobile, devient foncé et très visqueux vers 220°, puis reprend de la fluidité en conservant sa couleur foncée ; enfin il bout à 440° sous la pression atmosphérique.

Il cristallise à chaud (par exemple après fusion directe) en aiguilles dérivant du prisme *clinorhombique* ; à température inférieure à 98° (généralement après dissolution), en octaèdres, du système *orthorhombique* : il est donc dimorphe (26). Il existe même une troisième variété en baguettes nacrées (M. Gernez).

Coulé vers 220° dans l'eau froide, le soufre reste longtemps pâteux à température ordinaire (*soufre mou*), puis se transforme en soufre octaédrique.

Le soufre, insoluble dans l'eau, est généralement très soluble dans le sulfure (bisulfure) de carbone $CS^2$ ; mais le soufre mou, en particulier, y laisse un résidu (*soufre insoluble*).

Toutes ces variétés (modifications *allotropiques*) diffèrent par un certain nombre de propriétés physiques (densité, point de fusion, chaleur de combinaison).

La *vapeur* de soufre a une densité (par rapport à l'air) égale à 6,6 à 500°; la température s'élevant, cette densité décroît et, au-dessus de 860°, devient constante et égale à 2,2 (M. Troost). C'est ce nombre que l'on prend pour déterminer le *poids moléculaire* (8) du soufre.

**55. Propriétés chimiques.** — On peut les diviser en deux groupes :

1° ACTIONS DE L'OXYGÈNE ET DU CHLORE. — Le soufre est électro-positif, ou *combustible*, vis-à-vis de l'oxygène, du chlore, du brome, de l'iode et du fluor. Ainsi, porté à 250°, il brûle, avec une flamme bleue peu éclairante, dans l'*oxygène*, dans l'air, dans le *protoxyde d'azote* :

$$S + O^2 = SO^2, \text{ gaz sulfureux.}$$

Il est attaqué, à température ordinaire, par le *chlore* :

$$S^2 + Cl^2 = S^2Cl^2, \text{ chlorure de soufre.}$$

2° ACTION SUR LES AUTRES MÉTALLOÏDES ET SUR LES MÉTAUX. — Le soufre est électro-négatif ou *comburant* vis-à-vis des autres corps.

Le *cuivre*, le *fer*, le *zinc*, etc. brûlent dans la vapeur de soufre avec formation de sulfure ; le fer est attaqué à froid par le soufre humide (volcan de Léméri).

Il se combine aussi directement, en vapeur, avec le *carbone* :

$$C + S^2 = CS^2 \quad \text{(bisulfure de carbone analogue à } CO^2\text{)},$$

et même avec l'*hydrogène*, vers 400° :

$$H^2 + S = H^2S \quad \text{(gaz acide sulfhydrique analogue à } H^2O\text{)}.$$

RÔLE CHIMIQUE DU SOUFRE. — L'*analogie* de ces réactions et des composés produits avec ceux de l'*oxygène* se poursuit dans un grand nombre d'autres composés tels que KSH, sulfhydrate de potassium, analogue à KOH, hydrate de potassium, etc.

**56. Usages.** — Le soufre est employé aux scellements, à prendre des empreintes pour la galvanoplastie, à la *vulcanisation* du caoutchouc, à la destruction de l'oïdium et des végétations ou animaux parasites et surtout à la fabrication de l'acide sulfureux, de l'acide sulfurique et du sulfure de carbone.

## Gaz ou Acide Sulfhydrique.

(*Hydrogène sulfuré, sulfure d'hydrogène.*)

Poids moléc. (2 vol.) : $H^2S = 34$.

**57. Préparations.** — 1° PAR UN SULFURE MÉTALLIQUE ET L'ACIDE CHLORHYDRIQUE (OU L'ACIDE SULFURIQUE ÉTENDU), A FROID.

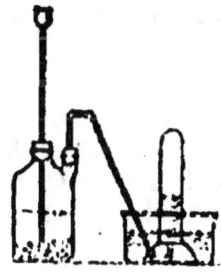

— On traite le sulfure de fer FeS (préparé artificiellement en chauffant un mélange de soufre et de limaille de fer) par l'acide étendu, dans un appareil analogue à l'appareil à hydrogène (27) :

$$FeS + 2HCl = FeCl^2 + H^2S \quad (22^{\text{lit}},32)$$
$$\text{chlorure}$$

$$FeS + SO^4H^2(\text{étendu}) = SO^4Fe'' + H^2S(22^{\text{lit}},32).$$
$$\text{sulfate}$$

Le chlorure ou le sulfate (ce dernier moins soluble) se dissout dans l'excès d'eau.

L'acide ainsi préparé contient de l'hydrogène, produit par l'acide et le fer non attaqué lors de la préparation du sulfure.

2° PAR LE SULFURE D'ANTIMOINE ET L'ACIDE CHLORHYDRIQUE, A CHAUD. — Le sulfure d'antimoine (noir, cristallisé) est traité *à chaud*, dans un ballon, par une dissolution *concentrée* d'acide chlorhydrique :

(1) $\quad Sb^2S^3 + 6HCl = 2(SbCl^3) + 3H^2S \quad (22^{lit},32 \times 3)$.
$\qquad\qquad\qquad$ chlorure

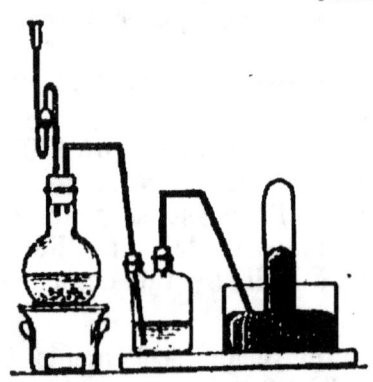

Un flacon laveur à eau (ou à sulfure alcalin) arrête l'acide chlorhydrique entraîné ; si l'on veut obtenir le gaz sulfhydrique *sec*, il faut ajouter à l'appareil une éprouvette desséchante à chlorure de calcium (27, 2°), et recueillir sur le mercure. Le gaz sulfhydrique est d'ailleurs assez soluble dans l'eau (58).

Le corps orangé qui se forme, dans cette préparation, à la partie supérieure du ballon, est du sulfure d'antimoine amorphe, provenant du chlorure projeté par le dégagement gazeux et dissous dans l'eau (ou plutôt dans l'acide chlorhydrique très *étendu*) condensée par refroidissement. Dans ces conditions, le chlorure d'antimoine est décomposé par le gaz sulfhydrique (²), suivant une réaction *inverse* de la précédente :

(2) $\quad 2(SbCl^3) + 3H^2S = Sb^2S^3 + 6HCl$ (solution étendue).
$\qquad\qquad\qquad\qquad\qquad$ sulfure

La réaction (1) dégage environ $30^{cal}$ ; la réaction (2), près de $60^{cal}$.

**58. Propriétés physiques.** — Gaz incolore, d'une *odeur fétide* ; $d = 1,19$ ; solubilité dans l'eau (*Phys.*, 50), $3^{lit},2$ environ, à 15°, par litre de liquide ; on emploie souvent cette dissolution à la place du gaz. Très soluble aussi dans l'alcool et la benzine et absorbable par le charbon (24).

# ACIDE SULFHYDRIQUE

Facilement liquéfiable à 0° sous 10$^{atm}$ de pression, il a même été solidifié.

**59. Propriétés chimiques.** — ACTION DE LA CHALEUR. — La *chaleur* rouge le décompose en ses éléments :

$$H^2S = H^2 + S;$$

aussi la combinaison directe de l'hydrogène et du soufre (55) n'est-elle jamais totale.

ACTIONS DE L'OXYGÈNE ET DU CHLORE. — Il brûle dans l'*air* et l'*oxygène*, au contact d'un corps incandescent,

$$H^2S + 3O = H^2O + SO^2,$$

en donnant de l'eau et du gaz sulfureux ; le mélange correspondant aux proportions de cette équation ($H^2S$, 2 vol. ; $30$, 3 vol.) est détonant.

Si l'oxygène ou l'air ne sont pas en quantité suffisante, l'hydrogène brûle seul :

$$H^2S + O = H^2O + S \text{ (dépôt de soufre)}.$$

C'est aussi la réaction de l'oxygène en dissolution dans l'eau sur l'acide sulfhydrique (altération de la dissolution sulfhydrique à l'air). En présence des corps poreux, cette réaction par *voie humide* peut être plus complète :

$$H^2S + 2O^2 = SO^4H^2, \text{ acide sulfurique}$$

(action des eaux dites sulfureuses — en réalité sulfhydriques — sur les tissus).

Le *chlore* le décompose :

$$H^2S + Cl^2 = 2HCl + S.$$

ACTION DES MÉTAUX. — Les *métaux* le décomposent aussi en donnant des sulfures, souvent à froid en présence de l'humidité, et très facilement à chaud :

$$2M + H^2S = H^2 + M^2S, \text{ sulfure,}$$

ou quelquefois :

$$M + H^2S = H + MSH, \text{ sulfhydrate analogue à l'hydrate,}$$

M étant un métal *monovalent* (K, Na, par exemple).

Si le métal est *divalent* :

$$M' + H^2S = M'S + H^2.$$

ACTION SUR LES SELS. — Un grand nombre de *sels métalliques* donnent également des sulfures *insolubles* (précipités) :

$$\underset{\substack{\text{azotate} \\ \text{de plomb}}}{(AzO^3)^2Pb''} + H^2S = \underset{\text{sulfure noir}}{Pb'S} + \underset{\substack{\text{acide} \\ \text{azotique}}}{2AzO^3H} \text{ (en dissolution).}$$

Cette *précipitation* caractérise l'acide sulfhydrique (199).

**Fonction chimique.** — C'est un acide *faible, bibasique*, donnant avec l'hydrate de potassium, par exemple, la réaction générale des acides (19) :

et
$$\underset{\text{hydrate}}{KOH} + H^2S = \underset{\text{sulfhydrate}}{KSH} + \underset{\text{eau}}{H^2O},$$

$$KSH + KOH = \underset{\text{sulfure}}{K^2S} + H^2O.$$

**Action toxique.** — Le gaz sulfhydrique, irrespirable, est en outre un *poison* violent, ainsi que le *sulfhydrate d'ammonium* (*plomb* des fosses d'aisances). On détruit ces corps par le *chlore* ou en les absorbant par un sel métallique (59), le sulfate de *cuivre* ou de *zinc*.

**60. Composition.** — On chauffe dans une cloche courbe placée (38) sur la cuve à mercure, et contenant du gaz sulfhydrique pur et sec, un morceau d'*étain*. Le métal donne un sulfure solide (59) et l'hydrogène est mis en liberté. Après refroidissement et sous la même pression, le volume de cet hydrogène est *égal* à celui du gaz sulfhydrique employé.

Dans la relation (14) :

$$\underset{\substack{\text{gaz sulfhy-}\\\text{drique}}}{Vd} = \underset{\text{hydrogène}}{V'd'} + \underset{\text{soufre}}{V''d''},$$

on connaît $V' = V$, et les densités (de gaz ou de vapeur) $d$, $d'$ et $d''$. Elle donne alors

$$V'' = \frac{d - d'}{d''} V$$

ou, en remplaçant et effectuant,

$$V' = \frac{1}{2} V.$$

Un volume quelconque V de gaz sulfhydrique contient donc un volume égal au sien d'hydrogène et un demi-volume de vapeur de soufre, ou bien, en doublant :

2 volumes quelconques et, en particulier, *2 volumes chimiques d'hydrogène s'unissant à 1 volume de vapeur de soufre donnent 2 volumes ou une molécule* (8) *de gaz sulfhydrique*. C'est la même composition que l'eau (51) ; elle répond à la formule $H^2S$.

## Anhydride $SO^2$ et Acide sulfureux $SO^3H^2$.

Poids moléc. (2 vol.) : $SO^2 = 64$.   Poids moléc. : $SO^3H^2 = 82$.

**61.** La dissolution dans l'eau du gaz sulfureux $SO^2$ se comporte comme un acide $SO^3H^2$ qui n'a pas été isolé, mais dont les sels sont bien définis. Elle est, en effet, nettement *acide* aux réactifs colorés, propriétés que ne présentent pas, *en l'absence de trace d'eau*, les autres dissolutions du gaz, dans la benzine, par exemple :

$$SO^2 + H^2O = SO^3H^2,\ \text{acide sulfureux.}$$

L'étude de cet acide revient donc à celle de son anhydride, le gaz sulfureux, et de sa dissolution aqueuse.

**62. Préparations.** 1° Par combustion du soufre. — Dans l'industrie, on brûle le *soufre* ou la pyrite (*sulfure de fer*) à l'air :

$$S + O^2 = SO^2.$$

2° Par réduction de l'acide sulfurique. — Dans les laboratoires, on *réduit* partiellement l'acide sulfurique par un métal ou un métalloïde à *chaud*.

*Par le cuivre ou le mercure.* — On chauffe le métal avec de l'acide sulfurique *concentré*. La réaction se fait dans un appareil analogue à celui qui sert à la préparation du gaz sulfhydrique par le sulfure d'antimoine (57, 2°) ; seulement le flacon laveur contient ici de l'acide sulfurique :

$$2SO^4H^2 + Cu'' = SO^4Cu'' + 2H^2O + SO^2.$$

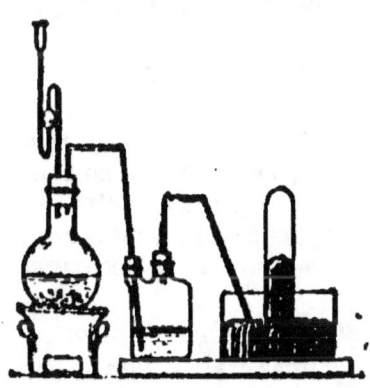

Cette réaction *diffère complètement* de celle des métaux de la famille du *fer à froid* sur l'acide *étendu* (27).

On recueille le gaz sur le mercure, ou bien on le fait passer dans une suite de flacons laveurs (*appareil de Woolf*) contenant de l'eau, afin d'avoir une dissolution d'*acide sulfureux* (61).

*Par le charbon.* — En remplaçant le cuivre par du charbon dans le même appareil, on a la réaction

$$2(SO^4H^2) + C = 2H^2O + CO^2 + 2SO^2.$$
2 vol.   4 vol.

Il se dégage donc un mélange de 4 volumes ($11^{lit},16 \times 4$) de gaz sulfureux et de deux volumes de gaz carbonique. Aussi ne peut-on employer ce procédé que pour préparer une dissolution, dans laquelle le gaz carbonique, beaucoup moins soluble d'ailleurs que le gaz sulfureux, ne gêne généralement pas.

*Par le soufre.* — Cet inconvénient disparaît, en employant le *soufre* lui-même au lieu du charbon :

$$2(SO^4H^2) + S = 2H^2O + (SO^2 + 2SO^2, \text{ ou } 3SO^2).$$

**63. Propriétés physiques.** — Le gaz sulfureux est incolore, mais a une odeur vive et suffocante caractéristique ; sa densité gazeuse $d = 2,23$. Il est très soluble dans l'eau (coefficient de solubilité $\beta = 50^{lit}$ par litre d'eau à 15°); cette dissolution aqueuse remplace souvent le gaz ; on la regarde comme contenant l'acide (61).

Il est facilement liquéfiable, sous la pression ordinaire, à — 8° ; le froid produit par son évaporation *rapide* solidifie le mercure (— 40°) et est utilisé industriellement (fabrication de la glace).

**64. Propriétés chimiques.** — Action de la chaleur. — La *chaleur*, à très haute température; le dissocie (25).

Action de l'oxygène. — Il ne brûle pas dans l'*oxygène*, mais il s'y combine en présence de la *mousse de platine* légèrement chauffée :

$$SO^2 + O = SO^3, \quad \text{anhydride sulfurique.}$$
2 vol. 1 vol.

Pouvoir réducteur. — En présence de l'eau (*acide sulfureux*, 61) il passe à l'état d'acide sulfurique, en se combinant encore à un atome d'*oxygène*, soit libre (oxygène de l'air), soit emprunté à des combinaisons très oxygénées, qui sont *réduites* à un degré d'oxydation moindre (décoloration du permanganate de potassium $MnO^4K$ violet) :

$$SO^2 + H^2O, \text{ ou } SO^3H^2, + O = SO^4H^2, \quad \text{acide } sulfurique.$$

La réaction, très *lente* dans le premier cas, est *rapide* dans le second.

L'oxygène nécessaire à cette oxydation peut même être emprunté à l'*eau*, s'il se trouve en présence un corps électro-

négatif (chlore) qui s'empare, de son côté, de l'hydrogène :
$$Cl^2 + H^2O + SO^3H^2 = 2HCl + SO^4H^2.$$

Le corps électro-négatif peut être fourni par un de ses composés, qui est alors *réduit* partiellement ou même totalement (chlorure ferrique *jaune* $Fe^2Cl^6$ transformé en chlorure ferreux *vert* $Fe^2Cl^4$ ou $2FeCl^2$; chlorure d'or *jaune* $AuCl^3$ réduit à l'état d'or *pulvérulent*).

Ces propriétés réductrices de l'acide ou du gaz sulfureux sont souvent employées; on les utilise pour la préparation de l'acide sulfurique (70).

FONCTION CHIMIQUE ACIDE. — Le gaz sulfureux, comme les anhydrides en général (21), se combine aux bases. Avec la potasse, qui l'*absorbe* rapidement, il peut former deux genres de sels :

$SO^2 + KOH = SO^3KH$, sulfite acide de potassium;
$SO^2 + 2KOH = H^2O + SO^3K^2$, sulfite neutre.

L'*acide sulfureux*, type de ces deux genres de sels, doit donc être formulé : $SO^3H^2$ ou $SO\begin{cases} \cdot OH \\ \cdot OH \end{cases}$ , c'est-à-dire est un acide *bibasique* (20).

**65. Composition.** — On a déterminé la composition du *gaz sulfureux* par *synthèse*, en faisant brûler du soufre dans un ballon contenant de l'oxygène et placé sur la cuve à mercure. La combustion terminée, le volume, après refroidissement, reprend sa *valeur primitive*. On en conclut qu'un *volume quelconque* V de gaz sulfureux est égal à celui de l'oxygène qu'il contient. La relation connue (14)

$$Vd = V'd' + V''d'',$$
$$\text{gaz} \quad \text{oxygène} \quad \text{vapeur}$$
$$\text{sulfureux} \qquad\qquad \text{de soufre}$$

dans laquelle V est ici, d'après l'expérience, égal à V', donne $V'' = \dfrac{d - d'}{d''} V$, soit $\dfrac{1}{2}$ V. Le gaz sulfureux contient donc moitié de son volume de vapeur de soufre, ou *un volume de cette vapeur pour deux d'oxygène, le tout condensé en deux volumes*, ce qui conduit à la formule $SO^2$ (S = 1 vol., $O^2$ = 2 vol., $SO^2$ = 2 vol.) d'après le raisonnement déjà fait pour l'acide sulfhydrique (60).

**66. Propriétés décolorantes. — Usages.** — L'acide

sulfureux décolore un grand nombre de matières organiques (*violettes, vin*). On utilise cette propriété pour le *blanchiment* de la laine, de la soie, de la paille.

Le gaz sulfureux est aussi employé pour détruire les germes, moisissures, etc., tant par son action propre qu'en enlevant l'oxygène au milieu dans lequel on le produit par combustion du soufre. Le froid causé par son évaporation sert dans l'industrie à la préparation de la glace. Enfin c'est le produit intermédiaire indispensable dans la préparation de l'acide sulfurique.

## Anhydride sulfurique.
Poids moléc. (2 vol.) : $SO^3 = 80$.

**67. Préparation.** — On ne peut enlever directement une molécule d'eau (21) à l'acide sulfurique; mais la chaleur, dans des conditions convenables, décompose cet acide en anhydride sulfureux, oxygène et eau :

$$SO^4H^2 = SO^2 + O + H^2O.$$

On enlève facilement l'eau à ce mélange, au moyen même de l'acide sulfurique concentré (73); les deux gaz oxygène et anhydride sulfureux passant sur de la mousse de platine, légèrement chauffée (64), donnent l'anhydride sulfurique :

$$SO^2 + O = SO^3.$$

**68. Propriétés.** — C'est un solide, cristallin, blanc, fondant à 15° et bouillant vers 45°.

Il est extrêmement avide d'eau; ses *fumées* à l'air sont dues à la formation, avec l'humidité atmosphérique, d'acide sulfurique qui se condense :

$$SO^3 + H^2O = SO^4H^2$$

(dégagement de 37$^{c}$,4, l'acide étant dissous dans un excès d'eau).

Il se combine, pour former des sulfates, non-seulement aux hydrates (21), mais aussi directement à certains oxydes correspondants, la baryte BaO, par exemple :

$$SO^3 + Ba''O = SO^4Ba''.$$

Cette réaction a lieu avec incandescence.

**69. Usage; acide sulfurique fumant.** — Il est employé en dissolution dans l'acide sulfurique (acide *fumant*).

L'acide sulfurique de *Nordhausen* est préparé directement par calcination du sulfate ferrique $(SO^4)^3(Fe^2)''$, imparfaitement desséché, qui laisse un résidu de l'oxyde correspon-

dant $(O)^3(Fe^2)^n = Fe^2O^3$ (colcothar ou rouge d'Angleterre). Il a une composition analogue à la dissolution précédente :
$$SO^3 + SO^4H^2.$$

Ces acides, très concentrés, ont, en outre, sur l'acide ordinaire des *chambres de plomb*, l'avantage de ne pas contenir de vapeurs nitreuses (71), nuisibles dans la préparation des *matières colorantes* artificielles, à laquelle on les emploie particulièrement.

## Acide sulfurique.

Poids moléc. : $SO^4H^2 = 98$.

**70. Préparation.** — Elle est exclusivement *industrielle* et repose sur la transformation de l'*anhydride sulfureux* en acide sulfurique en présence de l'*eau* et aux dépens de corps riches en oxygène (64). Ces corps sont les composés oxygénés de l'azote supérieurs au bioxyde ou oxyde azotique $AzO$ ; on les nomme produits *nitreux*. Réduits par le gaz sulfureux, ils passent à l'état d'oxyde azotique (109), qui possède la propriété, facile à constater, de s'oxyder de nouveau *rapidement*, aux dépens de l'oxygène de l'*air*, que l'on introduit dans la réaction ; une quantité *limitée* de ces produits peut donc *théoriquement* servir à la préparation de quantités *illimitées* d'acide sulfurique. Tout se passe alors comme si, abstraction faite de ces intermédiaires, l'oxygène de l'air se fixait immédiatement sur l'acide sulfureux, réaction qui serait extrêmement *lente* par voie directe (64).

Le gaz sulfureux est produit par la combustion du soufre ou le *grillage* des pyrites :
$$S + O^2 = SO^2,$$
$$2FeS^2 + 11O = Fe^2O^3 + 4SO^2.$$

Mélangé à un grand excès d'air, il s'élève dans une tour en plomb (*tour de Glover*), garnie de briques siliceuses et contenant des silex, de façon à présenter une grande surface de contact entre les gaz chauds qui montent et de l'acide sulfurique qui descend chargé de produits nitreux provenant des réactions indiquées plus loin. Il se forme là déjà (l'eau étant fournie par l'acide descendant, qui n'est pas *concentré*) de nouvel acide sulfurique. Les gaz, entraînant l'excès de produits nitreux, arrivent dans de grandes *chambres de plomb* (métal peu attaquable dans ces conditions). Ils y reçoivent de la *vapeur d'eau* et sont mis en présence d'acide azotique destiné à réparer les pertes inévitables de composés nitreux. Ils passent enfin dans la *colonne de Gay-Lussac*, en plomb, remplie de coke, et dans laquelle ils rencontrent, descendant en sens inverse, de l'acide sulfurique qui leur enlève les derniers produits nitreux qu'ils contiennent. Cet acide est alors remonté à la partie supérieure de la tour de Glover, tandis que les gaz restant, dont la presque totalité doit être de l'azote provenant de l'air, sont enlevés par la cheminée.

Quant à l'acide produit dans le Glover et dans les chambres, il s'est naturellement condensé à la partie inférieure des appareils.

**Théorie de cette préparation.** — Les réactions qui se produisent dans la fabrication de l'acide sulfurique sont complexes, en raison des différences de températures ou de concentration de l'acide déjà formé, dans les diverses parties des appareils. On en simplifie beaucoup l'exposé en admettant, conformément à des recherches récentes, que l'anhydride azoteux $Az^2O^3$ (111) constitue la majeure partie des produits nitreux et joue un rôle prépondérant dans les réactions :

1° En présence du gaz sulfureux et de la vapeur d'eau, cet anhydride azoteux, en liberté ou dissous dans l'acide sulfurique déjà formé, donnerait de l'acide sulfurique et serait réduit à l'état d'oxyde azotique :

$$Az^2O^3 + SO^2 + H^2O = SO^4H^2 + 2AzO. \qquad (1)$$

2° L'oxyde azotique formé s'oxyderait aux dépens de l'oxygène de l'air, mais en ne donnant que de l'anhydride azotique (au lieu de peroxyde d'azote), à cause de la présence du gaz sulfureux, qui passe à l'état d'acide sulfurique :

$$2AzO + 3O + 2SO^2 + 2H^2O = 2SO^4H^2 + Az^2O^3. \qquad (2)$$

On est ainsi ramené au point de départ, et la réaction (1) se produisant encore aux dépens de nouvelles quantités de gaz sulfureux et de vapeur d'eau, le même cycle peut être parcouru indéfiniment, avec production à chaque fois de 3 molécules d'acide sulfurique, en présence d'une quantité *théoriquement* constante de produits nitreux.

Remarque. — En réalité, la réaction représentée par l'équation (2) se dédouble en deux autres :

et
$$2AzO + 3O + 2SO^2 + H^2O = 2[SO^4(AzO)H] \quad (3)$$
$$2[SO^4(AzO)H] + H^2O = 2SO^4H^2 + Az^2O^3. \quad (4)$$

Il est facile de voir qu'*algébriquement,* on obtient l'équation (2) en additionnant, membre à membre, les équations (3) et (4). *Chimiquement,* la réaction (3) a lieu dans les parties relativement *froides* des appareils, dans celles où la *vapeur d'eau* est en quantité relativement *faible* ou en présence d'acide sulfurique *concentré* ; les réactions (1) et (4) se produisent dans les parties plus *chaudes.*

Le corps intermédiaire $SO^4(AzO)H$ est le *sulfate-acide* (20) de *nitrosyle* (109). Il paraît constituer les *cristaux des chambres de plomb,* qui se forment, en effet, lorsque l'eau fait défaut dans la préparation de l'acide sulfurique. On leur avait donné la formule $S^2Az^2O^9$, qui représente l'anhydride (21) du sulfate-acide :

$$2[SO^4(AzO)H] - H^2O = S^2Az^2O^9.$$

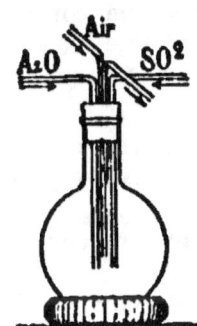

En faisant arriver dans un grand ballon de verre de l'anhydride sulfureux, de l'oxyde azotique et de l'air, en présence d'un peu d'eau, on voit ces cristaux se déposer sur les parois froides. Ils sont détruits par l'eau quand on agite le ballon, avec formation d'acide sulfurique, dont on reconnaît facilement la présence à l'aide du chlorure de baryum (74). On a ainsi une image réduite de la fabrication industrielle, dans une de ses phases principales.

**71. Concentration et purification.**—L'acide sulfurique sortant des chambres ne marque que 55° Baumé (*Phys.,* 39) ; on lui enlève l'excès d'eau qu'il contient en le chauffant, d'abord dans des bassines en plomb, puis dans des vases en platine, en platine doré ou simplement en verre. Ainsi *concentré,* il atteint 66° Baumé.

Les principales *impuretés* qu'il peut contenir sont l'*arsenic* (provenant des pyrites), le plomb et les produits nitreux. Pour le débarrasser des premiers, on le traite (*étendu* à 50° Baumé environ) par un courant de gaz sulfhydrique, qui précipite le plomb et l'arsenic à l'état de sulfures $PbS$ et $As^2S^3$. On décante et on concentre de nouveau.

Les produits nitreux (acides azoteux ou azotique) donnent

avec le sulfate d'ammonium de l'acide sulfurique et de l'azotite ou de l'azotate d'ammonium qui, en réalité, se décompose *immédiatement* à chaud en dégageant de l'azote ou du protoxyde d'azote (102).

**72. Propriétés physiques.** — L'acide sulfurique du commerce, marquant 66° à l'aréomètre de Baumé (*Phys.*, 39), est un liquide incolore, inodore, de consistance oléagineuse (*huile de vitriol*) ; sa densité est égale à 1,84. Il se solidifie à — 34° et bout à 326° ; à la température ordinaire, il n'émet pas de vapeurs, ce qui explique sa condensation immédiate en *fumées*, lorsque les vapeurs d'anhydride s'hydratent (68).

Ce n'est pas exactement l'acide $SO^4H^2$ ou acide normal; il contient environ $\frac{1}{12}$ $H^2O$ en plus. Pour obtenir le véritable acide, il faut lui ajouter de l'anhydride, qui se combine à l'excès d'eau, et faire cristalliser.

L'ébullition de l'acide sulfurique est accompagnée de soubresauts, dus à sa viscosité et dangereux dans une cornue de verre. On les évite en mettant des fils de platine dans le liquide, ou en le chauffant seulement au voisinage de sa surface, à l'aide d'une grille annulaire.

**73. Propriétés chimiques.** — Action de la chaleur. — La *chaleur* le décompose au rouge en gaz sulfureux, oxygène et eau : $SO^4H^2 = SO^2 + O + H^2O.$

C'est un mode de préparation proposé pour l'oxygène, et employé pour l'anhydride sulfurique (68).

Réduction de l'acide sulfurique par les métalloïdes. — Il est réduit :

1° par l'*hydrogène* au rouge, avec production d'anhydride sulfureux ou de soufre, et d'eau :

$$SO^4H^2 + H^2 = 2H^2O + SO^2,$$
$$SO^4H^2 + 3H^2 = 4H^2O + S;$$

2° par le *charbon* et *le soufre* à chaud (préparation du gaz sulfureux, 62).

Action des métaux. — 1° *Réduction*. — Les *métaux*, tels que le *cuivre*, l'*argent*, le *mercure*, et les analogues, à *chaud* (62), le *réduisent* aussi (l'or et le platine ne sont pas attaqués) :

$$2SO^4H^2 + Cu'' = SO^4Cu'' + SO^2 + 2H^2O,$$
$$2SO^4H^2 + 2Ag = SO^4Ag^2 + SO^2 + 2H^2O.$$

En outre, dans ces réactions, le métal *se substitue à l'hydrogène d'une molécule d'acide*, pour donner un sulfate.

2° *Simple substitution*. — Cette *substitution seule* se produit lorsque l'acide agit, *étendu* et à *froid*, sur le *fer* et les métaux analogues :

$SO^4H^2 + Fe'' = SO^4Fe'' + H^2$ (préparation de l'hydrogène, 27).

ACTION DE L'EAU. — L'acide sulfurique est *très avide d'eau*; son mélange avec ce liquide semble une véritable combinaison, dégageant de la chaleur ($6^{cal},2$ pour une molécule d'eau $H^2O$, $13^{cal}$ pour 5 molécules, et $17^{cal}$ environ pour 100 molécules, ajoutées à une d'acide $SO^4H^2$). L'eau pourrait être *vaporisée* et *projetée*, si on l'ajoutait sans précaution à l'acide; à l'état de glace, elle fond rapidement, ce qui produit un abaissement de température, *si elle est en excès* (*Phys.*, 78).

L'acide sulfurique absorbe également l'eau en vapeur ; aussi est-il employé pour *dessécher* les gaz (directement ou imbibant de la *pierre ponce*, 27).

C'est en leur enlevant les éléments de l'*eau* que l'acide sulfurique *carbonise* les matières organiques (bois, poussières organiques de l'air), dont le charbon lui donne une coloration brune ; qu'il attaque (brûle) profondément la peau, les tissus, etc.

**74. Fonction chimique acide.** — C'est un acide bibasique, donnant avec les métaux monovalents deux sortes de sels, comme l'acide sulfureux (20, 65) :

$SO^4KH$, sulfate acide (nommé aussi *bisulfate*) de potassium ;
$SO^4K^2$, sulfate neutre.

*Réactif*. L'acide sulfurique donne avec les sels solubles de *baryum* un *précipité blanc*, caractéristique, de sulfate de baryum (222) :

$$Ba''Cl^2 + SO^4H^2 = 2HCl + SO^4Ba''.$$

**75. Composition de l'anhydride et de l'acide sulfurique.** — 1° L'anhydride est complètement décomposé au rouge en oxygène et acide sulfureux. Ce dernier gaz étant absorbé par la dissolution de potasse (65), le volume W du mélange est réduit à $\frac{W}{3}$ ; le volume de gaz sulfureux était donc $W - \frac{W}{3} = \frac{2W}{3}$. Dans la relation (14),

$$Vd = V'd' + V''d'',$$
anhydride   oxygène   anhydride
sulfurique             sulfureux

on a donc $V'' = 2V'$ ; d'où $V = \dfrac{d' + 2d''}{d} V'.$

Or $\dfrac{d' + 2d''}{d} = 2$ ; donc $V = 2V' = V''$ :

Un volume quelconque, le *volume moléculaire en particulier* ou *2 vol. chimiques* (8) d'anhydride sulfurique contiennent donc un volume égal ou *2 vol. chimiques de gaz sulfureux* et un volume moitié moindre ou *1 vol. chimique d'oxygène*. Cette composition correspond à la formule

$$SO^2 + O = SO^3.$$
2 vol.   1 vol.   2 vol.

2° Quant à l'acide à un degré quelconque de dilution, il peut être considéré comme formé d'anhydride $SO^3$ et d'une certaine masse ou poids d'eau $nH^2O$.

On détermine ce poids d'eau en neutralisant un poids connu d'acide P par un poids connu $p$ d'oxyde de plomb, en excès,

$$Pb''O + \underline{SO^3 + nH^2O} = SO^4Pb'' + nH^2O;$$

et chassant l'eau par l'action de la chaleur. La perte de poids subie par la matière (sulfate mélangé à un excès d'oxyde) donne le poids $p'$ d'eau contenu dans le poids P d'acide.

**76. Usages.** — L'acide sulfurique est l'un des corps les plus employés dans les laboratoires et l'industrie. Il sert à préparer les acides chlorhydrique, azotique, sulfureux, les sulfates de sodium, de cuivre, le sucre de fécule, les matières colorantes, etc.

# CHLORE

Poids atom. (1 vol.) ; $Cl = 35,5$.    Poids moléc. (2 vol.) ; $Cl^2 = 71$.

**77. Préparation.** — I. Par l'acide chlorhydrique et le bioxyde de manganèse. — 1° On attaque le bioxyde (noir) de manganèse $MnO^2$ (31) par l'acide chlorhydrique en dissolution. Au lieu de se produire un chlorure de formule correspondante à celle de l'oxyde, c'est-à-dire $MnCl^4$ ($Cl^4$ jouant le même rôle que $O^2$, puisque le chlore est monovalent et l'oxygène divalent, 12), il ne se forme que le chlorure $MnCl^2$, et une molécule de chlore se dégage :

$$MnO^2 + 4HCl = MnCl^2 + 2H^2O + Cl^2 (22^{lit},32).$$

La réaction se fait dans un grand ballon semblable à celui du n° 57, 2°.

Elle commence et se continue assez longtemps à froid ; on l'active en chauffant légèrement.

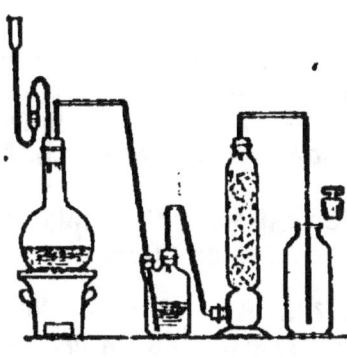

Si l'on veut débarrasser le gaz de l'acide chlorhydrique entraîné, on le fait passer dans un flacon laveur *à eau* ; si l'on veut le dessécher, dans un flacon laveur à acide sulfurique et dans une éprouvette à chlorure de calcium, ou à pierre ponce imbibée d'acide sulfurique. On ne peut recueillir le chlore ni sur l'eau (78), ni sur le mercure (79) ; on en remplit des flacons par déplacement de l'air en utilisant sa grande densité.

2° On pourrait remplacer l'acide chlorhydrique par un chlorure (chlorure de sodium) et l'acide sulfurique :

$$MnO^2 + 2NaCl + 2(SO^4H^2) = SO^4Mn'' + SO^4Na^2 + 2H^2O + Cl^2$$

(procédé de Berthollet).

3° *Régénération du bioxyde*. — Dans l'*industrie*, on emploie en grand le premier procédé, et on *régénère* le bioxyde de manganèse, c'est-à-dire qu'on ramène à l'état de bioxyde le chlorure formé. Le principe de ce procédé de régénération est la *précipitation* (205) de l'oxyde manganeux par la chaux, et son oxydation par l'oxygène de l'air :

$$MnCl^2 + Ca(OH)^2 = CaCl^2 + Mn(OH)^2,$$
$$Mn(OH)^2 + O = MnO^2 + H^2O.$$

En réalité, les réactions sont beaucoup plus compliquées (procédé Weldon).

II. Par un chlorure et l'oxygène. — Certains chlorures peuvent être transformés en oxydes, par l'action de l'oxygène (de l'air), à température élevée :

$$\underset{\text{chlorure de magnésium}}{MgCl^2} + O = \underset{\text{magnésie}}{MgO} + Cl^2.$$

C'est le principe du procédé Pechiney-Weldon, également employé dans l'*industrie*.

**78. Propriétés physiques.** — Le chlore est un gaz *jaune verdâtre*, d'une odeur *suffocante*, dangereux à respirer à cause de son action sur les tissus des poumons. Sa densité est 2,47; il est *soluble* dans l'eau (β, coefficient, = 3 environ, à 10°); il forme même un *hydrate* (48), qui cristallise vers 0° :

$$Cl^2 + 10H^2O.$$

Ces cristaux, se décomposant vers 35°, peuvent servir à la liquéfaction du gaz par le procédé de Faraday (*Phys.*, 92) ; la tension de liquéfaction du chlore est de 4 atmosph. à 15°.

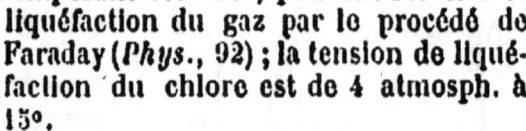

La dissolution est souvent employée (79) sous le nom d'*eau de chlore*.

**79. Propriétés chimiques.** — Combinaison avec les métalloïdes et les métaux. — Le *chlore* est électro-négatif, sauf dans ses combinaisons oxygénées. Il se combine directement avec la plupart des corps simples (excepté l'oxygène, l'azote et le carbone parmi les métalloïdes).

Ainsi le *phosphore* s'y enflamme spontanément en donnant du *pentachlorure* $PCl^5$ ; le *soufre* s'y unit à température ordinaire ; l'*arsenic* et l'*antimoine* en poudre s'y enflamment aussi spontanément. Le *cuivre*, porté au rouge, y brûle rapidement, le chlorure formé fondant aussitôt. Toutes ces *combustions* (33) dégagent de notables quantités de chaleur.

Le *mercure* est attaqué à température ordinaire ; l'or et le *platine* se dissolvent dans l'*eau de chlore*, c'est-à-dire sont transformés en chlorures solubles.

Combinaison avec l'*hydrogène*. — L'*hydrogène* libre se combine directement au chlore (29) à la lumière *diffuse* et avec une détonation violente (et *dangereuse*) à la lumière solaire :

$$H^2 + Cl^2 = 2HCl \quad \text{gaz } (22 \times 2^{cal}).$$
2 vol. 2 vol. 4 vol.

*Action sur l'eau.* — Cette quantité de chaleur est inférieure à celle qu'exige la décomposition de l'eau, ou $59^{cal}$ (vapeur). Cependant le chlore semble décomposer l'*eau au rouge* par suite de la dissociation (25). Il la décompose réellement à

froid, sous l'action de la lumière :
$$H^2O + Cl^2 = O + 2HCl \text{ dissous.}$$
Aussi conserve-t-on l'eau de chlore dans des flacons à l'abri de la lumière.

*Pouvoir oxydant du chlore.* — Cette réaction, ordinairement lente, est immédiate en présence d'un corps qui peut se combiner avec l'oxygène pendant que le chlore prend l'hydrogène. C'est le cas de l'acide sulfureux (64) :
$$Cl^2 + H^2O + SO^2H^2 = SO^4H^2 + 2HCl.$$
Dans ces conditions, le chlore détermine donc l'*oxydation* de l'acide sulfureux et, plus généralement, de tout corps oxydable : c'est ce que l'on nomme le *pouvoir oxydant du chlore*.

*Action sur les composés hydrogénés.* — L'acide *sulfhydrique* (59) est immédiatement décomposé par le chlore :
$$H^2S + Cl^2 = S + 2HCl,$$
la chaleur de formation des deux molécules chlorhydriques ($44^{cal}$) dépassant de beaucoup celle de la molécule $H^2S$ ($4^{cal},6$).

L'*ammoniaque* est aussi décomposé par le chlore :
$$\begin{cases} AzH^3 + 3Cl = Az + 3HCl \\ 3HCl + 3AzH^3 = 3AzH^4Cl \end{cases}$$
$$\overline{4AzH^3 + 3Cl = Az + 3AzH^4Cl.}$$

Il y a production d'azote et de chlorure d'ammonium (98). Si le chlore était en excès, trois atomes de chlore en remplaceraient trois d'hydrogène, en se combinant à l'azote pour donner du *chlorure d'azote*, explosif et dangereux, $AzCl^3$.

*Action sur les matières organiques.* — Les *matières organiques*, contenant de l'hydrogène, subissent une action analogue à la précédente. Une partie de leur hydrogène peut leur être enlevée pour donner de l'acide chlorhydrique.

Le chlore peut aussi remplacer atome pour atome cet hydrogène (carbures, 173) :
$$CH^4 + Cl^2 = HCl + CH^3Cl.$$
Ce remplacement de l'hydrogène par le chlore est une *substitution*.

Les *matières colorantes* organiques (encre, vin) sont détruites, soit par cette action du chlore sur leur hydrogène (décoloration), soit par oxydation en présence de l'eau (rôle oxydant du chlore). Ce dernier cas se présente dans le blanchiment.

**80. Action sur les oxydes.** — 1° Les *oxydes métalliques* sont, pour la plupart, décomposés par le chlore qui dégage plus de chaleur que l'*oxygène* en se combinant à leur métal. Ainsi, *au rouge*, la chaux est transformée en chlorure de calcium :

$$Ca''O + Cl^2 = Ca''Cl^2 + O.$$
chaux    chlore

2° *A froid*, l'*oxygène*, au lieu de se dégager, peut se fixer sur le chlore ; avec les hydrates alcalins, il se forme ainsi un hypochlorite, dérivé de l'acide hypochloreux ClOH :

$$2KOH + 2Cl = KCl + ClOK + H^2O.$$
hydrate    chlorure    hypochlorite
de potasse

Le mélange de ces deux sels (en dissolution, *eau de Javel*), constitue ce que l'on nomme un *chlorure décolorant*. Le chlorure de chaux (dénomination irrégulière) a une constitution analogue. Ces corps sont des sources de chlore par l'hypochlorite qu'ils contiennent et qui dégage facilement sous l'action des acides faibles, l'acide carbonique de l'air par exemple, de l'acide hypochloreux ClOH ou son anhydride,

$$2ClOH - H^2O = Cl^2O,$$

se décomposant facilement en *chlore et oxygène* :

$$Cl^2O = Cl^2 + O.$$

On les emploie comme décolorants et comme *désinfectants* en raison de l'action de leur chlore sur les matières hydrogénées et organiques.

3° *A chaud*, la *dissolution concentrée* de potasse donnerait, sous l'action du chlore, un composé plus oxygéné que l'hypochlorite, le *chlorate* de potassium, qui sert à la préparation de l'oxygène (31) :

$$6KOH + 6Cl = 5KCl + ClO^3K + 3H^2O.$$

**81. État naturel. Usage, etc.** — Le *chlore* a été découvert par Scheele (1774). Dans la nature, il existe en combinaison, à l'état de chlorure, surtout de chlorure de sodium ou sel marin. On l'emploie au blanchiment et comme désinfectant (80).

## Brome, Iode, Fluor.

**82.** Ces trois corps simples forment avec le chlore une famille de métalloïdes ayant des propriétés analogues. Le chlore, le *brome* et l'*iode* présentent des affinités (mesurées par les quantités de chaleur, 22) pour l'hydrogène qui vont en diminuant d'un de ces corps au suivant. Quant au *fluor*, il doit se placer avant le chlore.

## BROME

Poids atom. (1 vol.) : $Br = 80$.  Poids moléc. (2 vol.) : $Br_2 = 160$.

83. Le brome, liquide rouge, dense, volatil, d'une odeur désagréable, s'obtient suivant le second procédé de préparation du chlore (Procédé de Berthollet, 77) :

$$MnO^2 + 2NaBr + 2SO^4H^2 = SO^4Mn + SO^4Na^2 + 2H^2O + Br^2.$$

Le bromure de sodium s'extrait des cendres de *varechs*.

Le brome se dissout dans l'eau (*eau de brome, oxydant* comme l'eau de chlore, 79) et mieux dans l'éther et le chloroforme. Sa combinaison avec l'hydrogène, qui n'a pas lieu sous la seule action de la lumière solaire, donne l'*acide bromhydrique*, analogue à l'acide chlorhydrique, comme lui très soluble et *fumant* à l'air (87).

## IODE

Poids atom. (1 vol.) : $I = 127$.  Poids moléc. (2 vol.) : $I^2 = 254$.

84. L'iode, en vapeurs, est violet ; il bout à 180°, mais se *sublime* facilement. Sa vapeur, très lourde, a une densité $d = 8,72$ par rapport à l'air. A l'état solide, il est gris-noir, d'aspect métallique, peu soluble dans l'eau, beaucoup plus dans l'alcool (teinture d'iode) et dans la dissolution aqueuse d'iodure de potassium KI. On l'obtient comme le brome, par l'action de l'acide sulfurique et du bioxyde de manganèse sur un iodure :

$$MnO^2 + 2NaI + 2SO^4H^2 = SO^4Mn + SO^4Na^2 + 2H^2O + I^2.$$

Le *chlore*, agissant sur un mélange de bromure et d'iodure en dissolution, déplace d'abord uniquement l'*iode* :

$$NaI + Cl = NaCl + I.$$

Il ne met en liberté le brome que quand cette réaction est terminée ·

$$NaBr + Cl = NaCl + Br.$$

Cette action constitue un *second procédé de préparation* de l'iode.

Comme le brome, l'iode existe à l'état d'*iodure* dans les

cendres de varechs ; on rencontre aussi des iodures et des iodates dans l'azotate de sodium du Chili.

L'*empois d'amidon* bleuit au contact d'une très faible quantité d'iode *libre* (réaction caractéristique).

L'acide *iodhydrique* HI est analogue aux acides chlorhydrique et bromhydrique.

Les bromures et iodures sont employés en médecine et en photographie.

## FLUOR

Poids atom. (1 vol.) : $F = 19$.    Poids moléc. (2 vol.) : $F^2 = 38$.

**85.** Le fluor n'a été isolé qu'en 1888 par l'électrolyse de l'acide fluorhydrique HF, faite dans un appareil particulier (M. Moissan).

C'est un gaz faiblement coloré en jaune verdâtre, qui attaque énergiquement les corps simples à température ordinaire (sauf l'or et le platine, qui ne sont attaqués que vers 500°). La chaleur dégagée par la formation des *fluorures* qui résultent de cette attaque est très grande :

$$H + F = HF \quad \text{gaz, dégagement de } 38^{cal},6$$
$$\text{dissous,} \quad - \quad 50,1$$

Aussi le fluor attaque-t-il également la plupart des corps composés, l'eau en particulier, à température ordinaire, en mettant en liberté l'élément électro-négatif :

$$\underset{69^{cal}}{H^2O} + 2F = O + \underset{100^{cal},8}{2HF \text{ dissous}}.$$

Le fluor déplace de même le chlore.

L'ACIDE FLUORHYDRIQUE HF, plus énergique que l'acide chlorhydrique, est liquide à pression ordinaire au-dessous de 18°. Il produit des brûlures douloureuses ; sa réaction la plus remarquable est l'attaque de la *silice* (anhydride silicique), libre ou contenue dans les silicates (verres) :

$$\underset{\text{silice}}{SiO^2} + 4HF = \underset{\substack{\text{fluorure} \\ \text{volatil}}}{SiF^4} + 2H^2O ;$$

de là son emploi pour *graver* le verre.

Dans la nature, le fluor existe à l'état de combinaison dans le fluorure de calcium (spath-fluor ou fluorine).

Les vases dans lesquels on le prépare doivent être formés de cette fluorine, ou en platine.

## Acide chlorhydrique.
Poids moléc. (2 vol.) : $HCl = 36,5$.

**86. Préparation.** — On fait agir l'ACIDE SULFURIQUE sur un chlorure, qui est toujours le CHLORURE DE SODIUM (sel marin). Dans les laboratoires, le sel, fondu et concassé, est placé dans un ballon en verre ; on ajoute l'acide sulfurique et on chauffe très légèrement d'abord :

$$NaCl + SO^4H^2 = SO^4NaH + HCl \quad (22^{lit},32).$$

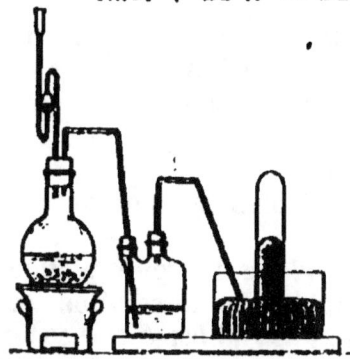

Le sulfate acide (20) de sodium, $SO^4NaH$, peut encore attaquer une molécule de sel marin pour donner du sulfate neutre :

$$NaCl + SO^4NaH = SO^4Na^2 + HCl.$$

Mais cette réaction n'a lieu qu'à une température beaucoup plus élevée, atteinte seulement dans l'*industrie*, où l'on prépare par ce procédé le *sulfate de sodium* (220). Le ballon est alors remplacé par des fours en briques ou des cylindres en fonte, dans lesquels le chlorure est ordinairement introduit à l'état de sel gemme.

On recueille le gaz sur le *mercure* (dans les laboratoires), ou on le dissout dans une suite de flacons ou de touries contenant de l'eau (laboratoires et industrie).

**87. Propriétés physiques.** — Le *gaz chlorhydrique* est incolore, d'une odeur piquante et d'une saveur très acide. Sa densité est $d = 1,27$. Il est liquéfiable à $-80°$ sous la pression atmosphérique.

Il est *extrêmement soluble* ($500^{lit}$ pour un d'eau à $0°$) : on montre son absorption par l'eau de diverses manières (éprouvette brisée, jet d'eau dans un flacon).

Sa dissolution est accompagnée d'un grand dégagement de chaleur ; il se forme des hydrates (48) :

$$HCl + 2H^2O \quad \text{et} \quad HCl + 6H^2O.$$

La *dissolution* chlorhydrique concentrée, ordinairement employée dans les arts sous le nom d'acide chlorhydrique, est intermédiaire entre ces deux hydrates. Les *fumées* qu'elle répand sont dues au gaz qui s'en dégage.

L'acide chlorhydrique, en effet, *fume* à l'air, en absorbant la vapeur d'eau de l'atmosphère pour donner un hydrate qui se condense (voir *anhydride sulfurique*, 68).

**88. Propriétés chimiques.** — Action de la chaleur et des métalloïdes. — La chaleur le *dissocie* (25) à haute température en chlore et hydrogène.

L'*oxygène* peut, aussi à haute température, lui enlever son hydrogène ; mais cette réaction est limitée par la dissociation de l'eau et la recombinaison du chlore et de l'hydrogène (47) :
$$2HCl + O = H^2O + Cl^2.$$

Les autres métalloïdes sont généralement sans action sur l'acide chlorhydrique.

Action des métaux. — Mais les *métaux* (l'or et le platine exceptés) le décomposent, soit à froid ou en dissolution, soit à chaud et gazeux. L'hydrogène est mis en liberté et il se forme un chlorure :
$$Zn + 2HCl = ZnCl^2 + H^2 \text{ (prép. de l'hydrogène, 27)}.$$

**Fonction chimique acide.** — La réaction précédente est, en définitive, la substitution générale d'un métal à l'hydrogène d'un acide (47).

Le gaz et la dissolution chlorhydriques ont, en effet, des propriétés acides énergiques. Avec la potasse — plus exactement avec l'*hydrate de potassium* — l'acide chlorhydrique donne la réaction générale (49) :
$$\underset{\text{hydrate}}{KOH} + HCl = \underset{\text{chlorure}}{KCl} + H^2O.$$

OH de l'hydrate est donc remplacé par Cl, ou O" de l'oxyde $K^2O$ par $Cl^2$. De même avec l'oxyde ferrique, de formule plus compliquée — ou plutôt avec son hydrate —, l'acide chlorhydrique donne le chlorure correspondant :

Oxyde $Fe^2O^3$ . . . . . . . . . . Chlorure $Fe^2Cl^6$.

Toutefois certains oxydes ne donnent pas ainsi le chlorure correspondant. Tel est le bioxyde de manganèse :

$MnO^2 + 4HCl = MnCl^2 + 2H^2O + Cl^2$ (préparation du chlore).

Les *sulfures* font de même une double décomposition, en donnant un chlorure et de l'acide sulfhydrique. Exemples :

(Sulfhydrate de potassium) . . $KSH + HCl = KCl + H^2S$ ;
(Sulfure de fer) . . . . $Fe''S + 2HCl = Fe'Cl^2 + H^2S$ (préparation de l'acide sulfhydrique, 57).

Le *réactif* de l'acide chlorhydrique est l'azotate d'argent (206).

**89. Composition du gaz chlorhydrique.** — On la détermine, par *analyse*, comme celle du gaz sulfhydrique (fragment d'étain chauffé dans la cloche courbe, 60) :

$$Vd = V'd' + V''d''.$$

gaz        hydro-    chlore
chlor-,    gène
hydrique

Seulement ici le volume V' d'hydrogène restant est *moitié*

de V ; on en déduit $V'' = \dfrac{d - \frac{1}{2}d'}{d''} V$, ou $V'' = \dfrac{1}{2} V$.

Donc un volume quelconque de gaz chlorhydrique et 2 *vol. chimiques (une molécule) en particulier contiennent 1 vol. (un atome) d'hydrogène et 1 vol. (un atome) de chlore*, d'où la formule HCl.

La *synthèse* de l'acide chlorhydrique a été faite en combinant, à la *lumière diffuse* (79), des volumes égaux des deux gaz. On constate que le volume final est la somme des composants, *à la même pression*, et est totalement absorbé par l'eau.

**90. Usages, etc.** — L'acide chlorhydrique (*esprit de sel*, acide *muriatique*) était connu depuis longtemps quand sa constitution a été établie par Davy, Gay-Lussac et Thénard. Il sert à préparer le chlore et les chlorures et à dissoudre les oxydes (*décapage des métaux*).

La dissolution chlorhydrique du commerce, au lieu d'être *incolore*, est souvent jaunâtre, par suite de la présence de chlorure de fer. Elle peut aussi contenir un peu de chlorure d'arsenic et d'acide sulfurique entraîné ; le *sulfure de baryum* BaS transforme l'un en sulfure d'arsenic, l'autre en sulfate de baryte, *insolubles* tous deux.

La distillation avec condensation du gaz dans de l'eau pure, suffit ensuite pour éliminer le chlorure de fer, qui reste dans la cornue.

## EAU RÉGALE

**91.** L'eau régale est un mélange des deux acides *chlor-*

*hydrique* et azotique (117), qui dissout, à l'état de *chlorure*, l'or, inattaqué par chacun des acides séparément. On peut considérer ce mélange comme une source de chlore :

$$HCl + AzO^3H = Cl + AzO^2 + H^2O.$$
acide azotique        peroxyde
                      d'azote

L'eau régale agirait alors comme l'eau de chlore (79); mais, en réalité, la réaction n'est pas aussi simple.

## AZOTE

Poids atom. (1 vol.) : $Az = 14$.    Poids moléc. (2 vol.): $Az^2 = 28$.

**92. Préparations.** — On l'extrait généralement de l'AIR (40), en engageant l'oxygène dans une combinaison solide ou liquide :

1° Par le phosphore. — On brûle sous une grande cloche placée sur la cuve à eau du phosphore contenu dans une petite capsule portée par un flotteur. Il se forme de l'anhydride phosphorique qui se dissout (38) :

$$2P + 5O = P^2O^5,$$
$$P^2O^5 + H^2O = 2PO^3H,\ \text{acide } \textit{métaphosphorique}\ (136).$$

L'azote reste dans la cloche.

2° Par le cuivre a chaud. — On fait passer un courant d'air, produit par déplacement, sur de la tournure de cuivre chauffée dans un tube de verre :

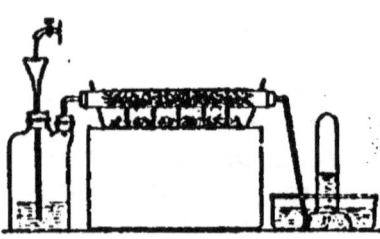

$$Cu + O = CuO.$$

On recueille l'azote sur la cuve à eau. Si on veut le gaz sec, on dessèche l'air par la ponce sulfurique (73) et on recueille sur le mercure.

Ces deux procédés ont servi à l'analyse de l'air (38, 40).

3° Par le cuivre a froid et l'ammoniaque. — En présence d'une solution ammoniacale, le cuivre métallique (en tournure) absorbe à froid l'oxygène de l'air. L'ammoniaque s'oxyde de son côté ; il se forme un composé complexe, l'azotite de cuivre ammoniacal, qui colore en bleu le liquide. L'azote restant est facilement débarrassé des vapeurs ammoniacales par passage dans un flacon laveur à acide sulfurique (98).

4° Par l'azotite d'ammonium. — Une préparation directe consiste à *décomposer* par la chaleur, dans une petite cornue de verre, l'*azotite d'ammonium* $AzO^2(AzH^4)$ :

$$AzO^2(AzH^4) = 2Az + 2H^2O.$$

L'action du chlore sur l'ammoniaque (79) donne aussi de l'azote.

**93. Propriétés physiques.** — L'azote est un gaz incolore et inodore. Sa densité est 0,972; il est très peu soluble dans l'eau et n'a été liquéfié que par refroidissement très énergique et détente. (*Phys.*, 92.)

**94. Propriétés chimiques.** — L'azote se combine difficilement aux autres corps; il faut l'intervention d'*énergie* (quantité de chaleur) étrangère, comme celle de l'*étincelle électrique*, pour le combiner à l'*oxygène* (production de l'acide azotique, d'acide azoteux, de peroxyde d'azote dans l'air), ou à l'*hydrogène* (formation d'ammoniaque).

Il éteint les corps en combustion.

Mais quoiqu'en apparence impropre à la vie, parce qu'il *n'entretient* pas la *respiration* et n'est ni *combustible* ni *comburant*, l'azote joue un rôle capital dans la formation des matières organiques (tissus des plantes et des animaux); les plantes se l'assimilent soit directement, aux dépens de l'air et grâce à l'électricité atmosphérique, soit indirectement par l'intermédiaire de composés azotés (microorganismes, engrais).

L'azote extrait de l'air atmosphérique (36) contient, en petite quantité, un gaz récemment isolé et auquel on a donné le nom d'*argon*. L'argon est un corps simple.

## Ammoniaque.
### (Gaz ammoniac, azoture d'hydrogène.)

Poids moléc. (2 vol.) : $AzH^3 = 17$.

**95. Préparation.** — On prépare l'ammoniaque en décomposant un sel ammoniacal par une base (hydrate ou oxyde correspondant, 188), qui est ordinairement la chaux. Les sels ammoniacaux peuvent être considérés comme contenant un *radical* AzH⁴, *l'ammonium* (98), jouant le rôle d'un métal; celui qu'on emploie dans les laboratoires est le chlorure d'ammonium (chlorhydrate d'ammoniaque). La réaction est une application des lois de Berthollet (205) :

$$2[(AzH^4)Cl] + Ca''O = Ca'Cl^2 + H^2O + 2AzH^3 \; (22^{lit},32 \times 2).$$

chlorure    chaux    chlorure     gaz<br/>d'ammonium        de calcium    ammoniac

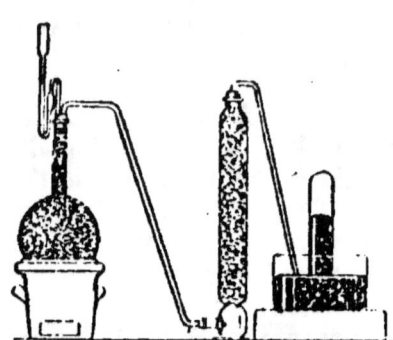

La chaux *vive* CaO est pulvérisée et mélangée avec le chlorure également pulvérisé. *La réaction commence à froid*; on l'active en chauffant dans un ballon à long col, que l'on a achevé de remplir aussi avec de la chaux vive, mais en fragments, destinée à retenir l'eau. Le gaz *ammoniac* se dégage; on peut le dessécher encore par une éprouvette de chaux vive ou de chaux sodée (mélange de soude NaOH fondue et de chaux); on le recueille sur le mercure, à cause de sa grande solubilité dans l'eau.

Avec un hydrate (potasse, soude, chaux *éteinte*, 188) la réaction serait analogue. Elle se produirait aussi en dissolution :

$$2[(AzH^4)Cl] + Ca''(OH)^2 = Ca'Cl^2 + 2H^2O + 2AzH^3;$$

seulement l'ammoniaque serait humide, ce qui ne présente aucun inconvénient dans la pratique, puisqu'on se sert presque toujours de sa dissolution.

Dans l'*industrie*, on distille ainsi avec de la chaux les eaux ammoniacales provenant des urines, de la préparation du gaz d'éclairage (181), etc. On recueille le gaz dans l'eau pure au moyen d'un dispositif analogue à l'appareil de Woolf (86).

La dissolution ammoniacale du commerce, chauffée, dégage abondamment le gaz (humide).

**96. Propriétés physiques.** Le gaz ammoniac est incolore, mais d'une odeur caractéristique qui provoque les larmes et d'une saveur brûlante; $d = 0,591$.

Solubilité dans l'eau. — Absorption par le charbon. — Il est très soluble dans l'eau, avec dégagement de chaleur. Cette solubilité donne lieu aux mêmes expériences que celle du gaz chlorhydrique (87). Le *charbon* de bois en absorbe de grandes quantités, qu'il abandonne, comme l'eau, par la chaleur. On utilise cette propriété pour liquéfier l'ammoniaque dans un tube de Faraday (78; *Phys.*, 92).

Absorption par les chlorures. — Certains *sels* et en particulier les *chlorures* absorbent aussi le gaz ammoniac, pour l'abandonner sous l'action de la chaleur. Mais il y a là, comme dans la dissolution, un phénomène chimique. On *ne peut* par suite de cette absorption, employer le *chlorure de calcium* comme *desséchant* (27) du gaz ammoniac, non plus d'ailleurs que l'acide sulfurique (98).

*Liquéfaction.* — Sous la pression atmosphérique, le gaz ammoniac se liquéfie à $-40°$; sous $4^{atm},8$, à $0°$. La vaporisation du liquide absorbant une grande quantité de chaleur, on l'utilise comme source de *froid* dans l'*appareil Carré*.

**97. Propriétés chimiques.** — Décomposition par la chaleur et l'électricité. — Le gaz ammoniac est décomposable en *azote* et *hydrogène* par la *chaleur*, et aussi par les *étincelles électriques*; mais cette dernière décomposition est limitée à 95 % environ, par suite de la recombinaison, sous la même influence, de l'azote et de l'hydrogène (94).

Action de l'oxygène. — Préalablement enflammé, il brûle dans l'*oxygène*, mais non dans l'air, en donnant de l'eau et de l'azote :

$$2AzH^3 + 3O = 3H^2O + Az^2.$$

Dans certaines conditions, par exemple lorsque les deux gaz passent sur de la *mousse de platine* chauffée, l'azote s'oxyde aussi :

$$AzH^3 + 4O = H^2O + AzO^3H, \text{ *acide azotique*.}$$

Action du chlore et du charbon. — Le *chlore* décompose l'ammoniaque; le gaz ammoniac s'y enflamme spontanément; l'équation de cette réaction a été établie au n° 79.

Le *charbon* décompose aussi, au rouge, le gaz ammoniac, en donnant de l'acide cyanhydrique (CAz)H, qui s'unit à l'excès d'ammoniaque pour former du cyanure d'ammonium (98) :

$$AzH^3 + C = (CAz)H + H^2$$
$$(CAz)H + AzH^3 = (CAz)(AzH^4),$$
d'où, en additionnant et en réduisant, l'équation complète :
$$2AzH^3 + C = (CAz)(AzH^4) + H^2.$$

**98. Fonction chimique. Ammonium.** — La dissolution d'ammoniaque est *basique* (18) : elle bleuit fortement le tournesol rouge et neutralise les acides en formant des sels. Ces sels sont généralement isomorphes des sels alcalins (sels de potassium, etc.). On est conduit à leur attribuer la même formule, en considérant comme jouant le rôle d'un métal le groupement ou *radical* $AzH^4$, que l'on nomme AMMONIUM. Ainsi le chlorure d'ammonium (anciennement chlorhydrate d'ammoniaque, sel ammoniac) est formulé

$$(AzH^4)Cl.$$

La dissolution ammoniacale contiendrait alors l'*hydrate* de ce métal,
$$AzH^3 + H^2O = (AzH^4).O.H,$$
analogue à l'hydrate de potassium : $K .O.H$.

Le nom d'*alcali volatil*, anciennement donné à l'ammoniaque, répond bien à ses propriétés basiques.

La formation des sels ammoniacaux par la base et l'acide est alors conforme à la réaction générale (19) :
$$(AzH^4)OH + HCl = AzH^4Cl + H^2O,$$
chlorure
$$(AzH^4)OH + SO^4H^2 = SO^4(AzH^4)H + H^2O,$$
sulfate acide
$$2(AzH^4)OH + SO^4H^2 = SO^4(AzH^4)^2 + 2H^2O.$$
sulfate neutre

Toutefois il faut remarquer que ces sels peuvent se former *directement* avec le *gaz ammoniac et l'acide*. Ainsi deux dissolutions, l'une d'acide chlorhydrique, l'autre d'ammoniaque, placées à côté l'une de l'autre, produisent, en mêlant les vapeurs qu'elles dégagent, des *fumées* de chlorure d'ammonium :
$$AzH^3 + HCl = AzH^4Cl.$$

L'ammonium n'a pas été isolé ; mais le radical $AzC$ ou $CAz$ ($C^{iv}$ tétravalent remplaçant $H^4$), dont il a été question plus haut (97), l'a été : c'est le *cyanogène*, qui joue le rôle d'un corps *simple* (143).

**99. Composition.** — On fait traverser par une suite d'étincelles électriques de la bobine Ruhmkorff le gaz ammoniac renfermé dans un eudiomètre à mercure. Quand le volume n'augmente plus (il a à peu près doublé), on fait l'analyse du *mélange* d'azote et d'hydrogène produit. Soit W son volume; on y ajoute un volume $\frac{W}{2}$, par exemple, d'oxygène, évidemment plus que suffisant pour en brûler tout l'hydrogène, et on fait passer une étincelle. Après l'explosion, on absorbe par le phosphore l'oxygène non employé : le volume de l'*azote* restant est $\frac{W}{4}$, quart du mélange primitif ; le reste de ce *mélange*, c'est-à-dire $\frac{3}{4}W$, était donc de l'*hydrogène*.

Il est facile de vérifier, étant connue la composition de l'eau en volumes, que l'oxygène disparu correspond bien à ce volume d'hydrogène, car on constate que le phosphore en a absorbé un volume $\frac{W}{8}$.

Dans la relation bien connue (14)
$$Vd = V'd' + V''d'',$$
$$\text{gaz ammoniac} \quad \text{azote} \quad \text{hydrogène}$$

on a donc $\dfrac{V''}{V'} = \dfrac{\frac{3}{4}W}{\frac{1}{4}W} = 3$, d'où $V = \dfrac{d' + 3d''}{d}V'$ ou enfin

$V = 2V' = \dfrac{2V''}{3}$. Par suite :

Un volume quelconque V de gaz ammoniac est formé d'un volume moitié, $\dfrac{V}{2}$, d'azote, et d'un volume et demi $\left(V'' = \dfrac{3}{2}V\right)$ d'hydrogène, ou, en doublant pour éviter les fractions :

Deux volumes quelconques, *2 volumes chimiques* ou le *volume moléculaire* (8), par exemple, *de gaz ammoniac sont formés d'un volume chimique ou 1 atome d'azote et de 3 d'hydrogène* (contractés par conséquent en 2 volumes). D'où la formule $AzH^3$.

Remarque. — Si l'on faisait *réellement* les expériences, les nombres $\frac{W}{4}$, $\frac{3W}{4}$ se détermineraient par les *mesures effectuées* ; mais si l'on n'en rapporte que l'exposé, il est facile de les retrouver, en se souvenant simplement de la formule AzH³, qui exprime le résultat même de l'analyse : Az, 1 vol. chimique ; H³, 3 vol. chimiques ; il y a donc $\frac{1}{4}$ du mélange pour l'azote et $\frac{3}{4}$ pour l'hydrogène. La décomposition fait disparaître la contraction, parce qu'elle transforme la combinaison en un mélange.

On remplacera de même $d$, $d'$, $d''$ par les densités $\frac{17}{2}$, 14 et 1 par rapport à l'hydrogène, cette remarque s'appliquant d'ailleurs à toutes les analyses ou synthèses de gaz (14).

2° REMARQUE. — Il n'est pas nécessaire, pour l'exactitude de cette analyse, que la décomposition de l'ammoniaque ait été intégrale, ce qui n'a jamais lieu (97) ; il suffit qu'il ne se soit pas produit d'autre corps que les éléments *azote* et *hydrogène*, et que leur *mélange* ait le volume W.

**100. Usages, etc.** — Le gaz ammoniac, découvert par Kunckel, a été analysé *qualitativement* par Scheele et par Priestley et quantitativement par Berthollet en 1785.

L'ammoniaque se produit naturellement dans les fermentations putrides (urines, fumiers) ; dans l'atmosphère (azotite d'ammonium), sous l'action de l'électricité. On l'obtient aussi dans l'industrie parmi les produits de distillation de la houille (181) et par la transformation des composés du cyanogène CAz.

L'ammoniaque est employée dans les laboratoires, en pharmacie (*caustique*), dans la fabrication de la glace par le procédé Carré, et à divers autres usages industriels, en particulier à la fabrication du carbonate de sodium (216). C'est un dissolvant des graisses.

## Oxydes de l'azote.

**101.** Ce sont :
le *protoxyde* ou oxyde *azoteux* (gaz). Az²O (2 vol.) = 44 ;
le *bioxyde* ou oxyde *azotique* (gaz). AzO (2 vol.) = 30 ;
le *peroxyde* (vapeur). . . . . . . AzO² (2 vol.) = 46.

auxquels on doit joindre l'*anhydride azoteux* $Az^2O^3$, intermédiaire entre le bioxyde et le peroxyde, et les *anhydrides azotique* $Az^2O^5$ et *perazotique* $Az^2O^6$, oxydes supérieurs.

**Propriétés communes.** — Ces oxydes sont formés, à partir de leurs éléments, en *absorbant de la chaleur*, contrairement à la majorité des combinaisons (22) ; ils *en dégagent* donc lorsqu'ils se décomposent en ces éléments.

Les corps *combustibles* (*charbon, soufre et métaux*) s'y oxydent (y brûlent) à température plus ou moins élevée. L'*hydrogène* les décompose également, à température convenable, en formant de l'eau et mettant l'azote en liberté :

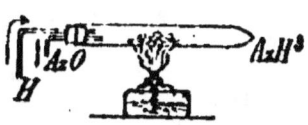

en présence de la *mousse de platine*, il se combine à l'azote en donnant de l'ammoniaque. Exemples :

$$Az^2O + H^2 = H^2O + Az^2 \; ; \; \text{et} \; AzO + 5H = H^2O + AzH^3.$$

## PROTOXYDE D'AZOTE ou OXYDE AZOTEUX, $Az^2O$.

**102. Préparation.** — On l'obtient en décomposant, à température peu élevée (250° au plus), l'AZOTATE D'AMMONIUM ;

$$(AzO^3)(AzH^4) = 2H^2O + Az^2O \quad (22^{bis},32.)$$

L'opération se fait dans une petite cornue de verre ; on recueille habituellement le gaz sur l'eau, bien qu'il y soit assez soluble. Il ne reste aucun résidu dans la cornue, ainsi que l'indique l'équation, qui est à rapprocher de celle de la préparation de l'azote par l'*azotite* d'ammonium (92, 4°).

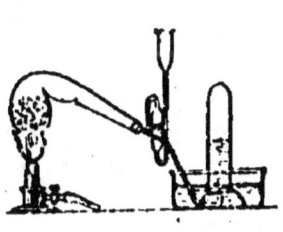

**103. Propriétés physiques.** — Gaz incolore, inodore, de saveur sucrée : $d = 1,527$ ; solubilité dans l'eau, $\beta = 1^{lit},3$ par litre. Il est facilement liquéfiable par compression, à 0° et $0^{atm}$ ; le liquide bout à $-88°$ sous la pression ordinaire et son évaporation abaisse la température à environ $-100°$. On trouve dans le commerce ce protoxyde liquide, dans des bouteilles de fer.

**104. Propriétés chimiques.** — COMBUSTIONS DANS LE PROTOXYDE D'AZOTE. — La décomposition de ce gaz étant *exothermique* (101), n'exige pas l'intervention d'une énergie étrangère (quantité de chaleur); mais elle ne se produit qu'à partir d'une température convenable (vers le rouge). Aussi tout corps *combustible, porté en un de ses points à l'ignition*, le décompose et brûle avec éclat dans le *mélange* résultant de la décomposition. Ce mélange est, en effet, plus riche que l'air en oxygène :

$$Az^2O = Az^2 + O,$$
$$\text{2 vol.} \quad \text{2 vol.} \quad \text{1 vol.}$$

puisqu'il contient $\frac{1}{3}$ d'oxygène au lieu de $\frac{1}{5}$.

Le *charbon*, le *soufre*, le *phosphore* y brûlent ainsi très vivement.

*Quantité de chaleur dégagée.* — De plus, la chaleur de *décomposition* du protoxyde d'azote ($20^{cal},5$) s'*ajoute* à la chaleur d'*oxydation* du combustible, de telle sorte que la combustion d'un *même poids* de ce combustible dégage *plus de chaleur* dans le protoxyde d'azote que dans l'oxygène.

DISTINCTION DE L'OXYDE AZOTEUX ET DE L'OXYGÈNE. — Une allumette ne présentant plus qu'un point incandescent brûle avec éclat dans le protoxyde d'azote : on pourrait donc confondre ce gaz avec l'oxygène. Mais le protoxyde d'azote n'est pas oxydant *à température ordinaire*; il n'entretient pas la respiration et *ne donne pas de vapeurs rutilantes* avec le bioxyde d'azote; ce dernier fait permet de le distinguer de l'oxygène (109).

**105. Composition.** — Elle se détermine par la méthode de la *cloche courbe* (60, 89). On y *chauffe* un fragment de *sulfure de baryum*, qui le décompose en absorbant l'oxygène et donnant du *sulfate de baryum, solide :*

$$BaS + 4Az^2O = SO^4Ba + 4Az^2.$$

Après refroidissement, le volume d'azote est égal au volume primitif. Il en résulte que $V' = V$ dans l'égalité (14) :

$$Vd = V'd' + V''d''$$
$$\text{protoxyde} \quad \text{azote} \quad \text{oxygène}$$

et que, par suite, $V'' = \dfrac{d-d'}{d''}V = \dfrac{1}{2}V.$

On traduit ce résultat, par le raisonnement connu (89) :
*Deux volumes chimiques ou une molécule d'oxyde azoteux*

contiennent donc *deux volumes ou deux atomes d'azote et un atome d'oxygène*, ce qu'exprime la formule $Az^2O$.

**106. Usages, etc.** — Il a été découvert en 1774 par Priestley. Davy lui a reconnu la propriété de produire une anesthésie agréable (*gaz hilarant*) ; on s'en sert pour produire l'*insensibilité*, mais on doit s'entourer de *précautions spéciales* dans son emploi.

### BIOXYDE D'AZOTE ou OXYDE AZOTIQUE, AzO.

**107. Préparation.** — Il s'obtient en *réduisant* partiellement l'ACIDE AZOTIQUE $AzO^3H$ :

1° PAR LE CUIVRE OU LE MERCURE. — L'opération se fait dans un appareil semblable à celui de la préparation de l'hydrogène (27), et contenant le métal et de l'eau ; on verse par petites fractions un poids d'acide azotique ordinaire égal aux deux tiers environ de celui de l'eau. L'oxygène de l'air contenu dans le flacon est d'abord absorbé avec formation de vapeurs rutilantes (109) qui se dissolvent, puis l'oxyde azotique se dégage ; on le recueille sur la cuve à eau :

$$3Cu + 8(AzO^3H) = 3[(AzO^3)^2Cu''] + 4H^2O + 2AzO \quad (22^{lit},32 \times 2).$$

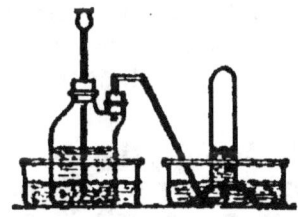

Il est bon d'empêcher la température de s'élever, en plaçant le flacon dans un vase contenant de l'eau froide, sans quoi la proportion d'azote et d'oxyde azoteux, provenant d'une *réduction* plus complète de l'acide azotique, augmente beaucoup.

*Remarque.* — La réaction ressemble assez à la réduction de l'acide sulfurique par le cuivre dans la préparation de l'acide sulfureux (62). Son équation étant un peu compliquée, il est commode, pour l'établir, de diviser par la pensée, fictivement, le phénomène en deux phases :

1° Réduction de l'acide, avec production d'oxyde de cuivre, d'eau et d'oxyde azotique :

(1) $\quad 3Cu'' + 2AzO^3H = 3Cu''O + H^2O + 2AzO$ (réaction *fictive*) ;

2° Réaction de l'oxyde de cuivre sur l'acide azotique :

(2) $\quad 3Cu''O + 6AzO^3H = 3[(AzO^3)^2Cu''] + 3H^2O.$

En ajoutant membre à membre et remarquant que le terme $3Cu''O$ est commun, on a l'équation donnée plus haut :
$$3Cu'' + 8AzO^3H = 3[(AzO^3)^2Cu''] + 4H^2O + 2AzO.$$

L'azotate de cuivre formé se dissout dans l'eau, qu'il colore en bleu.

2° PAR UN SEL FERREUX. — Le sulfate *ferreux* est $SO^4Fe''$ correspondant à l'oxyde *ferreux* $FeO$ ; le sulfate *ferrique* a pour type l'oxyde ferrique $Fe^2O^3$ : sa formule est $Fe^2(SO^4)^3$ ou $(SO^4)^3Fe^2$ (20). Pour passer du premier au second, il faut donc lui ajouter de l'acide sulfurique, dont l'hydrogène forme de l'eau aux dépens de l'acide azotique en présence. On établit l'équation finale en scindant fictivement, comme plus haut, le phénomène en deux parties :

(1) $\quad 2SO^4Fe + SO^4H^2 = (SO^4)^3Fe^2 + H^2$ (réaction *fictive*);
(2) $\quad 3H^2 + 2AzO^3H = 4H^2O + 2AzO.$

Pour faire disparaître les termes en $H^2$, il faut multiplier par 3 les deux termes de l'équation (1) et ajouter membre à membre, ce qui donne l'équation finale :

$$6SO^4Fe + 3SO^4H^2 + 2AzO^3H = 3[(SO^4)^3Fe^2] + 4H^2O + 2AzO.$$

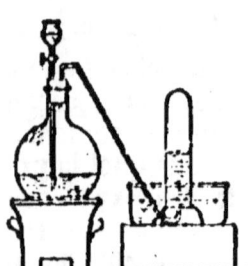

On réalise cette opération en chauffant légèrement dans un ballon de verre la dissolution de sulfate ferreux (vert) et d'acide sulfurique. On fait tomber goutte à goutte par un tube à robinet, l'acide azotique.

**108. Propriétés physiques.** — Gaz incolore, dont on ne peut déterminer l'odeur propre, parce qu'à l'air il se transforme en peroxyde $AzO^2$ (109); $d = 1,039$ ; peu soluble ; très difficile à liquéfier (Cailletet, Olzewski); il bout à $-154°$ sous la pression ordinaire.

**109. Propriétés chimiques.** — ACTION DE LA CHALEUR. — L'oxyde azotique se décompose à la température du rouge en azote et oxygène (qui se porte sur une partie du bioxyde non décomposé, pour donner du peroxyde $AzO^2$ plus difficilement décomposable) :

(1) $\quad\quad AzO \ = \ Az \ + \ O$
$\quad\quad\quad$ 2 vol. $\quad$ 1 vol. $\quad$ 1 vol.

(2) $\quad\quad AzO + O = AzO^2.$

ACTION DE L'OXYGÈNE. — *L'oxygène* libre (oxygène de l'air) en excès transforme immédiatement et même à température ordinaire, l'oxyde azotique en *vapeurs rutilantes*, désagréables et *dangereuses* à respirer, de peroxyde d'azote :
$$AzO + O = AzO^2.$$
Mais si l'oxygène est combiné, cette transformation *caractéristique* n'a pas lieu ; elle permet de distinguer le protoxyde d'azote de l'oxygène (104).

Dans certaines circonstances spéciales (111, 70) l'oxydation de l'oxyde azotique peut être moins complète et ne donner naissance qu'à de l'anhydride azoteux.

COMBUSTIONS DANS L'OXYDE AZOTIQUE. — La température de décomposition du bioxyde d'azote étant plus élevée que celle du protoxyde, il faut, pour que les *combustibles* (soufre, charbon, etc.) y brûlent, qu'ils soient bien enflammés. Le mélange résultant alors de sa décomposition suivant l'équation (1) contient volumes égaux d'azote et d'oxygène, c'est-à-dire est plus riche en oxygène que l'air et le protoxyde ; mais il se forme aussi du peroxyde, suivant l'équation (2).

ABSORPTION PAR LE SULFATE FERREUX $SO^4Fe''$. — La dissolution de ce sulfate l'absorbe à *froid* en prenant une teinte brun-foncé ; elle le dégage à chaud.

RÔLE CHIMIQUE. — L'oxyde azotique peut jouer le rôle d'un corps simple dans certaines combinaisons (111, 70) ; on le nomme alors *nitrosyle*, et les composés dans lesquels il entre sont dits *nitrosés*. C'est un *radical*, comme l'ammonium (98), le cyanogène (143), etc.

**110. Composition.** — Elle se détermine par des expériences eudiométriques, ou au moyen du sulfure de baryum dans la cloche courbe, comme celle du protoxyde (105). Dans l'équation
$$Vd = V'd' + V''d'',$$
bioxyde   azote   oxygène

V' est égal, d'après l'expérience, à $\dfrac{V}{2}$ ; il en résulte que V'' a aussi cette valeur, car $V'' = \dfrac{d - \dfrac{d'}{2}}{d'} V,$ et $\dfrac{d - \dfrac{d'}{2}}{d'} = \dfrac{1}{2}.$

On déduit de là, comme précédemment (105, 89) que :
*Une molécule* (2 volumes) *d'oxyde azotique contient un*

*atome* (1 volume) *d'azote et un atome* (1 volume) *d'oxygène*, unis sans condensation ; la formule de ce corps est donc AzO.

L'oxyde azotique a été découvert par Hales en 1772. Les vapeurs nitreuses qu'il donne à l'air l'ont fait souvent confondre avec le peroxyde.

## ANHYDRIDE et ACIDE AZOTEUX, $Az^2O^3$ et $AzO^2H$.

**111.** Le bioxyde d'azote, dans des circonstances convenables (par exemple en présence d'un réducteur, ou l'oxygène n'étant pas en excès), peut donner par oxydation aux dépens de l'oxygène libre, non le peroxyde $AzO^2$, mais l'oxyde moins oxygéné $Az^2O^3$ :

$$2AzO + O = Az^2O^3.$$
$$\text{4 vol.} \quad \text{1 vol.}$$

Cet oxyde est l'*anhydride* (21) de l'acide azoteux :

$$2AzO^2H - H^2O = Az^2O^3.$$

Cet anhydride, difficile à préparer et surtout à étudier, paraît cependant jouer un rôle important par lui-même ou ses dérivés, en particulier dans la préparation de l'acide sulfurique (70).

L'acide azoteux $AzO^2H$, liquide *bleu*, instable, est caractérisé par ses sels, les azotites $AzO^2M$, M étant un métal monovalent (20).

Ces deux corps peuvent être représentés par les formules de constitution suivantes :

$$Az\begin{cases}:O \\ .OH\end{cases} \text{ou } (Az\dot{O}).OH, \text{ et } Az\begin{cases}:O \\ .O \\ \quad O:\end{cases}Az \text{ ou } (Az\dot{O})^2.O,$$

dans lesquelles entre le *nitrosyle* (109).

## PEROXYDE D'AZOTE

*(Anhydride hypoazotique, ou hypoazotide, $AzO^2$.)*

**112. Préparation.** — Il se produit par l'action de l'oxygène sur l'oxyde azotique AzO (109) et même par combinaison directe de *l'azote* et de *l'oxygène* sous *l'influence des étincelles électriques* (94).

On l'obtient plus commodément en chauffant l'AZOTATE DE PLOMB bien sec et recueillant les vapeurs dans un tube en U refroidi, dans lequel elles se condensent. De l'oxygène se dégage et de l'oxyde de plomb reste dans la cornue :

$$(AzO^3)^2Pb'' = Pb^2O + O + 2AzO^2.$$

**113. Propriétés.** — C'est un liquide jaune orangé, presque incolore à froid et cristallisable (— 9°), bouillant à 22° et émettant des vapeurs rouges (vapeurs *nitreuses* ou *rutilantes*), corrosives et dangereuses à respirer.

ACTION DE LA CHALEUR. — De tous les composés oxygénés de l'azote, il est le plus difficilement décomposable par la chaleur. Sa densité de vapeur n'est constante (1,59) qu'au-dessus de 150°.

ACTION DES BASES ET DE L'EAU. — Au contact des bases, il donne un *azotite* et un *azotate* :

(1) $\quad 2AzO^2 + 2KOH = AzO^2K + AzO^3K + H^2O.$

De même au contact de l'eau *froide* (à 0° environ), il donne de l'acide *azoteux* et de l'acide *azotique* :

(2) $\quad 2AzO^2 + H^2O = AzO^2H + AzO^3H.$

Toutefois, si la température s'élève, l'acide azoteux se décompose en acide azotique et bioxyde d'azote (qui donne à l'air de nouvelles vapeurs nitreuses) :

(3) $\quad 3AzO^2H = AzO^3H + 2AzO + H^2O.$

FONCTION CHIMIQUE. — AZOTYLE. — Les deux réactions (1) et (2) analogues à celle des *anhydrides*, conduisent à le considérer comme l'anhydride formé aux dépens d'une molécule d'acide azoteux et d'une molécule d'acide azotique :

$$AzO^2H + AzO^3H - H^2O = Az^2O^4 \text{ ou } 2AzO^2.$$

Ainsi que l'oxyde azotique ou nitrosyle (111), le peroxyde d'azote peut se comporter comme un corps simple ; on le nomme alors *azotyle* ; les composés qui le contiennent sont dits *nitrés*. Exemple : la *nitro*-benzine $C^6H^5(AzO^4)$, correspondant à la benzine $C^6H^5.H = C^6H^6$.

**Composition.** — Elle se détermine en faisant passer sa vapeur sur du cuivre chauffé au rouge et recueillant l'*azote* qui se dégage, l'*oxygène* se fixant sur le cuivre. On constate ainsi que *deux volumes de peroxyde sont formés d'un volume d'azote et de deux volumes d'oxygène*, unis par conséquent avec condensation d'un tiers.

**Usages.** — L'oxyde azotique entre dans la composition de la *panclastite*, explosif formé du mélange de ce corps avec l'essence de pétrole et le sulfure de carbone.

## Anhydride et acide azotiques.

### ANHYDRIDE AZOTIQUE
Poids moléc. : $Az^2O^5 = 108$.

**114.** L'anhydride azotique se forme par soustraction d'une molécule d'eau à deux molécules d'acide (21) :

$$2AzO^3H - H^2O = Az^2O^5.$$

Cette réaction peut être réalisée avec des précautions particulières, en traitant l'acide azotique par l'*anhydride phosphorique*, très avide d'eau (139).

Il a été obtenu pour la première fois en faisant agir le chlore sur l'azotate d'argent :

$$2AzO^3Ag + Cl^2 = 2AgCl + Az^2O^5 + O.$$

C'est un corps cristallisé, fondant vers 30° et bouillant vers 50°. Il est très instable et se décompose, même spontanément, en *oxygène* et *peroxyde d'azote* :

$$Az^2O^5 = 2AzO^2 + O.$$

C'est un oxydant énergique.

### ACIDE AZOTIQUE
Poids moléc. : $AzO^3H = 63$.

**115. Préparation.** — On l'obtient en chauffant de l'Azo-TATE DE POTASSIUM (nitre ou salpêtre, 228) avec de l'ACIDE SULFURIQUE, dans une cornue de verre ; l'acide azotique distille et vient se condenser dans un ballon refroidi. On dit qu'il a été *déplacé* par l'acide sulfurique :

$$AzO^3K + SO^4H^2 = SO^4KH + AzO^3H.$$

Il reste dans la cornue du *sulfate acide* (20) de potassium, dit bisulfate. Pour obtenir le sulfate neutre, c'est-à-dire décomposer une seconde molécule d'azotate avec ce sulfate acide, il faudrait chauffer à une température plus élevée : l'acide azotique se décomposerait alors en eau, peroxyde d'azote et oxygène :

$$AzO^3K + SO^4KH = SO^4K^2 + AzO^2 + \frac{1}{2}H^2O + \frac{1}{2}O$$

ou

$$2AzO^3K + 2SO^4KH = 2SO^4K^2 + 2AzO^2 + H^2O + O.$$

Cette décomposition se produit toujours à la fin de la préparation quand la température s'élève ; aussi voit-on apparaître dans la cornue des *vapeurs nitreuses* ($AzO^2$). Il en est de même au commencement, parce qu'alors l'excès d'acide sulfurique, avide d'eau, *déshydrate* l'acide azotique ; l'anhydride produit se décompose en $2AzO^2 + O$ (114).

Dans l'*industrie*, on emploie l'AZOTATE DE SODIUM (nitrate de soude) : la cornue est remplacée par une chaudière en fonte et l'acide qui se dégage est conduit dans des bonbonnes contenant une certaine quantité d'eau. On a ainsi un acide étendu ou hydraté (116).

Il peut contenir des vapeurs nitreuses, qu'on lui enlève en le chauffant légèrement dans un courant d'air, et des acides sulfurique et chlorhydrique (ce dernier provenant de chlorures mêlés à l'azotate). On élimine ces acides par additions successives d'azotate de baryum et d'azotate d'argent (74, 88), suivies d'une distillation.

**116. Propriétés physiques.** — L'acide obtenu par la préparation des laboratoires est l'acide normal, ou *fumant*. Sa densité (par rapport à l'eau) est $D = 1,52$ ; il bout à 86° ; ses vapeurs, à température ordinaire, en absorbant de l'humidité atmosphérique, donnent un hydrate qui se condense en fumées (69, 87). Sous l'action de la *lumière*, ou d'une température peu élevée, il se décompose en eau, peroxyde d'azote et oxygène (115) :

$$2AzO^3H = H^2O + 2AzO^2 + O.$$

C'est le peroxyde d'azote qui lui donne sa couleur jaune. On ne peut le distiller sans qu'il subisse cette décomposition, l'eau produite restant dans la cornue et étendant l'acide non décomposé. Sa température s'élève alors jusqu'à 123°, sous la pression atmosphérique : elle se fixe à ce point et l'acide *étendu*, qui distille cette fois sans décomposition, est représenté à peu près par la formule

$$AzO^3H + \frac{3}{2}H^2O$$

ou, en isolant par la pensée l'anhydride,

$$Az^2O^5 + 4H^2O,$$

d'où le nom d'acide *quadrihydraté*.

Cet hydrate a une densité $D' = 1,42$ ; c'est l'acide du commerce, plus stable et plus facile à manier.

**117. Propriétés chimiques.** — L'action de la *chaleur* est indiquée aux paragraphes précédents (115, 116).

PROPRIÉTÉS OXYDANTES. — L'acide azotique est surtout un *oxydant*.

*Action de l'hydrogène.* — L'*hydrogène*, au rouge, lui enlève tout son oxygène et met l'azote en liberté :

$$AzO^3H + 5H = 3H^2O + Az.$$

En présence de la *mousse de platine*, il y aurait dégagement d'ammoniaque :

$$AzO^3H + 8H = 3H^2O + AzH^3.$$

C'est la réaction générale, *dans ces conditions*, des composés oxygénés de l'azote (101) et l'inverse de celle que donne le gaz ammoniac avec l'oxygène (97).

*Action des métalloïdes.* — Les métalloïdes (*charbon, phosphore, soufre* et même *antimoine* et *étain*) le décomposent également à température relativement peu élevée, suivant sa concentration ; ils forment des oxydes, des anhydrides ou des acides, et il se dégage soit de l'azote, soit des oxydes de l'azote (oxyde azotique, peroxyde).

*Action des composés réducteurs.* — Les composés *réducteurs*, l'acide *sulfureux* par exemple, lui enlèvent de l'oxygène ; il en est de même de l'*oxyde azotique*, qui, à température ordinaire, le transforme en peroxyde ou en acide azoteux, toutes ces réductions dépendant aussi de la *concentration* de l'acide :

$$AzO + 2AzO^3H \text{ (concentré)} = H^2O + 3AzO^2, peroxyde;$$

$$2AzO + AzO^3H \text{ (étendu)} + H^2O = 3AzO^2H, \text{ acide azoteux.}$$

L'acide azotique ainsi réduit prend une coloration jaune brun dans le premier cas (116) et bleue dans le second (111). Trop étendu, il ne serait pas attaqué.

*Action des métaux.* — Les métaux réduisent aussi l'acide azotique ; la réaction se complique généralement de la formation d'un azotate métallique dans lequel entre une partie de l'acide non attaqué.

Lorsque l'acide est concentré (acide *fumant*), cette circonstance fait que l'attaque est presque nulle, parce que l'azotate formé est peu soluble dans cet acide et entoure le métal d'une couche protectrice. Il n'y a que les métaux très oxydables (potassium par exemple) qui décomposent, dans ces conditions, l'acide concentré, avec une violence qui rend la réaction dangereuse :

$$6AzO^3H + 5K = 5AzO^3K + 3H^2O + Az.$$

L'acide du commerce (quadrihydraté), étendu en outre de son volume d'eau, donne avec les métaux des réactions plus régulières. C'est le cas de l'*argent*, du *mercure*, du *cuivre* (préparation du bioxyde d'azote, 107)

$$8AzO^3H + 3Cu = 3[(AzO^3)^2Cu''] + 4H^2O + 2AzO.$$

Avec l'argent, métal monovalent (12), l'équation serait plus simple, le coefficient de l'acide devant être diminué de moitié :

$$4AzO^3H + 3Ag = 3AzO^3Ag + 2H^2O + AzO.$$

La réduction peut être plus complète, lorsque le métal est plus *oxydable* (fer, zinc); il se forme alors du protoxyde d'azote ou oxyde azoteux, de l'azote, ou même, si l'acide est très étendu, de l'ammoniaque qui s'unit à l'excès d'acide pour donner de l'azotate d'ammonium $AzO^v(AzH^4)$.

Le *fer*, trempé dans l'acide concentré, cesse d'être attaqué par l'acide étendu (fer *passif*); on détermine alors son attaque en le touchant avec un fil de cuivre.

L'*étain* et l'*antimoine* (intermédiaires entre les métalloïdes et les métaux, 185) donnent simplement avec l'acide azotique quadrihydraté les oxydes $SnO^2$ et $Sb^2O^5$.

ACTION SUR LES MATIÈRES ORGANIQUES. — Elles sont oxydées (brûlées) par l'acide azotique, qui peut les altérer plus ou moins profondément (tache rouge sur les étoffes, décoloration de l'indigo).

Dans certains cas, il y a *substitution* (80) du radical azotyle (peroxyde d'azote, 112) à un atome d'hydrogène :

$$\underset{\text{benzine}}{C^6H^6} + \underset{\text{acide concentré}}{AzO^3H} = H^2O + \underset{\text{nitrobenzine}}{C^6H^5(AzO^2)}.$$

**118. Fonction chimique acide.** — L'acide azotique est monobasique (20). La formule des azotates des métaux monovalents est, par exemple, $AzO^3K$, azotate de potassium ; celle des métaux divalents $(AzO^3)^2Cu''$, azotate de cuivre, etc.

*Réactif.* — On reconnaît généralement l'acide azotique aux vapeurs rutilantes que donne, à l'air, le bioxyde d'azote dégagé par son action sur le cuivre (117).

**119. Composition.** — En présence de l'eau, l'oxyde azotique ou bioxyde d'azote donne avec de l'oxygène en excès des vapeurs rutilantes qui finissent par disparaître, s'étant transformées en acide azotique dissous dans l'eau ; il reste alors l'excès d'oxygène (*Gay-Lussac*). On constate ainsi que *quatre volumes de bioxyde*, c'est-à-dire $2AzO$, absorbent trois volumes d'oxygène, c'est-à-dire $3O$. Donc, de l'équation

$$2AzO + 3O = Az^2O^5,$$

résulte la formule de l'anhydride (qui s'est dissous dans l'eau).

Quant à celle de l'acide, on la déduit de la décomposition par la chaleur d'un poids P d'azotate d'argent, en présence de cuivre métallique qui absorbe l'oxygène. L'azote se dégageant est recueilli ; le poids $p$ de cet azote et celui P' de l'argent entrant dans l'azotate étant connus, celui de l'oxygène est $P - (P' + p)$ ; une règle de trois donne les poids d'azote et d'oxygène correspondant à un atome d'argent $Ag = 108^{gr}$ dans le sel et, par conséquent, à un atome ($H = 1^{gr}$) d'hydrogène dans l'acide.

La proportion d'eau dans un acide étendu pourrait se déterminer comme pour l'acide sulfurique (75).

**120. Usages, etc.** — L'acide azotique (*acide nitrique, eau forte, esprit de nitre*) était déjà connu de *Raymond Lulle* (1220). Sa composition qualitative a été établie par l'*expérience de Cavendish* (*Phys.*, 199).

Il sert à la préparation de l'acide sulfurique (70), des azotates métalliques proprement dits (225), à la gravure sur cuivre, à la teinture de la soie, la fabrication des produits organiques nitrés, de l'acide oxalique par oxydation de l'amidon, etc.

L'*azotate de potassium* (*nitre* ou *salpêtre*, 228) se forme par oxydation des matières organiques ammoniacales aux dépens de l'oxygène de l'air sous l'influence d'un ferment *nitrique* organisé. L'azotate de sodium forme des gisements considérables au Pérou et au Chili. L'électricité atmosphérique peut combiner l'azote à l'oxygène (94) et donner avec l'ammoniaque

# PHOSPHORE

Poids atom. $\left(\frac{1}{2} \text{ vol.}\right)$ : $P = 31$.   Poids moléc. (2 vol.) : $P^4 = 124$.

**121. Préparation.** — Elle est fondée sur la réduction, par la chaleur et le charbon, de l'anhydride phosphorique $P^2O^5$ (138), ou de l'acide métaphosphorique $PO^3H$, auquel on peut ramener les deux autres acides phosphoriques (136) :

$$P^2O^5 + 5C = 5CO + P^2, \qquad (1)$$
$$PO^3H + 3C = 3CO + H + P. \qquad (2)$$

Comme ces composés n'existent pas à l'état naturel, on doit partir du phosphate le plus répandu, l'orthophosphate ou diphosphate (134) tricalcique $(PO^4)^2Ca'^3$, indécomposable par le charbon. Ce sel, insoluble dans l'eau, existe dans le règne minéral (phosphates naturels) et dans les os des animaux, qui servent généralement à la préparation du phosphore.

Traité par l'acide sulfurique concentré, il donnerait du sulfate de calcium, insoluble, et de l'acide orthophosphorique $PO^4H^3$ soluble, qu'on en séparerait facilement :

$$(PO^4)^2Ca'^3 + 3SO^4H^2 = 3(SO^4Ca'') + 2PO^4H^3. \qquad (3)$$

L'action de la chaleur et du charbon réduirait, d'après la réaction (2), cet acide, qui ne diffère de l'acide métaphosphorique que par les éléments d'une molécule d'eau (136).

Telle est la théorie, suffisante au point de vue élémentaire, de la préparation du phosphore. Dans l'*industrie*, pour des raisons d'ordre pratique, on a dû employer des réactions intermédiaires plus compliquées.

1° Procédé de Scheele. — La matière organique des os (osséine) est brûlée par leur *calcination* à l'air. Il reste un mélange de 80 % environ de diphosphate ou orthophosphate tricalcique et de 20 % de carbonate de calcium $CO^3Ca''$ (218) ; on le pulvérise, et on traite la *poudre d'os* par l'acide sulfurique étendu d'eau tiède, dans des cuviers en bois doublés de plomb. L'orthophosphate tricalcique est transformé en orthophosphate acide de calcium $(PO^4)^2Ca''H^4$, *soluble*, et le carbonate de calcium (146) en sulfate de calcium, *peu soluble* :

$$(PO^4)^2Ca'^3 + 2SO^4H^2 = (PO^4)^2Ca''H^4 + 2SO^4Ca'', \qquad (4)$$
$$CO^3Ca'' + SO^4H^2 = SO^4Ca'' + CO^2 + H^2O. \qquad (5)$$

La lessive d'orthophosphate acide de calcium est séparée par décantation et concentrée par évaporation jusqu'à consistance sirupeuse. On y incorpore du charbon, puis on porte d'abord au rouge sombre ; l'orthophosphate acide se transforme en métaphosphate neutre $(PO^3)^2Ca''$ (130) :

$$(PO^4)^2Ca''H^4 - 2H^2O = (PO^3)^2Ca''. \qquad (6)$$

La masse concassée est alors chauffée au rouge vif dans des cylindres en terre, disposés comme des cornues. Le métaphosphate régénère de l'orthophosphate tricalcique, mais en perdant les éléments d'une molécule d'anhydride phosphorique, qui est réduite par le charbon. Il est commode de se représenter ainsi la réaction, en la ramenant à l'équation (1) :

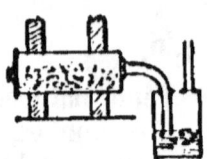

$$\left. \begin{array}{l} 3[(PO^3)^2Ca'] = (PO^4)^2Ca''^3 + 2P^2O^5 \\ 2P^2O^5 + 10C = 10CO + P^4 \quad (1^{bis}) \end{array} \right\} \qquad (7)$$

Le phosphore est reçu dans un récipient contenant de l'eau, que les gaz traversent pour se dégager dans l'air. On le filtre, toujours sous l'eau tiède (122), au travers du noir animal puis d'une peau de chamois et on le *moule* enfin dans l'eau froide.

2° Procédé Coignet. — Aujourd'hui, on remplace la calcination des os par un traitement à l'acide chlorhydrique, qui dissout la matière minérale et laisse l'osséine, perdue dans le premier procédé. L'orthophosphate tricalcique est transformé en orthophosphate acide, comme plus haut, et le carbonate en chlorure :

$$(PO^4)^2Ca''^3 + 4ClHCl = (PO^4)^2Ca''H^4 + 2DCa''Cl^2,$$
$$CO^3Ca'' + 2HCl = Ca''Cl^2 + CO^2 + H^2O.$$

Mais ici le chlorure de calcium est soluble, comme l'orthophosphate acide. Pour séparer ce dernier, on sature partiellement sa fonction acide par de la chaux (196) $Ca''(OH)^2$, ce qui revient (20) à remplacer dans sa formule $H^2$ par un nouvel atome $Ca''$ divalent :

$$(PO^4)^2Ca''H^4 + Ca''(OH)^2 = H^2O + (PO^4)^2Ca''^2H^2 \quad \text{ou} \quad 2PO^4Ca''H.$$

Le nouveau phosphate, encore acide, est insoluble, ce qui permet de le séparer du chlorure. On le traite alors par l'acide sulfurique, qui donne du sulfate de calcium insoluble

et de l'acide orthophosphorique :
$$2(PO^4Ca''H) + 2SO''H^2 = 2SO^4Ca'' + 2PO^4H^3.$$

L'acide orthophosphorique est enfin soumis à l'action de la chaleur et du charbon et réduit, suivant la réaction (2) formulée plus haut.

En réalité, on en transforme une partie en métaphosphate de calcium, ce qui ramène à la réaction (6).

**122. Propriétés physiques.** — Le phosphore est solide, d'odeur alliacée, de couleur légèrement ambrée, translucide, flexible, facile à rayer par l'ongle. $D = 1,83$. Il fond à 44° et présente facilement la *surfusion* (*Phys.*, 80). On doit le conserver — et le chauffer ou le couper lorsqu'il y a lieu — sous l'eau pour éviter son oxydation et son inflammation à l'air. Il bout à 290°; densité de vapeur, $d = 4,35$, ce qui donne 124 pour son poids *moléculaire* (8, 130).
$$P^4[\text{volume } 22^{lit},32 \times (1+\alpha t)].$$
Insoluble dans l'eau, très soluble dans le bisulfure de carbone $CS^2$ et la benzine, il cristallise dans le système cubique.

La chaleur le transforme en *phosphore rouge* (124).

**123. Propriétés chimiques.** — Action de l'oxygène. — Il se combine très facilement à l'*oxygène*. A température ordinaire, *dans l'air*, il subit une oxydation lente accompagnée de *phosphorescence*, avec formation d'oxydes ou acides inférieurs (anhydride *phosphoreux* $P^2O^3$ ou $P^2O^4$, acide phosphoreux, etc.). La chaleur dégagée par cette oxydation peut l'enflammer. Il brûle alors avec éclat, en donnant des fumées d'anhydride phosphorique (solide) :
$$2P + 5O = P^2O^5.$$

Action sur les composés oxygénés. — Le phosphore enlève aussi l'*oxygène* à certains composés (acide azotique, oxydes de l'azote, 104, 132). Il décompose l'eau à chaud, en présence des alcalis (127).

Action du chlore. — Il s'enflamme spontanément dans le *chlore*, avec formation de *trichlorure* $PCl^3$ ou de *pentachlorure* $PCl^5$.

Action sur les métaux. — Le phosphore se combine enfin facilement aux *métaux* en donnant des phosphures.

Action toxique. — C'est un véritable *poison*, agissant sur le système nerveux et les os; ses brûlures sont rendues dangereuses par la formation d'acide phosphorique (139).

**124. Phosphore rouge.** — Sous l'action de la chaleur en vase clos, le phosphore se transforme en phosphore rouge (modification *allotropique*). Le phosphore rouge diffère du phosphore ordinaire : il a une densité plus grande ($D' = 2,34$); il *ne fond pas*; il est *insoluble* dans le sulfure de carbone, *ne s'oxyde pas* à l'air, ne s'y enflamme qu'à 260°, n'attaque pas les dissolutions alcalines (127) et enfin n'est pas *vénéneux*. Il peut repasser, sous l'action de la chaleur, à l'état de phosphore blanc ordinaire. Il est généralement *amorphe* (26).

Ses combinaisons sont les mêmes que celles du phosphore ordinaire, mais elles dégagent *moins de chaleur*, ce qui le rend plus maniable (préparation de l'acide orthophosphorique, 132).

**125. Usages, etc.** — Le phosphore existe en combinaison dans les phosphates naturels de chaux, dans les céréales, dans les os et la matière nerveuse. L'orthophosphate tricalcique est insoluble dans l'eau, mais il peut se dissoudre dans ce liquide en présence de l'acide carbonique (150) et passer ainsi dans l'organisme végétal.

Le phosphore a été découvert en 1669 par Brandt, et extrait des os par Scheele (1769). Il sert surtout à la fabrication des allumettes chimiques à cause de sa facile inflammabilité; ses propriétés toxiques devraient le faire remplacer par le phosphore rouge (qu'il ne faut pas confondre avec le phosphore coloré en rouge des allumettes ordinaires), ou par des compositions spéciales (sulfure d'antimoine et chlorate de potasse, etc.).

Le phosphate de calcium naturel, transformé en phosphate acide par l'action de l'acide sulfurique (121), constitue un engrais puissant (superphosphate).

## Phosphure d'hydrogène.

Poids moléc. (2 vol.) : $PH^3 = 34$.

**126.** Il y a en réalité trois *phosphures d'hydrogène* ou *hydrogènes phosphorés*. Le premier, solide, $P^2H$; le second, liquide ou en vapeur, $PH^2$ ou $P^2H^4$; le troisième, gazeux à la température ordinaire, $PH^3 = 34$.

Ce dernier, qui correspond à l'ammoniaque $AzH^3$, est le plus important.

**127. Préparation.** — 1° Par l'iodure de phosphonium et une base. — On chauffe avec une dissolution alcaline (hydrate de potassium par exemple) *l'iodure de phosphonium*, sel formé d'iode et d'un radical PH$^4$ analogue à *l'ammonium* (98):

$$(PH^4)I + KOH = KI + H^2O + PH^3 (22^{lit}, 32).$$

La réaction est absolument analogue à celle qui donnerait l'ammoniaque (95) avec le chlorure ou l'iodure d'ammonium :

$$(AzH^4)I + KOH = KI + H^2O + AzH^3.$$

2° Par le phosphore et une base. — Le phosphore, chauffé en présence d'une base, hydrate de potassium KOH, de calcium Ca''(OH)$^2$ etc., décompose l'eau (123). Il s'unit à l'hydrogène pour donner du phosphure d'hydrogène et à l'oxygène pour former, avec les éléments de l'eau, un acide dérivant de l'acide orthophosphorique (et dit acide *hypophosphoreux*).

$$PO\begin{cases}\cdot OH\\ \cdot OH\\ \cdot OH\end{cases}, \text{ acide orthophosphorique (134)};$$

$$PO\begin{cases}\cdot H\\ \cdot H\\ \cdot OH\end{cases}, \text{ acide dérivé.}$$

Cette réaction serait représentée par l'équation

$$6H^2O + 4P = 3\left(PO\begin{cases}\cdot H\\ \cdot H\\ \cdot OH\end{cases}\right) + PH^3 ;$$

Seulement, ce n'est pas en réalité l'acide, mais son sel (hypophosphite de potassium), qui se forme :

$$3\left(PO\begin{cases}\cdot H\\ \cdot H\\ \cdot OH\end{cases}\right) + 3KOH = 3\left(PO\begin{cases}\cdot H\\ \cdot H\\ \cdot OK\end{cases}\right) + 3H^2O,$$

et on obtient l'équation définitive en ajoutant membre à membre les deux précédentes, et faisant toutes réductions :

$$3H^2O + 3KOH + 4P = 3(PO.H^2.OK) + PH^3.$$

Cette préparation se fait en chauffant le phosphore ordinaire avec la dissolution de potasse dans un petit ballon et recueillant le gaz sur la cuve à eau.

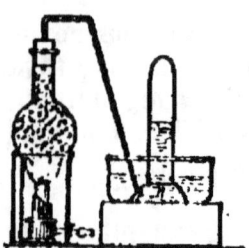

On peut remplacer la potasse par de la *chaux éteinte* (hydrate de calcium), dont on façonne des boulettes enveloppant chacune un petit morceau de phosphore.

Le phosphure ainsi préparé (phosphure de Gengembre) n'est pas exclusivement du phosphure gazeux $PH^3$; il contient des vapeurs du phosphure liquide $PH^2$ et de l'hydrogène. On peut le purifier en le faisant passer dans une dissolution chlorhydrique de chlorure cuivreux qui l'absorbe *seul*, et le restitue alors *pur* sous l'action de la chaleur.

3° Par le phosphure de calcium et l'eau. — Le *phosphure de calcium* $CaP$ décompose l'eau à température ordinaire en donnant de la chaux et du phosphure liquide :

$$CaP + H^2O = PH^3 + CaO$$

ou plutôt $\quad 2CaP + 2H^2O = P^2H^4 + 2CaO.$

Ce phosphure liquide (en vapeurs) se décompose partiellement au contact de la dissolution, devenue alcaline, en donnant du phosphure *gazeux*.

128. **Propriétés.** — Le phosphure $PH^3$ est un gaz incolore d'une odeur alliacée; $d = 1,185$.

Action de la chaleur. — La *chaleur* et les *étincelles électriques* le décomposent en ses éléments.

Action de l'oxygène. — En brûlant dans l'*oxygène* ou dans l'*air*, il donne de l'acide orthophosphorique (fumées blanches) :

$$PH^3 + 4O = PO^4H^3.$$

Il n'est *spontanément inflammable*, à température ordinaire, dans l'air que s'il contient du *phosphure liquide* $P^2H^4$, ce qui a toujours lieu quand il est préparé sans précautions spéciales (127, 2° et 3°).

*Pouvoir réducteur.* — C'est un *réducteur* énergique, par son phosphore et son hydrogène; il réduit même l'acide *sulfureux*; l'or et l'argent sont précipités à l'état métallique par son action sur leurs sels; le cuivre, à l'état de *phosphure* de cuivre.

Action du chlore. — Le *chlore* l'attaque vivement avec dégagement de lumière et une explosion qui peut être dangereuse sur des masses un peu considérables; il se forme de l'acide chlorhydrique, et le phosphore est mis en liberté ou même *chloruré* (123):

$$PH^3 + 3Cl = 3HCl + P.$$

ACTION DES MÉTAUX. — Les *métaux* le décomposent, à chaud, en donnant un phosphure et de l'hydrogène.

**129. Fonction chimique.** — Le phosphure d'hydrogène se comporte, quoiqu'avec moins d'affinités, comme le *gaz ammoniac*; ainsi il donne, avec les acides chlorhydrique et iodhydrique des sels analogues aux sels ammoniacaux:

$AzH^3 + HCl = (AzH^4) Cl$, chlorure d'*ammonium*;
$PH^3 + HI = (PH^4)I$, iodure de *phosphonium*.

Il est absorbé par le *chlorure cuivreux* $Cu^2Cl^2$, comme l'ammoniaque l'est par les chlorures en général (96).

**130. Composition.** — On l'établit en chauffant le gaz avec du *cuivre* (128), dans la cloche courbe. Le volume de l'hydrogène mis en liberté est *une fois et demie* le volume primitif:

$$Vd = V'd' + V''d''.$$
phosphure   phosphore   hydrogène

$V''$ étant les $\frac{3}{2}$ de V, on tire de là $V' = \frac{1}{4} V$. Donc *deux volumes chimiques*, en particulier, *de phosphure gazeux sont formés de trois volumes ou trois atomes d'hydrogène* ($H^3$) *et d'un demi-volume de vapeur de phosphore* P.

Il résulte de là que la molécule de phosphore (2 volumes chimiques) contenant quatre demi-volumes, contient 4P, soit quatre atomes et doit être formulée $P^4$. Le phosphore est donc tétratomique (10).

Cette composition du phosphure diffère de celle du gaz ammoniac, dans lequel Az occupe *un* volume (99).

## Anhydride et Acides phosphoriques.

**131.** L'anhydride et les acides phosphoriques (ainsi que d'autres composés moins oxygénés du phosphore) peuvent être envisagés comme des dérivés de l'acide phosphorique ordinaire, normal ou *orthophosphorique*.

## ACIDE ORTHOPHOSPHORIQUE
### Poids moléc; $PO^4H^3 = 98$.

**132. Préparation.** — 1° PAR L'ACTION DE L'EAU SUR L'ANHYDRIDE, suivie d'une ébullition assez longue (139).

2° PAR LE PHOSPHORE ET L'ACIDE AZOTIQUE. — On évite une action trop violente en prenant de l'acide azotique étendu et du *phosphore rouge*. On chauffe dans une cornue; il se dégage de l'oxyde azotique AzO; une partie de l'acide azotique distille et est recueillie dans un ballon refroidi (appareil du n° 115). On le verse de nouveau dans la cornue (cohobation) et on recommence jusqu'à ce que tout le phosphore ait disparu. On chasse alors définitivement l'excès d'acide azotique par la chaleur. Le résidu restant dans la cornue est l'acide orthophosphorique.

3° PAR L'ACIDE SULFURIQUE ET LES PHOSPHATES. — Dans l'industrie, on fait agir l'acide sulfurique sur les phosphates naturels (orthophosphate de calcium):

$$(PO^4)^2Ca^{\prime\prime 3} + 3SO^4H^2 = 3SO^4Ca'' + 2PO^4H^3.$$

**133. Propriétés.** — C'est un corps pouvant cristalliser, mais fondant à 41° et presque toujours sirupeux.

La chaleur lui enlève de l'eau, en le transformant en acide pyrophosphorique (135), puis en acide métaphosphorique (136).

**134. Fonction acide.** — L'acide azotique est monobasique, l'acide sulfurique bibasique (20); l'acide *orthophosphorique* est *tribasique* :

$$AzO^2.OH \;;\quad SO^2\begin{cases}\cdot OH\\ \cdot OH\end{cases};\quad PO\begin{cases}\cdot OH\\ \cdot OH\\ \cdot OH\end{cases}.$$

acide azotique.    acide sulfurique.    acide orthophosphorique.

Il peut donc donner trois sels différents avec un métal monovalent (12) tel que le sodium Na :

$PO(OH)^2ONa$ ou $PO^4NaH^2$, orthophosphate (et acide encore bibasique) *monosodique*;

$PO(OH)(ONa)^2$ ou $PO^4Na^2H$, orthophosphate (et acide monobasique) *disodique*;

$PO(ONa)^3$ ou $PO^4Na^3$, orthophosphate (neutre) trimétallique.

Si le métal était divalent comme le calcium Ca", il faudrait doubler les formules dans lesquelles le nombre des atomes de métal monovalent est impair (20). Ainsi :

$(PO^4)^2Ca''H^4$ correspondrait à $PO^4NaH^2$

et $\qquad (PO^4)^2Ca''^3$ correspondrait à $PO^4Na^3$.

On rappelle quelquefois cette duplication en nommant ces sels *diphosphates* : $(PO^4)^2Ca''H^4$, diphosphate monocalcique, et $(PO^4)^2Ca''^3$, diphosphate tricalcique.

REMARQUE. — Bien que rien ne distingue, dans la formule de l'acide phosphorique, les trois atomes d'hydrogène remplaçables par un métal, les quantités de chaleur (22) dégagées par l'action successive de une, deux et trois molécules d'une base, la soude par exemple, sur cet acide sont différentes. Ainsi la réaction

$$PO^4H^3 + NaOH = PO^4NaH^2 + H^2O,$$

donnant l'orthophosphate monosodique, dégage $14^{cal},7$ (état dissous); la réaction d'une nouvelle molécule de soude sur ce phosphate monosodique, encore acide bibasique (20),

$$PO^4NaH^2 + NaOH = PO^4Na^2H + H^2O,$$
$$\text{orthophosphate disodique}$$

n'en dégage plus que 11,6. Enfin celle d'une troisième molécule sur l'orthophosphate disodique, acide monobasique,

$$PO^4Na^2H + NaOH = PO^4Na^3 + H^2O,$$

donne seulement $7^{cal},3$.

## ACIDE PYROPHOSPHORIQUE

Poids moléc. : $P^2O^7H^4 = 178$.

**135.** En n'enlevant qu'*une molécule* d'eau à *deux molécules* d'acide orthophosphorique, c'est-à-dire en modifiant sa formule comme on modifie celle de l'acide azotique (114) lorsqu'on veut passer à celle de l'anhydride, on obtient l'équation

$$PO\begin{cases} \cdot OH \\ \cdot OH \\ \cdot OH \end{cases} + \begin{cases} HO \cdot \\ HO \cdot \\ HO \cdot \end{cases}PO = H^2O + PO\begin{cases} \cdot OH \\ \cdot OH \\ \cdot O \cdot \\ HO \cdot \\ HO \cdot \end{cases}PO \quad \text{ou} \quad P^2O^7H^4 \text{ acide pyrophosphorique.}$$

Cette équation représente une réaction *réalisable* par l'action de la chaleur sur l'acide orthophosphorique (133). Le corps ainsi obtenu $P^2O^7H^4$, intermédiaire entre l'acide primitif et l'anhydride, est encore un acide ; on l'a nommé *pyrophosphorique*, pour rappeler son mode de formation.

On ne connaît que les pyrophosphates de formule :

$P^2O^7Na^2H^2$, pyrophosphate acide,

$P^2O^7Na^4$, pyrophosphate neutre.

La chaleur transforme l'acide pyrophosphorique en acide *métaphosphorique* :

$$P^2O^7H^4 - H^2O = 2PO^3H.$$

## ACIDE MÉTAPHOSPHORIQUE
### Poids molée. : $PO^3H = 80$.

**136.** Il correspond à l'acide azotique (118). On peut le considérer comme résultant de la soustraction d'*une molécule* d'eau à une molécule d'acide orthophosphorique :

$$PO\begin{cases}\cdot OH\\ \cdot OH\\ \cdot OH\end{cases} - H^2O = PO\begin{cases}\cdot OH\\ \cdot O\end{cases} \text{ ou } PO^3H.$$

L'acide métaphosphorique est vitreux, très soluble, très avide d'eau, volatil seulement au rouge. L'action de l'eau le transforme en acide orthophosphorique, lentement à froid, rapidement à l'ébullition. Il est monobasique ; les métaphosphates ont pour formule $PO^3M$, si le métal est monovalent, et $(PO^3)^2M$, si le métal est divalent.

### DISTINCTION DES TROIS ACIDES PHOSPHORIQUES

**137.** L'acide *métaphosphorique* en dissolution récente (c'est-à-dire non transformé, 136) coagule l'*albumine* ; les acides pyro et orthophosphoriques ne la coagulent pas.

Les *orthophosphates* solubles (qu'ils soient mono, bi ou trimétalliques) donnent avec la dissolution d'azotate d'argent un précipité *jaune* d'orthophosphate *trimétallique* (triargentique) $PO^4Ag^3$ ;

les *pyrophosphates*, dans les mêmes conditions, un précipité *blanc* $P^2O^7Ag^4$,

et les *métaphosphates* un précipité blanc, également, de métaphosphate $PO^3Ag$.

## ANHYDRIDE PHOSPHORIQUE
Poids moléc. : $P^2O^5 = 142$.

**138. Préparation.** — On le prépare en brûlant du phosphore dans de l'air desséché par du chlorure de calcium. Il se forme des fumées blanches, formées de flocons neigeux, solides, d'anhydride :

$$2P + 5O = P^2O^5.$$

**139. Propriétés.** — ACTION DE L'EAU. — Ce corps est très avide d'eau ; il fait entendre, au contact de ce liquide, le sifflement d'un fer rouge. Sa dissolution constitue primitivement de l'acide métaphosphorique (136), puis de l'acide orthophosphorique (132).

L'affinité de l'anhydride pour l'eau le fait employer à la complète *dessiccation* des gaz.

ACTION DU CHARBON. — Le *charbon* le décompose, au rouge, en donnant du phosphore et de l'oxyde de carbone (121) :

$$P^2O^5 + 5C = 5CO + 2P.$$

### COMPOSITION DE L'ANHYDRIDE ET DES ACIDES PHOSPHORIQUES

**140.** On a fixé la composition de l'anhydride en faisant passer de l'oxygène sec sur un poids connu de phosphore rouge chauffé et pesant le poids d'anhydride formé. Le poids de l'oxygène est donné par la différence.

La quantité d'eau qui s'ajoute à l'anhydride pour former les différents acides peut se déterminer en transformant un poids connu d'acide en phosphate de plomb, par un excès d'oxyde de plomb, comme pour les acides sulfurique et azotique (75, 119).

## CARBONE
Poids atomique :  $C = 12$.

**141. État naturel. Préparation.** — 1° Le carbone *pur* existe dans la *nature* à l'état de *diamant* et de *graphite* ou plombagine.

2° La *calcination* à l'abri de l'air des substances *organiques* (161), ou *carbonisation*, laisse un résidu de carbone (charbon) qui est *pur* si la matière employée ne contient pas d'autres éléments ou corps *fixes*, c'est-à-dire que la chaleur ne peut volatiliser ou décomposer (silice, etc.). Le *sucre*, en particulier, donne ainsi du charbon *très pur*.

La combustion *incomplète* (161) de certaines substances organiques revient, en définitive, à une décomposition par la chaleur et donne ainsi du carbone (*noir de fumée*).

Au carbone à l'état naturel se rattachent les *charbons de terre et de pierre* (*houille, anthracite*), les *lignites*, etc., qui résultent d'une *carbonisation* lente de matières organiques.

Les charbons artificiels (*charbon de bois, coke, charbon des cornues*) proviennent de calcinations analogues à celle du sucre (meules des charbonniers, distillation du bois, de la houille, etc.).

**142. Propriétés physiques.** — Elles diffèrent beaucoup suivant la nature et l'origine des diverses variétés de carbone.

Le *diamant* et le *graphite* sont *cristallisés*, le premier dans le système cubique, le second en paillettes ou lamelles hexagonales. Le diamant est transparent, réfringent, très dur, mauvais conducteur, de densité 3,5 ; le graphite est gris, très mou, onctueux, bon conducteur (*Phys.*, 230). Sa densité est 2,2 environ.

Les autres espèces de carbone (charbons artificiels, etc.) sont *amorphes*, conduisent bien ou mal la chaleur et l'électricité suivant qu'elles ont été préparées à haute température (charbon des cornues) ou à basse température (coke, charbon de bois). La densité de ces charbons varie aussi suivant leur origine.

Le charbon poreux (charbon de bois) *absorbe* les gaz et surtout les gaz solubles dans l'eau (24, 96); c'est ce qui explique son rôle *désinfectant*, utilisé dans la construction des filtres. Il absorbe aussi les matières colorantes; le *noir animal*, obtenu par calcination des os *à l'abri de l'air*, présente cette dernière propriété à un haut degré.

Toutes les variétés de carbone sont très fixes ; elles peuvent cependant être amenées à l'état pâteux, et même volatilisées dans l'arc électrique (*Phys.*, 242), dont la température, évaluée à 3500°, est celle d'ébullition du carbone (M. Violle).

On savait passer du carbone *amorphe* au carbone cristallisé à l'état de *graphite* (H. Sainte-Claire Deville) en dissolvant le premier dans la fonte de fer (231) ; mais on n'est parvenu que récemment à obtenir aussi la cristallisation, longtemps cherchée sans résultat, du carbone à l'état de *diamant* par une dissolution analogue, à la haute température de l'arc électrique, suivie de refroidissement sous forte pression (M. Moissan).

**143. Propriétés chimiques.** — Action de l'oxygène et des composés oxygénés. — Le carbone, à quelque variété qu'il appartienne, en brûlant dans un excès d'*oxygène* donne du *gaz carbonique* (146) :

$$C + 2O = CO^2.$$

Cette combustion produit 44$^{gr}$ de gaz carbonique ($CO^2 = 44$) pour 12$^{gr}$ du combustible. Elle *caractérise* le carbone sous ses différents états.

La chaleur qu'elle dégage varie suivant ces états ; 12$^{gr}$ de *diamant* dégagent en brûlant ainsi (23) 3 calories de moins que le même poids de carbone amorphe. On peut donc dire (22, 2°) que la transformation de 12$^{gr}$ de carbone amorphe en carbone diamant dégage 3 calories.

Si l'*oxygène* n'est pas en excès, il se forme une proportion variable d'oxyde de carbone CO, mêlé au gaz carbonique.

Cette affinité (22) du carbone pour l'oxygène en fait un *réducteur* :

Ainsi il décompose l'*eau*, ou plutôt s'empare de l'oxygène provenant de sa dissociation au rouge :

$$2H^2O + C = CO^2 + 4H,$$
$$H^2O + C = CO + H^2 \text{ (au rouge vif)}.$$

Il réduit les composés *oxygénés* : l'acide sulfurique à l'état de gaz sulfureux (62), l'acide azotique (117), l'anhydride phosphorique en mettant le phosphore en liberté (121). Il en est de même des oxydes métalliques : il se produit du gaz carbonique, si la température n'est pas très élevée :

$$2CuO + C = CO^2 + 2Cu,$$

et de l'oxyde de carbone, à haute température (réduction de l'oxyde de zinc) :

$$ZnO + C = CO + Zn.$$

Le métal est ainsi généralement mis en liberté, d'où l'importance de ces réactions en *métallurgie* (230).

Combinaison avec le soufre. — Le charbon brûle aussi dans la vapeur de *soufre*, avec production de bisulfure de carbone (155) :

$$C + S^2 = CS^2.$$

**Combinaison avec l'hydrogène et avec l'azote. Acétylène. Cyanogène.** — Le carbone ne se combine directement à l'*hydrogène* que sous l'influence de l'arc voltaïque, jaillissant entre deux charbons dans une atmosphère d'hydrogène (Berthelot). Il se produit alors du gaz *acétylène* $C^2H^2$ (179) :

$$2C + 2H = C^2H^2.$$

Le carbone se combine aussi à l'*azote*, en présence des *alcalis*, pour former des *cyanures*, dans lesquels le *cyanogène* CAz joue le rôle d'un corps simple. Une réaction analogue se produit avec l'ammoniaque (97) :

$$2AzH^3 + C = (CAz)(AzH^4) + H^2.$$

Ces combinaisons du carbone avec l'hydrogène et l'azote sont importantes, parce qu'elles forment la base de la *synthèse* en *chimie organique*.

**144. Usages; historique.** — Les usages du carbone sont multiples et diffèrent suivant les variétés (diamant, graphite, combustibles divers, métallurgie).

La combustibilité du diamant a été démontrée par Lavoisier en faisant brûler le diamant dans l'oxygène; son identité avec le charbon a été établie par Davy, comme résultant de la formation exclusive de gaz carbonique dans cette combustion.

## Anhydride et acide carboniques.

Poids moléc. (2 vol.) : $CO^2 = 44$.    Poids moléc. : $CO^3H^2 = 62$.

**145.** De même que le gaz sulfureux (61), le gaz carbonique $CO^2$, en dissolution dans l'eau ou en présence de ce liquide, peut être considéré comme formant de l'acide carbonique, dont le gaz carbonique serait l'anhydride (21) :

$$CO^2 + H^2O = CO\begin{cases} \cdot OH \\ \cdot OH \end{cases} \text{ ou } CO^3H^2, \text{ acide carbonique.}$$

Cet acide, bibasique, est défini par ses sels :

$\left.\begin{array}{l}CO^3HK, \text{ carbonate acide} \\ CO^3K^2, \text{ carbonate neutre}\end{array}\right\}$ de potassium ;

$CO^3Ca''$, carbonate de calcium ; etc.

Mais, seul, l'anhydride existe à l'état libre.

## ANHYDRIDE CARBONIQUE

**146. Préparations.** — 1° PAR LA COMBUSTION DU CHARBON. — L'anhydride carbonique est le produit de la combustion du charbon dans un excès d'oxygène ou d'air :

$$C + O^2 = CO^2.$$

Ce mode de préparation n'est employé que dans l'industrie.

2° PAR LA DÉCOMPOSITION D'UN CARBONATE SOUS L'ACTION DE LA CHALEUR. — Les carbonates, sauf les carbonates alcalins, sont décomposés ou dissociés par la chaleur. Ainsi le carbonate de chaux se dédouble en chaux $Ca^aO$ et gaz carbonique $CO^2$ :

$$CO^3Ca'' = Ca^aO + CO^2.$$

On utilise aussi cette préparation dans l'industrie (procédé Solvay, 216).

3° PAR LA DÉCOMPOSITION D'UN CARBONATE PAR UN ACIDE. — Tous

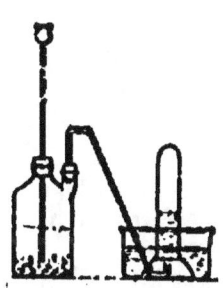

les carbonates sont décomposables par les acides avec formation de gaz carbonique et d'eau. On emploie, dans les *laboratoires*, le marbre ou carbonate de calcium et la dissolution étendue d'acide chlorhydrique; l'opération se fait dans un appareil à hydrogène, à froid :
$CO^3Ca'' + 2HCl = CaCl^2 + H^2O + CO^2 (22^1, 32)$.

Le chlorure de calcium reste dissous; un flacon laveur à eau ou à carbonate alcalin retient l'acide chlorhydrique entraîné. On recueille le gaz sur l'eau, bien qu'il soit assez soluble.

Pour la fabrication de l'*eau de Seltz* (dissolution de gaz carbonique dans l'eau) on emploie, dans l'industrie, la réaction analogue de l'acide sulfurique sur la craie (carbonate de calcium) :

$$CO^3Ca'' + SO^4H^2 = SO^4Ca'' + H^2O + CO^2$$

ou, dans la pratique domestique, celle de l'acide tartrique (acide organique) sur le carbonate acide de sodium $CO^3NaH$.

**147. Propriétés physiques.** — Le gaz carbonique est incolore, d'une saveur aigrelette. Sa densité, $d = 1{,}529$ par rapport à l'air, est assez considérable pour permettre de le recueillir par déplacement, comme le chlore; on la met en évidence par quelques expériences classiques (gaz versé d'un vase dans un autre, ou par un siphon). Sa solubilité dans l'eau (*Phys.*, 50) est 1ᵛᵒˡ à 15°. Il est facile à liquéfier par le procédé de Faraday (*Phys.*, 92), réalisé en grand dans l'*appareil de Thilorier*. Le gaz est alors produit par l'action de l'acide sulfurique sur le carbonate acide (ou bicarbonate) de sodium $CO^3NaH$. Il se liquéfie sous sa propre pression (38ᵃᵗᵐ à 0°). Sa vaporisation produit un froid (*Phys.*, 90) qui le solidifie à l'état de *neige*; mélangée à de l'éther, cette neige abaisse la température à — 90°. On prépare industriellement cet anhydride carbonique liquéfié ; on peut pour cela employer la simple compression (pompe Cailletet).

**148. Propriétés chimiques.** — Dissociation, réduction. L'anhydride carbonique est dissocié par la *chaleur*, à température élevée, en oxyde de carbone et oxygène (qui se recombinent à température plus basse) :

$$CO^2 = CO + O.$$

L'*hydrogène* et le *charbon* lui enlèvent la moitié de son oxygène, au rouge :

$$CO^2 + 2H = CO + H^2O,$$
$$CO^2 + C = 2CO.$$

Cette dernière réaction se produit dans les combustions (fourneaux, poêles, etc.) quand le gaz carbonique formé rencontre des couches de charbon portées au rouge.

Le *phosphore* le réduit également; le *potassium* lui enlève tout son oxygène.

Mais *il n'entretient pas les combustions* ; *il éteint* les corps enflammés et est *impropre à la respiration*. De plus, il a une *action physiologique*, mais moins dangereuse que celle de l'oxyde de carbone. En raison de sa densité, il peut s'accumuler dans les lieux où sa production est abondante, par exemple dans les caves, où les fermentations lui donnent naissance. On reconnaît sa présence à sa propriété d'éteindre les corps en combustion.

Action des bases. — L'anhydride carbonique est *absorbé* par les *bases*, c'est-à-dire par les hydrates KOH, NaOH, $Ca^2(OH)^2$, etc., et donne un carbonate (210).

*Réactif.* — L'eau de chaux limpide est troublée, au contact du gaz carbonique, par la formation de carbonate de calcium *insoluble*; ce caractère distingue l'anhydride carbonique de l'azote, qui éteint aussi les corps en combustion :

ANHYDRIDE CARBONIQUE

$$Ca''(OH)^2 + CO^2 = CO^3Ca'' + H^2O.$$

Toutefois un excès d'acide carbonique dissoudrait le carbonate neutre (213) et empêcherait le précipité de paraître. Il faut donc employer assez d'eau de chaux pour *neutraliser* tout l'acide.

**149. Composition.** — Elle se détermine par *synthèse*.

1° COMPOSITION EN VOLUMES. — Du carbone pur est enflammé par la concentration des rayons solaires à l'aide d'une lentille, dans un ballon contenant de l'*oxygène*, sur le mercure. Il brûle, et le volume du gaz, après refroidissement, *reste* sensiblement *le même*.

Il en résulte qu'un volume quelconque V' d'*oxygène* a été remplacé exactement par un volume V, égal au sien, d'anhydride carbonique. Or on a

$$Vad = V'ad' + p,$$

$d$ et $d'$ étant les densités de l'anhydride et de l'oxygène par rapport au gaz de poids spécifique $a$ (l'air, dans la pratique) et $p$ le poids de carbone entrant dans le volume V' d'anhydride ; en faisant $V = V' = 2$ vol. chim. ou un volume moléculaire ($22^{\text{lit}},32$), on trouve $V'ad' = 32^{\text{gr}}$ et $p = 12^{\text{gr}}$. Donc *2 volumes chimiques ou un volume moléculaire d'anhydride carbonique contiennent 2 volumes chimiques d'oxygène, soit $O^2$, et $12^{gr}$ de carbone ; d'où la formule $CO^2$*, en prenant $C = 12$.

2° COMPOSITION EN POIDS. — Comme pour la synthèse de l'eau, des pesées comportent une exactitude beaucoup plus grande, et indispensable, parce que la connaissance de la composition de l'eau et du gaz carbonique forme la base des calculs de l'*analyse organique* (163).

*La méthode de Dumas et Stass* consiste essentiellement à faire passer un courant lent d'oxygène pur et sec sur du carbone pur, contenu dans une nacelle placée dans un tube de porcelaine chauffé au rouge. Le gaz carbonique est absorbé (148) dans des tubes en U contenant de l'hydrate de potassium ; l'augmentation de poids de ces tubes donne le poids (ou la masse) P du gaz carbonique; la diminution de poids de la nacelle, le poids de *carbone*; la différence $P - p$ est le poids d'*oxygène* entrant dans la combinaison. On a trouvé $\dfrac{p}{P-p} = \dfrac{27,27}{72,73} = \dfrac{12}{32}$, ce qui conduit à la même conclusion que plus haut.

**150. État naturel, etc.** — Le gaz carbonique (*air crayeux*) a été découvert par Van Helmont, étudié par Black, Priestley et surtout Lavoisier. Il existe dans l'air (37); il est produit par les combustions *vives* ou *lentes* des matières carbonées, la respiration des plantes et des animaux, les fermentations.

Sous l'action de la lumière solaire (*Phys.*, 169), les parties vertes des *plantes* décomposent le gaz carbonique et fixent, par un phénomène de *nutrition*, son carbone à l'état de matière organique, en dégageant de l'oxygène. Elles détruisent ainsi partiellement les effets de leur respiration et de celle des animaux. Mais la véritable cause de la constance de la proportion de gaz carbonique dans l'air est sa dissolution, à l'état de bicarbonate de chaux, dans les *eaux de la mer*, qui l'absorbent ou le laissent se dégager par un phénomène de dissociation, dès que sa pression dans l'atmosphère tend à augmenter ou à diminuer.

Les eaux contenant de l'acide carbonique dissolvent les carbonates et les phosphates insolubles dans l'eau pure, en particulier ceux de calcium, qui s'introduisent ainsi dans l'organisme des plantes et des animaux (43).

On emploie le gaz carbonique à la fabrication des eaux gazeuses, dans l'industrie de la soude, etc.

## Oxyde de carbone.

Poids moléc. (2 vol.) : $CO = 28$.

**151. Préparation.** — 1° PAR LE GAZ CARBONIQUE ET LE CHARBON. — On fait passer un courant de gaz carbonique dans un tube contenant du charbon chauffé au rouge (148) :

$$CO^2 + C = 2CO.$$

2° PAR LE FERROCYANURE OU CYANURE JAUNE DE POTASSIUM ET L'ACIDE SULFURIQUE. — On chauffe dans un ballon de verre le mélange de ce cyanure pulvérisé et d'acide sulfurique ; il se dégage de l'oxyde de carbone et il se forme des sulfates de fer, de potassium et d'ammonium.

Le ferrocyanure de potassium est un composé de cyanure de fer et de cyanure de potassium, avec eau de cristallisation. La réaction est assez compliquée ; on peut s'en faire une idée en ne considérant que le cyanure de potassium K(CAz), composé de potassium et du radical *cyanogène* (143), et qui formerait de l'*ammoniaque*, de l'hydrate de potassium et de l'oxyde de carbone, aux dépens des éléments de l'eau :

$$KCAz + 2H^2O = AzH^3 + KOH + CO.$$

En réalité, l'ammoniaque et l'hydrate de potassium ne sont pas mis en liberté, mais se combinent avec l'acide sulfurique.

On fait passer le gaz dans un flacon laveur à potasse pour arrêter l'acide *cyanhydrique* CAzH, qui peut se former dans cette préparation.

3° PAR L'ACIDE OXALIQUE ET L'ACIDE SULFURIQUE. — En chauffant de l'*acide oxalique* (acide organique) cristallisé avec de l'acide sulfurique, il se dégage un mélange à volumes égaux de gaz carbonique et d'oxyde de carbone. L'acide sulfurique a *déshydraté* l'acide oxalique, et au lieu de l'*anhydride*, se sont formés les produits de sa décomposition :

$$\underset{\text{acide oxalique.}}{C^2O^4H^2} - H^2O = \underset{\text{2 vol.}}{CO} + \underset{\text{2 vol.}}{CO^2}.$$

On absorbe l'anhydride carbonique par un hydrate alcalin (148) ; l'oxyde de carbone est recueilli sur la cuve à eau.

**152. Propriétés.** — L'oxyde de carbone est un gaz incolore et inodore ; $d = 0,96$. Il est peu soluble et difficilement liquéfiable.

La *chaleur* le dissocie, à haute température, en carbone et en oxygène qui, se combinant avec l'excès d'oxyde dans les parties moins chaudes de l'appareil, donne du gaz carbonique :

$$CO = C + O,$$
$$O + CO = CO^2.$$

ACTION DE L'OXYGÈNE. PROPRIÉTÉS RÉDUCTRICES. — Il est *combustible* dans l'air et brûle avec une flamme *bleue*, en donnant du gaz carbonique.

Il enlève l'*oxygène* à un grand nombre de combinaisons, en particulier aux *oxydes métalliques*, sous l'influence de la chaleur. C'est à son *action réductrice* plutôt qu'à l'action di

recte du carbone qu'est due la mise en liberté des métaux
$$Fe^2O^3 + 3CO = 3CO^2 + 2Fe$$
métallurgie du fer, 230).

ACTION TOXIQUE. — L'oxyde de carbone est un gaz irrespirable et, en outre, un *poison violent* (dit *vapeur de charbon*) : en se combinant dans les poumons avec l'*hémoglobine* du sang, il forme une combinaison *stable*, que l'oxygène ne peut plus détruire pour former l'*oxyhémoglobine*.

Les poêles, fourneaux, etc. qui *tirent mal*, peuvent donner naissance à l'oxyde de carbone, l'air étant en quantité insuffisante pour produire du gaz carbonique (réduit d'ailleurs par le charbon au rouge, 148) et pour entraîner le gaz délétère dans la cheminée. Le même danger peut se présenter quand on *éteint* du charbon avec de l'eau (143).

FONCTION CHIMIQUE. — L'oxyde de carbone est un corps *neutre*. Il peut être considéré, dans certains composés, comme un *radical* (109) divalent, le *carbonyle* $(CO)''$, dont l'anhydride carbonique $CO^2$ serait l'oxyde $(CO)''O$, et l'acide carbonique (145) $CO^3H^2$ l'hydrate $(CO)'' \begin{cases} \cdot OH \\ \cdot OH \end{cases}$. Le carbonyle se combine aussi aux métaux (*fer-carbonyle, nickel-carbonyle*).

**153. Composition.** — On fait détoner, dans l'*eudiomètre* à mercure, 2 volumes quelconques d'oxyde de carbone avec 2 volumes d'*oxygène*. Après l'explosion, il reste 3 volumes seulement, dont 2 sont absorbés par la potasse (148) et sont du gaz carbonique ; le troisième est reconnu, d'ailleurs, pour de l'oxygène pur. On en conclut que :

2 volumes quelconques et *2 volumes chimiques* $(CO^2)$, en particulier, *de gaz carbonique contiennent 2 volumes chimiques d'oxyde de carbone et 1 volume chimique (O) d'oxygène. Le poids de ces 2 volumes chimiques ou poids moléculaire de l'oxyde de carbone est donc représenté par* $CO^2 - O = CO$.

**154.** L'oxyde de carbone (découvert par Priestley) joue un rôle important en *métallurgie* (230).

## Sulfures de carbone.

**155.** Il y a deux sulfures de carbone, $CS$ et $CS^2$, correspondant à l'oxyde $CO$ et à l'anhydride carbonique $CO^2$. Le bisulfure $CS^2$, souvent appelé simplement sulfure, est le plus important.

## BISULFURE DE CARBONE
Poids moléc. (2 vol.) : $CS^2 = 76$.

**156. Préparation.** — On introduit du soufre à la partie
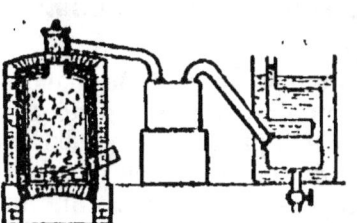
inférieure d'une cornue en fonte contenant du charbon et chauffée au rouge. Le charbon brûle dans la vapeur de soufre :
$$C + 2S = CS^2.$$
Les vapeurs du sulfure, beaucoup plus volatil que le soufre, viennent se condenser dans un ensemble de vases bien refroidis.

Cette préparation est *industrielle*.

**157. Propriétés physiques.** — Le bisulfure de carbone est un liquide incolore, très réfringent, de densité $D = 1,29$; il bout à 46° sous la pression atmosphérique; sa densité de vapeur est $d = 2,64$. Il est *très volatil* et son évaporation produit un abaissement de température très sensible.

Lorsqu'il est absolument *pur*, il ne possède pas l'odeur *fétide* qui semble le caractériser.

C'est un *dissolvant* du *soufre*, du *phosphore*, de l'*iode*, des matières grasses, du caoutchouc, etc., corps peu solubles ou insolubles dans l'eau.

**158. Propriétés chimiques.** — DÉCOMPOSITION. — Il est décomposable par la *chaleur* avec dégagement de $22^{cal}$. C'est donc un composé *endothermique* (22).

COMBUSTIBILITÉ. — Il est éminemment *combustible* :
$$CS^2 + 6O = CO^2 + 2SO^2.$$
Il brûle dans l'air avec une flamme bleue, en donnant les gaz carbonique et sulfureux. Sa vapeur forme avec l'air un *dangereux* mélange détonant.

En brûlant dans l'*oxyde azotique* (107), il produit une flamme éblouissante, riche en rayons chimiques.

ACTION SULFURANTE. — Il *sulfure* facilement, à chaud, les *métaux*. Les *oxydes* sont réduits par son carbone et transformés aussi en sulfures.

Fonction chimique. — Le bisulfure de carbone doit être considéré comme le *sulfo-anhydride* d'un acide *sulfo*-carbonique $CS^3H^2$, qui est défini par ses *sels*, analogues aux carbonates. Exemple :

$CS^3K^2$, *sulfocarbonate de potassium*, analogue à $CO^3K^2$, carbonate.

**159. Composition.** — En ajoutant au poids de charbon C contenu dans un volume moléculaire, c'est-à-dire deux volumes chimiques (8), de gaz carbonique (149), le poids $S^2$ de 2 volumes chimiques de vapeur de soufre, on trouve le poids, calculé au moyen de la densité, de deux volumes chimiques ou d'une molécule de sulfure de carbone. Ce résultat correspond à la formule $CS^2$, établie d'ailleurs directement par une analyse spéciale.

**160. Usages.** — Le sulfure de carbone est très employé dans l'industrie, pour l'extraction des corps gras, la séparation du phosphore rouge (124), la *vulcanisation* (sulfuration) du caoutchouc, la préparation des cyanures, etc. On l'utilise aussi, libre ou à l'état de sulfocarbonate, contre le phylloxera.

## COMPOSÉS ORGANIQUES.

**161.** Les *matières organiques*, c'est-à-dire que l'on peut extraire des *organes* des végétaux et des animaux, renferment toutes du *carbone*, uni à l'*hydrogène*, à l'*azote* ou à l'*oxygène* (quelquefois au soufre ou au phosphore). On y joint les composés *artificiels* que les différents corps (chlore, acide sulfurique, etc.) de la chimie minérale peuvent donner avec elles. Leur étude est celle des très nombreux composés du *carbone*; réduite à un aperçu sommaire, elle trouve donc naturellement sa place ici.

**162. Propriétés générales des matières organiques.** — Ces matières sont *décomposables* par la *chaleur*, mais elles peuvent exister aux divers états, fondre, se vaporiser, etc., comme les composés minéraux, entre des limites de température quelquefois assez étendues.

Elles *brûlent*, à température suffisamment élevée, dans l'*oxygène* et dans l'air, en donnant, par combustion vive (33), du gaz carbonique et de l'eau provenant de leur carbone et de leur hydrogène. Si l'oxygène fait défaut (combustion incomplète, calcination à l'abri de l'air), elles laissent un résidu de charbon (141).

Elles réagissent, soit entre elles, soit sur les composés minéraux, suivant les lois générales de la chimie et de la thermochimie (3, 22). Toutefois les réactions nommées *fermentations*, résultant du développement d'organismes tels que les mycodermes, etc., sont plus spéciales aux matières organiques (fermentations *alcoolique* et *acétique*, 161, 167).

**163. Analyse immédiate.** — L'*analyse immédiate* des matières organiques consiste à les séparer les unes des autres lorsqu'elles forment un *mélange*, ainsi qu'il arrive presque toujours. On a recours pour cela, soit à des procédés purement mécaniques, soit aux dissolvants (eau, benzine, etc.), soit même à des réactions chimiques convenables.

Exemples :

1° Extraction de la fécule de pomme de terre par action d'un courant d'eau qui entraîne la fécule et laisse la pulpe sur un tamis; séparation de l'*amidon* (de même composition que la fécule) et du *gluten* de la farine de blé, également par un courant d'eau; compression du suif et des tourteaux pour en extraire les matières liquides;

2° Lessivage de la betterave pour en extraire le *sucre*; sublimation de l'*acide benzoïque* pour l'extraire du benjoin;

3° Traitement des jus de fruit par la chaux pour en extraire les *acides malique* et *citrique*; du quinquina par l'acide chlorhydrique pour en tirer la *quinine*, alcali végétal.

**164. Analyse élémentaire.** — Un corps organique étant bien isolé, et purifié par cristallisation, distillation, etc., suivant les circonstances, on détermine sa *composition* par l'*analyse élémentaire*.

En ce qui concerne le dosage du *carbone* et de l'*hydrogène*, cette analyse repose essentiellement sur leur transformation en gaz carbonique et en eau par combustion dans l'oxygène, libre ou fourni aux matières organiques, toujours *réductrices* dans ces conditions, par un oxydant, l'*oxyde de cuivre* $Cu''O$ (oxyde noir).

La matière à analyser, *pesée* et mélangée d'oxyde de cuivre (ou renfermée dans une ampoule de verre, si elle est liquide), est placée à l'extrémité d'un long tube de verre AB, contenant également de l'oxyde de cuivre. On chauffe sur une grille. L'oxyde de cuivre est *réduit* avec formation d'eau et de gaz carbonique. L'eau se condense en partie dans une ampoule C; ses dernières vapeurs sont absorbées par de l'acide sulfurique (tube en U à ponce sulfurique D); le gaz carbonique passant dans des tubes E et F, à potasse en dis-

solution ou solide, s'y fixe à l'état de carbonate (148). On termine l'opération en faisant passer dans le tube un courant d'*oxygène* pur et sec, arrivant par l'extrémité O.

$p$ étant l'augmentation de poids des tubes à acide sulfurique, $p'$ celle des tubes à potasse,

le poids de l'hydrogène est $\frac{1}{9}p$, $\quad\left(\frac{H^2}{H^2O} = \frac{2}{18} = \frac{1}{9}\right)$;

celui du carbone............ $\frac{3}{11}p'$, $\quad\left(\frac{C}{CO^2} = \frac{12}{44} = \frac{3}{11}\right)$.

Si la substance contenait de l'*azote*, il pourrait se former des vapeurs nitreuses, qui seraient comptées comme gaz carbonique, parce qu'elles se combineraient à la potasse (143). On place alors dans le tube, à la suite de l'oxyde de cuivre, du *cuivre métallique* qui, chauffé, réduit les vapeurs nitreuses en s'oxydant.

Pour doser l'azote, on fait une seconde expérience avec la même disposition, en supprimant les tubes en U, que l'on remplace par un tube de dégagement se rendant dans la cuve à mercure. Avant de chauffer, on fait passer un courant de gaz carbonique dans l'appareil pour chasser l'air; on place une éprouvette remplie de mercure et d'une dissolution concentrée de potasse sur l'extrémité du tube à dégagement et on chauffe. Le gaz carbonique, entraînant l'azote, est totalement absorbé par la potasse, et l'azote seul reste dans l'éprouvette. A la fin de l'opération un nouveau courant de gaz carbonique chasse du tube le reste de l'azote, dont on mesure le *volume* total, la température et la pression, qui permettent alors d'en calculer le poids $p''$.

L'*oxygène* se dose par la *différence* entre le poids total P de la matière et la somme des poids $\frac{1}{9} p$, $\frac{3}{11} p'$ et $p''$.

Des méthodes spéciales sont employées dans le cas où la matière contient d'autres éléments.

Pour les gaz, on peut employer, comme en chimie minérale, la méthode *eudiométrique*.

**Détermination de la formule.** — Il est évident qu'en divisant le poids trouvé pour dose de chacun des éléments par le poids atomique de celui-ci, on détermine le coefficient à donner à chacun des symboles C, H, O, etc., dans la formule du composé. Ces coefficients seront fractionnaires, mais il sera facile de leur donner une valeur entière, tout en conservant leurs rapports respectifs. Il y a évidemment une infinité de nombres $\alpha$, $\beta$, $\gamma$ satisfaisant à cette condition ; la formule provisoire du corps sera donc

$$C^\alpha H^\beta O^\gamma.$$

On prendra pour formule définitive $C^{\alpha'} H^{\beta'} O^{\gamma'}$ celle qui correspond au poids (*moléculaire*) de 2 volumes chimiques de vapeur, si le corps est vaporisable. La densité de la vapeur étant alors $d$ et sa température $t$, on aura

$$C^{\alpha'} H^{\beta'} O^{\gamma'} = \left[ 22^{\text{lit}},32 \times (1 + \alpha t) \times 1^{\text{gr}},293 \times \frac{1}{1 + \alpha t} \times \frac{11}{76} \right].d$$

ou, réduction faite,

$$= 22^{\text{lit}},32 \times 1,293 \times \frac{11}{76} d.$$

Si le corps n'est pas vaporisable, on a recours à d'autres considérations, par exemple à une relation existant entre le poids *moléculaire* d'une substance et la variation du point de solidification (*Phys.*, 78) d'un liquide la tenant en dissolution. (*Méthode cryoscopique de M. Raoult.*)

Dans la pratique, le mode de formation d'un corps, ses réactions, etc. permettent souvent de prévoir sa constitution, que l'on *vérifie* alors par l'analyse élémentaire.

**165. Nomenclature. Principes généraux de la classification.** — Le nombre, très grand par rapport à celui des éléments qui y entrent, des combinaisons organiques, rend absolument insuffisantes les dénominations de la nomenclature élémentaire (15), même pour les composés binaires.

**Carbures.** — Les plus simples de ces composés sont les CARBURES D'HYDROGÈNE. On les a groupés en *séries*, dont chaque terme a une formule qui dérive de celle d'un carbure type par addition d'un certain nombre de fois $CH^2$. Chacun d'eux a reçu un nom, comme les corps simples, qui rappelle, soit la substance dont on l'a extrait, soit la série à laquelle il appartient et le nombre des atomes de carbone qu'il renferme :

1<sup>re</sup> série : $C^nH^{2n+2}$     2<sup>e</sup> série : $C^nH^{2n}$     3<sup>e</sup> série : $C^nH^{2n-2}$

| | | |
|---|---|---|
| $CH^4$, *méthane* | | |
| $C^2H^6$, *éthane* | $C^2H^4$, *éthylène* | $C^2H^2$, *acétylène* |
| $C^3H^8$, *propane* | $C^3H^6$, *propylène* | $C^3H^4$, *allylène*, etc. |
| $C^4H^{10}$, *butane* | $C^4H^8$, *butylène* | |
| $C^5H^{12}$, *pentane* | $C^5H^{10}$, *amylène* (pentylène) | |
| $C^6H^{14}$, *hexane* | $C^6H^{12}$, *hexylène* | |
| etc. | etc. | |

et ainsi de suite des séries $C^nH^{2n-4}$, $C^nH^{2n-6}$ (dont le type est la *benzine*, $C^6H^6$), etc.

Les carbures types des trois premières séries sont étudiés plus loin : *méthane* ou formène, gaz des marais, protocarbure d'hydrogène (172) ; *éthylène* ou gaz oléfiant (176); *acétylène* (179).

RADICAUX HYDROCARBONÉS. — On est conduit à considérer, dans ces carbures, des *radicaux hydrocarbonés* analogues à l'ammonium (98), au cyanogène (143), à l'azotyle (112), etc., et qui seraient le *méthyle* $CH^3$, l'*éthyle* $C^2H^5$, correspondant au méthane, à l'éthane, etc., et se comportant comme des corps simples *monovalents* (12).

166. Pour les composés *ternaires*, on a dû, à plus forte raison, les nommer d'après leur rôle ou *fonction chimique*, comme on a fait pour les acides oxygénés (17).

**Alcools.** — Ainsi les ALCOOLS sont constitués par un *radical* hydrocarboné de carbure, uni à un *oxhydryle* OH, c'est-à-dire à un atome d'oxygène dont la seconde valence (12) est saturée par de l'hydrogène. Ils sont analogues, *à ce point de vue*, aux hydrates de potassium et de sodium (188<sup>bis</sup>). Exemples :

K.(O.H), hydrate de potassium ;
CH³.(O.H), alcool méthylique (esprit de bois) ;
C²H⁵.(O.H) ou CH³.CH².(OH), alcool éthylique (esprit de vin), etc.

L'*alcool éthylique* (esprit de vin) prend naissance dans la *fermentation* des liquides sucrés, due au développement de la levure de bière :

$$C^6H^{12}O^6 = 2C^2H^6O + 2CO^2.$$
sucre, glucose — alcool — gaz carbonique

FONCTION ALCOOL. — La *fonction alcoolique* est représentée par la formule de constitution des alcools, et caractérisée par les réactions qui vont être indiquées.

**Éthers.** — Traités, dans des conditions convenables, par les acides, les alcools se transforment en *éthers*, avec formation d'une molécule d'eau :

$$C^2H^5.OH + HCl = C^2H^5.Cl + H^2O.$$
alcool éthylique — acide chlorhydrique — éther éthyl-chlorhydrique

Pour désigner l'éther, on ajoute au nom générique celui de l'acide générateur, précédé de l'indication du radical alcoolique ou hydrocarboné (165) : *éther éthylchlorhydrique*.

La réaction précédente est comparable à celle des acides sur les hydrates métalliques (19) :

$$K.OH + HCl = KCl + H^2O.$$

Aussi nomme-t-on également ces éthers *chlorures* (ou iodures, etc.) d'éthyle, de méthyle, etc.

Il en serait de même avec les acides oxygénés :

$$C^2H^5.OH + AzO^3H = AzO^3.C^2H^5 + H^2O.$$
alcool — acide azotique — éther éthylazotique ou azotate d'éthyle

Cet éther azotique est un détonant dangereux.

**Remarque.** — On nomme aussi *éthers* les composés résultant de la substitution d'un second radical alcoolique à l'oxhydryle typique de l'alcool. Exemple :

C²H⁵.OH, alcool ; C²H⁵.O.C²H⁵ ou (C²H⁵)²O², oxyde d'éthyle ou éther éthylique.

Ces éthers sont des oxydes de radicaux alcooliques ; il existe entre eux et les alcools la même relation qu'entre l'hydrate de potassium ou potasse (103) et l'oxyde de potassium :

$K.OH$, potasse, $K.OK$ ou $K^2O''$, oxyde de potassium.

Pour dénommer ces éthers-oxydes, on fait suivre le nom d'éther de celui du radical ou des radicaux qui y entrent : *éther éthylique* $(C^2H^5)^2O$ (éther ordinaire, dit à tort sulfurique).

Ces éthers proviennent de la soustraction d'une molécule d'eau à deux molécules d'alcool :

$$2(C^2H^6O) - H^2O = (C^2H^5)^2O.$$

**Phénols.** — Les phénols se rattachent à la *benzine* (165), comme les alcools aux carbures de la série de l'éthane ; ils ont une fonction semblable, mais non identique.

**167. Aldéhydes.** — Les *aldéhydes* proviennent de la déshydrogénation partielle des alcools, qui perdent deux atomes d'hydrogène, enlevés par *oxydation* :

$$C^2H^6O + O = C^2H^4O + H^2O.$$
aldéhyde éthylique

La formule de constitution de l'aldéhyde est

$$CH^3.C\begin{cases}:O\\.H\end{cases},$$

le groupement $C\begin{cases}:O\\.H\end{cases}$ étant caractéristique de la fonction.

**168. Acides.** — Les acides dérivent des alcools par une oxydation plus énergique que celle qui donne naissance à l'aldéhyde. L'alcool perd $H^2$ et gagne un atome d'oxygène $O$. Exemple :

$$C^2H^6O + 2O = H^2O + C^2H^4O^2 \text{ ou } CH^3.C\begin{cases}:O\\.OH\end{cases}, \text{ acide acétique.}$$

Cette réaction représente la formation du vinaigre due au développement du *mycoderma aceti* dans la fermentation acétique (Pasteur).

**Fonction acide.** — Elle est caractérisée, dans la formule de constitution, par le groupement $C\begin{cases}:O\\.OH\end{cases}$. Le seul hydrogène remplaçable par action sur les bases est celui de l'oxhydryle.

Un acide organique est monobasique, bibasique, etc. (20) suivant qu'il contient une, deux, trois fois ce groupement caractéristique $CO^2H = C\begin{cases}:O\\.OH\end{cases}$. Le type des acides monobasiques est l'acide *acétique* :

$$CH^3.C\begin{cases} : O \\ \cdot OH \end{cases} + K.OH = CH^3.C\begin{cases} : O \\ .OK \end{cases} + H^2O.$$

acide acétique   hydrate potassique   acétate de potassium

L'acide bibasique le plus simple est l'*acide oxalique* :

$$\begin{matrix} C\begin{cases} \cdot OH \\ : O \end{cases} \\ | \\ C\begin{cases} : O \\ \cdot OH \end{cases} \end{matrix} = C^2O^4H^2, \text{ donnant les sels } \begin{cases} C^2O^4KH, \text{ oxalate } \textit{acide}, \\ C^2O^4K^2, \text{ oxalate } \textit{neutre}. \end{cases}$$

Avec les *alcools*, ces acides donnent des *éthers* analogues à ceux des acides minéraux : *éthers méthylacétique, éthylacétique.*

Les noms donnés aux acides, généralement arbitraires, rappellent plutôt leur origine que leur constitution.

**169. Bases ou alcalis.** — Les AMINES et les corps azotés analogues ou ALCALIS ORGANIQUES dérivent du type *ammoniaque* et ont, comme ce corps, en présence de l'eau, les propriétés des *bases* (18). Leur formule s'obtient en remplaçant dans celle de l'ammoniaque ou de l'ammonium (98) un, deux, trois ou quatre atomes d'hydrogène par autant de radicaux hydrocarbonés.

Ainsi $\quad Az\begin{cases} \cdot CH^3 \\ \cdot H \\ \cdot H \end{cases}, \quad Az\begin{cases} \cdot CH^3 \\ \cdot CH^3 \\ \cdot H \end{cases}, \quad Az\begin{cases} \cdot CH^3 \\ \cdot CH^3 \\ \cdot CH^3 \end{cases}$

sont les mono, di, tri-méthylamines.

A l'hydrate $(AzH^4).OH$. semblable à KOH et qui n'est qu'*hypothétique* en chimie minérale (98), correspond l'hydrate

$$\left( Az\begin{cases} \cdot CH^3 \\ \cdot CH^3 \\ \cdot CH^3 \\ \cdot CH^3 \end{cases} \right) \cdot OH \text{ existant } \textit{réellement, solide, fusible} \text{ et se}$$

comportant absolument comme l'hydrate de potassium KOH.

Les alcaloïdes ou *alcalis végétaux* (*quinine, morphine,* etc.), quoique de composition beaucoup plus complexe, se rattachent également à l'ammoniaque.

REMARQUE. — Au contraire de ce qui a lieu généralement dans les classifications, un même corps peut présenter deux ou plusieurs *fonctions*, c'est-à-dire appartenir à deux groupes différents. Ainsi l'acide *tartrique* a deux fois la fonction alcool et est acide bibasique ; sa formule contient deux groupes $C.H.OH$ et deux groupes $CO^2H$. De tels corps sont dits à *fonction mixte*.

**170. Existence des composés organiques dans les êtres vivants.** — Les *tissus végétaux* sont formés de matières se rapportant aux types qui précèdent, ou tout au moins les contiennent. On y trouve les *tartrates, oxalates, malates* ; les *glucoses, sucres*, etc. se rattachant aux *aldéhydes* ; la *cellulose*, l'*amidon*, plus complexes encore ; les *alcaloïdes* (pavots, belladone) ; les *essences* (*carbures*, ou *aldéhydes*) comme la *térébenthine*, le *camphre*, etc.

Il en est de même des *tissus animaux*, bien que les matières qu'ils renferment soient souvent moins faciles à classer. Les graisses (*stéarine, margarine*) sont des *éthers*, ainsi que les lécithines (nerfs, cerveau) ; les *albuminoïdes*, la *fibrine*, l'*hémoglobine* existent dans le sang, le *glycogène* dans le foie, etc.

La *fermentation*, la *distillation*, etc. des matières organiques donnent naissance à des matières organiques généralement moins complexes et mieux définies (acide acétique, alcool méthylique, alcool ordinaire). On peut finalement extraire de ces composés des corps encore plus simples, comme les carbures méthane et éthylène (172, 176).

**171. Synthèse organique.** — Réciproquement, on sait faire

la *synthèse* d'un certain nombre de corps organiques, en partant des éléments, carbone et hydrogène, qui se combinent sous l'action de l'arc électrique (143) pour former de l'*acétylène* (Berthelot) :

$$2C + H^2 = C^2H^2.$$

L'acétylène, chauffé dans une cloche courbe avec son volume d'hydrogène, donne de l'*éthylène* :

$$C^2H^2 + H^2 = C^2H^4.$$
$$\text{2 vol.} \quad \text{2 vol.} \quad \text{2 vol.}$$

Chauffé avec de l'*acide iodhydrique*, l'éthylène en fixe une molécule et donne l'*éther éthyliodhydrique* :

$$C^2H^4 + HI = C^2H^5I.$$

Cet éther donne l'alcool correspondant, par un traitement

convenable qui lui enlève l'iode à l'état d'iodure et le remplace par un oxhydryle :

$C^2H^5I + OH - I = C^2H^5.OH$, alcool ordinaire ou éthylique.

De l'alcool on peut passer à l'acide acétique et même à des composés plus carbonés ou azotés, par addition des éléments du cyanogène CAz, obtenu également (143) par combinaison du carbone et de l'azote.

Par des procédés analogues, mais plus compliqués, on a réalisé la synthèse de matières organiques complexes, telles que l'indigo, etc.

## Carbures d'hydrogène.

### MÉTHANE

(*Protocarbure d'hydrogène, formène, gaz des marais.*)

Poids moléc. (2 vol.) : $CH^4 = 16$.

**172. Préparation.** — On obtient le méthane en chauffant, dans une cornue en verre peu fusible, de l'ACÉTATE DE SODIUM avec de la CHAUX SODÉE (soude fondue avec de la chaux). La soude intervient seule dans la réaction ; elle enlève à l'acétate les éléments du gaz carbonique et forme du carbonate de calcium.

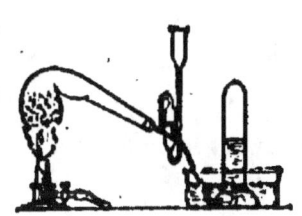

$CH^3.CO^2Na$ ou $C^2H^3O^2Na + NaOH = CO^3Na^2 + CH^4$  (22$^{lit}$,32).
acétate de sodium     soude     carbonate   méthane
                                             de sodium

On recueille le gaz sur l'eau.

**173. Propriétés.** — Gaz incolore, inodore : $d = 0,559$ ; peu soluble dans l'eau, très difficilement liquéfiable.

ACTION DE LA CHALEUR. — Il est décomposé par la *chaleur* en *acétylène* et *hydrogène* :

$$2CH^4 = C^2H^2 + 6H ;$$

mais il peut aussi se former d'autres carbures.

FONCTION CHIMIQUE. — Il ne se combine à aucun corps sans être décomposé : le carbone tétratomique a en effet, ses quatre *valences* (12) saturées par les quatre atomes d'hydrogène. Il en est de même des carbures de la série (165) dont il est le premier terme et que l'on nomme *paraffines* ou carbures *saturés*.

ACTION DE L'OXYGÈNE. — Au contact d'un corps incandescent, il *brûle* dans l'air avec une flamme peu éclairante ; il se forme de l'eau et du gaz carbonique :

$$CH^4 + 4O = CO^2 + 2H^2O.$$
$$\text{2 vol.} \quad \text{4 vol.} \quad \text{2 vol.}$$

Le mélange, dans cette proportion, de protocarbure avec l'oxygène (ou un volume d'air équivalent) est *détonant* (feu *grisou*).

Si l'oxygène (et surtout l'air) est en excès, la détonation est moins violente ; elle peut même alors ne pas se produire. S'il fait défaut, l'hydrogène seul brûle, et il y a *dépôt* de charbon (*combustion incomplète*).

ACTION DU CHLORE. — Le méthane brûle aussi dans le *chlore*, au contact d'une flamme ; il se forme de l'acide chlorhydrique et le charbon se dépose :

$$CH^4 + 4Cl = 4HCl + C.$$
$$\text{2 vol.} \quad \text{4 vol.}$$

A la lumière diffuse, il se produit un phénomène de *substitution* (8) : un des produits de cette réaction est le *chloroforme* $CHCl^3$ :

$$CH^4 + 6Cl = CHCl^3 + 3HCl.$$

**174. Composition.** — On fait brûler dans l'eudiomètre 2 volumes quelconques de méthane avec un excès, soit 6 volumes, d'oxygène (173). Il reste 4 volumes, dont 2, absorbables par la potasse, sont du gaz carbonique et 2, absorbables par le phosphore, sont de l'oxygène. Des 4 volumes d'oxygène disparus, 2 ont formé le gaz carbonique, puisque ce gaz contient un volume d'oxygène égal au sien (149) ; les 2 autres correspondent à un volume d'hydrogène double du leur, c'est-à-dire à 4 volumes, puisqu'ils ont formé de l'eau. On en conclut que les 2 volumes, quelconques et, en particulier, *2 volumes chimiques ou une molécule* (8) *de méthane renferment 4 volumes d'hydrogène*, $H^4$, *et le carbone contenu dans 2 volumes ou une molécule de gaz carbonique, c'est-à-dire un atome* C. La formule de ce carbure est donc $CH^4$.

**175. État naturel, etc.** — Le méthane se forme dans les décompositions lentes organiques (*gaz des marais*) ; il se dégage des fissures du sol dans certaines régions, et surtout dans les galeries des mines de houille (*grisou*). Il constitue un peu plus d'un tiers du gaz de l'éclairage (181).

## ÉTHYLÈNE
*(Gaz oléfiant ou bicarbure d'hydrogène.)*

Poids moléc. (2 vol.) : $C^2H^4 = 28$.

**176. Préparation.** — On chauffe, dans un ballon de verre, un mélange (fait en évitant une trop grande élévation de température) d'ALCOOL (161) et d'ACIDE SULFURIQUE.

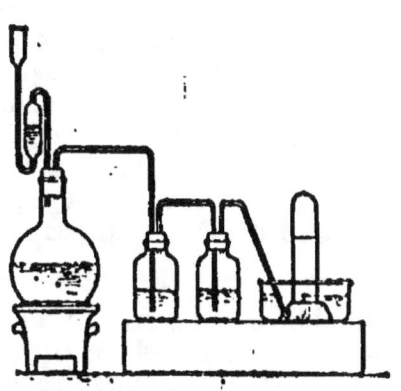

L'alcool perd une molécule d'eau dont s'empare l'acide sulfurique :
$$C^2H^6O - H^2O = C^2H^4$$
(22$^{lit}$,32).

Comme il peut aussi se former de l'éther (166) et du gaz sulfureux provenant de la réduction de l'acide sulfurique (73), on absorbe le premier de ces corps par un flacon laveur à acide sulfurique, le second par un flacon laveur à potasse.

**177. Propriétés.** — Gaz incolore, d'une odeur *empyreumatique* ; $d = 0,97$ ; peu soluble dans l'eau, beaucoup plus dans l'alcool, liquéfiable vers 0° à 45 atmosphères, il bout un peu au-dessous de — 100° sous la pression atmosphérique.

ACTION DE LA CHALEUR. — Il donne, comme le méthane, sous l'action de la *chaleur*, de l'*acétylène* et de l'*hydrogène* :
$$C^2H^4 = C^2H^2 + H^2.$$

ACTION DE L'OXYGÈNE. — L'éthylène brûle aussi dans l'air et forme avec ce gaz ou avec l'*oxygène* un mélange détonant :
$$C^2H^4 + 6O = 2CO^2 + 2H^2O.$$
2 vol.   6 vol.   4 vol.

Sa flamme est très éclairante.

ACTION DU CHLORE, DU BROME ET DE L'ACIDE IODHYDRIQUE. — Il brûle également dans le *chlore*, comme le méthane (173) au contact d'une flamme. Mais, à température ordinaire, les deux gaz se combinent directement en donnant le chlorure d'éthylène (*huile des Hollandais*) :

$$C^2H^4 + Cl^2 = C^2H^4Cl^2.$$
2 vol.  2 vol.

Le *brome* donnerait un produit analogue $C^2H^4Br^2$.

L'éthylène se combine aussi avec l'acide iodhydrique, pour former l'éther $C^2H^5I$ :

$$C^2H^4 + HI = C^2H^5I.$$

Fonction chimique. — Ces deux dernières réactions montrent qu'à la différence du méthane (173), l'éthylène peut, en conservant ses éléments, fixer par *addition* deux atomes monovalents Cl, Br, I ou H. On exprime ce fait en disant que sur les 8 valences (12) de ses deux atomes de carbone tétravalent, 2 se neutralisent par la liaison de ces deux atomes entre eux, et 4 par les quatre atomes d'hydrogène $H^4$; de telle sorte que 2 valences restant libres, l'éthylène *n'est pas saturé*.

**178. Composition.** — Elle s'établit comme celle du méthane (174), c'est-à-dire par la combustion eudiométrique de 2 volumes d'éthylène avec un excès, 10 volumes, d'oxygène. L'équation de combustion (177), qui représente justement les résultats de cette expérience, permet d'en exposer la marche.

## ACÉTYLÈNE
Poids moléc. (2 vol.) : $C^2H^2 = 26$.

**179. Préparation.** — On prépare aujourd'hui très facilement l'acétylène pur en décomposant par l'eau le carbure de calcium obtenu par l'action du carbone sur la chaux dans le four électrique (M. Moissan). Il se forme de l'hydrate de calcium et le gaz acétylène se dégage :

$$C^2Ca'' + 2H^2O = Ca''(OH)^2 + C^2H^2.$$

On peut aussi l'extraire des produits de combustion incomplète (180).

**180. Propriétés.** — L'acétylène est un gaz incolore, d'odeur désagréable ; $d = 0,92$ ; il est peu soluble, et assez difficilement liquéfiable ($48^{atm}$ à $1°$, Cailletet). Il est formé avec absorption de $58^{cal},1$ (23).

ACTION DE LA CHALEUR ET DE L'HYDROGÈNE. — Chauffé assez longtemps dans une cloche courbe sur le mercure, il se transforme en *benzine* $C^6H^6$ :

$$3C^2H^2 = C^6H^6.$$

Dans les mêmes conditions, il peut *fixer* de l'hydrogène et donner l'*éthylène* et le *formène* (172, 176) :

$$C^2H^2 + H^2 = C^2H^4,$$
$$C^2H^2 + 3H^2 = 2CH^4.$$

ACTION DE L'OXYGÈNE. — L'acétylène est combustible dans l'air ; sa flamme éclairante, convenablement réglée, donne une lumière constante. La combustion complète a lieu suivant l'équation :

$$C^2H^2 + 5O = 2CO^2 + H^2O.$$

RÔLE CHIMIQUE DE L'ACÉTYLÈNE. — L'acétylène a été particulièrement étudié par M. Berthelot, qui a fait voir son importance particulière au point de vue de la synthèse en chimie organique. Ce gaz peut, en effet, s'obtenir par l'union *directe*

du carbone et de l'hydrogène (143) sous l'influence de l'arc électrique se produisant entre deux charbons dans une atmosphère d'hydrogène. Sa condensation en benzine et son union avec l'hydrogène permettent d'effectuer (171) la *synthèse* de nombreux *composés organiques*.

Réciproquement, l'acétylène se trouve dans les produits de l'action de la chaleur sur les corps organiques ; il se forme

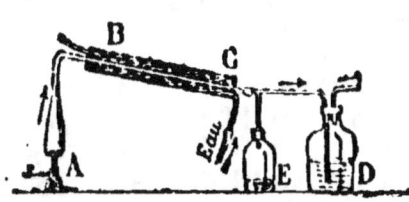

en particulier dans la combustion incomplète du gaz de l'éclairage. Pour l'en extraire, on aspire les produits de cette combustion incomplète, fournis par le bec A, de façon à leur faire traverser un réfrigérant BC, qui condense les matières les moins volatiles en E. Les gaz restants rencontrent en D une dissolution ammoniacale de *chlorure de cuivre* $Cu^2Cl^2$, qui forme avec l'acétylène un précipité *rouge, caractéristique* ; ce composé, chauffé avec de l'acide chlorhydrique, régénère l'acétylène.

## GAZ DE L'ÉCLAIRAGE

**181.** Le gaz de l'éclairage est un *mélange* d'hydrogène (45 %) de méthane ou formène (35 %), d'éthylène, de divers carbures et d'oxyde de carbone. Il contient, en outre, de petites quantités de produits volatils ayant échappé aux épurations.

**Fabrication et épuration physique.** — Il provient de la distillation sèche (calcination en vase clos) de la *houille*, due elle-même à une carbonisation incomplète et lente des végétaux.

Cette distillation s'effectue dans de grandes cornues de terre A, dont chacune est formée par une plaque mobile permettant de la charger. Une tubulure de sortie B conduit le gaz dans une sorte de flacon laveur C, de grandes dimensions, contenant de l'eau (*barillet*). Il s'y condense ceux des carbures liquides à température ordinaire qui sont les moins volatils (*goudrons*).

Le gaz passe ensuite dans une série de tubes métalliques D, D', en **U** renversés, refroidis au besoin. Dans ce *réfrigérant*, il abandonne d'autres *goudrons*, des *carbures liquides plus volatils* (*huiles*), et une grande partie des *sels*

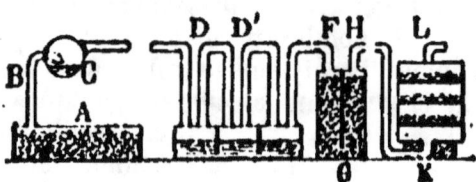

*ammoniacaux* provenant des matières mêlées à la houille. Il traverse enfin une colonne de coke FGH et un appareil (non représenté sur la figure) destiné à lui enlever, par choc contre des plaques, les fines gouttelettes de goudrons qu'il peut encore retenir. L'*épuration physique* est alors terminée.

**182. Épuration chimique.** — Les impuretés qui ont échappé à cette opération sont constituées surtout par l'ammoniaque, l'acide sulfhydrique (en combinaison, sulfure d'ammonium), l'acide carbonique (carbonate d'ammonium). On les arrête en faisant passer le gaz, en K, L, à travers un mélange de *sulfate de calcium* et de *sesquioxyde de fer*. Le sulfate de calcium et le carbonate d'ammonium font la double décomposition (205), d'où résultent du *sulfate d'ammonium*, plus fixe que le carbonate, et du *carbonate de calcium* solide. Le gaz sulfhydrique réduit et sulfure le sesquioxyde de fer, en abandonnant une partie de son soufre à l'état libre.

L'épuration chimique enlève aussi des *cyanures*, dont le cyanogène (143) avait été formé par le carbone et les matières azotées de la houille.

Le gaz arrive enfin aux *gazomètres*, d'où il est distribué à la canalisation.

**Produits secondaires.** — Les carbures liquides ou solides (*benzine, naphtaline*) qui subsistent en vapeur dans le gaz augmentent son pouvoir éclairant (183).

Le résidu laissé par la houille dans les cornues constitue le *coke*. Le *charbon des cornues* (142) provient de la décomposition des carbures par la chaleur, sur les parois des cornues, avec mise en liberté d'*hydrogène* qui diminue le pouvoir éclairant (183) du gaz.

Les sous-produits, provenant de l'épuration, goudrons, benzine, sels ammoniacaux, cyanures, ont une importance et une valeur industrielles bien supérieures à celles du gaz (fabrication des couleurs, de l'ammoniaque, etc.).

## Flamme

183. *Une flamme* est toujours constituée par *un gaz* (ou une vapeur) *porté à haute température* (rendu incandescent) *par sa combustion*.

Si le combustible n'est pas volatil, même à haute température, la combustion peut être *vive* (33) sans être accompagnée d'une *flamme*. Exemple : celle du *charbon* (sans hydrogène ou substance volatile); celle du *fer*.

Éclat. — L'éclat d'une flamme résulte de la présence, au milieu du gaz qui la forme, de *particules solides*, introduites soit artificiellement, soit par la réaction chimique elle-même. Le corps formé par la combustion (magnésie, anhydride phosphorique), ou résultant de la décomposition du combustible (charbon dans les combustions incomplètes), peut être, en effet, *solide*.

Les carbures d'hydrogène riches en carbone ont ainsi une flamme éclairante (benzine, etc.) par suite de la présence de carbone incandescent. Toutefois, si cette quantité de carbone est trop grande (noir de *fumée*), la flamme devient *fuligineuse*. C'est ce que l'on évite en fournissant une quantité suffisante d'air à la flamme (verre des lampes à huile, à pétrole, etc.).

Température. — La température ne varie pas d'une flamme à une autre de la même façon que l'éclat ; ces deux qualités sont même jusqu'à un certain point opposées l'une à l'autre dans le cas des combustions incomplètes. Ainsi la flamme *éclairante* d'un brûleur de Bunsen à gaz d'éclairage est transformée en flamme plus *chaude* par l'introduction d'un excès d'air à la partie inférieure du brûleur ; la combustion est alors complète, mais tout le carbone étant brûlé, la flamme devient pâle.

La flamme de l'*hydrogène*, très chaude, est peu éclairante. On élève encore sa température en l'alimentant d'*oxygène* dans son intérieur (*chalumeau* à gaz oxygène et hydrogène). En la dirigeant alors sur de la chaux, corps solide et fixe qui est ainsi porté à l'incandescence, on a une lumière éclatante (lumière de Drummond), mais qui n'est pas émise par la flamme elle-même.

Différentes régions d'une flamme. — Dans une même flamme, produite par la combustion de corps hydrocarbonés, celle d'une bougie, par exemple, on trouve des régions présentant ces différences de température et d'éclat. Une zone intérieure A, obscure, est constituée par les gaz résultant de la décomposition de la matière dont est imbibée la mèche et qui ne peuvent brûler faute d'air. La zone B est *éclairante* ; la combustion aux dépens de l'oxygène de l'air y a lieu, mais incomplètement, ce qui donne l'éclat à la flamme. Enfin la zone C, où la combustion est complète, l'oxygène étant en excès, est très chaude, mais peu éclairante ; en C' brûle l'oxyde de carbone, qui colore cette portion de la flamme en bleu.

Effet des toiles métalliques. — L'introduction d'un corps conducteur et, en particulier, d'une *toile métallique* dans une flamme abaisse sa température ; la combustion peut s'arrêter au-delà de cette toile, tant que le métal n'est pas porté au rouge, c'est-à-dire à une température suffisante pour enflammer de nouveau les gaz.

Cette propriété des toiles métalliques est utilisée dans la *lampe de sûreté* de Davy, destinée à éviter l'inflammation du *grisou* (175) dans les mines.

## CLASSIFICATION DES MÉTALLOÏDES.

**184.** Les éléments étudiés jusqu'ici appartiennent aux métalloïdes. Les métalloïdes sont des corps *simples*, généralement *dépourvus* de *l'éclat* métallique, *gazeux* ou facilement *vaporisables* (sauf le carbone, le bore et le silicium), généralement aussi *mauvais conducteurs* de la chaleur et de l'électricité. Ils se combinent à l'*hydrogène* ; leurs composés *oxygénés* sont des corps *neutres* ou des *anhydrides* (21).

L'*hydrogène* (28) étant mis à part à cause de ses propriétés particulières, les métalloïdes forment quatre *familles naturelles*, indiquées au tableau du n° 9.

**1re famille** : Fluor, Chlore, Brome, Iode. — *Un* volume gazeux (un atome) de ces corps s'unit à *un* volume (un atome) d'hydrogène pour donner *deux* volumes (une molécule) d'un gaz acide (acides fluorhydrique, chlorhydrique, bromhydrique, iodhydrique). Ils sont, par suite, *monovalents*, et de plus *diatomiques* (10). La chaleur dégagée dans la formation de ces composés hydrogénés diminue du fluor ($+38^{cal},6$) à l'iode ($-0^{cal},8$).

Leurs composés métalliques (chlorures, bromures, etc.) se correspondent et sont généralement isomorphes (26).

**2me famille** : Oxygène, Soufre, Sélénium, Tellure. — *Un* atome (1 vol.) de ces corps s'unit à *deux* atomes (2 vol.) d'hydrogène pour donner, *avec condensation d'un tiers*, une molécule d'un composé ($H^2O$, $H^2S$) *neutre* ou *acide faible*. Ils sont donc *divalents* et *diatomiques* (10).

Ils forment avec les autres métalloïdes des composés neutres ou anhydrides ; avec les métaux, des oxydes, sulfures, etc., et enfin des sels analogues entre eux :

$MnO^3$ et $FeS^2$ (53, 55) ; $CO^3K$ et $CS^3K$ (158), etc.

L'oxygène a une importance toute spéciale.

**3me famille** : Azote, Phosphore, Arsenic. — Ces éléments donnent avec l'hydrogène des composés *basiques* en présence de l'eau ($AzH^4O$), ou s'unissant directement aux acides (98, 129) pour donner des sels.

Dans *deux* vol. (une molécule) de ces composés, $AzH^3$, $PH^3$, etc., il y a *un* atome d'azote ou de phosphore, et *trois* atomes (3 volumes) d'hydrogène. Mais le volume de l'atome est *un pour l'azote seulement*; pour le phosphore et l'arsenic, il n'est que $\frac{1}{2}$ (voir la composition du phosphure $PH^3$ comparée à celle du gaz ammoniac $AzH^3$, 130). Il en résulte que la molécule (2 vol.) d'azote est $Az^2$, et que l'azote est *diatomique*, tandis que le phosphore et l'arsenic (molécule $P^4$ et $As^4$) sont *tétratomiques*.

4ᵐᵉ **famille** : Carbone, Silicium, Bore. — Ce dernier métalloïde doit être mis à part.

Le carbone et le silicium ne sont pas connus à l'état de vapeur; on est conduit à considérer le carbone comme *tétravalent*. Il donne de nombreux composés avec l'hydrogène; au protocarbure $CH^4$ correspond le siliciure $SiH^4$, et à l'anhydride carbonique $CO^2$, l'anhydride silicique ou *silice* $SiO^2$.

## MÉTAUX

**185. Propriétés générales.** — Ces corps *simples* sont solides à température ordinaire, excepté le mercure; ils ont généralement l'*éclat* dit *métallique*, sauf à l'état de poussière très fine; ils sont *bons conducteurs* de la chaleur et de l'électricité. Leur couleur varie du blanc au gris noir (le cuivre est rouge, l'or jaune-rouge). Ils sont plus ou moins fusibles (le potassium à 62°, le platine vers 2000°) et même vaporisables; *malléables* (feuilles minces) et *ductiles* (fils fins).

**Classification.** — Au point de vue chimique, le Potassium, le Sodium, l'Argent sont *monovalents*; le Calcium, le Magnésium, etc., le Cuivre, *divalents*; l'Or *trivalent*, le Platine *tétravalent* (12). L'ordre de cette classification est suivi au tableau du n° 9.

Les combinaisons des métaux avec l'*oxygène* sont, dans la pratique, les plus importantes. Leurs oxydes, ou plutôt les hydrates correspondants (188), sont des *bases*, tantôt puissantes (c'est-à-dire dégageant beaucoup de chaleur en se combinant aux acides, 22), comme les *alcalis* KOH, NaOH, tantôt faibles.

La *stabilité* ou résistance de ces oxydes à la décomposition *par la chaleur*, à température élevée et l'action du métal sur l'*eau*, pure ou acidulée, ont servi à établir une autre classification, *artificielle* et *pratique* (*classification de Thénard*).

1ʳᵉ Section. — Métaux décomposant l'eau *à froid*, c'est-à-dire à la température ordinaire ; oxydes et hydrates très stables : *potassium*, *sodium* (alcalins) ; *baryum*, *calcium* (alcalino-terreux)

$$K + H^2O = KOH + H,$$
$$Ca'' + 2H^2O = Ca''(OH)^2 + H^2.$$

2ᵉ Section. — Décomposant l'eau *au-dessus de 50°* ; oxydes très stables : *magnésium, manganèse*.

3ᵉ Section. — Décomposant l'eau au *rouge* et *à froid* les acides étendus (*eau acidulée*) ; oxydes très stables : *fer, zinc, nickel*, etc.

4ᵉ Section. — Décomposant l'eau *au rouge*, mais non les acides étendus à la température ordinaire ; oxydes stables, sauf dissociation : *cuivre, plomb*.

5ᵉ Section. — Métaux ne décomposant pas l'eau, même au rouge blanc, mais toujours à oxydes très stables : *aluminium* (et *glucinium*).

6ᵉ Section. — Métaux ne décomposant pas non plus l'eau à aucune température, mais à oxydes facilement *décomposables par la chaleur* : *mercure, argent, or, platine*.

Remarque. — Entre les métalloïdes et les métaux se placent un certain nombre de corps comme l'*antimoine* et l'*étain*, qui donnent par oxydation des *anhydrides*.

**186. Action de l'oxygène et de l'air sur les métaux.** — Tous les métaux s'oxydent dans l'*air sec* à des températures plus ou moins élevées, sauf l'argent, l'or et le platine.

L'*air humide* agit comme l'eau ; il oxyde les métaux de la 1ʳᵉ section, et en présence de l'anhydride carbonique, qui se comporte alors comme un acide (145), ceux de la troisième section. Il attaque même, dans ces conditions, le *cuivre* et le *plomb*.

Le zinc et ces deux derniers métaux sont protégés par le carbonate ainsi formé, tandis que le carbonate ferreux $CO^3Fe$ se transforme en oxyde ferrique ($Fe^2O^4$) hydraté, sous l'action de l'air dissous dans l'eau. Cette *rouille* est poreuse : aussi le métal est-il attaqué profondément. On le protège en le couvrant d'une couche d'étain (fer étamé ou fer blanc) ou mieux, de zinc (fer galvanisé), ou enfin d'un vernis.

ACTION DU SOUFRE ET DU CHLORE. — Le *soufre* attaque presque tous les métaux à chaud, et plusieurs d'entre eux à froid en présence de l'humidité (fer, volcan de Lémeri).

Le *chlore* attaque tous les métaux (79).

## ALLIAGES

**187.** Les alliages s'obtiennent ordinairement en fondant ensemble deux ou plusieurs métaux. Ce sont des mélanges, mais contenant de véritables *combinaisons* en proportions définies, ainsi que le montrent d'une part le *dégagement de chaleur* qui peut accompagner la réaction malgré l'absorption de la chaleur de fusion, et d'autre part leur cristallisation (*liquation*) par refroidissement lent.

Les alliages sont bons conducteurs, moins tenaces et moins ductiles, mais plus durs et plus fusibles que les métaux composants. Ainsi l'*alliage de Darcet* (plomb, bismuth, étain) fond à 95°, tandis que l'étain, le plus fusible des composants, ne fond qu'à 228°.

Au point de vue chimique, sauf exception, ils résistent mieux à l'oxydation que les métaux qui les forment.

Les *amalgames* sont des alliages du mercure avec d'autres métaux ; le *bronze*, un alliage de cuivre et d'étain ; le bronze d'*aluminium*, un alliage de cuivre et d'aluminium ; le *laiton*, ou cuivre jaune, un alliage de cuivre et de zinc.

Les alliages monétaires d'or et d'argent sont à 900 millièmes de métal précieux pour 100 millièmes de *cuivre* (sauf les monnaies divisionnaires, à 835 millièmes) ; le bronze des monnaies de *billon* contient 95 de cuivre, 4 d'étain, 1 de zinc.

## Oxydes et hydrates métalliques.

**188.** On trouve dans la nature les oxydes de fer ($Fe^2O^3$, $Fe^3O^4$ et hydrates), le bioxyde de manganèse $MnO^2$ (31, 77), etc. ; ils sont quelquefois cristallisés (oxyde d'aluminium $Al^2O^3$ ou corindon). Ces oxydes sont plus oxygénés que les protoxydes, dont la formule est $M^2O$ ou $M''O$, suivant la valence (12) du métal M.

**Principaux modes de préparation des oxydes.** —
1° PAR OXYDATION DU MÉTAL. — Tous les métaux, excepté l'or et

le platine auxquels on peut joindre l'aluminium et l'argent s'oxydent dans l'air sec à température suffisamment élevée. On prépare de cette façon (*grillage à l'air*) les oxydes de cuivre CuO, de zinc ZnO, de plomb PbO (massicot) et $Pb^3O^4$ (minium).

Les *oxydants* (composés oxygénés de l'azote, par exemple, agissent comme l'air ; mais s'ils sont acides (acide azotique), il se forme un sel (117), excepté avec les métaux intermédiaires, étain et antimoine (185, *Rem*.).

2° PAR DÉCOMPOSITION D'UN SEL OXYGÉNÉ. — En chauffant (*calcinant*) certains sels à acide décomposables en éléments volatils, on obtient un résidu d'oxyde ; on prépare de cette manière la chaux (chaux vive), à l'aide de son carbonate ; les oxydes de baryum (baryte) et de mercure à l'aide de l'azotate correspondant :

$$CO^3Ca'' = Ca''O + CO^2,$$
$$(AzO^3)^2Ba'' = Ba''O + 2AzO^2 + O.$$

3° PAR L'ACTION DE LA CHALEUR SUR LES HYDRATES CORRESPONDANTS. — Les hydrates (188$^{bis}$), sauf ceux de potassium, de sodium et de baryum, perdent de l'eau sous l'action de la chaleur :

$$\underset{\text{hydrate de calcium}}{Ca''(OH)^2} = \underset{\text{oxyde de calcium}}{Ca''O} + \underset{\text{eau}}{H^2O},$$

$$\underset{\text{hydrate de cuivre}}{Cu''(OH)^2} = \underset{\text{oxyde de cuivre}}{Cu''O} + \underset{\text{eau}}{H^2O}.$$

**188$^{bis}$. Hydrates.**—Les hydrates (18) sont constitués par un métal uni à un ou plusieurs oxhydryles, suivant sa valence (12). On peut les considérer comme dérivant de l'eau H.OH par substitution d'un atome de métal monovalent à l'hydrogène ; si le métal est divalent, on double la formule. A un autre point de vue, il existe entre eux et les oxydes métalliques la même relation (188, 3°) qu'entre les acides et les anhydrides (21).

PRÉPARATION. — Ils se préparent dans la plupart des cas (193, 195) par *double décomposition* (205) entre un autre hydrate et un sel métallique :

$$\underset{\text{sulfate de cuivre}}{SO^4Cu''} + \underset{\text{potasse}}{2(KOH)} = \underset{\text{sulfate de sodium}}{SO^4K^2} + \underset{\text{hydrate de cuivre}}{Cu''(OH)^2}.$$

On les obtient aussi dans certains cas (195) par l'hydratation de l'oxyde, réaction inverse de celle qui est indiquée plus haut 188, 3°) :

$$Ca''O + H^2O = Ca''(OH)^2$$

FONCTION CHIMIQUE DES HYDRATES. — Ce sont les véritables bases (18); les oxydes ne présentent leurs propriétés qu'en présence de l'eau.

Les principaux hydrates, qui peuvent servir à préparer tous les autres, sont ceux de potassium, de sodium et de calcium, étudiés plus loin (193-197).

**189. Propriétés physiques des oxydes.** — Elles sont très différentes de celles du métal. Les oxydes sont des solides généralement *ternes, friables, mauvais conducteurs, difficilement fusibles*. Ils présentent des couleurs différentes : la plupart sont blancs ; l'oxyde de cuivre est *noir*, l'oxyde de mercure rouge ou jaune suivant les circonstances de sa production ou la température, l'oxyde de plomb $Pb^3O^4$ ou minium est rouge, etc.

**190. Propriétés chimiques.** — Action de l'eau. — Les oxydes des métaux de la première section sont seuls solubles dans l'eau, surtout ceux des métaux alcalins. Ils forment en réalité avec ce liquide des hydrates (188 *bis*) :

$$K^2O + H^2O = 2KOH,$$
$$Ca^2O + H^2O = Ca^{\prime\prime}(OH)^2.$$

**191. Action de la chaleur.** — La chaleur ne décompose complètement que les oxydes des métaux de la 6ᵉ section (mercure).

Elle peut ramener à un degré d'oxydation moindre les oxydes riches en oxygène. Exemples :

$$3MnO^2 = Mn^3O^4 + O^2, \text{ préparation de l'oxygène (31).}$$

**Action de l'oxygène ou de l'air.** — L'oxygène peut suroxyder, à *chaud*, certains oxydes, les *protoxydes* de *baryum* et de *plomb* par exemple :

$$BaO + O = BaO^2 \quad \text{(bioxyde de baryum)};$$
$$3PbO + O = Pb^3O^4 \quad \text{(minium).}$$

Une température plus élevée décomposerait d'ailleurs les oxydes formés.

**192. Action du carbone et des réducteurs.** — Le charbon, mélangé intimement aux oxydes, peut les décomposer sous l'action de la chaleur. Les produits de cette *réduction* sont alors presque toujours le *métal* et du gaz carbonique ou, si la température est très élevée, de l'oxyde de carbone :

$$2CuO + C = CO^2 + 2Cu.$$

Les autres *réducteurs* tels que l'*hydrogène*, l'*oxyde de carbone*, agissent de la même façon sur les oxydes, en formant de l'eau ou du gaz carbonique et mettant le métal en liberté :

$$Cu''O + 2H = Cu'' + H^2O.$$

Les oxydes ou hydrates alcalins eux-mêmes, ainsi réduits par le *charbon*, donnent le métal correspondant ; seuls les métaux terreux (*calcium*, etc.) et l'*aluminium* ne peuvent être préparés de cette façon, à moins qu'on ne fasse intervenir l'électricité.

## POTASSE OU HYDRATE DE POTASSIUM,

$$KOH = 56.$$

**193.** L'oxyde de potassium $K^2O$ (potasse anhydre) n'est pas employé. La potasse *caustique* constitue l'hydrate KOH, très soluble.

**Préparation.** — On la prépare par une double décomposition à chaud (205) entre le carbonate de potassium $CO^3K^2$ en dissolution et l'hydrate de calcium ou chaux éteinte :

$$CO^3K^2 + Ca''(OH)^2 = 2KOH + CO^3Ca'' \text{ (insoluble).}$$

Si la dissolution était trop *concentrée*, la réaction *inverse* se produirait : la potasse décomposerait le carbonate de calcium en régénérant la chaux.

La dissolution d'hydrate de potassium ainsi obtenue est séparée, par décantation, du carbonate de calcium. On la chauffe pour chasser l'excès d'eau et on amène la potasse solide à l'état de fusion (fusion ignée); on la coule alors sur une plaque de cuivre. Elle est dite *potasse à la chaux*.

Pour la débarrasser des sels (carbonate, sulfate) et de la chaux qu'elle peut contenir, on peut la redissoudre dans l'alcool, qui laisse ces impuretés ; on évapore ensuite pour chasser l'alcool (*potasse à l'alcool*).

**194. Propriétés.** — La potasse caustique est une substance blanche, fusible et vaporisable au rouge sans décomposition.

ACTION DE L'EAU ET DU GAZ CARBONIQUE. — Elle absorbe l'humidité et le gaz carbonique de l'air. Avec ce dernier, elle forme du carbonate de potassium :

$$2KOH + CO^2 = CO^3K^2 + H^2O.$$

En se dissolvant, elle dégage de la chaleur (22) et se combine encore avec deux molécules d'eau pour donner l'hydrate cristallisable $KOH + 2H^2O$.

**Fonction chimique.** — C'est une base énergique (22), servant à préparer, par double décomposition, d'autres hydrates métalliques (188$^{bis}$). Elle dissout les matières grasses et attaque la peau et les tissus (pierre à cautère).

### SOUDE OU HYDRATE DE SODIUM, NaOH = 40.

**195.** La soude se prépare comme la potasse, à l'aide du carbonate de sodium, qui provient lui-même presque toujours du sel marin (216). Elle est solide (soude *caustique*) comme la potasse et présente les mêmes propriétés. On l'emploie de préférence dans l'industrie (fabrication des savons, des matières colorantes, etc.).

### CHAUX

**196.** L'oxyde de calcium $CaO = 56$ est la chaux *vive* ; l'hydrate de calcium $Ca''\begin{Bmatrix} OH \\ OH \end{Bmatrix} = Ca(OH)^2 = 74$, est la chaux *éteinte*.

**Préparation.** — La *chaux vive* se prépare par calcination du carbonate de calcium ou *calcaire* :

$$CO^3Ca'' = Ca''O + CO^2.$$

L'industrie effectue cette opération dans les *fours à chaux* ; dans les laboratoires, on calcine dans un creuset du marbre (calcaire à peu près pur), ou mieux de l'azotate de calcium (188) :

$$(AzO^3)^2Ca'' = Ca''O + 2AzO^2 + O.$$

**Propriétés.** — C'est une matière blanche, amorphe ; on l'a obtenue récemment cristallisée aux hautes températures produites par l'arc voltaïque (M. Moissan).

**Action de l'eau et du gaz carbonique.** — Elle est très avide d'eau, s'échauffe beaucoup en s'hydratant, et se *délite* :

$$Ca''O + H^2O = Ca''(OH)^2.$$

La chaux *éteinte* ainsi obtenue, délayée dans l'eau, constitue le lait de chaux qui, décanté, donne une dissolution limpide de chaux (*eau de chaux*). Elle absorbe l'anhydride carbonique, ce qui fait de l'eau de chaux le réactif de ce gaz (148):

$Ca''(OH)^2 + CO^2 = H^2O + CO^3Ca''$, carbonate *insoluble*.

En absorbant ainsi le gaz carbonique de l'air, la chaux humide des *mortiers* se transforme en carbonate insoluble qui constitue avec le sable qu'il emprisonne une matière solide et résistante.

Fonction chimique. — L'hydrate de calcium est une base puissante. Il est employé à la préparation de la potasse et de la soude (193).

Chaux usuelles. — La chaux *grasse* de l'industrie est de la chaux à peu près pure ; la chaux *maigre* est mélangée de matières étrangères ; la *chaux hydraulique* contient des silicates et aluminates de calcium (combinaisons de chaux et de silice et d'alumine) qui, devenus *anhydres* pendant la cuisson, *s'hydratent* lentement et forment, même sous l'eau, une masse très dure.

### Action du chlore sur les trois hydrates
### KOH, NaOH, Ca''(OH)².

**197.** Le chlore donne avec chacun de ces trois hydrates, un chlorure et un *hypochlorite*, dont le mélange est nommé chlorure décolorant, parce que l'hypochlorite est une source de chlore (80) :

$2KOH + 2Cl = H^2O + KCl + ClOK$ (eau de Javel),
$2Ca''(OH)^2 + 4Cl = 2H^2O + Ca''Cl^2 + (ClO)^2Ca''$
(chlorure de chaux).

Si la température s'élevait, il se produirait un chlorure et un *chlorate* (80) :

$6KOH + 6Cl = 3H^2O + 5KCl + ClO^3K$.

## Sulfures et sulfhydrates métalliques.

**198.** Les sulfures sont nombreux dans la nature : sulfures de fer ou pyrite $FeS^2$, de zinc ou blende, de plomb ou galène, de cuivre, de mercure ou cinabre, d'argent. Ils constituent des minerais abondants.

La formule des protosulfures est $M^2S$ ou $M'S$, suivant que le métal est monovalent ou divalent (12). Il en existe d'autres plus sulfurés ; les uns et les autres correspondent aux oxydes.

### Principaux modes de préparation des sulfures.

1° Par sulfuration directe du métal. — Les métaux, chauffés, brûlent dans la vapeur de soufre :

$$Cu + S = CuS,$$
$$Fe + S = FeS.$$

On prépare ainsi ces sulfures de fer et de cuivre.

2° PAR RÉDUCTION D'UN SULFATE. — Les sulfates sont réduits à température élevée par le charbon :

$$SO^4Ba'' + 4C = BaS + 4CO.$$

C'est la préparation du sulfure de baryum au moyen du sulfate de baryte naturel.

3° PAR DOUBLE DÉCOMPOSITION ENTRE L'ACIDE SULFHYDRIQUE, OU UN SULFURE SOLUBLE, ET UN SEL. — Il se produit alors (205) un sulfure *insoluble*, la réaction ayant lieu dans une dissolution :

$$\underset{\text{sulfate de cuivre}}{SO^4Cu''} + \underset{\text{acide sulfhydrique}}{H^2S} = \underset{\text{sulfure de cuivre}}{Cu^2S} + \underset{\text{acide sulfurique}}{SO^4H^2}.$$

**198$^{bis}$. Sulfhydrates.** — Les sulfhydrates correspondent aux hydrates (188$^{bis}$), comme les sulfures aux oxydes :

$K^2S$, sulfure ; KSH, sulfhydrate  
$K^2O$, oxyde ; KOH, hydrate  } de potassium.

Ce sont des *bases*, comme les hydrates (18).

On peut obtenir les sulfhydrates alcalins, les seuls employés par l'action de l'acide sulfhydrique sur l'hydrate :

$$KOH + H^2S = KSH + H^2O.$$

REMARQUE. — L'addition d'une seconde molécule d'hydrate donnerait le sulfure $K^2S$, ce qui constitue un procédé de préparation de ces sulfures proprement dits ou sulfures *neutres* :

$$KOH + KSH = K^2S + H^2O.$$

Ces deux réactions ont déjà été indiquées à propos de la basicité de l'acide sulfhydrique (59).

**199. Propriétés.** — Les sulfures sont solides, cassants : plusieurs, au contraire des oxydes, sont bons conducteurs et ont l'éclat métallique (*galène* ou sulfure de plomb, *pyrite* ou sulfure de fer $FeS^2$) ; ils sont souvent colorés (sulfure de cadmium, jaune ; de mercure rouge ; pyrite, jaune d'or, etc.)

Ils sont insolubles dans l'eau, sauf ceux qui correspondent aux oxydes et hydrates (alcalins et alcalino-terreux) solubles.

**Action de la chaleur sur les sulfures.** — La *chaleur* peut les ramener à un degré de sulfuration moindre, comme les oxydes :

$$3FeS^2 = Fe^2S^4 + 2S \quad (53).$$

**Action de l'oxygène.** — L'*oxygène* (et l'air) les oxydent à chaud (*grillage*) ou même à température ordinaire, pour certains d'entre eux, sous l'influence de l'humidité.

Il peut se former un sulfate, par simple addition :

$$BaS + 4O = SO^4Ba''.$$

Mais, à température élevée, le soufre brûle avec dégagement de gaz sulfureux et résidu d'oxyde :

$$ZnS + 3O = ZnO + SO^2.$$

On obtient d'une façon analogue (avec les pyrites) le gaz sulfureux nécessaire à la préparation de l'acide sulfurique (70).

**Action des acides et de l'eau.** — Les *acides* énergiques décomposent la plupart des sulfures, à froid et à chaud, avec production de gaz sulfhydrique (double décomposition) :

$$FeS + 2HCl = FeCl^2 + H^2S,$$
$$Sb^2S^3 + 6HCl = 2SbCl^3 + 3H^2S.$$

} préparations de l'acide sulfhydrique (57).

Il peut aussi se déposer en outre du soufre, si le sulfure en contient plusieurs atomes (*polysulfures*).

L'*eau* peut décomposer certains sulfures en oxyde et acide sulfhydrique, par une réaction inverse de celle du n° 198^bis :

$$\underset{\text{sulfure d'aluminium}}{Al^2S^3} + 3H^2O = 3H^2S + \underset{\text{oxyde d'aluminium}}{Al^2O^3}.$$

CARACTÈRE DES SULFURES. — En se bornant aux sulfures attaquables par les acides avec production d'acide sulfhydrique, on les reconnaît par cette réaction, à l'odeur du gaz dégagé, et au *précipité noir* de sulfure qu'il donne avec les sels de plomb (59) :

$$(AzO^3)^2Pb'' + H^2S = 2AzO^3H + Pb''S.$$

## SELS

**200.** *Un sel résulte de la combinaison d'une* BASE *et d'un* ACIDE *avec élimination d'eau* (19) :

$$KOH + HCl = KCl + H^2O.$$

Cette *définition* des sels, les équations représentant ce mode de formation, leur formule, leur distinction en sels *acides* et sels *neutres* ont été données aux n°s 19 et 20.

**201. Préparation.** — 1° PAR L'ACTION D'UN ACIDE SUR UNE

BASE. — Cette réaction, que traduit la définition même, est le procédé *le plus général*, mais aussi le moins employé dans la pratique. Il sert surtout à préparer les sels ammoniacaux :

$$(AzH^4)OH + AzO^3H = AzO^3(AzH^4) + H^2O.$$
ammoniaque    acide azotique    azotate d'ammonium

2° PAR LA SUBSTITUTION D'UN MÉTAL A L'HYDROGÈNE D'UN ACIDE (19), c'est-à-dire par l'ACTION D'UN ACIDE SUR LE MÉTAL.

Si l'acide est *oxygéné*, la substitution peut être ou pure et simple avec dégagement d'*hydrogène*, ou bien accompagnée d'une *réduction* de l'acide avec dégagement d'un gaz moins oxygéné :

Exemples : Préparation du *sulfate de fer* (et de l'hydrogène) :

$$SO^4H^2 + Fe = SO^4Fe + H^2 \quad (27) ;$$

Préparation du *sulfate de cuivre* (et de l'acide sulfureux) :

$$2SO^4H^2 + Cu = SO^4Cu + SO^2 + 2H^2O \quad (62) ;$$

Préparation de l'*azotate de mercure* (et de l'oxyde azotique) :

$$3Hg + 8(AzO^3H) = 3(AzO^3)^2Hg + 2AzO + 4H^2O \quad (107) ; \text{etc...}$$

3° PAR DOUBLE DÉCOMPOSITION ENTRE UN ACIDE ET UN SEL OU ENTRE DEUX SELS. — La préparation du *sulfate de sodium* par le chlorure de sodium (acide chlorhydrique, 86) ; celle de l'azotate de baryum par le sulfure et l'acide azotique étendu, de l'*azotate de potassium* par le chlorure de potassium et l'azotate de sodium, en sont des exemples :

$$2NaCl + SO^4H^2 = SO^4Na^2 + 2HCl \quad (86) ;$$
$$Ba''S + 2AzO^3H = (AzO^3)^2Ba'' + H^2S ;$$
$$AzO^3Na + KCl = AzO^3K + NaCl \quad (228).$$

4° Il existe encore plusieurs autres modes de production des sels : par l'action de l'*anhydride* sur la *base* (21) ou l'oxyde, de l'acide sur l'oxyde, etc.

Exemple :

$$Cu''O + 2HCl = Cu''Cl^2 + H^2O.$$
oxyde cuivrique    chlorure cuivrique

**202. Propriétés physiques générales des sels.** — Les sels sont *solides*, blancs ou quelquefois colorés ; ainsi, hydratés, les sels *ferreux* ($FeCl^2$, $SO^4Fe$, etc., 20) sont verts ; les sels ferriques (20), $Fe^2Cl^6$, $(SO^4)^3Fe^2$, jaune brun ; les sels de cuivre, bleus ; d'or, jaune clair, etc. Les sels, hydratés ou non, à acide coloré sont aussi colorés : les chromates, en jaune ; les manganates, en violet, etc.

Ils peuvent *fondre* (fusion ignée) si la chaleur ne les décompose pas. Quelques-uns (sels ammoniacaux, chlorures) sont *volatils*.

**Dissolution des sels.** — Leur *solubilité* dans l'eau, très grande pour les uns, faible ou nulle pour les autres, constitue dans la pratique la plus importante de leurs propriétés (*Phys.*, 78). Elle permet de les séparer les uns des autres, et par suite, de les *purifier* en les faisant *cristalliser* (26). Les *azotates* sont tous solubles ; les *chlorures*, presque tous (le chlorure d'argent est insoluble) ; les *sulfates*, de même, quoiqu'en général à un degré moindre (sulfate de baryte et de plomb insolubles) ; les *orthophosphates* sont insolubles, sauf ceux des métaux alcalins ; il en est de même des *carbonates*.

Les solutions salines présentent les phénomènes de *sursaturation* étudiés en Physique (80). Un cristal *isomorphe* (26) d'un sel en dissolution *sursaturée* le fait cristalliser.

La température d'ébullition (*Phys.*, 89) de l'eau tenant des sels en dissolution est plus élevée que celle de l'eau pure ; la température de solidification est, au contraire, abaissée, et cet abaissement permet de déterminer le poids atomique du corps dissous (164).

La dissolution des sels peut *dégager de la chaleur*, par suite de la formation d'hydrates : telle est la dissolution du chlorure de calcium $CaCl^2$ *anhydre*.

Elle peut, au contraire, être accompagnée d'un *abaissement de température*, dû à la dissolution proprement dite (*mélanges réfrigérants*). C'est ce qui se produit pour l'azotate d'ammonium et le chlorure de calcium *hydraté* $CaCl^2 + 3H^2O$.

**Eau de cristallisation.** — Les cristaux formés par dissolution des sels contiennent souvent de l'*eau de cristallisation*, qu'ils n'abandonnent qu'en perdant leur forme cristalline. Les sulfates de magnésium et de fer contiennent ainsi 7 molécules d'eau :

$$SO^4Mg'' + 7H^2O.$$

**Remarque.** — Certains sels peuvent perdre de l'eau, sous l'action de la chaleur, sans être cependant des sels hydratés proprement dits ; ils contiennent seulement les *éléments de l'eau*. C'est le cas des sels acides (20). Ainsi l'orthophosphate (bimétallique) de sodium (134) peut perdre une

molécule d'eau en se transformant en pyrophosphate (135) :
$$2PO^4Na^2H = P^2O^7Na^4 + H^2O.$$

On dit alors quelquefois qu'ils contiennent de l'eau de *constitution*. C'est aussi le cas des sels ammoniacaux (98). Cette action de la chaleur rentre dans les propriétés chimiques (203).

Enfin l'eau peut exister dans les cristaux à l'état d'humidité interposée (eau d'interposition). Ainsi le sel marin (chlorure de sodium) chauffé, *décrépite* par suite de la vaporisation de cette eau.

Un sel est *déliquescent* quand il absorbe l'humidité de l'air pour s'y dissoudre. Tels sont le *chlorure de calcium* et l'*azotate de calcium*, qu'on emploie comme desséchants. D'autres, au contraire, comme le *carbonate de sodium* $CO^3Na^2 + 10H^2O$, abandonnent, à l'état de vapeur, de l'eau de cristallisation, tant que la force élastique de la vapeur d'eau dans l'atmosphère ambiante (*Phys.*, 94) n'a pas atteint une certaine valeur ; ils sont *efflorescents*.

Chauffé, un sel hydraté peut paraître fondre, en se dissolvant en réalité dans son eau de cristallisation (*fusion aqueuse*), puis redevenir solide, l'eau étant chassée par la chaleur, et enfin fondre réellement (*fusion ignée*).

**203. Propriétés chimiques des sels.** — **Action de la chaleur.** — La chaleur décompose plus ou moins facilement les sels dont l'acide ou la base peut être *volatilisé* ou *décomposé* en éléments volatils.

Les azotates, certains carbonates, les sels ammoniacaux, sont facilement décomposés par la chaleur ; les sulfates, plus difficilement ; les carbonates alcalins, les orthophosphates sont *fixes* et *stables*. Les préparations de l'oxygène, de l'azote et du protoxyde d'azote :

$$ClO^3K = KCl + 3O \qquad (31),$$
$$AzO^2(AzH^4) = 2Az + 2H^2O \qquad (92),$$
$$AzO^3(AzH^4) = Az^2O + 2H^2O \qquad (102),$$

celles du peroxyde d'azote et des oxydes de baryum et de calcium :

$$(AzO^3)^2Pb = PbO + 2AzO^2 + O \qquad (112),$$
$$(AzO^3)^2Ba = BaO + 2AzO^2 + O \qquad (188),$$
$$CO^3Ca = CaO + CO^2 \qquad (195),$$

sont des exemples de ces décompositions.

**Action de l'électricité.** — Le *courant électrique* décompose les sels *liquides* ou *dissous* en métal qui se déposé à l'électrode négative ou cathode (sauf actions secondaires), le reste des éléments, corps simple ou *résidu*, allant à l'électrode positive ou anode (*Phys.*, 223) :

$BaCl^2 = Ba + Cl^2$ (préparation du baryum par électrolyse de son chlorure *fondu*) ;

$Cu(SO^4) = Cu + (SO^3 + O)$ (en dissolution, avec la réaction secondaire $SO^3 + H^2O = SO^4H^2$.)

**204. Action des métaux sur les sels.** — Certains métaux peuvent, au contact d'une dissolution saline, déplacer le métal contenu dans le sel dissous. Ce déplacement se fait atome pour atome, si les deux métaux ont même valence (12) ; à raison d'un atome de métal divalent pour deux de métal monovalent, dans le cas contraire.

Ainsi le fer déplace le cuivre ; le cuivre, à son tour, déplace l'argent ; le zinc déplace le plomb, etc.

Les métaux ainsi déplacés se déposent sur l'autre métal (*arbre de Saturne*, plomb déplacé par le zinc ; *arbre de Diane*, argent déplacé par le mercure) :

$$SO^4Cu + Fe = SO^4Fe + Cu,$$
$$2AzO^3Ag + Cu = (AzO^3)^2Cu'' + Ag^2.$$

Ces déplacements correspondent à des dégagements de chaleur (22).

**205. Action des acides, des bases et des sels sur les sels.** — Ces réactions, comme les précédentes et tous les phénomènes chimiques, consistent en un *échange* entre les éléments des corps en présence — généralement *dissous* — pour former d'autres composés. Elles suivent les lois de la thermochimie (22), c'est-à-dire se produisent quand, de cet échange d'éléments, peut résulter un dégagement de chaleur.

La comparaison des chaleurs de formation, *dans les conditions de l'expérience*, des divers composés dont les formules peuvent être établies au moyen des éléments des corps en présence, permet de déterminer le système qui satisfait à la loi du travail maximum (22) et, par suite, de prévoir quels sont ceux de ces composés qui prendront naissance.

Lois de Berthollet. — Dans la pratique, il est commode de se servir des anciennes *lois de Berthollet*, qui se vérifient généralement. On peut les résumer en une seule :

*Un acide, une base ou un sel réagit sur un sel quand de l'échange de leurs éléments peut résulter un composé qui se* sépare physiquement du mélange par sa *volatilité ou son insolubilité*.

Exemples :

1° Acide *agissant sur un sel :*

Préparations du gaz carbonique, des acides azotique et chlorhydrique :

$CO^3Ca'' + 2HCl$ (dissous) $= CaCl^2 + H^2O + CO^2$, *gazeux* (146);

$AzO^3K + SO^4H^2 = SO^4KH + AzO^3H$, *volatil* à chaud (115);

$NaCl + SO^4H^2 = SO^4NaH + HCl$, *gazeux* (86);

$HCl + AzO^3Ag = AzO^3H + AgCl$, chlorure *insoluble*.

Purification de l'acide sulfurique :

$2(AzO^3H) + (SO^4)(AzH^4)^2 = SO^4H^2 + 2Az^2O + 4H^2O$.  (71)

2° Base *agissant sur un sel :*

Préparations du gaz ammoniac, de la potasse, des hydrates métalliques :

$AzH^4Cl + KOH = KCl + H^2O + AzH^3$, *gaz* (95);

$CO^3K^2 + Ca(OH)^2 = 2KOH + CO^3Ca$, *insoluble* (193);

$SO^4Cu + 2KOH = SO^4K^2 + Cu(OH)^2$, *insoluble* (188$^{bis}$).

3° Sel *réagissant sur un sel.* — Les sulfates dissous et un sel soluble de baryum donnent un *précipité de sulfate de baryum* :

$SO^4Na^2 + BaCl^2 = 2NaCl + SO^4Ba''$, *insoluble*

(réaction caractéristique des sulfates, 122).

L'azotate d'argent et un chlorure soluble donnent un *précipité de chlorure d'argent* et un azotate :

$AzO^3Ag + NaCl = AzO^3Na + AgCl$, *insoluble*

(réaction caractéristique des chlorures, 208).

*Chauffé*, un mélange *sec* de sulfate d'ammonium et de carbonate de calcium se transforme en sulfate de calcium (solide) et en carbonate d'ammonium *volatil* :

$SO^4(AzH^4)^2 + CO^3Ca'' = SO^4Ca'' + CO^3(AzH^4)^2$.

Ce serait l'inverse par voie *humide* (182).

Ces réactions reviennent, en définitive, à des échanges entre les métaux ; ce sont des *doubles décompositions*.

## Chlorures métalliques.

**208.** Les protochlorures ont ordinairement pour formules MCl ou M''Cl² suivant que le métal M est monovalent ou divalent (12). Cependant certains métaux (20) tels que le fer, le cuivre, le mercure, donnant, en général, deux sortes de sels, peuvent présenter deux degrés de chloruration : chlorures *ferreux* $Fe^xCl^2$, *cuivreux* $Cu^2Cl^2$ et chlorures *ferrique* $Fe^2Cl^6$, *cuivrique* $Cu^xCl^2$, etc. Enfin les métaux voisins des métalloïdes, tels que l'étain (tétravalent) ont des chlorures encore plus riches en chlore : $SnCl^4$ chlorure stannique, $SnCl^2$ étant le chlorure stanneux.

**207.** Les chlorures de potassium, de sodium (sel marin), de magnésium, existent à l'état naturel, soit en gisements, soit dans les eaux de la mer.

**Préparation.** — Les autres chlorures se préparent le plus souvent, dans la pratique, au moyen de l'acide chlorhydrique, obtenu lui-même à l'aide du chlorure de sodium.

1° PAR L'ACIDE CHLORHYDRIQUE ET LE MÉTAL. — C'est la préparation du chlorure de zinc (et de l'hydrogène, 27) :

$$Zn + 2HCl = ZnCl^2 + H^2.$$

2° PAR L'ACIDE CHLORHYDRIQUE ET UN OXYDE, UN SULFURE OU UN SEL. — Telles sont les préparations des chlorures de baryum, de calcium, d'argent :

$Ba^xS + 2HCl = Ba^xCl^2 + H^2S$ (acide sulfhydrique, *gazeux*, 205);
$CO^3Ca^x + 2HCl = Ca^xCl^2 + H^2O + CO^2$ (anhydride carbonique, *gazeux*, 205);
$AzO^3Ag + HCl = AzO^3H + AgCl$ (chlorure d'argent, *insoluble*, 205).

3° PAR ACTION DU CHLORE SUR LE MÉTAL *ou sur l'oxyde mélangé de charbon.* — Exemple :

$Sn + 4Cl = SnCl^4$, chlorure stannique ;
$Al^2O^3 + 3C + 6Cl = 3CO + Al^2Cl^6$, chlorure d'aluminium.

Cette dernière et importante réaction se produit à la température du rouge.

**208. Propriétés.** — ACTIONS DE LA CHALEUR, DE L'ÉLECTRICITÉ ET DE LA LUMIÈRE. — Les chlorures sont *facilement fusibles* (le chlorure stannique est liquide) et même volatilisables (d'où le nom de *sublimés*, sublimé corrosif ou chlorure mercurique). Ils sont tous *solubles* dans l'eau, sauf le chlorure d'argent AgCl, les chlorures cuivreux $Cu^2Cl^2$ et mercureux $Hg^2Cl^2$.

Les chlorures fondus sont *électrolysés* par le courant de la pile (202) ; la *chaleur* seule ne les décompose généralement pas. La *lumière* décompose le chlorure d'argent (*photographie*).

ACTION DE L'OXYGÈNE. — L'*oxygène* en transforme, sous l'influence de la chaleur, un assez grand nombre en oxydes :

$$MgCl^2 + O = MgO + Cl^2 \quad (77).$$

ACTION DE L'EAU. — L'*eau* a une action analogue sur le chlorure de magnésium et quelques autres, dans les mêmes conditions :

$$MgCl^2 + H^2O = MgO + 2HCl.$$

RÉACTIF. — Le *réactif* des chlorures et de l'acide chlorhydrique (88) est l'azotate d'argent, qui donne un *précipité* de chlorure d'argent insoluble (205).

## CHLORURE DE SODIUM ou SEL MARIN

### Poids moléc. : NaCl = 58,5.

**209.** Le chlorure de sodium existe dans les eaux de la mer, et en gisements considérables (*sel gemme*) dans certaines contrées (Est de la France, Pologne, etc.).

**Extraction.** — Pour l'extraire des *eaux de la mer*, on fait évaporer celles-ci dans une suite de bassins peu profonds (*marais salants*). Le sel obtenu comme résidu contient du chlorure et un peu de sulfate de magnésium ; la plus grande partie du chlorure de magnésium est enlevée peu à peu par *déliquescence*. Les autres sels étrangers (sulfate de calcium en particulier) se sont déposés *avant* le sel marin, ou restent dans les eaux *mères* (sulfate de magnésium, bromures, iodures).

Le sel gemme est extrait des mines et livré directement à l'industrie des produits chimiques, après avoir été concassé ou pulvérisé. Pour obtenir le sel de cuisine (*sel raffiné*), on dissout le sel gemme, dans l'intérieur même du sol, en dirigeant les eaux souterraines sur la masse saline et extrayant la dissolution par un *trou de sonde*. On évapore ensuite dans des *poêles* en tôle de grandes dimensions, peu profondes et chauffées par des foyers ; le chlorure de sodium *cristallise*, n'étant pas beaucoup plus *soluble* à chaud qu'à froid (360$^{gr}$ par litre environ).

**Propriétés.** — Le chlorure de sodium est *incolore* ; ses cristaux *cubiques* forment, par leur assemblage, des pyramides ou *trémies*. Il fond au rouge et se vaporise ensuite à température plus élevée. Sa diathermanéité est remarquable (*Phys.*, 167).

C'est un corps très employé, en dehors de ses usages alimentaires, dans l'*industrie*, pour la fabrication du *sulfate de sodium* et de l'*acide chlorhydrique* (221), du *carbonate de sodium* par le *procédé à l'ammoniaque* (216), et par suite, de la *soude*, etc.

## Carbonates.

**210. Carbonates neutres.** — Les carbonates neutres ont pour formule $CO^3M^2$, ou $CO^3M''$ si le métal est divalent ; les carbonates acides $CO^3MH$ sont moins nombreux.

Les carbonates de calcium (*calcaire, marbre*), de baryum, de fer, de zinc, de magnésium, existent, le premier très abondamment, à l'état naturel.

**211. Préparation.** — Parmi les procédés généraux de préparation des sels (201), la double décomposition seule est employée pour les carbonates neutres :

$(AzO^3)^2Pb'' + CO^3Na^2 = 2AzO^3Na + CO^3Pb''$ (insoluble).
azotate de    carbonate de    azotate de    carbonate de plomb
plomb          sodium          sodium

Mais un procédé spécial consiste à *incinérer* les matières contenant des sels à *acides organiques* (préparation des carbonates de sodium et de potassium, 214).

**212. Propriétés.** — Les carbonates sont solides, *décomposables* par la *chaleur* (sauf les carbonates alcalins). Ils sont généralement insolubles (les mêmes carbonates alcalins exceptés).

**213. Carbonates acides.** — Les carbonates acides (dits bicarbonates) s'obtiennent par l'action du gaz carbonique sur les carbonates en présence de l'eau. Le bicarbonate peut être *soluble* quand le carbonate neutre ne l'est pas ; c'est le cas (49, 148) du bicarbonate de calcium $CO^3Ca'' + CO^3H^2$.

CARBONATES DOUBLES. — Il existe beaucoup de combinaisons de carbonates entre eux (carbonates doubles) ou avec un oxyde (carbonates basiques).

RÉACTION CARACTÉRISTIQUE DES CARBONATES. — C'est l'action

des acides, même faibles (acide acétique, 167) : ils en dégagent avec effervescence du gaz carbonique, que l'on sait lui-même caractériser (148) :

$$CO^3Ca'' + 2(CH^3.CO.OH) = (CH^3.CO.O)^2Ca'' + H^2O + CO^2.$$
acide acétique    acétate de calcium

## CARBONATE DE POTASSIUM

Poids moléc. : $CO^3K^2 = 138$.

**214. Préparation.** — On le prépare par calcination des sels de potasse à acide organique (tartrate, oxalate). Si le sel est pur, le résidu contient le carbonate seul, mélangé quelquefois de charbon, dont on le sépare en le *dissolvant* dans l'eau.

Dans l'*industrie*, on *incinère* sur place les plantes herbacées ; il faut alors soumettre les *cendres* à des *lessivages* qui leur enlèvent le carbonate de potasse à l'état de mélange (*salin*) avec des matières organiques et d'autres sels. On détruit les premières par une nouvelle calcination, et on sépare les seconds (chlorure et sulfate de potassium), moins solubles que le carbonate de potassium, par l'eau froide.

Les *vinasses* (résidu de distillation) des betteraves donnent aussi par calcination un salin dont on extrait le carbonate de potassium à l'aide d'un traitement un peu plus compliqué.

Les laines en *suint* (laines brutes) en abandonnent aussi par les lavages.

Enfin on peut le préparer, à l'aide du chlorure ou du sulfate de potassium, par des procédés *analogues* à ceux qui sont employés pour le carbonate de sodium (216).

**215. Propriétés.** — Solide blanc, *déliquescent*, soluble ($1^{ks}$ par litre d'eau environ), fusible sans décomposition.

Il constitue la *potasse du commerce*. Il a en effet, ainsi que le carbonate de sodium (*carbonates alcalins*), la *réaction* des *bases* : il *bleuit* le tournesol rouge, comme la potasse proprement dite (hydrate de potassium), qu'il peut remplacer, dans beaucoup de circonstances (préparation de l'hypochlorite et du chlorate, par exemple, 196). L'industrie l'emploie dans la préparation des savons, des verres, etc.

## CARBONATE DE SODIUM

Poids moléc. : $CO^3Na^2 = 106$ ; cristallisé : $CO^3Na^2 + 10H^2O$.

**216.** Le carbonate de sodium s'est longtemps préparé comme celui de potassium, mais par l'incinération des plantes marines (soudes naturelles du commerce).

PRÉPARATION PAR LE SULFATE DE SODIUM. (PROCÉDÉ LEBLANC). — Le sulfate de sodium, provenant de l'action de l'acide sulfurique par le sel marin (220), mélangé intimement à du carbonate de calcium $CO^3Ca''$ (craie) et à du charbon, est chauffé fortement dans un four à réverbère, dans lequel il est brassé, ou dans un four tournant.

La réaction complexe qui se produit peut se représenter par la réduction du sulfate de sodium à l'état de sulfure :

$$SO^4Na^2 + 2C = 2CO^2 + Na^2S$$

et une double décomposition entre le sulfure de sodium et le carbonate de calcium :

$$Na^2S + CO^3Ca'' = Ca''S + CO^3Na^2.$$

La masse lessivée laisse un résidu (*charrée*) contenant le sulfure de sodium. En évaporant la lessive, on obtient le carbonate (sel de soude).

PRÉPARATION PAR LE CHLORURE DE SODIUM, L'AMMONIAQUE ET LE GAZ CARBONIQUE. — On transforme directement le chlorure de sodium en *carbonate acide de sodium*, en faisant agir sur sa dissolution saturée le bicarbonate d'ammonium, ou ses éléments (ammoniac et gaz carbonique en excès)

$$\underset{\text{carbonate acide}}{NaCl + CO^3(AzH^4)H} = AzH^4Cl + \underset{\text{carbonate acide}}{CO^3NaH}$$

Le précipité cristallin de carbonate acide (bicarbonate) de sodium est séché et calciné légèrement. Il se dédouble alors en gaz carbonique, eau, et carbonate neutre $CO^3Na^2$ :

$$2CO^3NaH = CO^3Na^2 + H^2O + CO^2.$$

Quant au chlorure d'ammonium, il est traité par la chaux provenant de la cuisson de calcaire, dont le gaz carbonique sert justement à la première réaction ; l'ammoniaque est alors régénérée (95) :

$$2AzH^4Cl + CaO = CaCl^2 + H^2O + 2AzH^3,$$

de telle façon que, théoriquement, la même quantité d'ammoniaque peut produire des quantités illimitées de carbonate de sodium.

La réalisation industrielle de ces réactions nécessite des dispositions spéciales (*procédé Solvay*). Le carbonate de sodium ainsi obtenu est très pur.

**217. Propriétés.** — C'est un sel blanc, très soluble, *efflorescent* à l'air, cristallisant avec 10 molécules d'eau (*cristaux de soude*), fusible, non décomposable par la chaleur.

Sa réaction est alcaline, comme celle du carbonate de potassium. Il sert à préparer la soude caustique (195) et la remplace souvent (soude du commerce); il est employé dans la fabrication des verres, le blanchissage, etc.

Le bicarbonate $CO^3NaH$ constitue le *sel de Vichy*.

### CARBONATE DE CALCIUM
Poids moléc. : $CO^3Ca'' = 100$.

**218.** Il est très abondant dans la nature. Les *calcaires* amorphes ordinaires, pierre à bâtir, etc., forment une grande partie des terrains de sédiments; la *craie*, également amorphe, est plus friable; le *marbre* a une texture cristalline; le *spath d'Islande* est cristallisé dans le système rhomboédrique (26) et l'*aragonite* dans le système orthorhombique (dimorphisme). Tous ces corps sont du carbonate de calcium, les derniers à l'état très pur.

**Préparation.** — Dans les laboratoires, on prépare du carbonate de calcium pur en *précipitant* par le carbonate d'ammonium l'azotate de chaux pur.

**219. Propriétés.** — Solide, amorphe ou cristallisé (218); il subit par l'action de la chaleur une dissociation (25) qui équivaut à une décomposition complète, si le gaz carbonique est enlevé à mesure qu'il se produit :

$$CO^3Ca'' = CaO'' + CO^2.$$

Insoluble dans l'eau pure, mais soluble dans l'eau *chargée de gaz carbonique* (bicarbonate), il se dépose quand ce gaz se dégage (sources pétrifiantes, stalactites, etc.), et en particulier à l'ébullition (50).

Il est attaqué par les acides comme tous les carbonates (213).

Il constitue avec l'orthophosphate de calcium (121) la partie minérale des os des animaux, qui le tirent surtout des eaux naturelles (49).

Il sert à la préparation de la chaux (196), comme matériaux de construction, etc.

## Sulfates.

**220.** Les sulfates ont généralement pour formules $SO^4M^2$ ou $SO^4M''$ s'ils sont neutres, $SO^4MH$ s'ils sont acides. Les sulfates d'aluminium et ferrique, dans lesquels les groupements $(Fe^2)^{VI}$ et $(Al^2)^{VI}$ sont hexavalents, sont représentés par $(SO^4)^3Fe^2$ et $(SO^4)^3Al^2$ (20).

Les sulfates de baryum, de calcium (pierre à plâtre), de magnésium existent dans la nature.

**221. Préparations.** — Les modes de préparation les plus usités sont les suivants :

1° ATTAQUE DU MÉTAL PAR L'ACIDE SULFURIQUE (201), avec dégagement d'hydrogène ou d'anhydride sulfureux. Exemples :

(27)     $Fe + SO^4H^2 = H^2 + SO^4Fe''$,  sulfate *ferreux* ;
(62)     $2Ag + 2SO^4H^2 = SO^2 + 2H^2O + SO^4Ag^2$,  sulfate d'argent.

2° ACTION DE L'ACIDE SULFURIQUE SUR UN OXYDE, UN CARBONATE OU UN CHLORURE :

$2NaCl + SO^4H^2 = 2HCl + SO^4Na^2$ (préparation du sulfate de sodium, 86).

3° DOUBLE DÉCOMPOSITION (205).

4° OXYDATION D'UN SULFURE, par un grillage ou l'exposition à l'air (199). Ce procédé est spécial aux sulfates :

$ZnS + 4O = SO^4Zn$, sulfate de zinc.

**222. Propriétés.** — ACTION DE LA CHALEUR. — Les sulfates sont solides, solubles, sauf les sulfates de *plomb* et de *baryum* ; décomposables par la chaleur (les sulfates alcalins, de baryum, de calcium difficilement), généralement en anhydride sulfurique (ou gaz sulfureux et oxygène) et oxyde

$SO^4Cu = CuO + SO^3$,
$SO^4Zn = ZnO + SO^2 + O$.

ACTION DU CHARBON. — Chauffés avec du *charbon*, ils sont *réduits*. Il se forme alors un sulfure :

$SO^4Ba'' + 2C = 2CO^2 + BaS$.

Cette réaction a lieu surtout avec les sulfates alcalins et

alcalino-terreux (avec ceux des autres métaux, il peut y avoir production d'oxyde ou de métal).

CARACTÈRE DES SULFATES.— On reconnaît les sulfates *solubles* au *précipité* blanc qu'ils donnent avec un sel soluble de *baryum* :

$SO^4Zn + BaCl^2 = ZnCl^2 + SO^4Ba$, sulfate de baryum *insoluble*.

**223. Usages, etc.** — Le sulfate de calcium hydraté et cristallisé $SO^4Ca'' + 2H^2O$, constitue le *gypse*, que la cuisson amène à l'état anhydre (plâtre) ; l'eau l'hydrate de nouveau et il se *prend* alors en un lacis de cristaux. Il est peu soluble.

Les sulfates de fer (ferreux, vert), de zinc (blanc), de cuivre (bleu) sont les *vitriols* ou *couperoses* du commerce. Ils contiennent $7H^2O$ comme le sulfate de *magnésium* (202).

Le sulfate de *sodium* sert à la préparation du carbonate de sodium (216) ; il est encore employé directement dans l'industrie, et aussi, avec le sulfate de magnésie, en pharmacie, comme purgatif.

## ALUNS

**224.** Les *aluns* sont des sulfates *doubles d'aluminium* et d'un métal *alcalin*. Ils cristallisent avec 24 molécules d'eau. Leur formule générale est donc

$$(SO^4)^3Al^2 + SO^4M^2 + 24H^2O,$$

M étant un atome de potassium K, de sodium Na, ou d'ammonium AzH⁴.

Tous sont isomorphes.

L'aluminium peut être remplacé lui-même par un métal pouvant présenter le groupement $(M^2)^{VI}$ hexavalent (20), tel que le *chrome* :

$$(SO^4)^3Cr^2 + SO^4M^2 + 24H^2O.$$

Ces aluns de chrome (violets) sont encore isomorphes des premiers (incolores).

**225. Alun de potassium.** — C'est le type de cette classe de corps ; il se prépare par mélange des dissolutions de sulfate d'aluminium (obtenu en attaquant les *argiles* par l'acide sulfurique) et de sulfate de potassium. Il cristallise alors en octaèdres réguliers (système cubique, 26).

On l'extrait aussi (en Italie et en Hongrie) d'une roche, l'*alunite*, qui en contient les éléments (et ceux d'un excès d'alumine $Al^2O^3$). Il suffit de calciner légèrement cette roche pour en extraire l'alun soluble séparé par lessivation de l'alumine insoluble.

**Propriétés.** — L'alun de potassium a une saveur douce et astringente. Il est beaucoup plus soluble à chaud qu'à froid. Il fond au-dessous de 100° dans son eau de cristallisation (fusion aqueuse) ; puis il redevient solide en se boursouflant, l'eau étant chassée (alun calciné). Enfin il se décompose à température plus élevée (au rouge) en sulfate de potassium, alumine $Al^2O^3$ et gaz sulfureux, et oxygène, produits de la décomposition de l'anhydride sulfurique :

$$[(SO^4)^3Al^2 + SO^4K^2] = SO^4K^2 + Al^2O^3 + 3SO^2 + 3O.$$

L'alun est employé en teinture, en médecine, et pour la conservation des peaux.

## Azotates.

**226.** Les *azotates* ou *nitrates* ont généralement pour formules $AzO^3M$ ou $(AzO^3)^2M''$.

Les azotates de potassium (228) et de calcium se forment dans la nature ; seul, l'azotate de sodium y existe en amas considérables, au Pérou. C'est avec cet azotate qu'on prépare l'acide azotique (115).

**Préparation.** — Les autres azotates se préparent tous en partant de l'ACIDE AZOTIQUE, que l'on fait agir sur le MÉTAL, sur un OXYDE ou sur un CARBONATE

$3Ag + 4AzO^3H = 2H^2O + AzO + 3AzO^3Ag$, azotate d'argent ;
$3Cu + 8AzO^3H = 4H^2O + 2AzO + 3[(AzO^3)^2Cu'']$, azotate de cuivre (107).

**227. Propriétés.** — Ils sont solides, très solubles et cristallisables.

ACTION DE LA CHALEUR. — La *chaleur* les décompose tous ; ils donnent alors l'oxyde et les produits de décomposition de l'anhydride azotique. Exemple :

$(AzO^3)^2Pb = PbO + O + 2AzO^2$, peroxyde d'azote (112).

Toutefois les azotates alcalins donnent d'abord un *azotite* qui se décompose ensuite de la même façon :

$$AzO^3K = AzO^2K + O.$$

ACTIONS DU CHARBON ET DU SOUFRE. — Le *charbon* les réduit en donnant du gaz carbonique (dont une partie à l'état de carbonate) et de l'azote :

$$4(AzO^3K) + 5C = 3CO^2 + 2CO^3K^2 + 4Az.$$

Cette réduction produit une combustion très vive des charbons incandescents sur lesquels on projette un azotate ; c'est pourquoi on dit que ces sels *fusent*.

Le *soufre* est de même vivement oxydé, en donnant un sulfate, du gaz sulfureux et de l'azote :

$$2AzO^3K + 2S = SO^4K^2 + SO^2 + 2Az.$$

Mais s'il est mélangé de *charbon*, celui-ci prend tout l'oxygène et il se forme un sulfure, du gaz carbonique et de l'azote :

$$2AzO^3K + S + 3C = K^2S + 3CO^2 + 2Az. \quad (229)$$

CARACTÈRE DES AZOTATES. — Chauffés avec de l'acide sulfurique et du cuivre, les azotates donnent de l'acide azotique que le cuivre transforme en oxyde azotique, produisant au contact de l'air des vapeurs rutilantes (109). Cette réaction caractérise les azotates et l'acide azotique (118).

## AZOTATE DE POTASSIUM
*(Nitre ou salpêtre.)*

Poids molée. : $AzO^3K = 101$.

**228. Nitrification.** — Le salpêtre se produit dans la nature : on le trouve dans les pays chauds, pendant la saison sèche, à la surface du sol ; il existe surtout, sous nos climats, dans les *plâtras* provenant de démolitions de vieux murs humides, ou dans les matières terreuses contenant de la potasse et de la chaux en contact avec des matières organiques azotées en décomposition, telles que le fumier (nitrières artificielles). Cette *nitrification* est due à des *ferments* qui oxydent l'azote de l'ammoniaque et des matières organiques, et aussi à l'oxydation directe de l'azote et de l'ammoniaque sous l'action de l'électricité atmosphérique (94).

La potasse est fournie par les matières terreuses (débris de feldspaths, etc.) : il se forme en même temps, d'ailleurs, des azotates de calcium et de magnésium.

**Extraction du salpêtre.** — Pour extraire le salpêtre des *plâtras*, on les lessive ; les trois azotates se dissolvent. On peut transformer celui de magnésium en azotate de calcium par une addition de *chaux*, qui donne un précipité de magnésie :

$$(AzO^3)^2Mg + Ca(OH)^2 = (AzO^3)^2Ca + Mg(OH)^2.$$

On peut alors, à l'aide du sulfate de potassium, transformer l'azotate de calcium en azotate de potassium qui s'ajoute à celui qui préexistait dans la liqueur :

$$(AzO^3)^2Ca'' + SO^4K^2 = 2AzO^3K + SO^4Ca'', \text{ peu soluble.}$$

Le sulfate de sodium donnerait de l'azotate de sodium que l'on traiterait comme ci-dessous.

PRÉPARATION PAR LE NITRATE DE SODIUM. — On traite en dissolution, à chaud, le *nitrate de sodium* provenant du Pérou, par le *chlorure de potassium*. Il se produit une double décomposition (205) :

$$AzO^3Na + KCl = AzO^3K + NaCl.$$

Le chlorure de sodium, n'étant pas beaucoup plus soluble à chaud qu'à froid (209), cristallise dès que la liqueur en est saturée et s'enlève facilement ; l'azotate de potassium, très soluble à chaud, reste en dissolution et ne cristallise que par refroidissement.

**Raffinage.** — Il importe de débarrasser le salpêtre destiné à la fabrication de la *poudre*, des chlorures déliquescents qui attireraient l'humidité de l'air. Dans ce but, on le dissout à chaud dans très peu d'eau bouillante ; les chlorures restent en grande partie au fond du vase ; on les enlève et on fait cristalliser le salpêtre par refroidissement, en l'agitant de façon à empêcher la formation de gros cristaux, qui emprisonneraient de l'eau *mère*. On fait égoutter ensuite le sel, et on l'arrose à froid avec une dissolution saturée d'azotate de potassium pur, qui ne peut plus en dissoudre, mais enlève les chlorures restant.

**Propriétés.** — L'azotate de potassium cristallise en gros prismes, sans eau de cristallisation, très solubles : 103$^{gr}$ par litre d'eau à 0°, 2460$^{gr}$ à 100° et 3350$^{gr}$ à 118°. Il fond au rouge et se décompose ensuite en donnant d'abord de l'azotite de potassium (227). Il présente toutes les autres propriétés des azotates.

Il est surtout employé à la fabrication de la poudre.

## POUDRE

**229.** La *poudre* ordinaire est un mélange intime de salpêtre, de charbon et de soufre, très sensiblement dans les proportions qui correspondent à l'équation de combustion (227) :

$$2(AzO^3)K + S + 3C = K^2S + 3CO^2 + 2Az,$$
$$\text{6 vol.} \qquad \text{2 vol.}$$

c'est-à-dire 75%, environ de salpêtre, 12% de soufre et 13% de charbon.

Ce mélange s'enflamme vers 300° au contact d'un corps incandescent ou par percussion. Sa force d'expansion tient à la production rapide d'une grande quantité de gaz, dans un volume très restreint et à la température élevée (1200° environ) produite par la combustion, ce qui augmente encore la *pression* (*Phys.*, 45, 71). A la pression ordinaire et à cette température, le volume des gaz serait près de 1500 fois celui de la poudre.

En réalité, il se produit, dans la combustion de la poudre, quelques réactions beaucoup moins importantes, donnant un peu de gaz sulfhydrique (dont l'hydrogène provient des charbons employés), d'oxyde de carbone, etc.

Le charbon de bois (de bourdaine, de tremble) employé est obtenu par distillation (calcination) en vases clos. Il est pulvérisé et mélangé au salpêtre et au soufre également pulvérisé, avec addition d'eau. On forme des *galettes* que l'on réduit en grains d'une grosseur convenable par tamisage. La dimension de ces grains importe, en effet, pour que la combustion soit complète et se produise pendant le temps que le projectile met à parcourir l'âme de l'arme.

**Remarque.** — D'autres corps que la poudre dite anciennement poudre de guerre peuvent, par leur combustion ou, en général, par leur décomposition avec dégagement de chaleur (explosifs) produire des effets semblables ou plus énergiques. Tels sont la panclastite (112), les composés organiques *nitrés* (117) comme le coton poudre, la nitroglycérine (dynamite), etc.

## Fer, Fontes, Aciers.

230. Les *minerais* des métaux sont constitués par des oxydes, des sulfures ou des carbonates, mêlés plus ou moins intimement à des matières étrangères formant la *gangue* (roches, matières siliceuses ou argileuses).

Il est quelquefois nécessaire ou avantageux de débarrasser

le minerai d'une partie de sa gangue, quand cela est possible, par un *triage* ou une opération mécanique analogue.

La *métallurgie* comprend surtout le traitement chimique destiné à mettre en liberté le métal.

Les oxydes et les carbonates sont *réduits* sous l'action de la chaleur par le charbon (et par l'oxyde de carbone). Les sulfures ne sont pas traités de la même façon : on les *grille* pour les transformer en oxydes, ou on leur fait subir un traitement spécial.

**Métallurgie du fer.** — Les seuls minerais de fer exploités sont les oxydes $Fe^3O^4$, oxyde magnétique, $Fe^2O^3$ et son hydrate, le fer oolithique (le plus abondant en France), enfin le carbonate $CO^3Fe''$ (à St-Etienne et surtout en Angleterre). Les pyrites (sulfures) ne sont pas employées directement en métallurgie.

Le minerai de fer étant en général très intimement mélangé à sa gangue, celle-ci doit en être séparée par le traitement chimique, qui se trouve ainsi compliqué.

**Méthode catalane.** — Dans la méthode *catalane*, le minerai est placé sur l'un des côtés d'un *creuset* pratiqué dans un massif de maçonnerie en pierres liées avec de l'argile; vers l'autre paroi du creuset, on a entassé du charbon, sur lequel arrive, par une tuyère, le vent d'une machine soufflante ; les deux tas de minerai et de combustible sont d'ailleurs contigus. Le charbon, brûlant dans le courant d'air, donne dans les parties voisines de la tuyère du gaz carbonique, qui se transforme par son passage sur l'excès de charbon incandescent, en oxyde de carbone (148). Ce gaz atteint alors l'oxyde de fer et le *réduit*.

Une partie de l'oxyde de fer se combine avec la silice (anhydride silicique) de la gangue pour donner un silicate de fer, fusible à température relativement peu élevée et irréductible. Cette *scorie* est mélangée au fer spongieux produit par la réaction précédente ; on l'en sépare en *cinglant* la masse avec un marteau très pesant.

La perte du fer passé dans la scorie restreint l'application de cette méthode à des minerais très riches, traités au charbon de bois. Aussi son importance au point de vue industriel est-elle actuellement négligeable.

**Méthode des hauts fourneaux.** — On chauffe le minerai mélangé à du charbon (coke) à une température très élevée : le fer réduit se combine au carbone pour former la *fonte*, beaucoup plus fusible que le fer et qui se sépare alors naturellement de la scorie. De plus, pour éviter la formation de silicate de fer, on ajoute au minerai du carbonate de calcium (*castine*) ou de l'argile (silicate d'aluminium, *erbue*) suivant que l'une ou l'autre de ces matières fait défaut dans la gangue. Il se forme alors des silicates doubles d'aluminium et de calcium ; ils sont moins fusibles à la vérité, mais on peut ainsi extraire à l'état de fonte tout le fer du minerai.

Le haut fourneau dans lequel se fait l'opération est formé de deux troncs de cône ayant leur plus grande base commune ; le tronc de cône supérieur ou *cuve*, le plus allongé, reçoit par sa partie supérieure ou *gueulard* le minerai et le charbon. Le second tronc de cône constitue les *étalages*, leur base commune le *ventre*. Au dessous, se trouve un espace moins large, l'*ouvrage*, à la partie inférieure duquel est le *creuset*, se prolongeant sur un de ses côtés hors du fourneau. Des tuyères amènent dans l'ouvrage le vent de machines soufflantes. La hauteur de l'ensemble, construit en briques réfractaires et pierres siliceuses, peut atteindre 20 mètres.

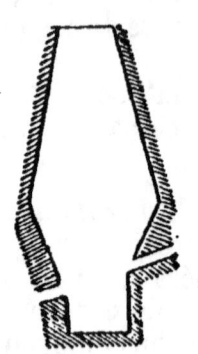

La combustion du charbon produit, comme d'habitude, du gaz carbonique dans la partie inférieure du fourneau, là où l'air est en quantité suffisante ; ce gaz se transforme en *oxyde de carbone* par dissociation et par réduction, en rencontrant, à mesure qu'il s'élève, des couches de charbon incandescentes. Ce charbon, mélangé de minerai, a été introduit par le gueulard, de façon à entretenir une marche *descendante* des matières solides, en sens inverse du courant *ascendant* des gaz.

La réduction de l'oxyde de fer s'opère vers la partie inférieure de la cuve ; la formation de la *fonte* et des scories de silicates se fait surtout dans les étalages, enfin les matières tombent dans le creuset, dont la fonte liquide occupe la partie inférieure, tandis que les scories ou *laitier* surnagent. La coulée s'effectue par une ouverture placée à la partie inférieure du creuset

A la partie supérieure (gueulard) du haut fourneau se dégagent les gaz chauds (azote, gaz carbonique) contenant un excès d'oxyde de carbone, combustible. On les recueille et on les utilise pour chauffer l'air arrivant aux tuyères.

**231. Fontes.** — Les fontes contiennent de 2 à 5 % de carbone, et des quantités variables, mais beaucoup plus faibles, de silicium, phosphore, soufre ou manganèse.

Dans la *fonte blanche*, le carbone est totalement combiné (carbure de fer); dans la *fonte grise*, une partie du carbone est libre à l'état de *graphite* (142). La fonte grise est la plus employée pour le *moulage* et les usages directs; la fonte blanche, plus cassante et plus dure, sert à la fabrication du fer et de l'acier.

**232. Fer doux.** — Pour transformer la fonte en fer proprement dit (fer doux), le procédé général consiste à *oxyder* le carbone (ainsi que le silicium, le phosphore, etc.) qu'elle contient.

*L'affinage au charbon de bois* (petit foyer, procédé comtois) s'opère dans un creuset analogue à celui des forges catalanes (230). La fonte blanche est placée sur le charbon bien allumé et recevant l'air d'une tuyère. Elle fond, passe en globules devant ce courant d'air chaud et se décarbure, son carbone passant à l'état d'oxyde de carbone, son phosphore et son silicium étant aussi brûlés. On ramène alors la masse pâteuse (le fer étant beaucoup moins fusible que la fonte) à la partie supérieure et on active la combustion; une nouvelle fusion et une nouvelle décarburation se produisent, une partie du fer pouvant elle-même brûler. Enfin la masse métallique réunie dans le creuset en est extraite et *cinglée*, comme dans le procédé catalan.

La scorie contient du fer à l'état de phosphate et silicate; mais la proportion de ces matières est très faible, comme celles de phosphore et de silicium contenues dans la fonte (231).

*L'affinage à la houille* (méthode anglaise, *puddlage*) se fait sur la sole d'un four à réverbère, de façon à ce que le métal ne soit en contact qu'avec la *flamme* et non avec le combustible, qui contient du soufre. On ajoute à la fonte de l'*oxyde des battitures* (oxyde $Fe^3O^4$ se détachant du fer forgé) pour fournir l'*oxygène* destiné à brûler le carbone et les autres métalloïdes, et des scories contenant un excès d'oxyde devant se combiner aux anhydrides phosphorique et silicique. On chauffe fortement, en agitant ou brassant à l'aide de *ringards*; on rassemble à la fin le métal en loupes que l'on *cingle*.

Le four tournant, substitué au four fixe, évite le brassage à la main.

**233. Propriétés du fer.** — C'est un métal *gris blanc*, le plus *tenace* de tous les métaux, *ductile et malléable*; $D = 7,7$; il fond difficilement (vers 1600°) mais se *soude* à lui-même avant de fondre, ce qui constitue une propriété très utile dans la pratique. Il ne durcit pas par la trempe (fer *doux*, fer *soudé*). Son magnétisme, supérieur à celui de tous les autres corps, diminue sous l'action de la chaleur et disparaît au rouge (*Phys.*, 214).

Le fer se combine aux métalloïdes et en particulier à l'oxygène (de l'air, de l'eau ou des acides), soit à température élevée, soit à froid (33, 27).

Ses usages sont nombreux et bien connus.

**234. Aciers.** — L'acier est du fer contenant de 7 à 15 millièmes de carbone en combinaison. Il est donc intermédiaire entre la fonte qui en contient de 2 à 5 centièmes (231) et le fer doux. De là deux méthodes pour le préparer.

1° PAR CARBURATION DU FER. — *Cémentation*. — On chauffe du fer en barres peu épaisses avec du charbon en poudre et des cendres, dans de grandes caisses en briques réfractaires. La carburation se produit soit directement, soit plutôt par l'action des composés volatils contenant du cyanogène $CAz$, qui prennent naissance en présence des alcalis contenus dans les cendres (143, 214).

2° PAR DÉCARBURATION INCOMPLÈTE DE LA FONTE. — Le procédé est le même que le *puddlage* (232) de la fonte; on arrête la décarburation au moment convenable. On se sert, pour cette fabrication de l'acier *puddlé*, des fontes contenant du manganèse; ce métal s'oxyde et se combine aux matières étrangères (silicium, etc.) mieux que le fer, c'est-à-dire en dégageant plus de chaleur que lui (Troost et Hautefeuille).

Le *procédé Bessemer* consiste à injecter dans de la fonte en fusion, un courant d'air qui *brûle*, en produisant de véritables gerbes d'étincelles, le carbone, le silicium, etc. On ajoute, à la fin de l'opération, de la fonte manganésifère, qui restitue au métal le carbone nécessaire pour l'aciérer et enlève le reste du silicium. On coule alors, en faisant tourner autour de son axe le four mobile.

**235. Propriétés de l'acier.** — La propriété la plus importante de l'acier est celle de devenir extrêmement *dur* par la *trempe*, ou refroidissement brusque, dans l'eau ou un autre liquide, du métal chauffé au rouge. Il devient en même temps très élastique mais très cassant. Fortement chauffé et refroidi lentement, il perd ces propriétés et reprend celles d'un fer carburé ordinaire. En limitant cette transformation par un *recuit* convenable, on le rend moins cassant, tout en lui conservant une dureté suffisante.

# TABLE

| | Pages. |
|---|---|
| Généralités; lois des poids et des masses; lois des volumes. | 1 |
| Équivalents; poids moléculaires et atomiques. | 3 |
| Nomenclature; équations chimiques | 9 |
| Acides, bases, corps neutres, sels. | 12 |
| Notions générales sur le dégagement ou l'absorption de chaleur dans les combinaisons chimiques. | 15 |
| Circonstances qui favorisent les réactions; dissociation | 17 |
| Cristallisation; isomorphisme, dimorphisme. | 18 |
| Hydrogène | 19 |
| Oxygène; combustion | 23 |
| Ozone | 27 |
| Air atmosphérique. | 27 |
| Eau | 33 |
| Eau oxygénée. | 39 |
| Soufre | 39 |
| Acide sulfhydrique. | 41 |
| Anhydride et acide sulfureux | 45 |
| Anhydride sulfurique. | 48 |
| Acide sulfurique. | 49 |
| Chlore | 54 |
| Brome, iode, fluor. | 58 |
| Acide chlorhydrique | 61 |
| Eau régale | 63 |
| Azote. | 64 |
| Ammoniaque | 65 |
| Oxydes de l'azote. | 70 |
| Anhydride et acide azotiques | 78 |
| Phosphore. | 83 |
| Phosphure d'hydrogène. | 86 |
| Anhydride et acides phosphoriques. | 89 |
| Carbone. | 93 |
| Anhydride et acide carboniques. | 96 |
| Oxyde de carbone. | 100 |
| Sulfure de carbone. | 102 |
| Généralités sur les matières organiques. | 104 |

Méthane (gaz des marais).................. 113
Éthylène (gaz oléfiant).................... 115
Acétylène................................ 116
Gaz de l'éclairage........................ 118
Flamme.................................. 119
Classification des métalloïdes............. 121
Métaux.................................. 122
Alliages................................. 124
Oxydes métalliques....................... 124
Potasse, soude, chaux.................... 127
Sulfures métalliques...................... 129
Sels.................................... 131
Chlorures............................... 136
Chlorure de sodium...................... 138
Carbonates.............................. 139
Carbonates de potassium, de sodium, de calcium. 140
Sulfates................................ 143
Aluns................................... 144
Azotates................................ 145
Azotate de potassium (nitre), poudre....... 146
Notions sur la métallurgie du fer; fontes et aciers. 148

# EXTRAIT
### DU
# CATALOGUE DE LA LIBRAIRIE NONY et C$^{ie}$
### Rue des Écoles, 17, à Paris.

*Annales des baccalauréats scientifiques* (classique : lettres-math. et moderne : lettres-sciences et lettres-math). — Chacune des années 1895 et 1896. Vol. in-12. . . . . . . 2 fr. 75

*Annuaire de la Jeunesse*, Moyens de s'instruire. Choix d'une carrière, par H. VUIBERT. — Un vol. in-12 de 1000 pages ; broché, 3 fr. ; cart., 4 fr. ; relié, 5 fr.

ANTOMARI (X.). — *Cours de Géométrie descriptive* à l'usage des candidats aux écoles du Gouvernement. — Un beau vol. gr. in-8°, avec figures et épures dans le texte . . . . . . 10 fr.

— *Traité de Géométrie descriptive*, à l'usage des élèves de Mathématiques élémentaires et des candidats au baccalauréat et à l'Institut Agronomique. — Vol. gr. in-8° avec figures et épures dans le texte.

— *Leçons de Statique* à l'usage des candidats à l'école polytechnique. — Un vol. in-8° . . . . . . 2 fr. 50

— *Leçons de Cinématique et de Dynamique* suivies de la détermination des centres de gravité. — In-8° . . . 4 fr.

— *Leçons de Mécanique* à l'usage des candidats à l'école spéciale militaire de Saint-Cyr. — Un vol. in-8° . . . 2 fr. 50

ANTOMARI (X.) et LAISANT (C.-A.). — *Questions de Mécanique* contenant le résumé de toutes les propositions importantes et de nombreux exercices, à l'usage de la classe de mathématiques spéciales. — Un vol. in-8° . . . . . . 3 fr. 50

BARBARIN (P.). — *Recueil de Calculs logarithmiques*, à l'usage des candidats aux baccalauréats d'ordre scientifique et aux écoles du Gouvernement. — In-4° . . . . . 3 fr. 50

BASIN (J.) — *Leçons de Chimie*. — Un vol. in-12, 8 fr. ; cart . . . . . . . . . . . . 8 fr. 50

On vend séparément : *Métalloïdes et Métaux*, 4 fr. 50, cart . . . . . . . . . . . . . 5 fr.

— *Leçons de Physique*, à l'usage de l'enseignement moderne.

CARONNET (Th.). — *Problèmes de Mécanique*, à l'usage des élèves de mathématiques élémentaires et de Première-Sciences et des candidats au baccalauréat. 1er FASCICULE : *Statique*. Vol. in-8° . . . . . . . . . . 2 fr. 50

CARVALLO (E.). — *Leçons de Statique*. — In-8° . . . 2 fr.

CARVALLO (E.). — *Traité de Mécanique*, à l'usage des élèves de mathématiques élémentaires, des aspirants au baccalauréat classique (2° série), au baccalauréat moderne (3° série) et des candidats à l'Institut agronomique. — In-8° . . . 2 fr. 50

Librairie NONY et Cie, rue des Écoles, 17, Paris.

Caustier (E.). — *Anatomie et Physiologie animales et végétales.* — Un vol. in-16, cart. toile . . . . . . . . . . 3 fr.

Charruit (N.). — *Cours de Géométrie cotée*, à l'usage des candidats à Saint-Cyr. — Un vol. gr. in-8° avec fig. et épures dans le texte.

Charruit (N.). — *Problèmes et Epures de Géométrie descriptive*, à l'usage des candidats aux écoles de Saint-Cyr, Navale, et à l'Institut agronomique, et des aspirants aux baccalauréats. — Un vol. gr. in-8°, avec fig. et épures dans le texte. 5 fr.

Fontené (G.). — *Géométrie dirigée* : Les angles dans un plan orienté avec des droites dirigées ou non dirigées, à l'usage des élèves de Mathématiques élémentaires. — Un vol. in-8° avec 88 fig. . . . . . . . . . . . . . . . . 2 fr.

Gariel (C.-M.). — *Études d'Optique géométrique* (dioptres, systèmes centrés, lentilles, instruments d'optique), à l'usage des élèves de mathématiques spéciales. — Gr. in-8°. . . 5 fr.

Gausseron (B.-H.). — *Le thème anglais* aux examens du baccalauréat de l'enseignement moderne et aux concours d'admission aux écoles spéciales. — 2 vol. in-8° (textes et traductions). 4 fr. 50

Gausseron (B.-H.). — *La version anglaise* aux examens du baccalauréat de l'enseignement moderne et aux concours d'admission aux écoles spéciales. — 2 vol. in-8° (textes et traductions). . . . . . . . . . . . . . 4 fr. 50

Gir (Th.). — *Les problèmes d'arithmétique résolus par la méthode algébrique.* — In-12. . . . . . 2 fr. 50

Goulard (A.). — *Problèmes d'Arithmétique*, à l'usage des candidats au baccalauréat et aux écoles. (*Sous presse.*)

Guiot (H.) et Pillet (J.). — *Le dessin de paysage* étudié d'après nature, à l'usage des candidats à Saint-Cyr. — Gr. in-8° oblong, 4° édition . . . . . . . . . . . . 3 fr. 50

Humbert (E.). — *Traité d'Arithmétique*, à l'usage des élèves de mathématiques élémentaires, des aspirants au baccalauréat classique (2° série), au baccalauréat moderne (3° série) et des candidats à l'Institut agronomique, — *avec des compléments* destinés aux candidats aux grandes écoles du gouvernement. — In-8°. 5 fr.

*Instructions et conseils sur l'exécution des Epures et sur le Lavis.* — In-12, 6° édition. . . . . . . . . . . 1 fr.

*Instruction ministérielle sur l'aptitude physique au service militaire* et sur l'aptitude particulière aux différentes armes. — In-12 de 92 pages. . . . . . . . . . . . 0 fr. 50

Joran (J.). — *Biographies d'hommes illustres* : hommes de guerre, diplomates, savants et artistes, suivies d'un abrégé des littératures allemande et anglaise depuis la fin du XVIII° siècle, à l'usage des candidats à Saint-Cyr. — Gr. in-12, 2° édit. 2 fr.

Joran (J.). — *Recueil de compositions françaises* sur des sujets tirés de l'histoire moderne, à l'usage des candidats à Saint-Cyr. — In-8°, 2° édition . . . . . . . . . . . . 4 fr.

LIBRAIRIE NONY ET Cⁱᵉ, RUE DES ÉCOLES, 17, PARIS.

*Journal de Mathématiques élémentaires* (22ᵉ année), publié par H. VUIBERT. — In-4º, avec figures et épures dans le texte.
Ce journal paraît le 1ᵉʳ et le 15 de chaque mois, sauf pendant les mois d'août et de septembre (20 numéros par an). Les abonnements sont annuels; ils partent du 1ᵉʳ octobre et expirent le 15 juillet. A quelque époque de l'année que l'on s'abonne, on reçoit tous les numéros parus depuis le 1ᵉʳ octobre précédent.
Prix de l'abonnement annuel : France, 5 fr. ; étranger, 6 fr.

LAISANT (C.-A.). — Voir ANTOMARI.

LANG (E.-B.). — *Le thème allemand* aux examens du baccalauréat de l'enseignement moderne et aux concours d'admission aux écoles spéciales. — 2 vol. in-8º, 5 fr. — On vend séparément : textes, 3 fr.; traductions . . . . . . . . 2 fr.

LANG (E.-B.). — *La version allemande* aux examens du baccalauréat de l'enseignement moderne et aux concours d'admission aux écoles spéciales. — 2 vol. in-8º texte et trad. . 4 fr. 50

LHOMME (F.) et Édouard PETIT. — *La composition française* aux examens du baccalauréat de l'enseignement moderne, aux examens de l'enseignement secondaire des jeunes filles et aux concours d'admissions aux écoles spéciales. — In-8º, 2ᵉ édit. 4 fr.

*Loi militaire* (Nouvelle) et décret relatif aux dispenses. — In-12, de 84 pages . . . . . . . . . . . . . . 0 fr. 30

LORBER (Th.). — *Recueil de Manuscrits allemands*, à l'usage des candidats à Saint-Cyr. — In-12, relié, 2ᵉ édition . . 3 fr.

MALUSKI et CROUZET. — Leçons de Cosmographie et de Topographie à l'usage des candidats à Saint-Cyr. — Un vol. in-8º avec planches . . . . . . . . . . . . . . 2 fr.

*Manuel de préparation aux écoles supérieures de commerce.* — 2 vol. in-8º cart. toile . . . . . . . . . . 10 fr.

NICOL (J.). — *Cours de Géométrie cotée*, à l'usage des candidats à l'école navale. — Un vol. grand in-8º avec figures et épures dans le texte.

MAUPIN (G.). — *Questions d'Algèbre* à l'usage des élèves de mathématiques spéciales. — Grand in-8º . . . . . . 5 fr.

MOSNAT (E.). — *Problèmes de Géométrie analytique.* — 3 vol. in-8º ;
Tome I (Navale, Centrale, Ponts, Mines, Spéciales 1ʳᵉ année). 2ᵉ édition . . . . . . . . . . . . . . 6 fr.
Tome II (Géométrie à deux dimensions) (Polytechnique, Normale, Agrégation) . . . . . . . . . . . . . . 7 fr.
Tome III (Géométrie à trois dimensions) (Polytechnique, Normale, Agrégation) . . . . . . . . . . . . . . 7 fr.

PAPELIER (G.). — *Leçons sur les coordonnées tangentielles*, avec une préface de M. APPELL. — 2 vol. in-8º chacun. 5 fr.

*Plan d'études et Programmes de l'enseignement secondaire classique.* — In-12 . . . . . . . . . . . . 1 fr.

*Plan d'études et Programmes de l'enseignement secondaire moderne.* — In-12 . . . . . . . . . . . . 1 fr.

Librairie NONY et Cⁱᵉ, rue des Écoles, 17, Paris.

*Plan d'études et Programmes de la classe de Mathématiques élémentaires et de la classe de Mathématiques élémentaires A* (préparatoire aux Mathématiques spéciales). . . 0 fr. 50

*Programmes* :
  Baccalauréat de l'enseignement secondaire classique. 0 fr. 30
  Baccalauréat de l'enseignement secondaire moderne. 0 fr. 30
  Certificat d'études physiques, chimiques et naturelles. . . . . . . . . . . . . . . 0 fr. 30

Rebière (A.). — *Les Femmes dans la Science*. — Un beau vol. in-8° de xii-300 pages, avec portraits, fac-similé et autographes. . . . . . . . . . . . . . 5 fr.

Rebière (Alph.). — *Mathématiques et Mathématiciens*. — Pensées et curiosités. — 2ᵉ édition. Un vol. in-8°, de 560 pages, 5 fr.
  Table des matières : Morceaux choisis et pensées. — Variétés et anecdotes. — Paradoxes et singularités. — Problèmes célèbres et classiques. — Problèmes frivoles et humoristiques. — Notes bibliographiques. — Index alphabétique.

*Relations entre les éléments d'un triangle*. Recueil de 273 formules avec leurs démonstrations. — In-8° . . . 2 fr. 50

Rémond (A.). — *Résumé de géométrie analytique à deux et à trois dimensions*, à l'usage des candidats aux écoles Polytechnique, Normale, Centrale, Navale, des Ponts et Chaussées et des Mines. — In-8°, 2ᵉ édition . . . . . . 4 fr.

*Revue de Mathématiques spéciales* (8ᵉ année), rédigée par M. E. Humbert, avec la collaboration de MM. Charruit, Dessenon, Lamaire, Papelier, Rivière et Vuibert. — La Revue paraît mensuellement (12 numéros par an). Les abonnements sont annuels et partent d'octobre. (A quelque époque de l'année que l'on s'abonne, on reçoit tous les numéros parus depuis le mois d'octobre précédent.)
  Prix de l'abonnement annuel : France, 7 fr; étranger, 8 fr.
  Tome I (1890-91 et 1891-92) : broché, 14 fr.; relié, 18 fr. — Année 1892-93, 7 fr.

Rivière (Ch.). — *Problèmes de Physique et de Chimie*, à l'usage des élèves de mathématiques spéciales. — In-8°. 5 fr.

Tannery (J.). — *Introduction à l'étude de la Théorie des nombres et de l'Algèbre supérieure*. Conférences faites à l'École normale supérieure et rédigées par MM. Émile Borel et Jules Drach. — Gr. in-8°. . . . . . . . . . 10 fr.

Tartinville (A.). — *Cours d'Arithmétique*. — In-8°, 2ᵉ édition . . . . . . . . . . . . . . . 5 fr.

Tartinville (A.). — *Théorie des équations et des inéquations du premier et du second degré à une inconnue*, à l'usage des aspirants aux baccalauréats d'ordre scientifique, des candidats aux écoles du gouvernement et des élèves des écoles normales. — Gr. in-8°, 2ᵉ édition. . . . . 3 fr. 50

Vuibert (H.). — Voir *Annuaire de la Jeunesse*.

www.ingramcontent.com/pod-product-compliance
Lightning Source LLC
Chambersburg PA
CBHW070930230426
**43666CB00011B/2381**